개정3판

Serious Accident Punishment Act

중대재해처벌법

정 진 우

중앙경제

Serious Accident Punishment Act

중대재해처벌법

초판발행 2022년 4월 4일
개정3판발행 2024년 3월 25일

지은이 정진우
펴낸이 김남진
펴낸곳 중앙경제

디자인 이지훈, 최가영
마케팅 신석재, 김성울, 이소영, 윤지희, 김선혜
경영지원 이상훈, 박세라, 조용환

출판등록 80.6.21 제2-66호
주소 서울시 중구 다산로11길 19(신당동 355-8) 백석빌딩 신관 4층
전화 02)2231-7293
팩스 02)2235-5344
홈페이지 www.elabor.co.kr

ISBN 978-89-7017-555-3 (93330)
정가 35,000원

Serious Accident Punishment Act

중대재해처벌법

정 진 우

중앙경제

개정3판 머리말

중대재해처벌법에 대한 기소와 판결이 잇따라 나오고 있다. 법 자체에 모호한 규정이 많고 자백사건이 대부분이어서 예상한 대로 수사기관뿐만 아니라 법원에서조차 자의적이고 거친 해석이 넘쳐나고 있다.

이런 상황에서 시중에 수준 이하의 중대재해처벌법 해설서가 범람하고 있어 중대재해처벌법을 둘러싼 혼란이 가중되고 있다. 이 법이 '돈벌이'가 된다고 생각하며 안전에 대한 기본적인 학습도 되어 있지 않은 사람들이 해설서랍시고 버젓이 출간하고 있다. 안전에 대한 배경적 지식이 없다 보니 안전원리와 접목시키지 못하고 법리에 대한 설명도 태부족한 데다가 많은 부분에서 부정확하기까지 하다. 일부 책은 성부 해실서나 지침으로 대부분의 내용을 채우고 있을 정도이다. 안전을 발전시키기보다 '오염'시키고 있다고 해도 과언이 아니다.

이 같은 바람직하지 않은 일은 안전을 누구나 할 수 있는 것이라는 잘못된 생각에서 연유한다. 특히 처벌 문제에 관해서는 엄벌만능주의에 편승하며 누구나 전문가라고 생각한다. 안전이라는 전문영역에 대한 이론적 배경 없이 전문법률에 대한 해설서를 저술하는 것은 신중해야 한다. 또한 형법과 형사정책에 대한 철학이나 입법사상에 대한 기초지식 없이 행정형법, 형사특별법에 관한 책을 저술한다는 것은 용기는 가상하다고 할 수 있지만 무모하다고 할 수 있다. 저술을 학문보다는 장삿속으로 접근하고 있는 것은 아닌가 하는 의심이 들 수밖에 없다.

실무에 많은 영향을 미치고 있는 주무부처 해설서, 대검찰청 해설서, 사법정책연구원 해설서부터가 하나같이 법리에 맞지 않고 자의적인 설명으로 가득 찬 것이 이러한 현상에 대한 원인을 제공한 점을 부인하기 어렵다. 이 해설서들이 안전보건관계법 비전문가들에 의해, 그것도 졸속으로 발간된 것은 주지의 사실이다. 무책임하다고 하지 않을 수 없다.

중대재해처벌법처럼 날림으로 제정된 법률의 경우에는, 현장에 적용할 때 그 한계와 문제점까지를 깊이 있게 이해하고 이를 바탕으로 정교하게 접근해야 한다. 특히 안전보건이라는 전문영역을 규율하면서 산업현장과 밀접히 관련된 법률의 경우에는, 이를 기계적으로 해석하여 현장에 적용하게 되면 현장의 산업안전이 개선되기는커녕 오히려 뒤틀려질 수 있다. 문제가 많고 복잡한 법률일수록 많은 문제의식을 가지고 학습을 많이 해야 하는 이유이다.

이번 개정3판에서는 개정판 발간 이후에 중대재해처벌법을 둘러싸고 발생하였거나 발생할 수 있는 새로운 쟁점에 대한 상세한 분석을 추가하였다. 지금까지 14개의 하급심 판결과 1개의 대법원 판결이 선고된 만큼, 이에 대한 구체적인 분석도 칼럼과 부록으로 추가하였다. 그리고 중대재해처벌법 위반에 따른 처벌 문제에 많은 관심이 있는 점을 감안하여, 이에 대한 이해를 돕는 설명을 대폭 보강하였다. 또한 독자들에게 이해하기 어렵다고 생각되는 부분은 최대한 알기 쉽게 수정하고자 하였다. 아울러 중대재해처벌법 제정과정 및 집행 동향에 대한 생생한 이해를 위하여 각 장마다 필자가 중대재해처벌법을 주제로 방송사에서 토론하거나 대담하였던 영상을 올려 놓았다.

학자로서는 이미 만들어진 법률에 대한 해석론을 넘어 개정을 위한 입법론도 개진하여야 학자로서의 임무를 다하는 것이라고 생각한다. 그래서 이번 개정판에서도 입법론에 중점을 두고 곳곳에서 보다 구체적인 제언을 하였다. 이러한 보완에 의해 지면이 불가피하게 상당히 증가하였다.

아무쪼록 이번 개정3판이 안전관계법을 배우는 학생들은 물론이고 정부관계자들, 실무가들에도 중대재해처벌법을 올바르게 이해하는 데 유용한 교재가 되었으면 하는 바람이다. 본서를 읽으면서 궁금한 점에 대한 질문이나 비판, 코멘트가 있으면 언제든지 환영한다(jjjw35@hanmail.net).

마지막으로, 이번 개정판 원고 전체를 꼼꼼하게 읽고 오탈자 등 부정확한 부분을 정확하게 지적해 준 산업안전에 해박한 유동현 노무사님과 세종사이버대학교 산업안전공학과 최재광 교수, 그리고 방대한 분량의 개정내용을 정성들여 편집해 준 중앙경제 이지훈 과장님께 깊은 감사를 드린다.

2024년 2월 20일

정 진 우

개정판 머리말

초판이 발간된 지 불과 6개월밖에 지나지 않았지만 중대재해처벌법에 대한 관심이 높아서인지 초판이 짧은 기간에 소진되었다. 2쇄를 내야 할지 개정판을 내야 할지 고민했지만, 초판을 급하게 발간하느라 초판에서 미처 담지 못했거나 설명이 충분하지 못한 부분이 적지 않아 개정판을 통해 보완해야겠다는 생각에 개정판을 내기로 했다. 게다가 윤문이나 오탈자 바로잡기도 개정판을 내기로 한 또 하나의 이유이다.

행정부처와 검찰에서 중대재해처벌법 해설서가 나와 있기는 하지만, 이 법에 대한 궁금증을 풀기엔 턱없이 부족하고, 심지어는 상당 부분이 법적 근거 없는 자의적이고 무책임한 해석으로 채워져 있다. 대폭 수정하지 않으면 아예 해설서를 폐기하는 것이 현재의 큰 혼란을 줄일 수 있는 방법이라는 생각이 들 정도이다. 특히 고용노동부의 해설서는 법리적인 면, 안전원리 면에서 이치에 맞지 않는 설명이 차고 넘친다. 중대산업재해 주무부처의 해설이라고 하기엔 함량미달이라고 하지 않을 수 없다. 대검찰청 해설서는 대검찰청의 공식 입장은 아니라고 밝히고는 있지만, 주로 고용노동부의 설명과 안전관계법 전문가라고 결코 말할 수 없는 자들의 단편적인 견해를 짜깁기해 놓은 수준에 불과하다. 중대재해처벌법 위반자에 대한 기소를 담당하는 기관임에도 재해문제뿐만 아니라 형사법논리에 대해 깊이 고민한 흔적도 보이지 않고 전문성에 심각한 의문이 드는 내용이 적지 않다.

정권 교체 이전에 발간된 것이긴 하지만, 정부부처의 이러한 무작스러운 해설에 누군가는 학문적으로 문제제기를 하는 한편, 법리적이고 안전원리에 부합한 해설을 제시해야 할 필요성이 매우 큰 상황이다. 즉, 중대재해처벌법에 대해 자의적 해설에 제동을 걸고, 법치주의 관점에서 심도 있는 분석, 문제점 지적과 더불어 대응방안, 해결책 제시가 절실한 상황이라고 할 수 있다.

그런데 현실은 안전원리나 작업현장에 대해 문외한인데도 안전보건 전문가 행세를 하면서 처벌이 엄벌이 곧 정의라는 도그마에 빠진 듯한 발언을 하는 사이비 학자가 의외로 많다는 점이다. 특히 노동법 학계의 상당수가 형사법과 안전원리에 대한 깊은 고민 없이 논리적 접근보다는 엄벌을 위해서라면 법치주의를 내팽겨쳐도 되는 양 생각하면서, 이 법은 의도가 선하기에(사실은 의도가 선한 것도 아니지만) 좋은 법이라는 단선적인 접근을 하고 있는 것 같아 못내 씁쓸하다.

일부 대형로펌도 꼴불견인 것은 마찬가지이다. 재해예방의 실효성은 따져보지도 않고 돈벌이를 위해 중대재해처벌법의 홍보대사가 된 듯한 곳도 적지 않게 있는 것 같다. 산업안전보건에 대한 철학과 전문성도 없으면서 운 좋게 개방직으로 고용노동부 산재예방정책국에서 잠시 일한 자를 장삿속을 채우는 수단으로 활용하는 데 혈안인 로펌도 발견된다. 직업윤리는 온데간데없는 것 같다. 적지 않은 안전보건 컨설팅기관도 중대재해처벌법을 돈벌이 수단으로 활용하는 데 앞장서기는 오십보백보이다.

이 가운데서도 객관적이고 비판적이어야 할 학계의 아마추어적이고 무비판적인 입장이 필자로 하여금 중대재해처벌법 해설서를 발간해야 한다는 사명감을 심어 주었다. 누군가는 중대재해처벌법의 민낯을 구체적으로 해부하여 분석할 필요가 있다는 주위의 권고도 이 책을 발간하게 된 동기의 하나이다. 이 책이 중대재해처벌법의 위상, 다른 법과의 관계뿐만 아니라 위헌 소지, 비실효성의 문제, 해결방안 등에 대해서도 심도 있게 다루게 된 이유이다.

이 개정판을 발간하는 데 많은 분의 도움이 있었다. 대륙아주의 김영규 변호사님께서는 초판 때와 마찬가지로 이 책을 처음부터 끝까지 꼼꼼하게 읽으시고 이상하거나 문제 있는 부분을 예리하게 지적해 주셨다. 뿐만 아니라 개정판을 준비하는 내내 필자에게 많은 지적 자극과 사명감을 불러일으켜 주셨다. 세종사이버대학교 산업안전공학과의 최재광 교수는 이번에도 바쁜 와중에도 불구하고 자신의 일인 양 헌신적으로 책의 내용을 살펴보아 주었다. 연구자로서 끊임없이 의심하고 문제제기를 하는 자세에 박수를 보낸다. 마지막으로 이번 판의 편집과정에서 정성을 쏟아 깔끔하게 작업해 주신 중앙경제의 이지훈 과장님께도 고마움을 표하고 싶다.

2022년 10월

서울과학기술대학교 연구실에서

정 진 우

머리말

중대재해처벌법은 한마디로 이념법이자 어느 나라에서도 찾아볼 수 없는 포퓰리즘법이라고 할 수 있다. 제정과정도 법치주의를 무색하게 할 만큼 졸속으로 진행되었다. 정부가 실력을 갖추고 있지 못한 상태에서 진정성마저 없다 보니 노동계, 시민단체의 거친 이념과잉의 주장을 조정하는 역할을 전혀 하지 못하고 휘둘린 결과이다. 전부개정 산업안전보건법에 이은 입법참사이다. 정치권과 행정부가 이성보다 감성이 우선하는 분위기를 조장하고 있다. 안전분야에서 왜 이런 일이 반복되고 있는지 답답하기 그지없다.

중대재해처벌법 정부 해설서만 보더라도 법적 근거 없는 내용이 적지 않은 데다가 정작 현장에서 많이 궁금해 하고 있는 쟁점에 대해서는 구렁이 담 넘어가듯 비켜가고 있다. 법령의 구성과 내용의 불명확한 상황을 개선하기보다는 오히려 악화시키고 있는 것이다. 전문성과 책임감이 실종된 결과라고 할 수 있다.

중대재해처벌법은 제정과정과 실체적 측면 두 가지 모두에서 많은 문제를 안고 있다. 그런 만큼 독자 여러분께서는 중대재해처벌법의 입법취지,

내용뿐만 아니라 한계에 대해서까지도 정확하고 깊이 있게 이해하는 것이 중요하다. 특히 한계가 많은 법일수록 문제점까지를 정확하게 간파해야 법에 효과적으로 대응할 수 있는 안목을 가질 수 있기 때문이다.

중대재해처벌법과 이에 대한 정부 해설서에 많은 문제가 있는 상태에서 이를 무비판적으로 받아들이는 것은 현장의 안전을 그르칠 수 있고, 수사기관의 자의적 법집행에 속수무책으로 당하는 것으로 이어질 수도 있다.

이 책에서는 이러한 점을 감안하여 중대재해처벌법에 대한 비판적 접근을 통해 중대재해처벌법을 종합적이고 깊이 있게 이해하고 이를 토대로 정확하게 대응할 수 있도록 하는 데 초점을 맞추었다. 나아가 주요 쟁점에 대해 법조문을 안전원리와 접목시켜 깊이 있게 설명함으로써, 독자들이 중대재해처벌법을 기계적으로 해석하거나 무미건조하게 받아들이지 않도록 하는 데 심혈을 기울였다.

본서는 총 6개의 장으로 구성되어 있다.

제1장(중대재해처벌법의 입법 취지 및 특성)에서는 이 법이 탄생한 배경과 공식적 제정 이유, 제정과정에서의 국회의 역할을 구체적으로 소개하는 한편, 이 법이 갖는 위상과 이 법이 기업 등에 미치는 영향, 다른 법과의 관계 등에 대해 자세히 살펴본다.

제2장(영국 법인과실치사법 사례 분석 및 시사점)에서는 우리나라 중대재해처벌법의 제정 모티브가 된 영국의 법인과실치사법이 제정된 배경·과정, 법의 상세내용을 자세히 소개하고, 우리나라 중대재해처벌법과 많은 점에서 확연한 차이가 있음을 설명한다.

제3장(중대재해처벌법의 내용 및 대응방안)은 각 조문별로 취지, 쟁점 등을 자세히 해설하고, 문제점 및 유의사항에 대해서도 구체적으로 고찰한다.

이 부분은 중대재해가 발생한 기업 등에서 수사기관의 자의적 법집행으로부터 스스로를 보호하고, 소송과정에서 위헌성을 다툴 때에도 많은 도움이 될 것으로 생각한다.

제4장(중대재해처벌법의 주요 쟁점)은 중대재해처벌법을 어떻게 바라봐야 하는지를 다양한 각도에서 분석하는 한편, 의원입법으로 제출된 여러 법안이 어떠한 내용으로 구성되어 있었고 어떠한 문제점이 있었는지, 그리고 최종적으로 어떻게 처리되었는지를 쟁점 중심으로 상세하게 설명한다. 마지막으로 중대재해처벌법의 한계와 문제점에 대해 상세하게 고찰한다.

제5장(중대재해처벌법 시행령의 주요 쟁점)은 중대재해처벌법 시행령에 대해 체계상의 문제, 내용상의 문제 및 집행상의 문제로 구분하여 각각의 문제점을 다각적이면서 구체적으로 살펴본다.

제6장(중대재해처벌법의 제정 회고와 향후 전망)은 이 법에 대한 전체적인 평가와 함께 이 법이 앞으로 어떻게 전개될 것으로 예상되는지와 어떠한 방향으로 개선되어야 하는지에 대한 필자의 생각을 제언한다.

더불어, 이 책에서는 중대재해처벌법의 제정・집행과정을 생생하게 살펴볼 수 있도록 이 법이 제정돼야 한다는 주장이 제기된 때부터 시행되고 있는 최근까지의 일련의 과정에서 필자가 일간지, 전문지 등에 투고한 칼럼과 인터뷰를 관련되는 부분 곳곳에 싣고 있다. 이 법의 실제 입법배경(의도)과 문제점, 부작용 등을 자세히 파악하는 데 많은 도움이 될 것으로 기대한다.

필자의 입장에서는 우선적으로 이 책이 기업, 법집행기관 등에서 중대재해처벌법령을 정확하게 이해하는 한편, 현장에 적용하는 과정에서 안전원리를 왜곡시키는 일 없이 최대한 긍정적인 방향으로 기능하는 데 많은 도움이 될 수 있기를 바라는 마음 간절하다. 나아가 수사기관의 부당한 법집행으로부터 스스로를 보호하는 데에도 기여할 수 있기를 바란다.

감성이 지배하기 쉬운 안전보건 분야에서, 특히 정치권과 행정부가 생색내기에 여념이 없는 우리나라 풍토에서, 이 책이 안전보건관계법에 대한 우리 사회의 과학적이고 이성적인 논의를 이끌어내는 하나의 단초가 될 것으로 조심스럽게 기대한다. 이 책에서의 비판적 접근이 안전보건관계법의 발전을 위한 진통이자 연구자로서의 고언으로 받아들여졌으면 한다. 학문은 의심하고 비판하는 것으로부터 시작한다. 많은 분들의 기탄없는 지적과 비판을 기대한다(jjjw35@hanmail.net).

이 책이 나오기까지 많은 분들로부터 은혜를 입었다. 먼저 필자의 박사과정 지도교수였던 고려대학교 법학전문대학원 박종희 교수님께서는 필자에게 학문하는 방법과 전문성의 중요성을 누누이 강조하셨다. 하경효 교수님께서는 이념적 접근의 위험성과 신중한 학문적 자세의 중요성을 깨우쳐 주셨다. 박지순 교수님께서는 높은 식견으로 필자에게 산업안전보건법을 학문으로 접근하도록 인도하고 조언해주신 분이다. 필자의 석사과정 지도교수였던 쿄토대학교의 무라나까(村中孝史) 교수님, 니시무라(西村健一郎) 교수님으로부터도 많은 학은(學恩)을 입었다. 필자에게 사회법 원리뿐만 아니라 독일문헌 강독법을 자상하게 가르쳐 주신 분들이다. 고마움에 어떻게 보답해야 할지 모르겠다. 항상 마음뿐이다. 학문적으로 훌륭한 선생님들을 만난 것은 제 학문 인생의 큰 복이라 하지 않을 수 없다.

이 책의 출간에 직접적으로 도움을 준 분들께도 감사의 뜻을 표한다. 세종사이버대학교 산업안전공학과 최재광 교수는 이 책의 원고를 꼼꼼하게 읽고 오탈자, 어색한 문장 등을 교정해 주었다. 필자가 새 책을 내거나 책을 개정할 때마다 매번 자신의 일처럼 헌신적으로 도와주는 최 교수에게 감사할 따름이다. 법무법인 대륙아주의 김영규 변호사님께서는 오랜 검사 생활을 바탕으로 수사기관의 자의적 법집행을 최소화하고 법해석을 둘러싼 큰 혼란을 줄이기 위해서는 법리에 충실한 해설서가 반드시 필요함을 강조하면서 필자에게 해설서를 집필할 것을 거듭 권유하였다. 김 변호사님의 조언과 예리한 코멘트가 없었다면 아마 이 책이 세상에 나오지 못했을 것이다. 이 자리를 빌려 진심으로 감사 인사를 드린다. 끝으로 일년 중 가장 바쁜 시기임에도 발간 일정에 맞추어 훌륭하게 책을 편집해 준 중앙경제 이지훈 과장님께도 고마움을 전한다.

2022년 2월

정 진 우

목 차

제2장 영국 법인과실치사법 사례 분석 및 시사점

제3장 중대재해처벌법 해설

제4장 중대재해처벌법의 주요 쟁점

제5장 중대재해처벌법 시행령의 주요 쟁점

찾아보기

[칼럼]

[참고]

제1장

중대재해처벌법의 입법 취지 및 특성

Ⅰ. 중대재해처벌법의 입법 배경

Ⅱ. 중대재해처벌법의 공식적 제정 이유

Ⅲ. 중대재해처벌법의 제정 과정

Ⅳ. 중대재해처벌법의 위상 및 영향

YouTube 영상으로 확인하세요!

CPBS 뉴스 인터뷰

KBS 사사건건 플러스

I. 중대재해처벌법의 입법 배경

1. 개설

‘중대재해 처벌 등에 관한 법률’(이하 ‘중대재해처벌법’이라 한다)의 제정 배경으로는 그 주장의 옳고 그름을 떠나, 그간 노동·시민단체 등을 중심으로 산업안전보건법 등 기존 안전보건관계법으로는 경영책임자, 특히 대기업의 경영책임자에 대한 처벌이 제대로 되지 않아 왔고, 중대재해를 발생시킨 책임자에 대한 처벌수준이 매우 낮다는 인식이 강하게 작용한 것으로 보인다. 심지어는 산업안전보건법으로는 아예 경영책임자를 처벌할 수 없다는 명백히 사실과 다른 주장까지 중대재해처벌법을 제정하는 측에서 제기되기도 했다.[1)]

그러나 법정형으로 보면 우리나라가 영국을 제외하곤 재해예방선진국에 비해 처벌수준이 낮은 것은 결코 아니었고, 산업안전보건법에 의해 중소기업의 경우 대부분 경영책임자들이 처벌되어 왔으며, 대기업의 경우에도 임원급이 적지 않게 기소되어 왔다. 다만, 대기업의 경우 본사의 경영책임자를 처벌하는 데 있어 산업안전보건법 구성요건, 벌칙체계의 엉성함 및 위법사실에 대한 증거 부족 등으로 인해 처벌이 거의 이루어지지 않은 점은 있었다. 즉, 산업안전보건법으로 대기업의 경영책임자에 대한 형사처벌이 거의 이루어지지 않은 것은 산업안전보건법 구성요건, 벌칙체계의 문제

1) 고용노동부조차 대기업의 경우 산업안전보건법으로는 경영책임자를 처벌할 수 없는 것처럼 주장하여 왔고, 몇 년 전부터 실제 그렇게 집행해 왔다. 산업안전보건법 집행기관인 고용노동부가 산업안전보건법의 원리에 대한 기본적인 지식조차 가지고 있지 않다는 것을 방증하고 있다는 점에서 우려하지 않을 수 없다. 고용노동부의 이러한 무지와 직무태만이 중대재해처벌법의 제정을 불러온 측면이 크다.

및 수사능력의 부족 등에 기인하는 것이지 산업안전보건법의 태생적 문제는 아니다.

한편, 영국이 사망재해가 적게 발생하는 것은 2007년에 법인과실치사법(Corporate Manslaughter and Corporate Homicide Act 2007)[2]이 제정되었기 때문이라는 주장도 중대재해처벌법의 제정을 찬성하는 측에서 제정의 당위성으로 내세운 근거 중의 하나였다. 그러나 영국은 법인과실치사법 제정 훨씬 이전부터 사망재해가 적었던 것이지 법인과실치사법 제정 때문에 급격히 적어진 것은 결코 아니다. 영국의 사망재해가 적은 것은 산재예방행정시스템의 선진성에 기인하는 바가 크다는 것이 일반적인 시각이다.

중대재해처벌법의 특징은 처벌수준이 매우 높다는 점 외에도 보호 대상이 매우 넓다는 점이다. 도급, 용역, 위탁 등을 주는 측에 자사 근로자뿐만 아니라 자사에 노무를 제공하는 특수형태근로종사자, 1인 사업자, 그리고 도급계열에 있는 타사 근로자, 나아가 타사가 의뢰한 특수고용형태종사자, 1인 사업자에 대해서도 안전보건조치를 행할 의무가 부과되어 있다. 종전의 산업안전보건법 등 안전보건관계법보다 보호 대상이 훨씬 넓다는 것을 알 수 있다. 중대재해처벌법 제정을 찬성하는 측에서는 근로자와 일부 특수형태근로종사자 외의 다른 노무제공자들은 산업안전보건법 등 어느 안전보건관계법에 의해서도 보호 대상에 포함되어 있지 않다는 이유로 이들에 대해서도 중대재해처벌법의 보호 대상에 포함시킬 필요가 있다고 주

2) 우리나라에서는 노동 · 시민단체와 일부 학자를 중심으로 이 법의 명칭을 '기업살인법' 또는 '기업과실치사 및 기업살인법'(밑줄은 필자)으로 부르고 있는데, 이는 이 법의 목적 · 내용과 영국 형법에서의 Manslaughter, Homicide의 의미에 대한 이해 부족에 기인한다. 이 법의 구성요건이 중대한 '과실'에 의해 사망에 이르게 한 경우로 규정되어 있고, 영국 형법에서 Manslaughter, Homicide는 살인 이외에 과실치사의 의미로도 사용되며, 나아가 이 법의 취지와 목적을 감안하면, '법인과실치사법'(밑줄은 필자)으로 번역하는 것이 타당하다.

장하였다. 그러나 이 주장 또한 사실과 부합하지 않는다. 이들에 대해서는 산업안전보건법 등 행정법의 보호 대상에는 포함되어 있지 않았지만, 형법의 과실치사상 또는 업무상과실치사상으로부터의 보호 대상에는 포함돼 있었기 때문이다. 비교법적으로 볼 때 근로자가 아닌 자를 행정법으로 보호할지 형법으로 보호할지에 대해서는 국가마다 차이가 있다.

이와 같이 중대재해처벌법 제정을 주장하는 측의 주장은 사실과 다른 부분이 적지 않았다. 그럼에도 불구하고 중대재해처벌법안은 노동・시민단체의 강한 압력과 정치권의 정치적 논리에 의해 본회의 통과 일정을 못 박은 상태에서 관계전문가의 참여 없이 졸속으로 심의・처리되고 말았다.

한편, 중대재해처벌법은 상시 근로자 5명 미만 사업 또는 사업장에 대해선 법적용에서 아예 제외하고 상시 근로자 50명 미만 사업 또는 사업장에 대해선 공포 후 3년간 적용이 유예되었다. 우리나라의 사고성 사망재해의 약 80%가 상시 근로자 50명 미만 사업 또는 사업장에서 발생하는 사실을 감안할 때,[3] 정작 적용되어야 할 사업 또는 사업장이 법적용에서 제외되는 모순이 발생하고 있다. 중대재해처벌법 자체의 당부를 떠나 법적용 문제만을 논리적으로 따져보면, 법규의 요구수준을 전체적으로 낮추거나 일부조항을 적용 제외하는 방식으로 모든 사업 또는 사업장에 적용하는 것이 타당하다.

중대재해처벌법이 다분히 대기업을 염누에 두고 제정된 결과, 이 법이 중소기업에 대해 얼마나 규범력을 가질 수 있을지에 대해서도 많은 의문이 있다. 형사처벌, 특히 강한 형사처벌이 수반되는 행정법규의 경우 규범력을 확보하고 범법자를 양산하지 않기 위해서는, 사회적으로 평균 정도의 규모에 해당하는 수범자에 초점을 맞추는 것이 필요하지만, 중대재해처벌법은

3) 고용노동부, 『산업재해 현황분석』, 각 연도.

이를 충분히 고려하지 않았다.[4)]

칼럼 포퓰리즘 입법의 태생적 한계와 보완방향[5)]

연말연시를 뜨겁게 달구었던 '중대재해 처벌 등에 관한 법률'(중대재해처벌법)이 우여곡절 끝에 제정되었다. 경영책임자, 기업 등에게 큰 영향을 미치는 법, 그것도 쟁점이 매우 많았던 제정법을 일정을 못 박아 놓고 번갯불에 콩 볶듯 졸속 심의를 했다. 엉성한 법이 탄생하는 것은 예고된 것이나 다름없었다.

우리나라에서 중대재해가 많은 가장 큰 이유가 처벌이 낮기 때문이라는 생각부터가 사실관계와 달랐다. 중대재해처벌법 제정 이전부터 우리나라의 법정형은 재해예방선진국과 비교할 때 결코 낮은 편이 아니었음에도, 중대재해가 많은 본질적인 이유는 외면한 채 처벌만 강화하면 이 문제가 해결될 듯이 주장했다.

우리나라에 경영책임자를 처벌할 수 있는 법이 마치 없는 것처럼 여론을 호도한 대목에서는 법 제정의 진정성을 의심케 한다. 기존법의 벌칙체계를 정교하고 효과적으로 개선하려는 조치와 예방행정시스템을 혁신하려는 노력은 하지 않고 이러한 조치와 노력의 해태를 가리려는 수단으로 중대재해처벌법을 들고 나왔다.

잘못된 인식과 진정성이 결여된 의도로 출발한 입법이 올바른 내용을 담고 있을 리 없다. 법사위 심의과정에서 문제점이 다소 수정되긴 했지만, 발의안에 워낙 문제가 많았던 터라 법리, 안전원리 및 실효성의 면

---

4) 우리나라의 사고성 사망재해 발생상황을 사업장 규모별로 보면, 300명 미만 사업장에서 약 95%가 발생하고 있다(고용노동부, 『산업재해 현황분석』, 각 연도). 이 점을 감안하면 법정책이 어느 규모의 사업장(기업)에 초점이 맞춰져야 하는지는 자명하다고 할 수 있다.

5) 정진우, KEF e매거진, 2021.2.4

에서 여전히 많은 문제점을 갖고 있다. 문맥이 맞지 않거나 상호 모순되는 용어, 표현도 곳곳에서 발견된다.

무엇을 해야 할지를 집행기관의 자의적 판단에 맡기는 법, 도저히 지킬 수 없는 사항을 규정해 놓고 이를 위반할 경우 처벌하겠다고 하는 법을 우리는 악법이라고 부른다. 중대재해처벌법은 이 악법 기준에 딱 들어맞는다. 악법의 문제는 수범자에게 언제든지 처벌될 수 있다고 잔뜩 겁을 주지만 실질적 효과는 거두지 못한다는 것이다.

독일의 법학자 벨첼(Welzel)은 "법치주의는 불명확한 형벌규정을 통해 무너진다"고 역설하였다. 지나친 형벌을 규정하는 법도 문제이지만 이보다 무서운 것이 이현령비현령식의 해석이 될 수 있는 불명확한 법이다. 중대재해처벌법은 이 자의적 법집행에 날개를 달아주었다. 법집행기관에게는 참으로 편리한 법이 만들어진 셈이다.

특히 경영책임자에게 애매하고 모호한 안전확보의무를 부과하면서, 그것도 어디에서부터 어디까지를 경영책임자가 조치해야 하는지 어느 누구도 알 수 없는 상태이다. 이런 식의 규정으론 경영책임자를 공포에 떨게 하면서 '군기'는 잡을 수 있을지 모르겠지만, 실제 중대재해를 줄일 수 있을지는 의문이다.

강도, 절도, 폭행과 같은 자연범과 달리 행정범에 대해선 명확하게 규정해야 수범자에게 재해예방을 위한 행동기준으로 작용할 수 있다. 특히 형벌이 강할수록 명확하게 규정되어야 한다. 그런데 중대재해처벌법은 준법의지가 있는 경영책임자, 나아가 전문가라도 안전조치를 어떻게 이행해야 할지 행위유형의 실질을 파악할 수 없는 규정이 수두룩하다.

중대재해처벌법은 경영책임자에게 현실적으로 불가능한 것을 하라고 강제하고 있는 부분도 적지 않다. 안전조치의무라는 건 전 계층에 의해 이행될 수 있는 것임에도, 경영책임자가 이를 직접 다 이행하라는 식으로 규정하고 있는 것은 안전원리에 맞지 않을 뿐만 아니라 과잉금지의 원칙에도 반한다.

불법의 정도, 비난가능성 등의 측면에서 산업안전보건법보다 강하게 처벌할 규범적 근거가 없는데도 산업안전보건법보다 훨씬 강한 형벌을 규정하고 있는 건 형벌체계의 정당성과 균형을 상실한 것으로서 평등의 원칙에 위반된다.

도급, 용역, 위탁과 관련해서는, '위험의 외주화'라는 프레임에 갇혀 원청에게 하청 종사자에 대해 형사책임에서는 허용되지 않는 위험책임, 연대책임, 대위책임을 부과하고 있다. 자기책임의 원칙에 위배된다. 최상위 원청에게만 하청 종사자 보호를 위해 작업행동에 대한 조치를 포함하여 모든 차원의 조치를 직접 하도록 하는 식의 불합리하고 거친 규제로는 하청문제를 풀 수 없다. 소문난 잔치에 먹을 게 없는 거나 진배없다.

이처럼 중대재해처벌법에 위헌 소지가 많고 안전원리에 맞지 않는 부분이 많다는 것은 이 법이 실효성보다는 보여주기에 급급한 또 하나의 무책임한 포퓰리즘 입법임을 보여주는 증좌이다. 수범자의 입장은 고려하지 않고 오로지 처벌만이 강조되고 있는 이유이기도 하다. 이런 접근으로는 중대재해를 줄이기는커녕 사회적 비용과 혼란만 증가시킬 뿐이다.

시스템 개선 없는 생색내기 입법이 중대재해 감소에 도움이 되기는커녕 걸림돌이 될 수 있다는 점을 방증하는 수치가 최근 발표됐다. 코로나로 취업자수가 외환위기 이후로 가장 많이 감소한 상황 속에서 지난 해 산재사망자수가 27명이 증가한 것으로 잠정 집계되었다. 처벌을 대폭 강화한 '김용균법' 시행 후의 성적이어서 처벌강화가 중대재해에 어떤 영향을 미치는지를 실증적으로 보여준 것이기도 하다. 막무가내로 김용균법을 밀어붙였던 정치권 등은 이 수치 앞에서 뭐라고 할 것인가. 그때도 그 법이 통과되면 원하청문제 등이 해결될 듯이 강변하지 않았는가.

중대재해처벌법 제정을 빌미로 산재예방시스템은 개선하지 않고 산재예방행정인력을 또 늘리는 꼼수를 부릴 수도 있는 점도 우려되는 지점이다. 그간에도 현 정부는 행정인력을 늘리는 손쉬운 방법에만 의존해 온 터라 이런 의심이 들 수밖에 없다. 우리나라는 근로자수를 감안할 때 선진국 어느 나라와 비교해도 행정인력이 부족하지 않다. 미국보다 6배 이상 많고 일본보다도 4배 이상 많은 상태다. 이 상태에서 시스템 개선 없이 인력증원이라는 헛물을 켠다면 성과 없이 행정비용만 잔뜩 늘렸다는 역사적 평가에서 결코 자유롭지 못할 것이다.

중대재해처벌법은 하위법령으로 위임한 사항도 매우 적은 상태이다. 그래서 하위법령에서 상세히 규정하는 것만으로는 위헌 소지, 실효성 등의 문제를 해결하기에 많은 한계가 있을 수밖에 없다. 그러기에는 문제가 차고 넘치는 데다가 태생적이고 근본적이다. 하위법령 제정이 미봉책이 될 수밖에 없는 이유이다. 명분으로 내건 입법취지를 살리기 위해서라도 법을 전면 개정하는 방법 외에는 달리 뾰족한 수가 없다. 국회가 자율적으로 문제해결에 나서지 않으면, 위헌소송이라는 타율적 방법에 의해 문제해결이 도모될 것 같다. 어느 길을 택할 것인가.

2. 시민 · 노동단체의 역할

2018년 충남 태안 화력발전소에서 작업 중 사망한 고 김용균 씨의 어머니인 김미숙 김용균재단 이사장이 2020년 8월 26일 안전한 일터와 사회를 위한 '중대재해기업처벌법' 제정에 관한 입법청원을 제기(등록)하여 9월 22일 10만명의 동의를 얻음에 따라 국회 소관 상임위(법제사법위원회)에 회부되었다.[6)]

6) 이하는 '중대재해기업처벌법 입법청원안'을 그대로 참조하였다.

가. 청원의 취지

전태일 이후 50년 동안 달라지지 않은 일터, 노동자 시민의 반복되는 죽음을 막고 안전한 일터와 사회를 위한 "중대재해기업처벌법" 제정이 필요하다. 노동자, 시민의 중대재해에 대해 기업의 경영책임자, 원청, 발주처 등 진짜 책임자를 처벌해서 기업이 법을 지키도록 하고 실질적인 개선을 하도록 한다. 세월호 참사, 가습기 살균제 참사 등 다중이용시설, 제조물의 사용과정에서 발생한 중대재해에 대해 기업 및 공무원의 실질적인 책임자를 처벌한다.

나. 청원의 이유 및 내용

코로나19 상황에서 한국의 K-방역이 신뢰를 받고 있지만 지금도 코로나19 사망의 8배가 넘는 2,400명의 노동자가 매년 산재로 사망하고 있다. 제 아들 용균이도 현장에 안전장치 하나 없이 비정규직 하청 노동자로 일하다 죽었다. 50년 전 전태일 노동자가 '우리는 기계가 아니다'라고 외쳤지만 일터는 달라지지 않았다. 노동 현장뿐만 아니라 2003년 대구지하철, 2014년 세월호 참사, 가습기 살균제 참사까지 시민들의 재난 참사도 반복되어 왔다.

사업장 90%가 법을 위반하고 산업안전보건법 범죄 재범률이 97%라고 하는데 여전히 중대재해를 일으킨 기업은 고작 벌금 450만원에 솜방망이 처벌뿐이다. 2008년 이천 냉동창고에서 40명의 건설노동자가 죽었지만 기업의 벌금은 노동자 1명당 50만원에 불과했고, 결국 2020년 한익스프레스 이천 물류창고 현장에서 또다시 38명의 노동자가 죽었다. 원청인 재벌 대기업은 위험을 외주화해서 하청 노동자가 사망해도 하청업체만 처벌받을 뿐 아무런 책임도 지지 않는다. 용균이도 원청이 정한 업무수칙을 다 지키면서 일했지만, 사고 이후 원청은 아무런 책임도 지지 않았다. 대구지하철 참사도 기관사만 처벌받았고, 세월호, 가습기 살균제도 책임자들은 처벌은 커녕 기소조차 되지 않았다. 말단 관리자와 노동자만 처벌하는 꼬리 자르기식 처벌로는 기업의 재발방지를 위한 개선을 강제할 수 없다.

저는 또다시 용균이와 같이 일터에서 억울하게 산재로 사망하는 노동자가 없기 위해서는 중대재해기업처벌법이 제정되어야 한다고 생각한다. 중대재해기업처벌법은 노동자 시민의 안전과 생명을 보호해야 할 의무를 다하지 않는 기업과 기업의 책임자를 처벌하는 법이다. 기업을 제대로 처벌해야 노동자 시민의 안전과 생명을 보호하기 위한 대책을 만들고 강제할 수 있을 것이다. 반복되는 노동자 시민의 죽음은 명백한 기업의 범죄이다. 중대재해기업처벌법 제정으로 기업과 기업의 책임자를 제대로 처벌하고 죽지 않고 일할 권리라는 너무나 당연한 권리가 보장되는 사회가 되길 바란다.

아래의 내용이 담긴 중대재해기업처벌법이 제정되어야 한다.

◦ 노동자, 시민의 중대재해에 대해 기업의 경영책임자, 원청, 발주처 등 실질적인 책임자를 처벌해서 기업이 법을 지키고 실질적인 개선을 하도록 한다.
◦ 다단계 하청 노동자, 특수고용 노동자의 중대재해도 실질적인 책임이 있는 원청을 처벌한다.
◦ 세월호 참사, 가습기 살균제 참사 등에 대한 다중이용시설, 제조물의 사용과정에서 발생한 중대재해에 대해 기업의 실질적인 책임자를 처벌한다.
◦ 불법 인허가, 관리감독 소홀로 인한 중대재해에 대한 공무원 및 공무원 책임자를 처벌한다.
◦ 고의적이거나, 반복해서 법을 위반하는 경우 등에는 징벌적 손해배상을 도입한다.

칼럼 갈림길에 선 산재예방 정책[7]

지난 4월 29일에 발생한 이천 냉동창고 사고를 계기로 소위 '중대재해기업처벌법' 제정 움직임이 급물살을 타고 있다. 문제는 법안 내용의 타당성에 대해서는 묻지 않고 기업에 대한 처벌을 강하게만 하면 산업재해 문제가 쉽게 해결될 수 있을 것이라는 생각이 근저에 강하게 깔려 있다는 점이다. 약한 처벌이 우리나라의 많은 사망사고 발생의 주범이라는 생각이다. 과연 그럴까. 우리보다 낮은 처벌수준으로도 훌륭한 사망사고 성적을 거두고 있는 독일이나 일본을 보면, 이 주장에 논리적 비약이 있다는 점을 쉽게 알 수 있다.

중대재해기업처벌법 제정을 주장하는 사람들은 그 모델로 영국의 '법인과실치사법'을 꼽고 있다. 문제는 적지 않은 사람들이 영국의 법인과실치사법의 제정 효과에 대해 사실 확인도 하지 않은 채 과장하고 있다는 점이다. 영국 내부에서는 이 법의 시행 전후로 크게 달라진 것은 없다는 차분한 평가를 하고 있는데도 말이다. 과학은 없고 주장만 넘쳐 나는 형국이다. 우리나라의 안전에 관한 접근방법과 실력의 한 단면을 보는 것 같아 못내 씁쓸하다.

영국의 사망사고 발생률이 크게 낮은 것이 주로 법인과실치사법의 영향인 것처럼 말하는 주장은 사실과 다르다. 영국은 법인과실치사법 제정 이전부터 사망사고 발생률이 낮았고 꾸준히 감소돼 온 것이지 이 법 제정 이후에 본격적으로 낮아진 것이 아니다. 감소폭으로 보면 오히려 법인과실치사법 제정 이전보다 줄어든 것으로 나타나고 있다.

영국의 산재예방제도에서 배워야 할 것은 강한 처벌 수준만이 아니라 오히려 선진적인 산재예방행정시스템이다. 두 가지를 패키지로 도입하

7) 정진우, 월간 노동법률, 2020년 6월호(Vol. 349).

지 않고 입맛에 맞는 처벌 수준만을 맥락 없이 도입하는 것은 파편적인 접근방법이나. 수범자가 법을 잘 준수하기 위한 기반을 구축하는 일은 소홀히 한 채 처벌을 강화하는 것만으로는 대부분의 기업을 범법자로 만들 뿐이고 사망사고를 줄이는 효과도 거두기 어렵다.

또한 선진적인 산재예방행정시스템을 구축하려는 노력은 하지 않고 처벌을 강화하는 일에만 몰두하는 것은 정부가 스스로의 책임은 다하지 않으면서 수범자에게 책임을 전가하는 무책임한 처사다. '엄벌주의'를 정치사조로 이야기하면 '신자유주의 이데올로기'로 분류되는 이유다.

영국에서 법인과실치사법으로 처벌된 것은 대부분 중소기업이고 대기업에 대한 처벌 사례는 단 한 건뿐이라는 사실에도 주목할 필요가 있다. 중대재해기업처벌법이 제정되면 이 법의 실제 적용 대상자는 대부분 중소기업일 가능성이 크다는 점을 시사한다. 따라서 법의 준수 여건을 강화하려는 노력이 반드시 선행되거나 최소한 병행돼야 한다. 그렇지 않으면 법의 의도와는 달리 중소기업 중심으로 무더기로 처벌되고 중소기업에 큰 타격을 입히는 법이 될 공산이 매우 크다.

법치주의에서는 처벌수준을 높이는 것보다 더 중요한 것이 구성요건을 정교하게 규정하는 것이다. 구성요건을 정교하게 규정하지 못한 상태에서 처벌 수준을 높이면, 수범자 입장에서 어떠한 행위를 해야 하는지 예측할 수 없게 만들고 과도한 처벌로 받아들여지기 쉽다. 형벌권의 남용 또는 과도한 형벌은 그 자체가 하나의 악이요, 국가에 의해 저질러지는 범죄라는 인식이 있어야 한다.

특히 준법의지가 강한 기업조차 도저히 지킬 수 없는 법을 만들어 놓고 이것을 안 지킨다고 처벌하는 것, 그것도 엄벌에 처하는 것은 국가에 의한 권력 남용이자 횡포다. 그런데 안전 분야에서는 정치인, 정부관계자부터 이러한 인권 의식이 매우 빈약하다. 그렇다 보니 제반 사정은 고려하지 않고 무작정 처벌을 강화하는 것이 정의로운 것인 양 착각하고 있는 사람들이 적지 않다.

무엇보다 구성요건이 허술하게 규정돼 있으면 소송으로 갈 경우 무죄로 판결되거나 솜방망이 처벌이 될 가능성이 크다. 구성요건이 허술하면 검찰과 법원이 아무리 강한 의지를 가지고 있어도 스스로 법치주의를 무시하지 않는 이상 피의자를 엄벌에 처하는 데 한계가 있을 수밖에 없다. 대형사고가 발생할 때마다 정치권과 행정기관에서 녹음테이프 틀어놓은 듯 반복되는 엄정처벌의 주장이 구두선으로 끝나는 이유가 여기에 있다. 허술한 구성요건 문제를 해결하지 않는 이상 약한 처벌은 앞으로도 크게 달라지지 않을 것이다.

"최선의 형사정책은 사회정책이다." 20세기 세계적으로 유명한 독일의 형법학자인 프란츠 폰 리스트의 말은 안전 분야에서도 그대로 적용돼야 하는 경구이다. 지금이야말로 어느 때보다 안전 분야의 사회정책에 해당하는 재해예방정책을 개선할 수 있는 좋은 기회다. 재해예방정책의 철학 또는 접근방법에 대한 선택지를 앞에 두고, 우리 사회는 힘겹고 다소 더디지만 시스템 개혁을 할 것인가, 반짝 효과를 기대하고 가장 손쉬운 엄벌주의를 택할 것인가의 갈림길에 서 있다. 훗날 역사가 어떻게 평가할 것인지를 의식한다면 선택은 자명하다.

3. 국회의원 발의안

가. 강은미 의원안 제안이유(2020.6.11. 제안, 2020.6.16. 회부)

세월호 참사 및 가습기살균제 피해, 구의역 스크린도어 사망사고, 석탄화력발전소 김용균 사망사고, 이천 물류센터 화재참사, 광주 파쇄기 협착 사망사고 등 노동자와 시민의 안전 또는 보건상 위해 사고가 끊이지 않고 있다.

오늘날 대부분의 대형재해 사건은 특정한 노동자 개인의 위법행위의 결과가 아니라 안전을 위협하는 작업환경, 기업 내 위험관리시스템의 부재, 안전을 비용으로 취급하는 이윤 중심의 조직문화, 재해를 실수에 기인한 사고로 간주해버리는 사회인식 등이 복합적으로 작용한 결과이다.

이 같은 중대재해를 예방하기 위해서는 중대재해가 개인의 실수에 의한 사고가 아니라 위험을 제대로 예방하고 관리하지 않았기 때문에 발생하는 '기업범죄'임을 인식하게 하고, 기업이 사망 등 중대재해가 발생했을 때 부담해야 할 사고처리비용이 예방을 위한 투자비용을 압도하도록 만들어야 한다. 이를 통해 기업 등이 경제적·조직적·제도적으로 철저히 안전관리를 하도록 유도하는 입법이 필요하다.

그러나 현대 기업의 특성상 안전관리는 다양한 직급으로 세분화되어 있고 책임을 아래로 위임하는 구조를 이루고 있기 때문에 결정권자인 경영책임자에게 산업안전보건법상의 책임과 형법상 업무상과실치사죄를 적용하는 데에도 상당한 어려움이 있어 중대재해가 발생하더라도 안전관리의 주체인 법인과 결정권자인 경영책임자에게 현행법상 형사책임을 묻기 어렵다. 따라서 대부분의 재해사건은 일선 현장노동자 또는 중간관리자에게 책임을 묻고 가벼운 형사처벌을 내리는 것으로 미봉되어 버린다.

법인의 경우, 산업안전보건법 등 개별법에 과태료나 벌금 부과 규정이 존재하지만 이들 규정은 애초 인명피해에 대한 처벌을 예정한 규정이 아니어서 중대재해 발생 시 벌금액조차 피해에 비해 극히 과소한 형편이다. 2013년부터 2017년까지 5년간 산업안전보건법을 위반한 법인에 선고된 평균 벌금액은 약 448만원 수준이다. 또한 김용균 사망 이후 전면 개정된 산업안전보건법의 시행에도 불구하고 재해사고로 인한 인명피해는 크게 개선될 기미가 보이지 않고 있다.

나아가, 기업의 안전의무 위반으로 인한 재해사고에는 '관피아'로 불리는 공무원의 의식적 직무 방임이 수반되는 경우가 빈번하고 감독의무 또는 인・허가 권한을 가진 공무원이 직무를 게을리하거나 의무를 위반하여 그 결과로 재해사고가 발생하더라도, 현행법의 해석을 통해 형사책임을 물은 사례는 찾아보기 어렵다.

이와 같은 현행 형사법 체계는 기업의 안전관리시스템을 관할하고 지배하는 경영책임자가 재해의 위험을 평가 절하하도록 유도하는 등 결국 사회 전체적으로 재해사고의 위험이 높아지는 결과를 가져온다. 영국・캐나다 등 여러 해외국가에서는 이러한 현실을 반영해, 인명사고에 대해 경영책임자와 기업의 형사책임을 묻는 '기업살인법'[8]을 도입하고 중대재해 발생 시 기업의 운영에 실질적인 영향을 미칠 수 있는 징벌적 손해배상을 제도화하고 있다.

이에 기업 등이 사업장이나 불특정다수의 시민이 이용하는 시설 등에 대한 위험방지의무를 위반하거나 위험한 원료 및 제조물을 취급하면서 안전관리・보건위생상 조치의무를 위반하여 인명사고가 발생한 경우, 해당 사업주와 경영책임자 및 기업 그 자체에 대한 형사책임, 감독 또는 인・허가 권한이 있는 공무원에 대한 형사책임, 나아가 기업 등에 대한 징벌적 손해배상책임을 물을 수 있는 특별법을 제정하여 헌법이 보장하는 노동자 및 시민의 안전권을 확보하고, 기업의 조직문화 또는 안전관리시스템 미비로 인해 일어나는 중대재해사고를 사전에 방지하려는 것이다.

나. 박주민 의원안 제안이유(2020.11.12. 제안, 2020.11.13. 회부)

우리나라의 산업재해로 인한 연간 노동자 사망 수는 연 2400여명, 하루 7명에 달하는 것이 현실이다. 2017년 현대중공업 아르곤 가스 질식 사망사

8) 전술한 바와 같이 '기업살인법'은 잘못 번역된 표현이다.

고, 2018년 한국서부발전 태안화력발전소 압사사고, 2020년 38명의 목숨이 희생된 한익스프레스 물류창고 건설현장 화재시고, 삼표시멘트 컨베이어벨트 사망사고, 폐자재 재활용품 파쇄기 사망사고 등의 산재와 가습기 살균제 사건 및 4·16 세월호 사건 등과 같은 사회적 참사 사건 등 산업재해 사건 및 시민재해 사건은 지난 수십 년간 고질적인 한국 사회의 문제로 지적되어 왔다.

위와 같은 대형재해 사건은 특정한 노동자 개인의 위법행위의 결과가 아니라 기업 내 위험관리시스템의 부재, 안전불감[9] 조직문화 등이 복합적으로 작용한 결과이다. 이를 예방하기 위해서는 기업 내 조직적·제도적 안전조치가 설계되고, 위반시 형사처벌이 가능하게 함으로써 죽음을 예방하는 최소한의 안전장치가 마련되어야 할 것이다.

현행법에 따르면 재해사고가 발생하더라도 안전관리의 주체인 경영자에게 형사책임을 묻기 어렵다. 현대 기업의 특성상 안전관리는 다양한 직급에서 구조적으로 이루어지기 때문에, 형법상 업무상과실치사죄의 적용이 까다롭다. 따라서 대부분의 재해 사건은 일선 현장 노동자 또는 중간관리자에게 가벼운 형사처벌을 내리는 결론에 그친다. 법인의 경우, 산업안전보건법 등 개별법에 과태료나 벌금 부과규정이 존재하기는 하나, 이들 규정은 인명피해에 대한 처벌을 예정한 규정이 아니어서 벌금액이 피해에 비해 매우 낮은 형편이다.

이에 기업 등이 불특정다수의 시민이 이용하는 시설에 대한 안전관리·보건조치의무를 위반하거나, 위험한 원료 및 제조물을 취급하면서 위험 방

9) '안전불감증'이라는 말이 우리 사회에서 많이 사용되고 있는데, '안전불감증'은 의미적으로 잘못된 표현이다(말하고자 하는 의도와 정반대의 의미를 가지고 있다). '위험불감증(insensitivity to danger)'이 맞는 표현이다.

지 의무를 위반하여 인명사고가 발생한 경우, 해당 기업의 사업주와 경영책임자 및 기업 자체에 대한 형사책임을 묻는 법을 제정하여 헌법이 보장하는 시민의 안전권을 확보하고, 기업의 조직문화 또는 안전관리 시스템 미비로 인해 일어나는 중대재해사고를 사전에 방지하려는 것이다.

다. 임이자 의원안 제안이유(2020.12.1. 제안, 2020.12.2. 회부)

2008년 이천 물류냉동창고 화재 참사로 40명이 사망하여 정부가 대책을 발표하였음에도 2020년 이천 물류센터 화재참사로 38명이 사망하는 등 유사한 산업 안전 및 보건 의무위반으로 인한 중대 재해 사망・상해 사고가 계속해서 발생하고 있다.

또한 불특정다수의 시민이 이용하는 시설에 대한 안전관리・보건조치 의무를 위반하거나 제조물 취급에 있어 위험방지의무를 위반하여 인명사고가 발생하였을 경우 죽음을 예방하는 최소한의 안전장치가 마련되어야 할 것이다.

한편, 중대재해 사망사고가 발생될 때마다 형량에 대한 문제가 제기되고 있으나, 현행 산업안전보건법에 따른 산업안전・보건 범죄에 대한 처벌이 사고 예방을 위한 수단이라는 측면에서 그 형량이 비교적 낮은 편이다.

일례로, 2013년부터 2017년까지의 산업재해 상해・사망 사건의 형량분석에 따르면 6개월 이상 1년 미만 징역형이 46.9%, 2년 이상 징역형은 9.4%로 나타났고, 벌금형의 경우 1백만원 이상 5백만원 미만이 전체 46.5%, 3천만원 이상의 경우는 0.2%이다.

그러나 다수 사상자가 발생하는 중대재해는 사업주의 관리 소홀, 부실한 안전관리체계가 원인이고 이들의 관리 소홀과 부실한 관리체계를 방치하는 사업주와 기업에 대한 낮은 처벌은 사업주와 기업이 산업안전・보건의무를 방치하도록 유도하는 측면이 있다.

따라서 특별법을 통하여 중대재해에 대한 사업주와 기업에게 안전 및 보건 의무를 부담하게 하고, 이들 의무를 위반하여 노무를 제공하는 자와 시민을 사망 또는 상해에 이르게 한 사업주와 기업에게 강도 높은 책임을 지우도록 하여 중대재해 예방효과를 높이려는 것이다.

라. 기타 의원안 제안이유

박범계 의원안(2020.12.14. 제안, 2020.12.15. 회부)은 사업주 등이 이행하여야 하는 안전 또는 보건 관련 의무의 내용을 다소 구체적으로 명확히 규정하고, 안전·보건조치 등 의무를 위반하여 발생한 중대산업재해 등에 대한 범죄의 입증을 형사소송의 대원칙에 따라 검사가 하여야 한다는 측면에서 박주민 의원안 중 인과관계의 추정 규정을 삭제하는 내용이고, 이탄희 의원안(2020.11.17. 제안, 2020.11.18. 회부)은 박주민 의원안에 양형절차 조항을 추가 정비한 것에 불과한 내용으로서, 이 두 의원의 제안이유는 기본적으로 위 세 의원안과 궤를 같이하고 있다.

칼럼 고전으로 바라본 엄벌만능주의 안전법[10)]

"훌륭한 입법자는 죄에 대해 벌하기보다 그것을 예방하는 일에 힘쓰고, 신체형을 가하기보다 양속이 뿌리내리도록 하는 일에 노력할 것이다." 일찍이 몽테스키외가 법사상의 성서라고 불리는 '법의 정신'에서 역설한 경구이다. 문재인 정부 들어 시스템 개선보다는 엄벌로 치닫고

10) 정진우, 전기신문, 2021.7.12.

있는 안전법규를 보면서 정부에 무엇보다 알려주고 싶은 말이다.

엄벌을 중요한 수단으로 삼고 있는 중대재해처벌법으로 대표되는 우리 사회의 엄벌만능주의 경향을 어떻게 바라보아야 할까. 근대형법의 금자탑이라고 평가받는 고전에서는 이 엄벌만능주의를 과연 어떤 시각으로 평가했을까.

몽테스키외는 규범 준수의 기강이 느슨해지는 원인은 범죄를 처벌하지 않은 결과이지 형벌을 경감한 결과가 아니라고 하면서 엄벌만능주의의 경향에 경종을 울렸다. 이는 규범 준수를 담보할 것으로 기대되는 요소로 더 큰 비중을 차지하는 것은 제재의 '강도'가 아니라 제재의 '개연성'이라는 것임을 말해 준다.

이 점에 대해서는 근대적 형사법제의 토대가 된 벡카리아의 '범죄와 형벌'에서도 "범죄를 예방하는 가장 효과적인 방법은 형벌의 잔혹성이 아니라 형벌의 확실성에 있다."며 유사한 주장을 한 바 있다.

엄벌만능주의에 대한 몽테스키외의 비판은 여기서 그치지 않는다. "권위주의 정부는 불편한 일이 생기면 그 일을 교정하고자 종전의 법을 집행하는 대신에 그 해악을 막을 가혹한 형벌을 새로 만든다. 그로 인해 정부는 힘을 낭비하고 국민들은 금세 그 무거운 형벌에 익숙해져 예전의 가벼운 형벌 정도로 느끼게 된다. 벌에 대한 공포는 점점 줄어들기 때문에 끊임없이 더 무거운 벌을 제정하지 않을 수 없다." 종전의 안전관계법을 보완하거나 제대로 집행하려는 생각은 하지 않고 중대재해처벌법을 졸속으로 제정한 우리나라 정부에 시사하는 점이 풍부하다.

몽테스키외의 엄벌만능주의에 대한 날카로운 지적은 계속 이어진다. 형벌을 받고도 부끄럽지 않다고 생각하는 사람들이 많다면, 그것은 폭정의 나라이며 부당한 법집행에 대한 반응이라고 보았다. 더 나아가 잔혹한 형벌에 의해서만 그 나라의 범죄가 억제된다면 그것은 대부분 폭정의 결과라고 간주해야 한다고 지적하였다. 우리나라에서 안전관계법을 위반하였다고 처벌을 받은 사람 중에 과연 수치심을 느끼는 사람이 얼마나 될까. 대부분은 적발을 위한 적발에 걸려들었다고 생각하거나 재수가 없어 처벌받게 되었나고 생각할 뿐이다. 안전관계법의 규범력과 안전행정에 대한 신뢰가 땅으로 추락했다는 방증이다.

엄벌이 정의인 양 생각하면서 죄질을 고려하지 않고 무작정 강한 처벌에 의지하려고 하면, 얼마 안 있다가 역사 속에서 사라진 궁형, 태형, 화형과 같은 반인도적 형벌을 안전관계법에 부활해야 할 것이다.

몽테스키외와 벡카리아의 엄벌만능주의 비판은 주로 고의성이 강한 형사범(자연범)을 염두에 둔 것이었지만, 이 비판은 고의성이 약한 행정범(법정범)에 대해서도 그대로 적용될 수 있다. 아니 고의성이 약한 만큼 행정범에 대해선 더욱 설득력 있는 메시지라고 할 수 있다.

그런데 이 세상에는 엄벌보다 더 위험한 법이 있다. 바로 애매하고 명확하지 않은 법이다. 벡카리아는 불명확한 법조문의 위험성을 다음과 같이 꼬집었다. "법의 불명확성 역시 명백히 또 다른 해악이다. 법조문이 보통 사람들이 이해할 수 없는 표현으로 되어 있다면, 이는 최악이다. 그럴 경우 보통 사람들은 자신의 생명 · 신체 · 자유가 어떻게 될지를 스스로 예측할 수 없게 되고, 그 때문에 법조문을 다루는 몇몇 사람들의 처분에 맡겨지게 된다." 중대재해처벌법 등 안전관계법에 수두룩하게 존재하는 지나치게 불명확한 개념과 표현이 법치주의에 얼마나 위협적인 것인지를 호소한 말이라고 할 수 있다.

몽테스키외와 벡카리아는 250년도 더 지난 시기에 살고 있는 우리를 향해 힘주어 말한다. 안전법제의 실효성과 집행력을 높이고 재해예방의 인프라를 충실히 정비하는 것이 엄벌만능주의보다 훨씬 합리적인 일임을. 계몽주의 사상가의 법철학이 새삼 의미심장하게 느껴지는 요즘이다.

칼럼

처벌 중심 중대재해처벌법으론 안전 확보 어렵다[11]

"의지와 비용이 아니라 불명확성과 비현실성이 리스크이다."

27일 중대재해처벌법의 시행을 눈앞에 두고 산업현장의 혼란스러운 분위기를 반영하는 말이다. 전문가조차도 누가 어떻게 어디에서부터 어디까지 예방조치를 해야 하는지 도무지 알 수 없는 부분이 너무 많다.

그렇다 보니 중대재해처벌법은 알면 알수록 '멘붕'에 빠진다고들 한다. 의무 주체부터가 오리무중이다. 정부가 내놓은 해설서는 핵심 쟁점에 대해선 피해가면서 중대재해가 발생하면 사례별로 그때 가서 판단하겠다는 무책임한 태도를 공공연히 드러내고 있다.

예측 가능성이 없다 보니 예방은 자취를 감추고 중대재해 발생은 곧 처벌이라는 낡은 결과책임의 유물이 자리를 꿰차고 있다. 원청의 의무인지 하청의 의무인지, 지배자, 운영자, 관리자가 다를 경우 누가 의무 주체인지 도무지 종잡을 수 없게 만들어 놓았다. 이런 것은 예방과 피의자 인권에는 관심 없고 중대재해가 발생하면 원인 여하를 따지지 않고 처벌하겠다는 면피용의 보여주기 행정과 다름없다. 최근 정부가 한국전력 하청 작업자의 감전 사망에 대해 사장이 처벌될 수 있다고 겁박한 것도 이런 연장선상에 있다.

법사상가 몽테스키외는 '법의 정신'에서 강권적인 정부는 툭하면 가혹한 형벌을 만들지만 얼마 지나지 않아 사람들이 엄벌에 무감각해져 그 효과가 없어진다고 갈파했다. 그러면서 올바른 법을 만들어 벌을 받는다는 수치심을 느끼도록 하는 것이 중요하다고 강조했다. 올바르지 않은 법이 제정되고 자의적으로 집행되면 수치심을 느끼기보다는 법을 우습게 아는 풍조가 확대될 수도 있다.

---

11) 정진우, 동아일보, 2022.1.11.

법 준수의 전제조건인 예측 가능성과 준수 가능성이 결여된 상태에서 엄벌로 기업을 겁박하기만 하면 또 다른 문제가 생길 수 있다. 기업이 안전역량을 강화하기 위해 노력하기보다는 처벌 회피에 집중하는 모습으로 대응하게 되는 것이다. 중대재해처벌법에서 정하고 있는 안전보건관리체계에는 국제기준에 맞지 않는 내용이 많은 데다 실질적으로 구축하려면 많은 시간이 들 수밖에 없다. 그런데도 정부가 다짜고짜 몰아붙이니, 기업은 처벌 회피를 위해 형식적으로 구축하는 데 급급한 모양새이다. 처벌의 첫 사례가 되지 않기 위해 법 시행일부터 설 연휴까지 작업을 하지 않겠다는 기업까지 나오는 실정이다.

정부에서 공포 분위기를 조성하는 데 열을 올리다 보니, 기업은 체계적이고 실질적인 대책을 수립할 여유가 없다면서 산업안전보건법 등 예방법에 대해선 관심을 두지 않고 있다. 흡사 학습 역량이 부족한 자녀에게 여건은 조성해 주지 않으면서 당장 좋은 성적을 못 내면 몽둥이찜질을 하겠다고 겁주는 부모와 매한가지이다. 자녀는 겁에 질려 공부하는 척만 하면서 실력이 아닌 편법으로 성적을 올리려고 할 것이다.

죄질과 비난가능성으로 볼 때 산업안전보건법보다 강하게 처벌할 규범적 근거가 없거나 오히려 약한데도 처벌 수준만 크게 올려놓은 위헌성은 중대재해처벌법이 갖고 있는 결정적인 흠이다. 이 법과 산업안전보건법 간에 의무 주체가 충돌되는 부분이 많은 점도 중대재해처벌법의 존재 이유에 근본적인 의문을 낳고 있다. 법에 정당성과 신뢰성이 없으면 준법도 법치도 헛된 구호로 전락한다.

법 시행으로 단기적으론 중대재해가 줄어들 수도 있다. 대기업만이라도 '군기' 잡는 효과는 있을 것이기 때문이다. 그러나 시스템과 인프라 개선 없이 처벌 중심의 접근만으론 반짝 효과는 있겠지만 얼마 안 가 '요요현상'이 생길 수밖에 없다.

윤창호법 시행 직후인 2019년엔 음주운전 사고가 줄었지만 작년에 다시 늘어난 것도 그렇고, 전두환 정권의 삼청교육대로 중범죄가 정권

초기에 줄어들었다가 말기에 원래 수준으로 늘어난 것도 이를 방증한다. 엄벌 만능주의의 접근으론 실효성을 거두기 어렵고, 설령 범죄 감소 효과가 있더라도 그 과정에서 발생하는 많은 비용과 권리 침해를 생각하면 위험하기까지 하다.

중대재해처벌법 시행을 앞두고 대기업을 중심으로 준비에 부산한 모습을 보고 효과가 있다고 생각하는 사람들이 많다. 그러나 서류작업 중심의 보여주기에 매몰되고 지속적이고 착실한 대책은 실종되고 있는 부작용을 직시해야 한다. 기업의 안전 역량이 되레 후퇴할 수 있다는 현장 목소리에도 귀 기울여야 한다. 게다가 중소기업은 이 법에 사실상 무방비 상태라는 점도 간과할 수 없는 문제이다. 그렇다면 답은 자명하다. 구호만 요란한 엉성한 법이 아니라 실효성 있는 정법(正法)이 답이다. 난맥상을 초래한 정부가 결자해지해야 한다.

Ⅱ. 중대재해처벌법의 공식적 제정 이유

현대중공업 아르곤 가스 질식 사망사고, 태안화력발전소 압사사고, 물류창고 건설현장 화재사고와 같은 산업재해로 인한 사망사고와 함께 가습기 살균제 사건 및 4·16 세월호 사건과 같은 시민재해로 인한 사망사고 발생 등이 사회적 문제로 지적되어 왔다.

이에 사업주, 법인 또는 기관 등이 운영하는 사업장 등에서 발생한 중대산업재해와 공중이용시설 또는 공중교통수단을 운영하거나 위험한 원료 및 제조물을 취급하면서 안전·보건 조치의무를 위반하여 인명사고가 발생한 중대시민재해의 경우, 사업주와 경영책임자 및 법인 등을 처벌함으로써 근로자를 포함한 종사자와 일반 시민의 안전권을 확보하고, 기업의 조직문화 또는 안전관리 시스템 미비로 인해 일어나는 중대재해를 사전에 방지하려는 것이다.

칼럼 무지와 무책임의 산물, 중대재해처벌법 어떻게 해야 하나[12)]

"배우기만 하고 생각하지 않으면 공허하고, 생각만 하고 배우지 않으면 위태롭다." 논어 위정편에 나오는 경구다. 배우지도 생각하지도 않으면 얻는 게 없을 뿐만 아니라 오만과 독선에 빠진다는 의미이기도 하다. 내년 1월 시행을 앞두고 있는 중대재해처벌법이야말로 배우지도 생각하지도 않아 탄생된 사생아라고 할 수 있다.

그렇다 보니 중대재해처벌법은 법의 핵심적 가치인 보편성과 실효성을 갖추고 있지 못하다. 문명국가에서는 그 유례를 찾아볼 수 없는 데다가 재해예방에 도움이 되기는커녕 오히려 걸림돌로 작용하지 않을까 하는 우려가 많다.

중대재해처벌법은 영국 법인과실치사법이 그 제정의 모티브가 되었지만 체계와 내용이 영국법과는 판이하게 다른 데다 매우 조잡해 누가 무엇을 어떻게 해야 할지 알 수 없는 해괴한 내용의 '괴물법'이 되고 말았다. 알면 알수록 '멘붕'에 빠지는 식자우환 법이다.

먼저, 우리나라 산업안전보건법은 영국 산업안전보건법과 달리 안전조치를 위반해 사망에 이르게 한 경우 가중처벌하는 결과적 가중범을 이미 규정하고 있다. 따라서 영국과는 달리 결과적 가중범으로 처벌하기 위해 별도법을 만들 필요가 없었다. 산업안전보건법과의 중복이 필연적인 이유이다.

12) 정진우, 글로벌 건설리더스 Vol. 198, 2021.10.29.

둘째, 우리나라 산업안전보건법은 경영책임자 외에 법인을 처벌하는 양벌규정을 이미 두고 있다. 중대재해처벌법은 산업안전보건법과 유사하게 경영책임자와 법인을 처벌하는 내용으로 돼 있다. 필요하면 산업안전보건법을 개정하면 될 일을 새 법을 만들어 법체계를 난삽하게 만들었다. 산업안전보건법, 형법(업무상과실치사죄)과 비교해 강하게 처벌할 규범적 근거도 없는데도 처벌수준만 잔뜩 올려놓았다.

산업안전보건법 등 다른 안전관계법과 의무주체 · 내용에 있어 상충되는 부분이 많다는 점에서 문제가 매우 심각하다. 어떤 법을 따라야 할지 전문가도 알 수 없다 보니 수범자 입장에선 아무리 의지가 강하고 노력을 해도 범법자가 될 수밖에 없는 처지에 놓여 있다. 이 법이 법치주의와는 거리가 멀다는 점을 적나라하게 드러내는 대목이다.

원청 경영책임자만을 의무주체와 처벌 대상으로 하다 보니 하청의 안전에 대한 무관심을 조장하는 심각한 문제를 낳을 것이다. 재해예방이 원청만의 노력으로 되지 않는다는 건 학계와 업계의 상식임에도, 이 법은 원청 그것도 경영책임자만 엄벌에 처하면 재해 문제가 해결될 거라고 보고 있다. 이 점 역시 선진국에선 찾아볼 수 없는 악법적 요소이다.

다섯째, 징벌적 손해배상에 관대한 국가에서조차 징벌적 손해배상은 형사처벌이 어려운 경우 이에 '대신'해 부과되는 반면에 이 법은 형사처벌에 '추가'해 부과된다는 점에서 그 유례가 없다. 중대재해가 발생했다는 이유만으로 잘잘못을 따지지도 않고 교육을 강제하는 것도 외국에서는 발견되지 않는 반헌법적 발상이다.

이런 태생적 문제 때문에 이 법은 재해예방에 실효성을 확보하기 어려울 뿐 아니라, 아무리 준법의지가 강한 경영책임자조차도 제대로 준수할 수 없다. 중대재해가 발생하기만 하면 해당 기업의 경영책임자는 피의자 신분이 될 수밖에 없는 처지에 놓이게 되었다. 준법의지가 있는 수범자에게도 예측가능성이 없고 현실적으로 준수할 수도 없는 법을 가리켜 우리는 악법이라 부른다. 의도가 어떻든 이 법은 악법의 조건에 들어맞는다는 점을 부정하기 어렵다.

중대재해처벌법은 한마디로 '이념법'이라고 할 수 있다. 기업을 적대시하지 않으면 탄생할 수 없는 법이다. 이 법안의 발의에 상당한 역할을 한 학자는 국회 토론회에서 기업에 타격을 입히는 것이 법의 제정목적이라고 했다. 문제는 그 학자가 안전에는 문외한이라는 점이다. 안전 문제에 대해서도 진영논리로 접근하는 이분법적 사고의 결과이다. 지금은 민주-반민주라는 일차방정식이 아니라 고차방정식을 풀어야 하는 시대이다. 우리 사회가 이념보다 전문성을 요구한 지 오래이다. 그런데도 여전히 이념이라는 낡은 가치에 갇혀 있는 게 안타깝고 씁쓸하다.

어떻게 보면 이러한 법이 제정되는 것은 이념 이전에 안전법이론과 현장에 대한 무지와 실효성은 안중에도 없는 진정성 부족이 근본적 원인이라고도 할 수 있다. 무지하면 진정성이라도 있어야 한다. 그렇지 못하면 낡은 이념과 생색내기에 집착하기 마련이다.

무슨 배짱으로 이런 막무가내 입법을 했는지 그 무모함에 놀라울 뿐이다. 무식하면 용감하다고 하였던가(더닝 크루거 효과). 과연 이 법의 제정에 앞장선 자들이 그 내용을 제대로 알고 있었을까. 처벌만 강화하면 문제가 쉽게 해결될 수 있을 거라고 단선적으로 생각한 건 아닌가. 엄벌이 곧 정의라는 도그마대로라면, 북한, 중국, 아랍국은 이미 재해예방선진국이 돼 있어야 하고 독일, 일본, 북유럽국은 재해예방후진국이 돼 있어야 한다.

중대재해처벌법 세징에 앞장선 자들은 법의 실효성이 중요하다는 주장엔 귀를 닫았다. 쟁점에 대해 잘 모르면 신중함이라도 가져야 한다. 새로운 법, 그것도 매우 광범한 규제와 강한 처벌이 수반되는 법을 제정하는 것이 애들 장난인가. 입으론 인권을 강조하면서 자신은 처벌될 일이 없다고 경영책임자 인권은 아랑곳하지 않아도 되는 것인가. 그야말로 '선택적' 정의이다. 자신들의 목적을 달성하기 위해선 민주주의 산물인 헌법원칙은 한낱 장신구 정도로 취급해도 되는 것인가. 실제 이 법은 명확성의 원칙, 과잉금지의 원칙, 범죄와 형벌 간의 균형 원칙 등의 헌법원칙을 깡그리 무시했다.

산업안전보건법 전부개정(소위 '김용균법')에 앞장선 자들과 마찬가지로 무지와 무책임의 산물인 중대재해처벌법 제정에 핏대를 세운 자들 역시 안전원리와 법원칙을 뒤틀리게 한 주역으로 역사에 아로새겨질 것이다. 역사의 법정에서 엄벌 선고를 받지 않기 위해선 이제라도 이 법을 폐지하거나 혁신하는 일에 나서는 것으로 속죄해야 한다. 동참하지는 못하더라도 최소한 훼방꾼만은 되지 말아야 한다. 지나친 기대일까.

Ⅲ. 중대재해처벌법의 제정 과정

구의역 스크린도어 사망 사고, 태안화력발전소 사고 등으로 일명 '김용균법'이라 불리는 산업안전보건법 전부개정이 이루어졌지만, 내용적으로 미흡하고 처벌수준이 낮고 게다가 경영책임자는 거의 처벌되지 않는 등 한계가 많다는 지적이 노동·시민단체를 중심으로 지속적으로 이루어져 왔다. 그중에서도 처벌수준 강화에 초점을 맞추어 영국의 법인과실치사법과 같이 안전의무를 소홀히 한 기업을 엄벌하는 법을 새롭게 제정해야 한다는 주장이 강하게 제기되어 왔다.

중대재해처벌법 제정 여론이 확산된 직접적 계기는 2020년 4월 발생한 이천 물류센터 공사장 화재로 38명이 사망한 사건이다. 국회는 민주당 일부 그룹과 정의당이 중심이 되어 이 사고를 계기로 후진국형 중대재해를 막는다는 명분을 내걸고 경영책임자와 기업을 처벌하는 특례법 제정을 위한 움직임을 본격화하였다.

정의당이 강은미 의원을 중심으로 제21대 국회 제1호 법안으로 중대재해기업처벌법을 발의했다. 국회 국민동의청원을 통해 10만 명이 서명한 중대재해기업처벌법 입법청원이 2020년 9월 22일 국회에 회부되었다.

2020년 12월 11일 중대재해기업처벌법 제정을 촉구하기 위해 강은미 의원과 김미숙, 이용관이 단식농성에 돌입했다. 12월 24일 김태년 더불어민주당 원내대표가 농성장을 방문하였다. 김미숙 김용균재단 이사장은 김태년 원내대표에게 "다른 법은 여당이 다 통과시켰잖아요. 근데 이 법은 왜 야당이 있어야 해요?"라 되물으며 법안 통과를 촉구하였다. 12월 27일 정세균 국무총리와 노영민 대통령비서실장도 농성장을 방문하였다.

한편, 한국경영자총협회, 중소기업중앙회 등 경제단체는 이 법이 지나치게 과도한 처벌을 규정한다는 이유로 법 제정에 반대 입장을 표명하였다.

2021년 1월 8일 '중대재해 처벌 등에 관한 법률'이 국회를 통과하였다. 법률 공포 1년 후에 시행하되, 상시 근로자 50명 미만 사업 또는 사업장의 경우에는 공포 3년 후에 시행하도록 하였다. 상시 근로자 5인 미만 사업 또는 사업장은 법적용에서 제외되었다.

[표 1] 대안의 제안경위

의안명	대표 발의자	빌의일자 (접수일자)	경과
중대재해에 대한 기업 및 책임자 처벌 등에 관한 법률안	강은미 의원	2020.6.11	• 제380회 국회(임시회) 법제사법위원회 제1차 전체회의(이하 '법제사법위원회' 생략)(2020.7.27), 제381회 국회(임시회) 제1차 전체회의(2020.8.25) 상정 후 제안설명, 검토보고 및 대체토론을 거

			쳐 법제사법위원회 법안심사제1소위원회 회부 • 제382회 국회(정기회) 제6차 법안심사제1소위원회(2020.11.26), 제383회 국회(임시회) 제1차 법안심사제1소위원회(2020.12.24), 제383회 국회(임시회) 제2차 법안심사제1소위원회(2020.12.29), 제383회 국회(임시회) 제3차 법안심사제1소위원회(2020.12.30), 제383회 국회(임시회) 제4차 법안심사제1소위원회(2021.1.5), 제383회 국회(임시회) 제5차 법안심사제1소위원회(2021.1.6) 상정 후 축조심사
중대재해에 대한 기업 및 정부 책임자 처벌법안	박주민 의원	2020.11.12	• 「국회법」 제58조 제4항에 따라 법안심사제1소위원회 직접 회부(2020.11.16) • 제382회 국회(정기회) 제6차 법안심사제1소위원회(2020.11.26), 제383회 국회(임시회) 제1차 법안심사제1소위원회(2020.12.24), 제383회 국회(임시회) 제2차 법안심사제1소위원회(2020.12.29), 제383회 국회(임시회) 제3차 법안심사제1소위원회(2020.12.30), 제383회 국회(임시회) 제4차 법안심사제1소위원회(2021.1.5), 제383회 국회(임시회) 제5차 법안심사제1소위원회(2021.1.6) 상정 후 축조심사
중대재해에 대한 기업 및 정부 책임자 처벌법안	이탄희 의원	2020.11.17	• 「국회법」 제58조 제4항에 따라 법안심사제1소위원회 직접 회부(2020.11.24)

			• 제382회 국회(정기회) 제6차 법안심사제1소위원회(2020.11.26), 제383회 국회(임시회) 제1차 법안심사제1소위원회(2020.12.24), 제383회 국회(임시회) 제2차 법안심사제1소위원회(2020.12.29), 제383회 국회(임시회) 제3차 법안심사제1소위원회(2020.12.30), 제383회 국회(임시회) 제4차 법안심사제1소위원회(2021.1.5), 제383회 국회(임시회) 제5차 법안심사제1소위원회(2021.1.6) 상정 후 축조심사
중대재해 예방을 위한 기업의 책임 강화에 관한 법률안	임이자 의원	2020.12.1	• 「국회법」 제58조 제4항에 따라 법안심사제1소위원회 직접 회부(2020.12.23) • 제383회 국회(임시회) 제1차 법안심사제1소위원회(2020.12.24), 제383회 국회(임시회) 제2차 법안심사제1소위원회(2020.12.29), 제383회 국회(임시회) 제3차 법안심사제1소위원회(2020.12.30), 제383회 국회(임시회) 제4차 법안심사제1소위원회(2021.1.5), 제383회 국회(임시회) 제5차 법안심사제1소위원회(2021.1.6) 상정 후 축조심사
중대재해에 대한 기업 및 정부 책임자 처벌법안	박범계 의원	2020.12.14	• 「국회법」 제58조 제4항에 따라 법안심사제1소위원회 직접 회부(2020.12.23) • 제383회 국회(임시회) 제1차 법안심사제1소위원회(2020.12.24), 제383회 국회(임시회) 제2차 법안심사제1소위원회(2020.12.29),

			제383회 국회(임시회) 제3차 법안심사제1소위원회(2020.12.30), 제383회 국회(임시회) 제4차 법안심사제1소위원회(2021.1.5), 제383회 국회(임시회) 제5차 법안심사제1소위원회(2021.1.6) 상정 후 축조심사
안전한 일터와 사회를 위한 중대재해기업 처벌법 제정에 관한 청원	청원인 김미숙 외 100,000인	2020.9.22	• 법안심사제1소위원회 직접 회부 (2020.11.16) • 제383회 국회(임시회) 제1차 법안심사제1소위원회(2020.12.24), 제383회 국회(임시회) 제2차 법안심사제1소위원회(2020.12.29), 제383회 국회(임시회) 제3차 법안심사제1소위원회(2020.12.30), 제383회 국회(임시회) 제4차 법안심사제1소위원회(2021.1.5), 제383회 국회(임시회) 제5차 법안심사제1소위원회(2021.1.6) 상정 후 축조심사

위 5건의 법률안에 대하여 제383회 국회(임시회) 법제사법위원회 법안심사제1소위원회에서 5차례 축조심사를 진행하였고, 제383회 국회(임시회) 법제사법위원회 제6차 법안심사제1소위원회(2021.1.7)에서 위 5건의 법률안과 청원을 본회의에 부의하지 아니하기로 하고, 각 법률안의 내용을 통합하여 위원회 대안을 제안하기로 하였다. 그리고 제383회 국회(임시회) 법제사법위원회 제1차 전체회의(2021.1.8)는 이러한 소위원회의 심사결과를 받아들여 위원회 대안을 제안하기로 의결하였다. 이 위원회 대안이 2021년 1월 8일 개최된 제383회 국회(임시회) 제2차 본회의에서 의결되었다.

칼럼 누구를 위한 중대재해처벌법인가[13)]

중대재해처벌법 시행을 앞두고 현재 산업현장은 가히 아수라장이라고 할 수 있다. 정부는 정작 문제가 되고 있는 점에 대해선 설명을 못하고 기업들은 안전역량 향상보다는 외형적으로 포장하는 데 열을 올리고 있다. 외화내빈이 따로 없다.

정부가 공포분위기를 조성하는 바람잡이 역할을 자임하고 로펌이 행동대장 역할을 하면서 기업들은 형사처벌을 피하는 데 올인하고 있는 모습이 역력하다. 이 법 시행일 직전부터 설 연휴까지 2주 가량 작업을 전면 중단하는 기업들이 속출하는 웃픈 일이 현실이 되고 있다.

문제는 대기업을 중심으로 안전 인원과 설비를 늘리고 있지만 문서작성에 치우치면서 핵심적이고 기본적인 일은 소홀히 하고 있다는 점이다. 중대재해처벌법이 모호하고 비현실적인 내용으로 과도한 제재를 규정하고 있는 상태에서 해설서가 혼란을 부추기고 안전에 문외한인 로펌이 진단을 주도하면서 이미 예견된 결과라고 할 수 있다.

산업현장에서 벌어지고 있는 중대재해처벌법에 대한 부작용은 비단 이것만이 아니다. 가장 큰 문제는 이 법이 기업의 예방에 대한 관심을 떨어뜨리고 있다는 점이다. 형사처벌을 피하는 것에 관심이 집중되다 보니 예방기준, 자율예방활동, 안전문화 등 일상적으로 노력해야 하는 일은 손을 놓고 있다. 특히 예방법인 산업안전보건법의 존재감이 확연히 약해졌다.

무엇을 어떻게 해야 할지 알 수 없다 보니 형식적인 서류작업에 매몰되고 실질적인 안전대책으로 이어지지 못하고 있다. 궁박한 처지에 몰린 기업은 지푸라기라도 잡고 싶은 마음에 안전전문가가 아닌 법기술자

13) 정진우, 서울신문, 2022.1.24.

인 로펌만 찾고 있다. 로펌만 배불리는 일이 벌어지고 있는 이유이다. 누구를 위한 중대재해처벌법인가를 묻지 않을 수 없다.

안전원리와 현실을 무시하고 원청에게 모든 것을 다 하라는 식이어서 안전관리의 선택과 집중을 가로막고 하청의 무관심을 조장하고 있다. 정작 중요한 것에 역량을 집중하지 못하게 하고 실효성을 도외시하다 보니 중대재해를 되레 조장하는 역기능을 초래할 수 있다.

현장에 부합하지 않는 보여주기 대책들이 양산되면서 현장 작업자의 안전대책에 대한 신뢰가 추락하고 있다. 정부의 겁박과 로펌의 부실한 보고서가 현장의 쟁점에 대한 답을 전혀 제시하지 못해 초래되고 있는 문제이다.

대기업에서는 최고 안전보건책임자가 전면에 나서고 대표는 뒤로 빠지는 촌극이 벌어지고 있다. 처벌만 강할 뿐 안전원리에 맞지 않는 엉성한 법이 대표에게 빠져나갈 명분과 구멍을 만들어 준 꼴이다. 정부가 법적 근거도 없이 무리하게 그것도 허접한 논리로 대표에 책임을 물으려고 하니, 대표들이 안전업무에서 아예 손을 떼는 방향으로 대응하고 있는 것이다. 이념에만 치우친 법과 아마추어 정부가 빚어낸 참사라 할 만하다.

중소기업은 대부분 이 법에 대해 사실상 아무런 준비와 대응을 하지 않고 있다는 것도 큰 문제이다. 전체 사망사고의 약 95%가 중소기업에서 발생하고 있는데, 이 법이 대기업에 초점을 맞추어 제정돼 중소기업에겐 무리가 될 수밖에 없다. 게다가 정부가 중소기업을 대상으로 실시하고 있는 법 설명 컨설팅은 행정기관 자신부터 몰라 질문에 답변을 하지 못하고 "컨설팅을 받아봐라", "잘 준비하라"는 식의 원론적 설명으로 그치고 있다.

정부는 현장에서 발생하고 있는 이러한 문제를 모르는 것인가, 무시하고 있는 것인가. 중대재해가 발생하면 말끝마다 낡은 녹음테이프 틀듯 엄벌만을 강조하고 엉터리 법과 부실한 예방행정은 나 몰라라 하는 무책임한 자세로는 중대재해를 줄일 수 없다. 강하게 처벌하려거든 예측 가능하고 현실적으로 준수할 수 있는 법을 만들라는 것이 최소한의 정의이다. 이것이 충족되지 않으면 아무리 미사여구를 동원하더라도 불의에서 벗어날 수 없다. 법치주의는 명령한다. 안전을 뒤틀리게 하고 범법자 양산할 무도한 법 당장 대대적으로 손질하라고.

칼럼 김용균법 개정 없는 중대재해처벌법, 하청사고 못 줄인다[14]

지난 해 12월 13일 여수 이일산업에서 폭발사고로 하청 노동자 세 분이 유명을 달리하였다. 정부는 이번에도 낡은 녹음테이프 틀어놓듯 엄벌을 부르짖고 있지만 이 사고의 근본적 원인을 찾아 들어가면 그 가운데에 정부가 발의한 '전부개정 산업안전보건법'(소위 '김용균법')이 있음을 지적하지 않을 수 없다. 금번 사고와 같은 보수공사성 도급작업에 대한 멀쩡한 규제를 삭제하는 등 도급규제를 난마처럼 꼬이게 한 것이 전부개정 산업안전보건법이기 때문이다.

현 정부는 '위험의 외주화'라는 프레임에 갇혀 이념적 구호만 되뇌었을 뿐 하청 노동자의 실질적인 보호를 향해서는 단 한 발자국도 나아가지 못했다. 아니 오히려 뒷걸음질을 쳤다. 이론적으로 경험적으로 가장 위험한 사업장 내 유지보수공사에 대한 도급인의 안전조치의무를 무장해제시켰을 뿐만 아니라, 하청(도급)작업관계에 대한 안전보건관리체제를 형해화시키기도 했다. 도급작업에 대한 안전조치의무와 불법파견의 관계에 대한 무지로 종전에 의무화돼 있던 하청업체와 하청 노동자에 대한 안전조치도 임의화시켜 버렸다.

노동계, 일부 시민단체, 언론 및 얼치기 전문가는 도급규제가 이처럼

14) 정진우, 전기신문, 2022.1.3.

대폭 약화된 것도 모른 채 김용균법 통과에 핏대를 올리고 그 통과를 자축하기도 했다. 실제는 도급규제를 무력화시켜 놓고 말로만 도급규제를 강화했다고 떠벌린 정부의 기만에 놀아난 줄도 모르면서. 산재예방 역사에 두고두고 남을 개악이자 난맥상이다.

문제투성이인 산업안전보건법상의 도급규제를 정상화시키지 않고는 하청 노동자 문제를 해결할 수 없다. 중대재해처벌법으로 아무리 처벌을 강화한들 산업안전보건의 기본법인 산업안전보건법의 도급규제가 엉성하고 구멍이 많이 뚫려 있는 상태에서는 별무소용이 될 수밖에 없다. 전부개정 산업안전보건법을 다시 전부개정이라도 해야 하는 이유이다.

더욱 큰 문제는 고용노동부가 이 문제를 쉬쉬하며 숨기고 있다는 점이다. 문제해결을 위해 잘못을 솔직하게 인정하고 당장 개정에 나서도 모자랄 판에 말이다. 고용노동부는 잘못이 탄로 날까 봐 아무런 법적 근거 없는 자의적 지침으로 구렁이 담 넘어가듯 얼버무리고 있다. 김용균법 제정에 앞장선 자들도 이에 눈감고 있다. 모르는 것인가, 아니면 알고서도 모른 체하는 것인가. 전자라면 무능이고 후자라면 위선이다. 하청 노동자를 두 번 죽이는 눈속임과 사명의식 부족에 실망감을 넘어 화가 치민다.

정부는 산업안전보건법을 바로 잡을 생각은 하지 않고 이 공백을 중대재해처벌법으로 어물쩍 메우려고 하는 편승을 했다. 그것도 진정성 없이 거칠고 엉성하게. 매사에 면밀한 조사연구와 논의 없이 생색내기에 급급하다 보니 양 법 간에 충돌과 착종이 발생하면서 도급규제가 뒤틀릴 대로 뒤틀리고 말았다. 논리와 실효성은 사라지고 원청이 크고 여유가 있으니 다 하라는 식이다. 그것도 하청과 동일한 의무를 부과하는 방식으로. 도급작업 중에는 전문적인 업무도 많고 원청보다 하청이 더 큰 경우도 적지 않은 현실은 외면하고 있다.

중대재해처벌법은 원청이 장소를 지배(소유)한다는 이유로 원청에게만 안전조치 의무와 책임을 부과하고 '작업'을 지배 · 관리하는 하청한테는 아무런 의무와 책임을 부과하지 않아도 된다는 접근을 하고 있다. 이념 이전에 무지의 소치이다. 이런 엉성한 접근이 하청의 안전관리에 대한 무관심과 이에 따른 약화를 소장할 것은 불을 보듯 훤하다. 작업의 당사자인 하청의 안전관리에 대한 자율의지 없이 하청 노동자 보호가 제대로 이루어지길 기대하는 것 자체가 난센스이자 순진한 발상이다.

김용균법도 누가 무엇을 어떻게 해야 하는지 알래야 알 수 없는 상황에서 설상가상으로 중대재해처벌법은 의무주체 문제를 더욱 복잡하고 꼬이게 만들었다. 전문가조차도 의무주체에 해당하는 '실질적으로 지배·운영·관리하는 책임'이 도대체 누구를 가리키는지 알 수가 없다. 해설서도 이에 대한 설명이 없다. 이런 불명확성은 안전조치의 이행으로 이어질 수가 없다. 수범자에게 겁을 주는 효과는 있을 수 있어도 실효성은 거두기 어렵다.

두 달 후면 새로운 정부가 탄생한다. 바라건대, 새 정부는 더 이상 안전문제를 생색내기와 이념주의의 제물로 삼는 우를 범해서는 안 된다. 현장의 산재예방에 도움은 못 줄지언정 적어도 훼방꾼이라는 소리를 듣는 일은 없어야 한다. 이를 위해선 요란한 슬로건이 아니라 진정성과 전문성을 바탕으로 한 실사구시 접근에 산재감소의 답이 있음을 가슴에 되새겨야 한다.

Ⅳ. 중대재해처벌법의 위상 및 영향

1. 산업안전보건법 위반죄 처벌 대상자

중대재해처벌법과 밀접한 관련이 있는 산업안전보건법 위반으로 형사처벌의 대상이 되는 자는 다음과 같다.

가. 위반행위자

산업안전보건법 위반에 대해서는 먼저 위반행위자(위반행위 실행자)가 처벌 대상자가 된다(제167조 내지 제172조). 사업장에서 사업주를 위하여 행위하는 직책에 있는 자(공장장, 부장, 과장 등)가 위반의 내용 및 직무의 내용, 직책의 정도에 따라 대상이 되고, 한 사람만이 아니라 여러 명이 위반행위자가 될 수도 있다.[15] 법인(회사)의 경우 최고책임자인 대표(이사)도 행위자로서 수사의 대상이 될 수 있다.

나. 사업주

산업안전보건법에서는 많은 규정이 사업주(법인 또는 개인경영자)의 의무로 되어 있지만, 그 위반에 대해서는 실행행위자에 대해서 먼저 법 위반 여부에 대한 수사가 이루어지고, 실행행위자에게 위반이 있는 경우에는 사업주(법인회사의 경우에는 법인, 개인회사의 경우에는 개인경영자)에 대해서도 벌칙이 적용(양벌규정) 된다(제173조). 다만, 사업주가 해당 위반행위를 방지하기 위하여 해당 업무에 관하여 상당한 주의와 감독을 게을리하지 아니한 경우에는 사업주에 대한 벌칙의 적용이 면제될 수 있다(제173조 단서).

15) 실무적으로는 안전보건관리책임자로 선임된 자 1인을 (획일적으로) 위반행위자로 보는 경향이 강하다.

칼럼 중대재해 '엄벌은 정의' 도그마에서 벗어나야[16]

"배우기만 하고 생각하지 않으면 공허하고, 생각하고 배우지 않으면 위태롭다." 〈논어〉 위정편에 나오는 말이다. 정치권과 행정부가 중대재해에 접근하는 방법을 보면 중대재해가 다발하는 심층적이고 종합적인 원인을 생각하거나 배우지 않고 생색내기에만 여념이 없는 것 같다. 그 압권이 소위 김용균법과 중대재해처벌법이다.

현 정부 들어서 중대재해 예방에 엄청난 인원과 비용을 쏟아 붓고 있다. 그런데도 왜 감소성과는 나타나지 않는 것일까. 현 정부는 중대재해 문제에 대한 처방으로 엄벌을 대표브랜드로 내걸고 있는데, 과연 효과가 있을까.

중대재해처벌법 제정 이전부터 우리나라 안전관계법의 법정형은 재해예방선진국과 비교할 때 결코 낮은 편이 아니었다. 그럼에도 법정형이 낮은 것이 중대재해가 다발하는 주된 이유이고, 그래서 처벌만 강화하면 이 문제가 해결될 듯이 강변한 것이 이 법의 주된 제정배경이다.

법규의 실효성이 약하고 규범력도 부족한 데다 산재예방 인프라마저 엉성한 상태에서 이런 문제의 해결 없이 엄벌로 다스린다고 예방역량이 올라갈 리가 없다. 그렇게 해서 예방역량이 올라갈 것 같으면 북한, 중국과 같은 사회주의 국가는 이미 재해예방선진국이 되었을 것이다. 게다가 '엄벌이 곧 정의'라는 도그마에 빠지면 시스템 개선이 방치되기 십상이다.

경영책임자를 처벌할 수 있는 법이 마치 없는 것처럼 여론을 호도한 대목에서는 법 제정의 진정성을 의심케 한다. 현재도 많은 경영책임자가 처벌되고 있지만, 이것이 진정 부족하다면 산업안전보건법 벌칙체계

16) 정진우, 고대신문, 2021.5.17.

를 정비하여 이 문제를 해결할 수 있다. 그렇지만 정치권은 그러한 노력은 하지 않고 다분히 보여주기로 중대재해처벌법을 들고 나왔다.

잘못된 인식과 진정성 없이 출발한 입법이 올바른 내용을 담고 있을 리 없다. 무엇을 해야 할지 예측할 수 없는 법, 도저히 지킬 수 없는 법을 만들어 놓고 이를 위반할 경우 엄벌하겠다고 하는 법을 우리는 '악법'이라고 부른다. 악법의 문제는 언제든지 처벌할 수 있다고 잔뜩 겁을 주지만 실질적 효과는 거두지 못한다는 것이다. 강도, 폭행과 같은 자연범과 달리 행정범에 대해선 명확하게 규정해야 수범자에게 예방의 행동기준으로 작용할 수 있다. 특히 형벌이 강할수록 명확하게 규정돼야 한다. 법치주의는 불명확한 규정을 통해 무너진다. 지나친 형벌을 규정하는 법도 문제지만 이보다 무서운 것이 이현령비현령 해석이 될 수 있는 규정이다. 특히 의무주체인 경영책임자가 누구인지부터가 모호하고, 경영책임자가 어디부터 어디까지를 조치해야 할지 그 누구도 알 수 없다.

중대재해처벌법은 경영책임자에게 현실적으로 불가능한 것을 강제하고 있는 부분도 적지 않다. 안전조치의무는 모든 계층이 이행해야 하는 것이다. 그럼에도 경영책임자가 이를 직접 다 이행하라는 식으로 규정하는 것은 안전원리에 맞지 않고 과잉금지의 원칙에도 반한다. 불법의 정도, 비난가능성 등의 측면에서 기존 안전관계법보다 강하게 처벌할 규범적 근거가 없는데도 강하게 처벌하겠다는 건 형벌체계의 정당성과 균형을 상실한 것이다. 도급, 용역 등과 관련해서는, '위험의 외주화'라는 프레임에 갇혀 원청에게 하청 종사자에 대해 형사책임에서는 허용되지 않는 위험책임, 대위책임을 부과하고 있다. 이는 자기책임의 원칙에 위배된다. 원청이 모든 안전조치를 다 하라는 식의 불합리한 규제로는 하청문제를 풀 수 없다.

중대재해처벌법에 헌법원칙과 안전원리에 맞지 않는 부분이 많다는 건 이 법이 실효성과 수범자 입장은 안중에도 없는 포퓰리즘 입법임을 보여주는 증좌이다. 이런 접근으로는 중대재해를 줄이기는커녕 사회적 비용과 혼란만 증가시킬 뿐이다.

중대재해를 실질적으로 줄이고자 한다면, 엄벌만능주의 집근에서 벗어나 산재예방법제의 실효성을 높이고 비현실적 규정을 대대적으로 정비하는 한편 법규제의 공백을 최소화하는 데 집중해야 한다. 산재예방행정의 예측가능성을 높이고 전문성을 향상시키는 것도 중요한 일이다. 또한 기업의 재해예방역량을 끌어올릴 수 있는 재해예방프로그램을 다양하게 개발하여 널리 보급해야 한다. 중대재해 문제해결의 열쇠는 멀리 있지 않다. 실력과 진정성이라는 기본에 있음을 명심하자.

칼럼 중대재해처벌법이 지속 가능하지 않은 이유[17]

안전영역에서 법치주의가 형해화(形骸化)될 위기에 놓여 있다. 새 정부가 들어서면서 중대재해처벌법 위반 피의자에 대한 '묻지 마' 압수수색은 많이 줄었지만, 수사기관의 자의적인 법집행은 크게 달라지지 않고 있다. 법 위반이 확인되지도 않았는데 교육수강을 강제하는 횡포를 부리기도 하고 최고안전책임자(CSO)가 엄연히 경영책임자의 요건을 충족하고 있는데도 법규정을 무시하고 최고경영책임자(CEO)를 처벌하려고 덤벼들고 있다. 대놓고 법치행정을 능멸하고 있는 것이다.

노동단체, 얼치기 전문가를 비롯한 많은 사람들이 여전히 처벌을 산업재해 예방의 '알파와 오메가'라고 생각하고 있다. 산업재해가 다발하는 주범이 약한 처벌에 있다고 여기면서 처벌 강화만이 마치 유일한 답인 양 접근한다. '엄벌만능주의'가 종교화된 수준이다. 정치권과 행정기관은 이를 악용하여 엄벌을 책임 있는 대응을 회피하는 알리바이로 삼

17) 정진우, 오피니언뉴스, 2022.7.4.

고 있다. 우리나라의 처벌수준이 낮은 편도 아닐뿐더러 처벌수준을 높이는 것보다 예방기준의 실효성을 높이는 것이 훨씬 정의로운 일인데도 이에 대해선 입을 다물고 있다. 이념 이전에 무지와 무책임의 소치다.

산업재해에 대한 엄벌주의 접근은 학습역량이 부족한 자녀에게 공부할 여건 조성은 해주지 않으면서 당장 좋은 성적을 못 내면 매질하겠다고 윽박지르는 부모와 매한가지다. 정부는 중대재해처벌법 제정 이전에 이 법에 규정된 안전보건관리체계를 위해 사실상 아무런 일도 하지 않았다. 그러다 보니 현재 산업현장은 부모의 겁박에 주눅 들어 공부하는 척만 하는 자녀와 비슷한 모습을 보이고 있는 것이다.

산업재해 예방에서 각 주체의 위상과 역할에 맞는 의무를 부과해야 한다는 건 상식에 속한다. 그런데 중대재해처벌법은 각 주체의 위상과 역할에 맞지 않게 의무가 부과돼 있다는 점에서 상식에 맞지 않는 법이다. 장소를 실질적으로 지배·운영·관리하는 자에게만 의무를 부과하고 있다. 고용관계에 있는 자가 엄연히 있는데도 그 자에겐 아무런 의무를 부과하지 않으면서 단지 장소적 관점으로 의무를 부과하는 이분법적 접근을 하고 있다. 가장 적합한 자에게 가장 적당한 의무를 부과해야 한다는 안전원리를 깡그리 도외시하고 있는 것이다. 그 결과 다른 의무주체는 뒷짐을 지고 있어도 된다. 안전이 제대로 확보될 리가 없다.

게다가 지배자, 운영자, 관리자가 다를 경우 누가 안전조치의무를 이행해야 하는지 알 수 없다. 지배자만 하더라도 수급인이 도급인의 사업장에서 작업을 하는 경우 소유자가 지배자인지, 점유자가 지배자인지 알 수 없다. 이 문제에 대해 많은 사람이 정부에 수차례 질문 했지만 아직까지 답변을 받지 못했다. 자신들도 누가 의무주체인지 답변을 하지 못하면서 수범자에게 법을 지키라고 하는 건 무책임하기 짝이 없는 일이다.

중대재해처벌법의 무작스러움은 여기에서 그치지 않는다. 중대재해처벌법과 산업안전보건법 간에 의무주체가 충돌되는 경우도 적지 않다.

예컨대 산업안전보건법에선 하청에게 의무를 부과하고 있는 사항을 중대재해처벌법에선 원청에게 의무를 부과하고 있다. 중대재해처벌법만 보면 우리나라가 과연 법치주의 국가인지 의심이 들 수밖에 없다.

이렇게 엉성하고 조잡한 법을 만들어 놓고 기업들에게 윽박지르기로 일관하다 보니, 대기업조차 예방보다는 '처벌 회피'에 주력하고 있는 것이다. 돈 냄새를 맡은 로펌이 이 혼란을 놓칠 리가 없다. 로펌이 횡재를 할 수밖에 없는 구조를 정부가 조장하고 있는 셈이다. 법기술이 예방을 삼켜버리면서 안전원리가 뒤틀려지고 형식적인 안전이 판을 치고 있다.

이런 식의 산재예방 행정이 '가성비'가 좋을 리 없다. 지난해 사망사고가 조금 감소한 것을 놓고 마치 행정이 기여한 것으로 착각하지만, 지난 정부에서 행정인원과 예산이 대폭 늘어난 점을 감안하면 감소실적은 부끄러운 수준이다. 중장기적으로 사망사고는 줄어들기 마련이다. 산업의 서비스화, IT기술의 발전, 자동화, 근로자의 비근로자로의 전환 경향 등이 사망사고 감소요인으로 작용하기 때문이다. 더구나 코로나19의 영향으로 고용원 있는 자영업자와 취약근로자가 줄어든 것도 근로자 사망사고 감소의 한 원인으로 작용했다. 배달종사자, 택배종사자 등 특수형태근로종사자가 대폭 증가했지만 이들은 사망사고 통계에 잡히지도 않는다.

정부의 중대재해처벌법 해설서에는 안전원리와 법리에 맞지 않는 설명, 앞뒤가 맞지 않는 설명이 차고 넘친다. 이는 형벌권의 자의적 행사로 이어지고 있다. 법 설명회를 자주 열기만 하면 무슨 소용인가. 현장에서 정작 궁금해하는 쟁점에 대해선 답을 내놓지 못하거나 자의적인 설명만 늘어놓을 거면서.

고용노동부는 산업현장에서 안전이 어떻게 멍들고 곪아가고 있는지 알기는 하는가. 모른다면 무지이고 알고도 방치한다면 무책임한 것이다. 모르는 건 차라리 낫다. 알고 있음을 자신하는 것이 더 섬뜩하다.

2. 산업안전보건법 위반죄와 업무상과실치사상죄의 관계

형법 제268조에서는 업무상과실치사상죄를 규정하고 있고, 재해에 의해 근로자 등이 사망하거나 부상을 입은 사실이 있으면, 위법한 행위를 실행한 개인[18](공범이 성립되기도 한다)에 대해 산업안전보건법 위반의 수사와 병행하여 일반경찰관에 의한 업무상과실치사상죄 위반의 수사가 이루어진다.

하나의 재해에 대해 지방고용노동관서(특별사법경찰관)와 경찰서(일반경찰관) 양 기관에서 동시에 수사가 이루어져 법 위반이 확인되면 검찰에 송치된다. 항상 양 기관 모두가 검찰에 송치하는 것은 아니고, 어느 한 기관만 송치하는 경우도 있고, 어느 법에 대해서도 위반사항이 없으면 두 기관 모두 송치하지 않는 경우도 있다. 송치된 사건에 대해 검찰에서는 법적 책임의 유무(기소 여부)를 판단하기 위하여 조사하고 그 결과에 따라 필요한 경우 기소를 하게 된다.

산업안전보건법상의 안전보건조치의 내용(사망재해가 발생하지 않는 경우와 산업안전보건법상의 안전보건조치의무 위반과 사망재해 발생 간에 인과관계가 없거나 사망재해 발생에 사업주 측에 과실이 없는 경우, 즉 결과적 가중범[19]이 성립되지 않는 경우를 전제로 한다)과 업무상과실치사상죄에서의 결과발생방지조치(업무상 주의의무)의 내용이 동일한 경우에는 1개의 행위(동일한 행위)로서 상상적 경합(관념적 경합)[20]이 되고(형법 제40

18) 업무상과실치사상죄의 경우에는 위반행위자 개인만 처벌 대상자가 되고 위반행위자 개인이 아닌 사업주(법인 자체 또는 개인경영자)가 처벌되는 일은 없다.

19) 결과적 가중범에는 진정결과적가중범과 부진정결과적가중범이 있다. 전자는 고의에 의한 기본범죄에 기하여 과실로 중한 결과를 발생하게 한 경우이며, 후자는 고의로 중한 결과를 발생시키는 것을 말한다. 산업안전보건법상의 결과적 가중범은 진정결과적가중범이다.

20) 대법원 1991.12.10. 91도2642 판결. 그러나 판례는 산업안전보건법상의 안전보건조치의무 위

조),[21] 양자가 달라 경합하지 않을 때에는 산업안전보건법 위반죄와 업무상과실치사상죄가 별개로 성립되어 실체적 경합(경합범)이 된다(제37조). 실무와 판례[22]에서는 산업안전보건법 위반죄와 업무상과실치사상죄를 상상적 경합 관계에 있는 것으로 보고 있다.

상상적 경합이 성립하면 경합한 범죄 중 가장 무거운 죄에 정한 형으로 처벌하고(형법 제40조), 실체적 경합이 성립하면 원칙적으로 가중주의가 적용되고 흡수주의와 병과주의가 예외적으로 적용된다. 산업안전보건법 위반죄와 업무상과실치사상죄에 정한 형이 사형 또는 무기징역이나 무기금고 이외의 같은 종류의 형이므로 가장 무거운 죄에 대하여 정한 형의 장기 또는 다액(多額)에 그 2분의 1까지 가중하되 각 죄에 대하여 정한 형의 장기 또는 다액을 합산한 형기 또는 액수를 초과할 수 없다(형법 제38조 제1항 제2호). 이때 징역과 금고는 같은 종류의 형으로 간주하여 징역형으로 처벌하고(형법 제38조 제2항), 유기의 자유형을 가중하는 때에는 50년을 넘지 못한다(제42조 단서).

1개의 행위가 수 개의 범죄구성요건을 실현하였으나 구성요건 상호 간에 배척현상이 일어나서 하나의 구성요건만 적용되고 다른 구성요건의 적용이 배척되는 경우에는 법조경합이 성립한다.[23] 산업안전보건법상의 안전

반과 업무상과실치사상 간의 관계와 유사한 도로교통법 위반과 업무상과실치사상 간의 관계에 대해 도로교통법 위반범죄와 업무상과실치사상죄의 실체적 경합이 된다고 보고 있다(대법원 1972.10.31. 72도2001). 예컨대 무면허운전을 하다가 업무상과실치사상의 결과가 발생하면, 무면허운전행위 이외에 별개의 업무상과실행위가 존재한다고 보아 무면허운전죄(도로교통법 제152조 제1호)와 업무상과실치사상죄의 실체적 경합범이 성립한다고 판단하고 있다.

21) 이 경우 고의(산업안전보건법상의 안전보건조치의무 위반)와 과실(주의의무 위반)이 동시에 존재하게 된다. 행위의 동일성은 고의범과 과실범 사이에서도 가능하다.

22) 대법원 1991.12.10. 91도2642 판결.

23) 법조경합에서 적용이 배제되는 구성요건은 형사처벌의 근거로 될 수 없으므로, 적용이 배제된

·보건조치 또는 도급인의 안전·보건조치 위반으로 근로자를 사망에 이르게 한 경우(결과적 가중범, 산업안전보건법 제167조), 이 결과적 가중범은 산업안전보건조치의무 위반죄 또는 업무상과실치사죄의 특례를 규정하여 가중처벌함으로써 근로자의 생명보호라는 개인적 법익을 보호하기 위한 것으로서, 이 범죄가 성립되는 때에는 업무상과실치사죄는 그 죄에 흡수되어 별죄를 구성하지 아니한다고 보아야 할 것이다.[24), 25)] 즉, 산업안전보건법상의 결과적 가중범의 구성요건이 업무상과실치사죄의 구성요건을 이미 포함하고 있어(배척하여) 양 죄는 법조경합 관계[26)]에 있다고 할 수 있으므로, 산업안전보건법상의 결과적 가중범만 적용되고 업무상과실치사죄의 적용은 배제된다.[27)]

산업안전보건법 위반죄와 업무상과실치사상죄를 비교하면 다음과 같다.

법률은 판결이유에 기재될 필요가 없다. 이 점은 상상적 경합에서 경한 범죄에 대한 판단이 판결이유에 명시되어야 하는 것과 다르다. 상상적 경합은 실질상 수죄이므로 판결이유에서 상상적 경합의 관계에 있는 모든 범죄사실과 적용범죄를 기재해야 하고, 일부가 무죄인 때에는 그 이유를 밝혀야 하기 때문이다.

24) 판례도 산업안전보건법상의 결과적 가중범과 유사한 위험운전치사상죄와 교통사고처리특례법 위반죄(업무상과실치사상죄)의 관계를 법조경합 관계로 판시하고 있다(대법원 2008.12.11. 2008도9182 판결). 판결에서 '흡수관계'라는 표현을 사용하고 있지만, 내용적으로 보면 '특별관계'에 해당한다.

25) 각 죄에 정한 형이 무기징역이나 무기금고 이외의 다른 종류의 형인 때에는 병과한다(형법 제38조 제1항 제3호). 병과해야 할 경우는 각 죄에 정한 형이 이종인 경우뿐만 아니라 각 죄 중 일죄에 대하여 이종의 형을 병과할 것으로 규정한 때에도 적용되므로(대법원 1955.6.10. 4287형상210 판결), 중대재해처벌법 제6조 제1항, 제10조 제1항에 따라 징역과 벌금을 병과하는 경우에는 병과주의가 적용된다.

26) 법조경합 중에서도 특별관계에 해당한다.

27) 상해치사죄(형법 제259조)가 상해죄(형법 제260조)와 과실치사죄(형법 제267조)에 대해서 법조경합의 특별관계에 있는 것(배종대, 『형법총론(제17판)』, 홍문사, 2023, 552쪽 ; 손동권 · 김재윤, 『새로운 형법총론』, 율곡출판사, 2011, 635쪽 ; 이재상 · 장영민 · 강동범, 『형법총론(제11판)』, 2022, 554쪽 ; 이주원, 『형법총론』, 박영사, 2022, 421쪽 ; 임웅, 『형법총론(제13정판), 법문사, 2022, 628쪽)과 동일한 구조이다.

[표 2] 산업안전보건법 위반죄와 업무상과실치사상죄 비교

구분	산업안전보건법 위반죄	업무상과실치사상죄(형법)
범죄의 성격	고의범(대부분 미필적 고의범)	과실범
범죄 구성요건	산업안전보건기준 위반 (사상자 발생과 무관) 단, 사망에 이르게 한 경우에는 가중처벌(결과적 가중범)	과실(주의의무 위반) + 사상자 발생
처벌 대상	개인(위반행위자) +사업주[법인 : 법인 그 자체, 개인 : 개인경영주(사장)]	개인(위반행위자)

칼럼 실효성과 법치 무시하는 중대재해처벌법 행정[28)]

현 정부의 산재예방행정을 한마디로 평가하자면 '책임의 외주화'이다. 정부로서 해야 할 역할을 제대로 했는지는 묻지 않고 사고가 발생한 기업에 모든 책임을 뒤집어씌우는 행태가 반복되고 있다. 사고발생기업에 대한 엄벌 강조도 다분히 면피용적 성격이 강하다.

원청 대기업이 어떤 형태로든 관련되어 있는 중대재해가 발생하면 사고원인조사를 하기도 전에 무작정 그 기업을 타깃으로 삼아 확정된 죄인 취급을 한다. 대기업 관련 사고로 매스컴에서 보도되는 사고에 대해 정부가 상습적으로 보이는 반응이다. 사고가 발생하고 난 후의 처벌행정만 보이고 정교하고 차분한 원인분석은 뒷전이다. 모든 것이 처벌로 향해 있다.

행정기관 스스로 반성하거나 미흡한 점을 살펴보는 노력은 하지 않는

28) 정진우, 월간 노동법률, 2022년 2월호(Vol. 369).

다. 예방지도행정이 왜 제대로 작동하지 않았는지는 관심 밖이다. 예방전문행정기관이어야 할 고용노동부가 처벌만이 자신의 역할로 생각하고 경찰 흉내만 내려고 하고 있는 것이다.

중소기업에서 발생한 사고는 생색나지 않는다는 이유로 별다른 신경을 쓰지 않는다. 밑 빠진 독에 물 붓기 식의 재정지원과 질 낮은 기술지원만 있을 뿐 중소기업의 역량 강화를 위한 프로그램은 거의 보이지 않는다. 종전에 빈약하게나마 있던 역량 강화 프로그램조차 자취를 감췄다. 중장기적으로 후유증이 적지 않을 것 같다. 무재해사업은 산재은폐를 조장한다는 이유로 무재해 배수 인정뿐만 아니라 무재해운동 그 자체를 없애버렸다. 아기를 목욕시킨 후 목욕물만 버려야 하는데 아기까지 버린 꼴이다.

중대재해처벌법은 전 세계에서 그 유례를 찾아볼 수 없는 법이다. 거의 종교화되어 버린 엄벌주의의 산물이라고 할 수 있다. 현 정부는 처벌을 위해선 입법과 법집행 과정에서 수단 방법을 가리지 않는 것 같다. 처벌은 곧 정의라는 생각으로 헌법원칙을 무시하는 것이 다반사이다. 법치에 대한 지식과 감수성이 부족하다는 지적을 피하기 어렵다.

경영책임자의 경우 현재도 산업안전보건법 등 다른 안전관계법으로 처벌할 수 있고, 처벌하기 어려운 면이 있으면 기존 안전관계법을 개정하는 방식으로 얼마든지 목적을 달성할 수 있었다. 그간에도 중소기업은 대부분 사장이 처벌되어 왔고 대기업의 경우에도 임원급이 처벌되는 경우가 적지 않았다. 본사 경영책임자가 처벌되는 사례는 드물었지만, 그것은 기존 안전관계법의 구조적 한계가 아니라 엉성한 벌칙체계와 부족한 수사력 등에 기인하는 바가 크다.

산업안전보건법만 보더라도 사업주를 대신하는 행위자, 즉 위반행위자가 될 수 있는 자에는 회장, 대표이사, 부사장 등이 다 포함돼 있다. 이들이 형사처벌 대상이 되는지는 범죄구성요건이 어떻게 규정돼 있느냐에 달려 있다. 즉, 범죄구성요건 여하에 따라서는 산업안전보건법에 의해서도 본사 경영책임자 또한 형사처벌될 수 있다. 이 점에서 기존 안전관계법으론 본사의 경영책임자에게 책임을 물을 수 없다는 전제는 잘못된 것이다. 중대재해처벌법이 잘못된 전제하에서 탄생된 사생아법이라는 걸 방증하는 것이다.

그러다 보니 중대재해처벌법은 산업안전보건법 등과 상당부분 중복적으로 규정돼 있다. 중대재해처벌법령상의 각종 의무는 대부분 표현만 약간 다를 뿐 산업안전보건법령에 이미 규정돼 있는 것이다. 탄생되지 말았어야 할 법이 탄생되다 보니 산업안전보건법 등과의 중복이 불가피하게 생긴 것이다. 이 법 제정에 앞장선 자들의 눈에는 이러한 불합리가 보이지 않는가 보다. 하기야 이들은 엄벌만능주의 도그마에 빠져 있거나 보여주기가 목적이었으니 보고 싶지 않았을 것이다.

중대재해처벌법 시행령이 공포되고 나서 불과 3개월 남짓 기간에 안전보건관리체계를 구축하라는 것 자체가 정부가 안전에 대한 기본지식이 없다는 것을 방증한다. 안전보건관리체계 구축에는 오랜 시간과 노력이 요구된다는 건 안전학계의 상식인데, 정부는 이걸 서류작성으로만 생각하는 것 같다. 형식적으로 구축하라는 말이나 마찬가지이다. 고용노동부 스스로도 안전보건관리체계는커녕 그 기본에 해당하는 위험성평가도 실시하지 않으면서 기업에만 구축하라고 하는 건 '내로남불' 행정이다. 이래서야 행정이 신뢰를 받을 수 있겠는가.

역할과 책임의 명확화는 안전관리의 기본전제이다. 중대재해처벌법령과 정부 해설서는 이 기본전제를 깡그리 무시하고 있다. 이 법령의 각종 의무를 지배자가 해야 하는지, 운영자가 해야 하는지, 관리자가 해야 하는지 도저히 알 수 없다. 원청이 해야 하는지, 하청이 해야 하는지도 분간할 수 없는 경우가 허다하다. 산업안전보건법과 충돌되는 내용 또한 적지 않다. 역할과 책임이 명확하게 설정돼 있지 않으면 의무이행을 다른 자에게 떠넘기거나 자신의 의무인지를 몰라 이행하지 못하는 경우가 많이 생길 수밖에 없다.

의무이행주체만 불명확한 것이 아니다. 원청이 도대체 어디에서부터 어디까지 이행해야 하는지도 매우 불명확하다. 불명확한 법은 수범자에게 예방기준으로 작용하지도 못하여 법의 실효성을 담보하지 못할 뿐만 아니라, 법집행기관의 자의적 집행·해석에 날개를 달아 주게 돼 심각한 인권침해를 초래하기 마련이다.

고용노동부는 중대재해처벌법의 존재가치를 억지로 부각시키기 위해 산업안전보건법을 구체적인 안전보건조치만을 규정한 법으로 격하시키는 어처구니없는 홍보를 하고 있다. 산업현장의 산업안전보건법에 대한 무관심에 기름을 끼얹고 있는 셈이다. 정부 스스로 안전에 대한 지식이 없다 보니 얼치기 전문가의 잘못된 조언에 맥없이 휘둘려 발생하고 있는 현상이다. 중앙부처라는 곳의 수준이 이 정도밖에 안 되다니 참으로 개탄스럽다. 게다가 중대재해처벌법의 처벌이 워낙 세다 보니 산업안전보건법 등 기존 안전관계법의 처벌은 별거 아닌 것으로 여겨져 그 위하력도 무뎌져 버렸다.

중대재해처벌법은 법률과 시행령 모두 전문성과 진정성 없이 졸속으로 만들어지다 보니 실효성이 부족할 뿐만 아니라 위헌 소지도 차고 넘친다. 위헌소송이 제기되는 건 시간문제이다. 정부에서는 위헌결정을 받아 큰 혼란에 빠지기 전에, 그게 아니더라도 안전원리가 뒤틀리는 것을 조금이라도 빨리 막기 위해선 조속히 이 법령의 전면개정에 나서야 한다. 소 잃고 외양간 고치는 우를 범하지 않기를 바란다. 훗날 역사의 심판대에서 뭐라도 떳떳한 구석이 있어야 하지 않겠는가.

3. 중대재해처벌법 위반죄 처벌 대상자

중대재해처벌법 제정에 따라 개인사업주 또는 법인・기관의 경영책임자 등[29](이하 '경영책임자'라 한다)에 해당하는 자가 실질적으로 지배・운영・관리하는 사업 또는 사업장에서 일정한 안전보건확보(조치)의무(제4조, 제5조, 제9조 제1항 내지 제3항)[30]를 위반하여 종사자[31]를 중대산업재해[32]에 이르게 하거나 원료나 제조물, 공중이용시설 또는 공중교통수단의 이용자나 그 밖의 사람을 중대시민재해[33]에 이르게 한 경우에는, 개인사업주 또는 경영책임자 등에 대해 중대재해의 유형에 따라 1년 이상의 징역 또는 10억원 이하의 벌금을 부과하거나 7년 이하의 징역 또는 1억원 이하

29) 다음 어느 하나에 해당하는 자를 말한다(제2조 제9호). i) 사업을 대표하고 사업을 총괄하는 권한과 책임이 있는 사람 또는 이에 준하여 안전보건에 관한 업무를 담당하는 사람, ii) 중앙행정기관의 장, 지방자치단체의 장, 지방공기업법에 따른 지방공기업의 장, 공공기관의 운영에 관한 법률 제4조부터 제6조까지의 규정에 따라 지정된 공공기관의 장.

30) i) 재해예방에 필요한 인력 및 예산 등 안전보건관리체계의 구축 및 그 이행에 관한 조치, ii) 재해 발생 시 재발방지 대책의 수립 및 그 이행에 관한 조치, iii) 중앙행정기관・지방자치단체가 관계 법령에 따라 개선, 시정 등을 명한 사항의 이행에 관한 조치, iv) 안전・보건 관계 법령에 따른 의무이행에 필요한 관리상의 조치.

31) i) 근로기준법상의 근로자, ii) 도급, 용역, 위탁 등 계약의 형식에 관계없이 그 사업의 수행을 위하여 대가를 목적으로 노무를 제공하는 자, iii) 사업이 여러 차례의 도급에 따라 행하여지는 경우에는 각 단계의 수급인 및 수급인과 가목 또는 나목의 관계가 있는 자를 말한다.

32) 산업안전보건법 제2조 제1호에 따른 산업재해 중 다음 어느 하나에 해당하는 결과를 야기한 재해를 말한다. i) 사망자가 1명 이상 발생, ii) 동일한 사고로 6개월 이상 치료가 필요한 부상자가 2명 이상 발생, iii) 동일한 유해요인으로 급성중독 등 대통령령으로 정하는 직업성 질병자가 1년 이내에 3명 이상 발생.

33) 특정 원료 또는 제조물, 공중이용시설 또는 공중교통수단의 설계, 제조, 설치, 관리상의 결함을 원인으로 하여 발생한 재해로서 다음 어느 하나에 해당하는 결과를 야기한 재해를 말한다. 다만, 중대산업재해에 해당하는 재해는 제외한다. i) 사망자가 1명 이상 발생, ii) 동일한 사고로 2개월 이상 치료가 필요한 부상자가 10명 이상 발생, iii) 동일한 원인으로 3개월 이상 치료가 필요한 질병자가 10명 이상 발생.

의 벌금을 부과한다. 이 경우 징역과 벌금을 병과할 수 있다(제6조, 제10조).

중대재해처벌법상 경영책임자에 대한 처벌요건은 안전보건확보의무 위반[고의범(미필적 고의범을 포함한다)]+중대재해(중대산업재해 또는 중대시민재해) 발생이다.

'기본행위(기본범죄) → 중한 결과의 발생'의 구조로 되어 있는 범죄를 결과적 가중범이라고 한다.[34] 즉, 결과적 가중범은 기본행위(기본범죄)에 의하여 (행위자가 예견하지 않았던) 중한 결과가 발생한 때에 그 형이 가중되는 범죄이다(형법 제15조 제2항).[35] 그러나 중대재해처벌법은 일반적 결과적 가중범과는 달리 기본행위에 해당하는 '안전보건확보의무 위반'에 대하여 처벌규정을 두고 있지 않아 기본행위를 한 것만으로는 처벌할 수 없다. 기본행위(안전보건확보의무 위반)을 방지하기 위한 행정지도는 할 수 있으나, 중한 결과(중대재해)가 발생하지 않은 이상은 이에 따르지 않는다고 하더라도 어떠한 제재도 할 수 없다.[36]

---

34) 일반적인 결과적 가중범은 고의의 기본행위인 기본범죄가 본래의 구성요건결과를 넘어 행위자가 예견하지 못한 결과를 발생시킨 경우에 형이 가중되는 범죄를 말하는바, 중대재해처벌법은 고의의 기본행위(법 제4조와 제5조, 제9조)를 범죄로 규정하고 있지 않다는 점에서 일반적인 결과적 가중범의 형태를 취하고 있지 않아 엄밀한 의미로 보아 결과적 가중범이라고 할 수 없지만, 기본범죄에 해당하는 내용이 본법은 아니지만 본법이 준거하고 있는 산업안전보건법 등 안전보건관계법에 이미 적지 않게 규정되어 있는 점을 고려할 때, 기본적으로 '결과 때문에 형이 무거워지는 죄'(형법 제15조 제2항 : 결과 때문에 형이 무거워지는 죄의 경우에 그 결과의 발생을 예견할 수 없었을 때에는 무거운 죄로 벌하지 아니한다)의 형태를 취하고 있다고 볼 수 있고 또 설명의 편의를 위하여, 이 책에서는 중대재해처벌법 제6조(중대산업재해 사업주와 경영책임자 등의 처벌) 및 제10조(중대시민재해 사업주와 경영책임자 등의 처벌)를 결과적 가중범으로 보기로 한다.

35) 우리 형법전은 예외 없이 기본행위가 고의범인 결과적 가중범만을 규정하고 있으며 과실의 결과적 가중범은 인정하지 않는다. 그러나 행정형법의 영역에서는 기본행위가 '과실범'인 결과적 가중범도 있다(예 : 환경범죄 등의 단속 및 가중처벌에 관한 법률 제5조, 건축법 제107조 제2항).

36) 중대재해처벌법은 산업안전보건법 등 행정형법과는 달리 기본행위에 대하여 개선(시정)명령 등 명령적 행정행위(행정처분)을 규정하고 있지 않아, 설령 중한 결과(중대재해)가 발생하더라도 형

산업안전보건법과 중대재해처벌법의 결과적 가중범이 성립되기 위해서는, 객관적 구성요건으로 ① 고의(미필적 고의를 포함한다)의 기본행위(산업안전보건법 : 제38조, 제39조, 제63조의 안전보건조치의무 위반행위, 중대재해처벌법 : 제4조, 제5조, 제9조의 안전보건확보의무 위반행위)가 있을 것, ② 중한 결과(산업안전보건법 : 사망, 중대재해처벌법 : 중대재해)가 발생할 것, ③ 기본행위와 중한 결과 사이에 상당인과관계[37)]가 있을 것을 필요로 하고, 주관적 구성요건으로 중한 결과의 발생에 대하여 과실(예견가능성)이 있어야 한다. 중한 결과 발생의 예견가능성은 구체적인 예견가능성을 의미하며, 중한 결과 발생 자체와 중한 결과에 이르는 중요과정(인과과정의 본질적 윤곽)에 대해서도 구체적 예견가능성이 있어야 한다. 중한 결과 발생에 대한 추상적 위구감 또는 막연한 불안감으로는 결과 발생에 대한 구체적인 예견 가능성을 인정하기는 어렵다.

그리고 행위 당시의 구체적 사정에 비추어 보아 구성요건에 해당하고 위법한 행위를 한 사람이 위법행위 대신에 적법행위로 나아갈 것을 기대할 수 없는 경우(기대가능성이 없는 경우)에는 책임이 조각되어 면책된다. 기대가능성은 '유무'의 판단뿐만 아니라 '정도'의 판단도 있을 수 있는 개념이다. 기대가능성의 '강약'은 행위자 개인에 대한 책임을 무겁게 하거나 감경

사처벌을 할 수 있을 뿐 기본행위 방지의무의 준수를 강제할 방법은 없다.

37) 형법에서의 상당인과관계란 어느 행위로부터 어떠한 결과가 발생하는 것이 일반인의 경험상 상당하다고 판단될 때 인정되는 인과관계이다. 이 경우 '경험상 상당하다'는 말은 어느 행위로부터 어느 결과가 발생할 것이 통상적이라고 판단되는 것을 말한다. 일상적인 생활경험의 범위 내에 속하지 않는 사태 진행은 모두 형법적 상당인과관계의 고찰 대상에서 제외된다. 결과 발생에 대하여 이례적인 조건이나 희귀한 조건, 또는 통상적인 사태 진행 과정에 속한다고 볼 수 있는 조건들은 발생된 결과에 대하여 인과관계가 부정된다(신동운, 『형법총론(제15판)』, 법문사, 2023, 188쪽). 이에 대해서는 후술하는 '결과적 가중범 성립요건' 부분(제3장 Ⅱ. 라. 경영책임자 처벌)에서 자세히 고찰하기로 한다.

시킴으로써 법관의 양형에 직접 영향을 주게 된다.

개인사업주 또는 경영책임자 등이 그 법인 또는 기관의 업무에 관하여 일정한 안전보건조치의무를 위반하는 행위를 하면, 양벌규정에 따라 위반 행위자(개인사업주 또는 경영책임자 등)를 벌하는 외에, 그 법인 또는 기관에게 사망에 이른 중대재해(중대산업재해, 중대시민재해)의 경우에는 50억원 이하의 벌금형을, 사망에 이르지 않은 중대재해의 경우에는 10억원 이하의 벌금형을 부과한다(제7조 및 제11조 본문). 다만, 법인 또는 기관이 해당 위반행위를 방지하기 위하여 해당 업무에 관하여 상당한 주의와 감독을 게을리하지 아니한 경우에는 벌칙의 적용이 면제될 수 있다(제7조 및 제11조 단서).

칼럼

중대재해기업처벌법에 대한 단상[38)]

최근 '중대재해기업처벌법' 제정을 요구하는 목소리가 커지고 있다. 산업재해 문제를 해결하려면 기업에 대한 제재를 대폭 강화해야 한다는 생각이 근저에 강하게 깔려 있다. 약한 제재가 우리나라의 낮은 안전수준의 주범이라는 생각이다. 과연 그럴까.

우리보다 낮은 제재수준으로도 훌륭한 안전실적을 거두고 있는 독일이나 일본을 보면, 이 주장에 허점이 있다는 것을 쉽게 알 수 있다. 그리고 우리나라의 제재수준이 과연 낮은 것일까. 그렇지 않다. 고용노동부가 그간 법적 근거 없이 남발해 온 사업장 전체 작업중지명령까지를 감안하면 어느 나라보다도 제재가 강하다고 볼 수 있다.

중대재해기업처벌법의 제정을 주장하는 사람들은 그 모델로 영국의

38) 정진우, 안전저널, 2020.6.12.

'법인과실치사법'을 꼽고 있다. 그런데 영국의 사망사고발생률이 크게 낮은 것이 법인과실치사법의 영향이라는 주장은 사실과 다르다. 영국은 법인과실치사법 제정 이전부터 사망사고발생률이 낮았던 것이지 이 법 제정 이후에 본격적으로 낮아진 것이 아니다. 감소폭으로 보면 오히려 이 법의 제정 이전보다 줄어든 것으로 나타나고 있다.

영국의 산재예방제도에서 배워야 할 것은 강한 처벌수준만이 아니라 오히려 세계 최고 수준의 산재예방행정시스템이다. 두 가지를 다 같이 생각하지 않고 처벌수준만을 맥락 없이 주장하는 것은 전형적인 파편적 접근이다. 수범자가 법을 잘 준수하기 위한 인프라를 구축하는 일은 소홀히 한 채 처벌을 강화하는 것만으로는 산업재해를 줄이기 어렵다. 그리고 선진적인 산재예방행정시스템을 구축하려는 노력은 하지 않고 처벌강화에 집중하는 것은 정부가 스스로의 책임은 다하지 않으면서 수범자의 책임만 묻는 무책임한 처사이다. '엄벌주의'가 '신자유주의 이데올로기'로 분류되는 이유이다.

영국에서 그간 법인과실치사법으로 처벌된 것은 대부분 중소기업이고 대기업에 대한 처벌사례는 단 한 건뿐만이라는 사실에도 주목할 필요가 있다. 중대재해기업처벌법이 제정되면 이 법의 실제 적용 대상자는 대부분 중소기업일 가능성이 크다는 점을 시사한다. 따라서 법의 준수여건을 강화하려는 노력이 반드시 선행되어야 한다. 그렇지 않으면 주로 중소기업에 큰 타격을 입히는 법이 될 가능성이 매우 높다.

법치주의의 관점에서는 처벌강화보다 더 중요한 것이 여건조성 외에 구성요건의 정교한 규정이다. 구성요건상의 문언이 치밀하지 못한 상태에서 처벌수준을 높이면, 수범자의 입장에서 어떠한 행위를 해야 하는지를 예측할 수 없게 만들고 결과적으로 과도한 처벌이 될 수 있다. 형벌권의 남용 또는 과도한 형벌은 그 자체가 하나의 악이요, 국가에 의해 저질러지는 범죄라는 인식이 있어야 한다. 특히 준법의지가 강한 수범자조차 지킬 수 없는 법을 만들어 놓고 이를 안 지킨다고 처벌하는 것, 그것도 엄벌에 처하는 것은 국가에 의한 횡포이다. 그런데 안전분야에서는 진보, 보수에 관계없이 이러한 인권의식이 매우 희박하다. 그렇다 보니 무작정 처벌을 강화하는 것이 정의인 양 착각하는 사람들이 많다.

법의 구성요건이 허술하게 규정되어 있으면 소송으로 갈 경우 무죄로 판결되거나 솜방망이 처벌이 될 가능성이 크다. 허술한 구성요건하에서는 피의자를 엄벌에 처하는 데 한계가 있을 수밖에 없다. 대형사고가 발생할 때마다 낡은 녹음테이프를 틀어놓은 듯 반복되는 엄벌 주장이 공염불에 그치는 이유가 여기에 있다. 허술한 구성요건 문제를 해결하지 않는 이상 약한 처벌은 앞으로도 크게 달라지지 않을 것이다.

독일의 유명한 형법학자인 리스트의 "최선의 형사정책은 사회정책이다"는 말은 산업안전분야에도 그대로 적용될 수 있는 법언이다. 지금이야말로 어느 때보다 산업안전분야의 사회정책에 해당하는 산재예방정책을 개선할 수 있는 좋은 기회이다. 힘겹고 다소 더디지만 효과가 검증된 시스템 개혁을 우선할 것인가, 당장에는 달콤하지만 효과가 의심스러운 엄벌주의를 우선할 것인가. 역사가 어떻게 평가할 것인지를 의식한다면 선택은 자명하다.

4. 중대재해처벌법과 산업안전보건법 등 사업장 안전보건관계법의 관계

중대재해처벌법이 산업안전보건법 등 사업장 안전보건관계법과의 관계에서 특별법 또는 신법의 위치에 있어 우선적으로 적용되는지가 문제될 수 있다.

일반적으로 특별법이 일반법에 우선하고 신법이 구법에 우선한다는 원칙은 동일한 형식의 성문법규인 법률이 상호 모순·저촉되는 경우에 적용된다. 이때 법률이 상호 모순·저촉되는지 여부는 법률의 입법목적, 규정사항 및 적용범위 등을 종합적으로 검토하여 판단하여야 한다.[39)]

이 판단기준에 따르면, 중대재해처벌법과 산업안전보건법 등 사업장 안전보건관계법은 전체적으로 볼 때 입법목적(취지), 입법연혁, 규정사항(내용) 및 적용범위(보호 대상) 등을 달리하여 서로 모순·저촉되는 관계에 있다고 볼 수 없다. 즉, 어느 법이 다른 법에 우선적 효력을 가진다고 해석할 수 없다.

다만, 산업안전보건법상의 안전보건조치의무와 중대재해처벌법상의 안전보건확보의무 중에는 부분적으로 동일하거나 유사한 내용이 있어 양 법이 서로 모순·저촉되는 관계에 있다고 볼 수 있는 여지도 있다.[40)]

---

39) 대법원 2016.11.25. 2014도14166 판결 ; 대법원 1989.9.12. 88누6856 판결 등 참조.

40) 중대재해처벌법의 의무이행주체가 불명확하여 일부 사항(조항)에 대해선 중대재해처벌법상 의무이행주체와 산업안전보건법 등 사업장 안전보건관계법, 특히 산업안전보건법의 의무이행주체가 착종되거나 양자 간에 혼선이 발생하는 경우가 발견된다. 예를 들면, 산업안전보건법령상의 일정한 안전보건조치 이행의무(안전보건관리체제 구축 · 운영, 안전보건교육, 안전인증, 안전검사 등의 의무)가 근로관계에 있는 수급인의 의무인지, 아니면 도급인의 의무인지에 대해 산업안전보건법령은 수급인의 의무로 규정하고 있고, 중대재해처벌법령은 장소에 대한 지배 · 운영 · 관리(법 제4조 : 실질적으로 지배 · 운영 · 관리하는 사업 또는 사업장, 법 제5조 : 시설, 장비, 장소 등에 대하여 실질적으로 지배 · 운영 · 관리하는 책임이 있는 경우)를 중심으로 도급인의 의무인 것처럼 규정하고 있다. 중대산업재해의 경우에 한정하여 보면, 양 법령의 궁극적 입법목적이 동일하고, 이 특정사항에 대해서는 양 법령의 규정사항(대상)과 적용범위 등도 유사한 점을 감안할 때, 특정조치 의무에 대한 양 법령의 규정은 상호 모순 · 저촉되는 관계에 있다고 할 수 있다. 이는 형벌법규의 명확성의 원칙에 위배된다고 볼 수 있다. 한편, 중대재해처벌법을 형식논리적으로 해석하면, 도급인은 수급인의 인사(인력), 예산, 기획 등 핵심적인 부부 · 기능에 대해서까지 구체적으로 관여 또는 개입하는 것을 넘어 수급인의 근로자에 대해 수급인을 대신하여 직접적인 안전보건조치를 해야 하는바, 이는 수급인의 직업수행의 자유의 일부인 영업의 자유를 본질적으로 침해하고 수급의 자율성을 송두리째 부정하는 결과를 초래하는 것으로 이어지며 헌법의 원칙인 과잉금지의 원칙(비례의 원칙)에 위반되는 문제를 야기한다. 헌법의 원칙을 위반하는 문제 외에, 현실에서는 사외하청(외주사)의 경우 수급인이 도급인보다 큰 경우도 얼마든지 있을

요컨대, 중대재해처벌법과 산업안전보건법 등 사업장 안전보건관계법이 상호 간에 다분히 중복되는 부분이 있더라도 그리고 경영책임자에 한정하더라도, 산업안전보건법 등 사업장 안전보건관계법에 대하여 중대재해처벌법이 특별법 내지 신법으로 우선적으로 적용되어 산업안전보건법 등 사업장 안전보건관계법의 적용이 배제되게 된다고 볼 수는 없다.

한편, 중대재해처벌법과 산업안전보건법 등 사업장 안전보건관계법은 의무내용에 일부 동일하거나 유사한 부분이 있기는 하지만(특히 중대재해처벌법과 산업안전보건법 간), 전체적으로 볼 때 입법취지, 규정내용(체계, 의무주체 및 구체적 내용), 적용범위 등을 엄연히 달리하는 별개의 법으로서 양 법 위반죄(중대재해처벌법 위반죄와 산업안전보건법 등 사업장 안전보건관계법 위반죄)가 모두 성립하는 경우, 양 죄는 실체적 경합관계[41]에 있다고 보아야 할 것이다.[42), 43)]

수 있는바, 즉 중소기업이 상대적으로 규모가 더 큰 외부업체에 도급을 맡기는 경우도 적지 않은바, 이러한 현실을 고려할 때 중대재해처벌법상 도급인의 의무를 형식논리적으로 해석하는 것은 현실적인 준수 가능성도 없거니와 산재예방 실효성도 거두기 어려운 문제를 초래한다. 이러한 위헌 소지 등의 문제를 다소나마 해결하기 위해서는 도급인에게 그 지위와 역할에 걸맞은 의무만 부과되어 있는 것으로 도급인의 의무범위를 좁게 해석하는 것이 필요하다.

41) 판례는 도로교통법 위반(음주운전)죄와 음주로 인한 특정범죄가중처벌 등에 관한 법률 위반(위험운전치사상)죄의 관계에 대해, 양 죄는 입법취지와 보호법익 및 적용영역을 달리하는 별개의 범죄이므로, 양 죄가 모두 성립하는 경우 두 죄는 실체적 경합 관계에 있다고 판단한 바 있다(대법원 2008.11.13. 2008도7143 판결).

42) 중대재해처벌법에 산업안전보건법과 일부 동일하거나 유사한 내용이 규정되어 있는 부분(중대재해처벌법의 안전보건관리체계와 산업안전보건법의 안전보건관리체제)도 있지만, 산업안전보건법상의 안전보건관리체제에 대한 위반은 형벌이 아닌 과태료를 부과하는 것으로 되어 있으므로, 설령 1개의 행위로 인정되더라도 수개의 '죄(범죄)'에는 해당될 수 없어 중대재해처벌법 위반죄와 산업안전보건법 위반죄(결과적 가중범 해당 여부를 불문한다)는 상상적 경합 관계가 될 수 없다.

43) 중대재해처벌법 판결(1~7호)에서 중대재해처벌법 위반죄와 근로자 사망에 따른 산업안전보건법 위반죄가 모두 근로자의 생명이라는 동일한 보호법익을 보호하고 있고, 의무 위반행위 각각이

산업안전보건법 등 사업장 안전보건관계법(화재의 예방 및 안전관리에 관한 법률, 건설기술진흥법, 교육시설 등의 안전 및 유지관리 등에 관한 법률, 화학물질관리법, 연구실 안전환경 조성에 관한 법률 등)[44]은 위반행위자와 사업주(법인, 개인)를 처벌하는 구조로 되어 있다.

산업안전보건법 등 사업장 안전보건관계법은 중대재해 발생 여부와 관계없이 안전보건기준 위반만으로 처벌하는 규정을 다수 두고 있지만, 안전보건기준 위반으로 사망사고 등 중대한 결과가 발생한 경우에는 가중처벌하는 규정도 아울러 두고 있는 경우가 많다(결과적 가중범).

산업안전보건법 등 사업장 안전보건관계법에서 이미 결과적 가중범을 두고 있음에도 불구하고, 중대재해처벌법은 이들 법보다 법정형을 한층 가중하여 처벌하도록 규정하고 있다. 가중처벌하는 근거가 불법성이 높아서라고 한다면 동일하거나 유사한 위반행위 유형이 이들 법에서는 왜 훨씬 낮은 수준으로 처벌(상대적으로 낮은 형사처벌 또는 과태료[45])되고 있는지 법리적으로 설명하기 어렵다.

중대재해처벌법이 외양상으로 중벌주의를 바탕으로 한 결과적 가중범 구조를 취하고 있지만, 이 법에서 규정하고 있는 기본행위에 해당하는 안

피해자의 사망이라는 결과 발생으로 향해 있는 일련의 행위라는 점에서 규범적으로 '동일하고 단일한' 행위라고 평가할 수 있다는 이유로 양 법의 관계를 상상적 경합 관계로 본 것은 두 죄의 죄수관계에 관한 법리를 오해한 잘못된 판단이다. 즉, 양 법의 의무내용에 일부 동일하거나 유사한 부분이 있기는 하지만, 양 법은 전체적으로 체계, 의무주체 및 구체적 의무내용이 엄연히 달라 양 법의 위반행위를 동일하고 단일한 행위라고 볼 수 있는 여지가 없기 때문이다. 만약 양 법의 위반행위를 동일하고 단일한 행위라고 본다면, 중대재해처벌법은 산업안전보건법과 전면적으로 중복되는 위헌적인 법률이라는 점이 명백해지게 된다.

44) 형벌규정을 두고 있는 사업장 안전보건관계법은 좁게 잡아도 30여 개에 이른다.

45) 예를 들면, 재해 재발 방지대책의 미수립이라는 동일한 위반행위가 중대재해처벌법에서는 가중(형사)처벌 대상이지만, 산업안전보건법에서는 중대재해가 발생하더라도 가중(형사)처벌 대상은 커녕 일반 형사처벌 대상도 아닌 과태료 부과 대상으로 되어 있다.

전보건확보의무 위반에 대해 형벌규정을 두고 있지 않고, 게다가 이 기본행위(안전보건확보의무 위반)의 죄질 또는 사회유해성이 예컨대 산업안전보건법상의 결과적 가중범 규정의 기본행위[제38조(안전조치), 제39조(보건조치) 및 제63조(도급인의 안전조치 및 보건조치) 위반]의 그것보다 동일하거나 오히려 약함에도 불구하고 중한 형사처벌을 규정하고 있는 점은 중대재해처벌법의 정당성(헌법상 과잉금지의 원칙)에 심각한 균열을 내고 있다.

한편, 안전보건조치 위반에 대한 형사처벌은 과실범도 처벌한다는 특별한 규정을 두고 있지 않는 한 고의범(대부분 미필적 고의범)이다.

중대한 결과가 발생한 경우에는 사업장 안전보건관계법 외에 형법상의 업무상과실치사상죄가 동시에 적용되는 경우가 일반적이다. 업무상과실치사상죄는 직책과 관계없이 관계되는 자 모두가 처벌될 수 있다(공범이 성립하기도 한다).[46] 업무상과실치사상죄는 사망 또는 부상이라는 결과 발생 시에만 성립하고 과실범(주의의무 위반)이다.

중대재해처벌법 제정에 따라, 기업 등 조직에서 중대재해가 발생하면 경영책임자는 종전대로 산업안전보건법 등 사업장 안전보건관계법 위반죄와 업무상과실치사상죄로 처벌될 수 있을 뿐만 아니라, 이들 죄와 실체적 경합 또는 법조경합 관계에 있는 중대재해처벌법 위반죄로도 처벌될 수 있다.

조직의 경영책임자 외에 조직의 다른 구성원, 나아가 협력사의 관계자도 중대재해처벌법 각 조에서 규정하고 있는 사항을 준수하지 않아 종사자

46) 물론 산업안전보건법, 중대재해처벌법도 공범이 얼마든지 성립할 수 있다. 다만, 산업안전보건법, 중대재해처벌법 실무에서는 공범으로 기소되거나 처벌되는 사례는 지금까지 극히 드물었거나 없었고, 이 점은 앞으로도 크게 달라지지 않을 것 같다.

를 중대재해에 이르게 한 경우, 중대재해처벌법으로는 처벌되지 않더라도 업무상과실치사상죄의 책임이 물어질 수 있음에 유의해야 한다. 중대재해처벌법에서 규정하고 있는 경영책임자의 안전보건확보의무 중 그 이행을 위해 필요하거나 그 이행과 관련된 사항은 내용에 따라서는 중대재해처벌법상의 보조자에 해당하는 자[자사(自社) 관리감독자, 관계수급인 등]에 대해 그가 이행해야 하는 (업무상과실치사상죄에서의) 업무상 주의의무의 근거로 포섭될 수 있기 때문이다.[47] 즉, 조직의 경영책임자 외의 구성원과 협력사 관계자도 중대재해처벌법에서 정하고 있는 의무 중 업무상과실치사상죄의 업무상 주의의무의 근거가 될 수 있는 사항에 대해서는 이를 준수해야 하는 것으로 해석될 수 있기 때문이다.

중대재해처벌법 위반죄와 산업안전보건법 위반죄는 구성요건이 다르므로 사망에 이르게 했는지에 관계없이 양자는 실체적 경합 관계(동일인이 수 개의 행위로 수 개의 죄를 실현한 경우)에 있고, 법정형이 더 중한 중대재해처벌법으로 처벌하되(가중주의), 장기 또는 다액에 그 2분의 1까지 가중한다.[48], [49]

---

47) 업무상 주의의무의 2차적인 근거로서 행위 당시의 사정에 비추어 조리(條理)상 발생하는 구체적인 주의의무까지도 고려되기 때문이다.

48) 중대재해처벌법 위반죄와 산업안전보건법 위반죄에 정한 형은 사형 또는 무기징역이나 무기금고 이외의 같은 종류의 형이므로, 이런 경우에는 가장 무거운 죄에 정한 장기 또는 다액에 그 2분의 1까지 가중하되, 각 죄에 정한 형의 장기 또는 다액을 합산한 형기 또는 액수를 초과할 수 없다(형법 제38조 제1항 제2호). 이때 징역과 금고는 같은 종류의 형으로 간주하여 징역형으로 처벌하고(형법 제38조 제2항), 유기의 자유형을 가중하는 때에는 50년을 넘지 못한다(제42조 단서).

49) 각 죄에 정한 형이 무기징역이나 무기금고 이외의 다른 종류의 형인 때에는 병과한다(형법 제38조 제1항 제3호). 병과해야 할 경우는 각 죄에 정한 형이 이종인 경우뿐만 아니라 각 죄 중 일죄에 대하여 이종의 형을 병과할 것으로 규정한 때에도 적용되므로(대법원 1955.6.10. 4287형상210 판결), 중대재해처벌법 제6조 제1항, 제10조 제1항에 따라 징역과 벌금을 병과하는 경우에는 병과주의가 적용된다.

한편, 중대재해처벌법 위반죄는 그 입법 취지와 문언에 비추어 볼 때 업무상과실치사상죄의 특례를 규정하여 경영책임자를 가중처벌함으로써 노무를 제공하는 자의 생명보호라는 개인적 법익을 보호하기 위한 것이므로, 그 죄가 성립되는 때에는 업무상과실치사상죄는 그 죄에 흡수되어 별죄를 구성하지 아니한다고 볼 것이다.[50] 즉, 중대재해처벌법 위반죄의 구성요건이 업무상과실치사상죄의 구성요건을 이미 포함하고 있으므로(배척하므로), 양 죄는 법조경합 관계[51]에 있다고 할 수 있고, 중대재해처벌법 위반죄만 적용되고 업무상과실치사상죄의 적용은 배제된다.

사망재해가 발생하였다고 가정하면, 중대재해처벌법상의 경영책임자(제2조 제9호)와 산업안전보건법상의 안전보건관리책임자(제15조)가 다른 경우에는(본사와 공장이 분리되어 있는 대기업이 전형적인 예이다) 경영책임자에 대해선 중대재해처벌법 위반죄가, 안전보건관리책임자에 대해선 산업안전보건법상의 결과적 가중범과 형법상의 업무상과실치사죄가 문제될 가능성이 높고, 중대재해처벌법상의 경영책임자와 산업안전보건법상의 안전보건관리책임자가 동일한 경우엔(대부분의 중소기업이 해당된다) 그는 중대재해처벌법 위반죄, 산업안전보건법상의 결과적 가중범, 형법상의 업무상과실치사죄가 모두 문제될 수 있다.

50) 대법원 2008.12.11. 2008도9182 판결 참조.

51) 법조경합 중에서도 특별관계에 해당한다.

칼럼 현장안전 무너뜨리는 '중대재해법'행정[52]

경영책임자 엄벌이 중대재해 문제 해결에 '신의 한수'라도 되는 것처럼 주장했던 사람들의 기대와는 달리 중대재해가 줄지 않고 있다.

중대재해처벌법이 시행된 지 7개월이 넘어가고 있지만, 법 적용 사업장의 사망재해는 발생일과 승인일 기준 모두 오히려 늘어났다. 1년 정도는 '반짝 효과'가 있을 것으로 예상했지만 그조차 기대하기 어려울 것 같다.

지난 5년간 산업안전 행정인력과 예산이 선진국과 비교해 비대하게 늘어난 상황에서의 성적이어서, 이는 결코 가볍게 볼 일이 아니다. 그간의 사고사망재해 중장기 추세로 보면, 중대재해처벌법 제정과 행정인력・예산 증가가 없었더라도 금년도 사망사고는 줄었을 것으로 추정된다. 개발도상국이 아닌 이상은 어느 나라든 서비스산업화로 인한 위험작업의 감소, 자동화 및 IT기술의 발전, 탈근로자화 등으로 인해 근로자 사망사고는 점차적으로 감소하는 추세를 보이고 있기 때문이다.

사고사망재해의 증가는 '중대재해법'행정이 산업안전에 도움이 되기는커녕 오히려 걸림돌이 되고 있다는 방증이다. 중대재해법행정이 고장났다는 신호는 곳곳에서 나타나고 있다. 서류작성만 잘 하면 책임에서 벗어날 수 있다는 생각에 현장작동성 있는 안전이 아니라 서류작성에 '올인'하는 기업이 적지 않다.

근로자를 보호하기 위한 안전이 아니라 경영책임자를 지키기 위한 안전이 되어 버린 곳도 많다. 실질적인 안전에 찬물을 끼얹은 셈이다.

상황이 이렇다 보니 안전역량의 발전과 성장은 기업의 관심에서 멀어지고 있다. '묻지마' 안전이 도를 더해가면서 현업부서의 안선에 대한

52) 정진우, 오피니언뉴스, 2022.9.5.

냉소적 반응이 심상치 않다. 게다가 중대재해처벌법이 시행된 지 7개월이 지나도록 법위반으로 단 1건만 기소된 걸 보고 기업에서는 초기의 긴장감마저 점점 사그라들고 있다.

당초 비어 있었던 것보다 채워져 있다가 비게 되는 것이 공허감이 심한 법이다. 이래저래 시간이 지나면서 중대재해처벌법의 부끄러운 민낯이 점차 드러나고 있다.

중대재해법행정은 몇 군데 부분적으로 손을 대서 해결할 수 있는 상태가 아니다. 태생적 한계가 많은 데다가 현장안전을 난마처럼 꼬이게 해놓고 있기 때문이다. 산재예방행정시스템을 혁신해야 하는 이유다. 윤석열 정부는 행정부에 진정성을 갖고 문제 해결에 나서도록 챙겨야 한다. 꼼수행정에는 단호하고 엄격해야 한다. 행정부를 민주적으로 통제하지 않으면 문제 해결에서 멀어져 갈 것이다.

심각한 문제는 많은 기업이 중대재해처벌법으로 정작 해야 할 예방활동은 하지 못하고 수검용 서류작업과 안전활동에 많은 시간을 뺏기고 있다는 점이다.

현장에서는 실질적 안전과 괴리된 주문에 시간이 지남에 따라 피로감을 호소하면서 지쳐가고 있다. 겉으로는 안전인력이 늘어나고 안전에 대한 투자가 증가하면서 화려하지만, 속으로는 멍들어가거나 곪고 있다. 발등에 떨어진 불을 끄는 데 급급하느라 안전역량 강화보다는 안전원리에 맞지 않는 접근에서 초래되는 문제다.

정부는 규제를 준수할 여건을 정비하거나 규제의 품질을 높일 생각은 하지 않고 사고가 날 때마다 실효성 없는 규제를 늘리면서 두더지 잡기 게임을 하듯 뒷북행정을 하고 있다. 행정편의적이고 자의적으로 법집행하는 행태는 정부가 바뀌었지만 거의 변하지 않고 있다. 공무원만이 문제가 아니다. 안전보건공단은 공무원을 호가호위(狐假虎威)하면서 법적 근거 없이 군림하려고 하고 있다.

정치권은 안전을 들먹이며 환심을 사기 위한 행위를 공익인 것처럼 위장하고 여야 할 것 없이 엄벌만능주의와 무분별한 규제에 앞장서고 있다. 이러다 보니 노나지가 된 중대재해처벌법 시장 주위로 돈 냄새를 맡은 군상들이 가만히 있을 리 없다. 전문성도 없으면서 돈벌이에만 혈안인 로펌, 컨설팅기관, 사이비 학자들이 파리떼처럼 몰려들고 있다.

심지어는 중대재해처벌법 제정 당시의 고용부 담당국장이 대형로펌으로 직행한 후 컨설팅 수주를 위해 공포마케팅의 첨병 역할을 하고 있는 한 편의 막장 드라마를 연출하고 있다.

산업현장의 안전에 어떤 혼란과 부작용이 발생하고 있는지 현장관계자는 다 알고 있는데, 공무원들의 눈에는 막강한 권한과 퇴직 후 자리만 보이는 모양이다. 산업안전의 원리도 시대적 흐름을 읽는 안목도 없고, 난맥상(亂脈相)에 대처할 실력과 진정성도 안 보인다. 실력도 없고 진정성도 없는 행태는 감사라도 해서 하루빨리 도려내야 한다.

현장안전이 뒤틀려지고 있는 것으로 그치지 않는다. 입법 목적인 엄벌조차도 이끌어내지 못하고 헛발질을 하고 있다 보니 국가적으로 엄청난 낭비가 초래되고 있다. 이런 현상을 보고도 중대재해법행정의 본질적인 문제는 도외시한 채 여전히 더 강한 처벌을 주장하는 자들이 적지 않다. 그 무지와 무책임이 놀라울 뿐이다. 이제는 국민이 이들과 정부를 향해 '이게 산업안전이냐'라고 엄중히 따져 물어야 한다.

칼럼 중대재해처벌법 부작용, 언제까지 방치할 것인가[53]

"무지보다 위험한 것은 잘못 알고 있는 것이다. 무지보다는 잘못된 지식을 경계해야 한다."

극작가이자 비평가로 유명한 버나드 쇼의 말이다. 중대재해처벌법은 안전에 대해 '잘못된 지식'으로 만들어진 법이다. 산업현장 등 곳곳에서 많은 부작용과 모순이 속출하는 건 예상된 일이었다.

종전에는 대기업을 중심으로 부족하나마 사업장의 실정에 맞는 자율안전관리의 움직임이 종종 엿보이곤 했다. 그러나 중대재해처벌법이 시행된 이후로는 대기업들조차도 법에 정해진 것만을 하기에 바쁜 모습이다. 엄벌로 중무장한 중대재해처벌법이 발등의 불로 떨어지다 보니 서류작업 중심의 형식적 법 준수에 급급하게 된 것이다. 안전역량을 높이는 실질적인 안전관리는 한가한 일이 돼버렸다. 기업의 자율안전관리는 자취를 감춘 듯하다.

발주자로서의 적극적인 안전관리를 주저하게 하는 것도 큰 문제다. 발주자가 수급인 노동자의 산재예방을 위해 수급인을 대상으로 지도와 관여를 하게 되면 책임주체로 간주될 수 있기 때문이다. 수급인 노동자의 산재예방을 위해 발주자가 선의로 지도·관여를 해온 것이 형사처벌의 빌미가 될 것을 우려해, 하청노동자 보호를 위한 조치에서 발을 빼고 있는 발주자가 많아지고 있다. 도급, 용역, 위탁 등을 준 자를 모든 안전조치의 의무 및 책임 대상으로 삼으려는 무리한 접근이 초래한 진풍경이다. 발주자의 역할을 강화해야 할 판에 중대재해처벌법이 이들의 소극적 대응을 유발하고 역할을 위축시키고 있는 것이다.

중대재해처벌법으로 중소 건설사가 안전인력을 구하고 싶어도 구할

53) 정진우, 오피니언뉴스, 2023.1.5.

수 없는 것도 간과할 수 없는 심각한 부작용이다. 대기업, 공공기관이 안전부서 조직과 인원을 외형적으로 확대하다 보니, 안전관리역량이 가장 취약한 곳의 자율적 안전관리 기반이 무너지고 있다. 정부에서 지원해 줘도 모자랄 중소 건설사의 안전관리에 재를 뿌리고 있는 것이다.

예측 가능성과 이행 가능성이 태부족한 중대재해처벌법이 기업들에게 안전관리를 스스로 하기보다는 외부기관에 의존하는 것을 조장하고 있는 것도 안전역량을 뒷걸음치게 하는 역기능을 낳고 있다. 안전관리의 과도한 외부 의존은 자체 안전관리역량을 훼손하고 안전관리의 형식화를 부추길 수 있기 때문이다. 외부기관이 전문성에 심각한 하자가 있는 것도 문제이지만, 컨설팅 의뢰 기업의 당초 의도가 안전역량 강화보다는 책임 회피에 있다 보니 컨설팅이 아무런 도움이 되지 않고 있다. 맹목적 컨설팅을 부추기고 있는 중대재해처벌법에 근본원인이 있지만, 다분히 책임 회피성의 컨설팅을 의뢰하는 기업도 책임에서 자유로울 수 없다.

중대재해처벌법의 또 하나의 부작용은 수사기관에서 법규정과는 다르게 최고경영자만을 처벌하려고 하다 보니 최고경영자가 아예 안전문제로부터 손을 떼는 방식으로 대응하고 있다는 점이다. 최고경영자가 조금이라도 안전문제에 관여하면 처벌될 것을 우려해 안전관리를 안전최고책임자(CSO)에게 전적으로 맡기고 있는 것이다. 기업을 탓할 게 아니다. 최고경영자를 안전문제에서 뒤로 물러서게 하는 이런 '웃픈' 현상을 조장하고 있는 정부가 비판받아 마땅하다.

수사기관의 최고경영자 처벌 집착은 CSO가 경영책임자 자격을 충족하는 것으로 판명될 경우 최고경영자와 CSO 누구도 처벌하지 못하는 사태로 이어질 수 있다. 수사기관이 엄청난 비용과 시간을 들이고도 아무런 성과도 거두지 못하는 헛발질을 자초할 수 있는 대목이다.

안전을 강화한답시고 제정된 중대재해처벌법이 오히려 안전관리를 약화시키고 있는 것은 아이러니가 아닐 수 없다. 아니 '잘못된 지식'의 당연한 폐해이다. 지난해 말 정부가 발표한 '중대재해 감축 로드맵'에서 강조하고 있는 '자기규율'를 강화하는 것도 중대재해처벌법을 손보지 않고는 공염불이 될 수밖에 없다.

노동부는 중대재해가 발생하면 경영책임자를 어떻게든 처벌하려고 수사준칙도 준수하지 않고 먼지털이 수사를 하면서 예방활동을 하지 못할 정도로 막무가내식의 자료요구와 자의적인 법집행을 일삼고 있다. 노동부 스스로 실력이 없다 보니 자신들이 입증할 생각은 하지 않고 피의자 측에 입증하라는 무리한 요구도 서슴지 않고 있다. 법과 원칙은 이들에게는 딴 나라의 이야기인 것 같다.

우리 사회의 막대한 비용이 안전에 도움이 되지 못하는 곳에 허투루 쓰이고 있다. 안전 취약계층의 보호에 요긴하게 쓰여야 할 재원이 중대재해처벌법에 기생하는 자들에게로 흘러들어가고 있는 것이다. 이것은 사회정의에도 반하는 것이다. 언제까지 안전자원 배분의 심각한 왜곡을 방치할 것인지 정치권에 묻고 싶다.

제2장

영국 법인과실치사법 사례 분석 및 시사점

Ⅰ. 서 론

Ⅱ. 제정 배경

Ⅲ. 법률의 주요 내용

Ⅳ. 법인과실치사법 평가

Ⅴ. 시사점 :
영국 법인과실치사법과
우리나라 중대재해처벌법 비교

YouTube
영상으로 확인하세요!

SBS 이슈&직설

I. 개 설

영국에서 2007년에 제정된 '법인과실치사법(Corporate Manslaughter and Corporate Homicide Act 2007)'은 기업 등 법인, 중앙정부, 경찰서, 노동조합・사용자단체 등의 조직체(organisation)가 일으킨 사망재해에 대하여 형사책임을 강하게 묻는 법률이다.[54] 이 법률의 제정은 1997년에 노동당이 정권을 획득한 직후 공약으로 제시한 것으로서, 오랫동안 정부 내에서 진척이 지지부진하다가 2006년 7월에 이르러 비로소 법안이 제출되었고, 2007년 7월 26일에 제정(2008년 4월 6일 시행)되었다.

영국에서 종래 사망재해에 대한 조직체의 형사처벌에 있어서는 해당 조직체의 특정 운영(관리)책임자의 책임이 증명될 필요가 있었지만, 본법은 조직체의 사망재해에 대한 형사책임 여부를 조직체의 관리(운영)체질로 귀속시키고 있다. 운영책임자(directing mind), 즉 경영진 개개인이 주의의무 위반을 알고 있었는지, 알아야 할 입장에 있었는지가 아니라, 조직체의 관리(운영)체질이 주의의무 위반을 조장하였는지 여부를 형사입건의 요건으로 하고 있다. 그리고 주의의무 위반에 대하여 상한이 없는 벌금을 부과하는 것을 가능하게 하고 있다.

이 법률의 제정을 계기로 우리나라에서도 노동계를 중심으로 사망재해를 일으킨 기업에 대한 형사처벌의 강화를 목적으로 소위 '기업살인법'을 제정하여야 한다는 주장이 지속적으로 제기되어 왔다.

본법은 영국 정부의 최초 제안서(2000년)에서 '법인(기업) 살인'(corporate

54) The Stationery Office Limited. Corporate Manslaughter and Corporate Homicide Act 2007. Available from : URL : http://www.legislation.gov.uk/ukpga/2007/19/pdfs/ukpga_20070019_en.pdf.

killing)이라고 명명되었고, 우리나라의 많은 사람들은 본법이 기업(산업재해)에만 적용되는 것으로 생각하여 왔다. 그 영향인지 우리나라에서는 지금까지도 본법을 일반적으로 '기업살인법'이라고 부르는 사람들이 적지 않다.

그러나 본법은 범죄구성요건에서 중과실에 의해 사망에 이르게 한 범죄를 그 대상으로 하고 있고, 'manslaughter', 'homicide'[55]는 우리나라의 형법 개념으로는 '과실치사'로 번역하는 것이 정확하기 때문에, 본법의 명칭에 '살인'이라는 단어를 사용하는 것은 명백히 잘못된 명명이다. 그리고 본법은 적용에 있어 기업만이 아니라 기업이 아닌 법인, 법인격이 없는 단체 등도 그 대상으로 하고 있기 때문에 법의 적용 대상을 '기업'이 아닌 '조직' 또는 '단체'로 표기하는 것이 가장 정확하다. 그러나 본법의 제목에서 'corporate'의 표현을 사용하고 있는 점을 고려하여 이 책에서는 본법의 제목을 '법인과실치사법'으로 번역하기로 한다.

이 장[56]에서는 우리나라 중대재해처벌법 제정의 모티브가 된 영국의 법인과실치사법의 제정 경위 등 제정 배경과 이 법률의 주된 내용, 이에 대한 평가 및 시사점을 구체적으로 고찰하고자 한다.

---

55) 잉글랜드, 웨일즈, 북아일랜드에서는 corporate manslaughter, 스코틀랜드에서는 corporate homicide라는 용어를 사용한다.

56) 이 장은 주로 정진우, 「사망재해 발생 기업에 대한 형사책임 강화 – 영국의 '법인과실치사법'을 중심으로」, 한국산업보건학회지, 제23권 제4호, 2013을 참조하였다.

II. 제정 배경

1. 제정 경위

영국의 법제도에서 위험운전치사 등 도로교통에 관한 사망재해의 범죄, 대량학살죄와 같이 특별히 규정된 범죄를 제외하고는 살인죄는 살의(malice aforethought)를 가지고 행해지는 모살(謀殺, murder)과 그것 이외의 비모살(非謀殺, manslaughter)로 대별된다.

비모살은 도발에 의한 격노상태, 특이한 정신상태 등에 의해 죄의 경감 사정을 구성하는 정황 하에서 행해진 고의살(故意殺, voluntary manslaughter)과 그렇지 않은 비고의살(非故意殺, involuntary manslaughter)로 구분된다. 후자는 다시 불법적 행위를 수행하는 과정에서 사람을 사망케 하는 불법행위 비모살(manslaughter by an unlawful act)과 현저한 부주의에 의해 사람을 사망케 하는 중과실 비모살(manslaughter by gross negligence)로 분류된다.

영국의 형법에서는 대륙법 국가와는 달리 법인은 자연인과 마찬가지로 모든 죄에서 기소하는 것이 가능하고, 법인의 작위 또는 부작위에 의해 사람이 사망하는 법인 비모살이 발생한 때는 주의의무의 해태에 의한 중과실 비모살이 적용되어 왔다. 또한 법인과 동시에 책임을 지는 법인의 구성원을 기소하는 것도 가능하다.[57)]

그러나 종래의 보통법(판례법, common law) 제도에 의해 법인의 비모살 책임을 묻기에는 곤란한 점이 있었다. 먼저 법인을 기소하기 위해서 종종 원용되는 '사용자책임(vicarious liability)'의 원칙이 명예훼손, 미혹행위,

57) Feldman D. English Public Law. Oxford University Press ; 2004. pp. 1241~1252.

제정법(성문법)상의 범죄(statutory crime)를 제외하고는 형법상으로는 적용되지 않고 보통법 범죄인 비모살에도 적용되지 않기 때문이다.[58)]

그리고 사용자책임의 원칙이 적용되지 않는 기소절차에서 적용되는 것이 법인을 관리(운영)하는 자가 기업 등 법인 그 자체를 체현하고 있다고 간주하는 보통법상의 '동일시(identification) 원칙'이다. 이것에 근거하여 법인 비모살을 기소하는 경우, 운영책임자(directing mind)로 정의되면서 법인과 '동일시'될 수 있는 개인이 직접적으로 비모살에 대한 책임이 있다는 것을 증명하는 것이 필요하다. 즉, 동일시 원칙에 따르면, 법인을 과실치사로 처벌하기 위해서는 해당 법인의 경영진 중에서 특정 개인을 확인할 수 있어야 한다. 그러나 대규모이고 기능이 광범위하게 넓은 기업 등의 조직체에서 이것을 증명하는 것은 매우 어렵고, 나아가 업무의 안전관리를 분산하고 위탁하는 최근의 경향과 상호작용하여 대기업이 용이하게 책임을 회피하는 것을 가능하게 하고 있다. 기소의 성공례가 적고 유죄선고를 받는 것이 소규모 기업뿐인 것은 이 때문이다.[59)] 그리고 보통법은 중과실(gross negligence)에만 적용되고 국왕의 기관(Crown Body)은 면책특권에 따라 기소될 수 없었다는 한계를 가지고 있었다.

한편, 법인과실치사의 실태는 사업장에서의 사망재해와 일반시민이 관계된 사망재해로 대별된다.

사업장에서의 사망재해는 법안 제정 공약이 발표되던 2001년 시점에서 연간 평균 300명을 넘는 사망자가 보고되고 있었다.[60)] 영국의 HSE(Health

58) The Law Commission. Legislating the Criminal Code : involuntary manslaughter. Law Com 1996 ; 237 : HC171. Available from : URL : http://www.lawcom.gov.uk/files/lc237.pdf.

59) The Law Commission. Legislating the Criminal Code : involuntary manslaughter. Law Com 1996 ; 237 : HC171. Available from : URL : http://www.lawcom.gov.uk/files/lc237.pdf.

60) Centre for Corporate Accountability. Safety Statistics. 2003. Available from : URL :

and Safety Executive, 안전보건청)의 추정에 의하면, 1997년부터 2001년까지 약 1,500명이 사업장에서 재해로 사망하였는데, 그 중 약 40%가 조직 운영에 있어서의 중대한 결함에 기인한다고 분석되었다. 그러나 노동조합의 추계에 의하면, 350개의 기업이 법률의 불비(不備)에 의해 기소가 면제된 것으로 나타났다.[61] 1992년 이래 사업장에서의 비모살로 34건의 기소가 이루어졌지만, 그 중 유죄선고를 받은 것은 2004년까지 6개의 소규모 기업뿐이었다.[62]

이러한 현상에 대해, 영국의 대규모 노동조합의 하나인 운송일반노동조합(TGWU)의 사무국장 Woodleym은 2006년 7월 24일자의 가디언지의 기고문에서 "과거 30년간 발생하였던 1만명의 산업재해에 의한 사망사건에서 약 70%가 관리의 결함에 기인한다고 안전보건청에 의해 인정되고 있음에도 불구하고, 운영책임자가 유죄선고를 받은 예는 11건이고, 나아가 실형을 선고받은 예는 그중 5건에 지나지 않는다."고 하면서 사망재해에 대한 당시 법적 책임의 미약함을 지적한 바 있다.[63]

일반시민이 관계된 사망재해에 관한 유명한 예로서는, 1987년 188명(승객 150명, 선원 38명)의 사망자가 발생한 여객선 전복사고, 1997년에 사망 7명, 부상자 151명이 발생한 열차 충돌사고 등이 열거된다. 여객선 전복사건으로부터 2002년 11월 사이에 철도, 선박 등의 대형사고가 8건 발생하

---

http://www.corporateaccountability.org.uk/stats_deaths. html.

61) The Guardian. Corporate killing bill unveiled. 2004 Nov 23.

62) Home Office. Corporate Manslaughter : The Government's Draft Bill for Reform. 2005 ; CM 6497. Available from : URL : http://www.homeoffice.gov.uk/docs4/tsomanslaughter.pdf.

63) The Guardian. Letters : Manslaughter bill must ensure justice for those killed at work. 2006 Jul 24.

고 451명이 사망하였다.[64] 이들 사고를 일으킨 기업은 기소되었지만, 큰 사고를 일으킬 수 있는 기업일수록 '동일시 원칙'의 운영자에 해당하는 개인을 특정하는 것이 곤란한 문제에 직면하여 누구도 비모살의 형사책임이 물어지는 경우가 없었다. 이러한 대형사고 및 이것에 대한 사법(司法)의 대응에 대한 여론의 불만은 법 개정을 촉발하는 요인이 되었다.

2. 법인과실치사법 초안의 발표

이러한 경과를 거쳐 동일시 원칙이 검찰 측에 과도한 입증책임을 지우는 것이라는 비판이 강해짐에 따라, 정부의 요청을 받은 법률위원회(Law Commission)는 비모살 규정의 개혁의 일환으로서 법인에 의한 비모살에 대해서도 검토 대상으로 하게 되었다. 본 위원회는 1996년에 보고서 '형사법전의 제정 : 비고의살(非故意殺)'을 발표하고, i) 비고의살을 미필적 고의에 의한 살인(reckless killing)과 중과실에 의한 살인(killing by gross carelessness) 2종류로 구분할 것과 ii) 법인에 대해 후자에 대응하는 법인과실치사죄를 신설할 것을 권고하였다.[65]

1997년에 정권을 잡은 노동당은 같은 해 10월의 당대회에서 관련법제를 개혁할 것이라는 계획을 발표하였다. 그러나 그 후 계획이 좀처럼 진전되지 않다가 2000년 5월에서야 비로소 정부는 법안에 대한 제안서인 '비고의살에 관한 법률의 개혁(Reforming the Law on Involuntary Manslaughter

64) The Guardian. Labour shelves corporate killing bill, 2002 Nov 8.

65) The Law Commission. Legislating the Criminal Code : involuntary manslaughter. Law Com 1996 ; 237 : HC171. Available from : URL : http://www.lawcom.gov.uk/files/lc237.pdf.

: the Government's Proposals)'을 발표하였다.[66]

이 제안서는 법률위원회의 제안에 동의한다는 내용과 함께 규정을 i) 기업뿐만 아니라 정부기관을 제외한 모든 고용기관(법인격이 없는 것을 포함한다)까지 확대하는 내용, ii) 법인조직뿐만 아니라 운영책임자를 포함한 법인의 임원을 처벌 대상으로 하는 내용 등도 제안하고 있었다. 그런데 제안서는 법인의 임원에 대한 처벌은 경영자격을 정지하는 제안에 머물러 있었다. 구금형 적용에 대한 신중한 자세는 과거 사건의 유족, 노동조합 등을 실망시켰다.

그 후 협의에 큰 진전이 없는 상태에서 2001년에 총선거가 실시되었다. 노동당은 공약에서 법인과실치사의 법률 제정을 제안하고, 2003년 5월이 되어 같은 해 가을에 초안을 제출한다고 발표하였다. 그러나 제출기일이 2004년 봄으로, 그리고 2004년 겨울로 계속 연기되다가 2005년 3월 23일에 마침내 '법인과실치사법 초안(Corporate Manslaughter : the Government's Draft Bill for Reform)'을 포함한 공개협의서가 제출되기에 이르렀다.[67]

초안은 2000년 제안서의 제안과 달리 국왕의 기관을 포함한 모든 정부기관을 법인과실치사의 기소대상으로 하였다. 한편, 역으로 비법인격의 조직은 기소대상에서 제외하였다. 경찰의 감사를 담당하는 경찰관리위원회(police authority)는 법인격의 조직이지만 실무를 담당하는 경찰서는 비법인격의 조직구조를 가지고 있어 초안에서 경찰서는 기소대상으로 지정되

66) Home Office. Reforming the Law on involuntary manslaughter : The Government's Proposals. 2000. Available from : URL : http://www.homeoffice.gov.uk/docs/invmans.html.

67) Home Office. Corporate Manslaughter : The Government's Draft Bill for Reform. 2005 ; CM 6497. Available from : URL : http://www.homeoffice.gov.uk/docs4/tsomanslaughter.pdf.

지 않았다. 정부는 경찰서도 법인과실치사의 기소대상으로 되어야 한다고 생각하였고, 과제는 공개협의 후로 넘겨지게 되었다.

초안이 규정하는 법인과실치사의 정의는 법률위원회가 권고한 것과 비교하여 종래의 동일시 원칙에 보다 근접한 것으로 보인다. 법률위원회의 권고에서는 위험이 명백한 것과 피고가 그것을 예상하여 알 수 있었는지는 고려되지 않고, 근로자 또는 기타의 자의 안전에 관계되는 법인 활동의 운영에 사망재해를 일으킬 결함이 있었는지 여부가 고려된다. 한편, 초안에는 운영책임자가 건강 및 안전에 관한 법 위반이 사망재해로 연결될 가능성을 알고 있었는지 또는 알아야 하였는지, 그리고 그 위반에 의해 이윤을 추구하려고 하였는지를 고려할 필요가 규정되어 있었다. 그리고 최고경영자 등 운영책임자의 개인책임을 묻는 규정은 결국 채택되지 않았다. 이 점에 대해서 정부는 운영책임자의 직접책임이 현저할 때는 종래의 보통법상의 비모살에 관한 규정을 이용하면 족하다고 판단하였다.[68)]

3. 법인과실치사법 초안에 대한 반향

종래 법인과실치사의 경우, 비교적 벌금이 약하였고, 일반적으로 범죄로 취급되지 않는 건강 및 안전에 관한 법 위반을 기소하는 방법이 기소의 성공률이 높았다. 정부는 초안의 규정이 상한이 없는 벌금을 부과하고 있고 유죄로 된 것을 공중에 알리는 것에 의한 신용도의 저하라고 하는 측면으로부터 억지효과를 발휘할 수 있다고 생각하였다.

---

68) Home Office. Corporate Manslaughter : The Government's Draft Bill for Reform. 2005 ; CM 6497. Available from : URL : http://www.homeoffice.gov.uk/docs4/tsomanslaughter.pdf.

한편, 본 초안의 문제점으로서 다음과 같은 점이 지적되었다.[69)]

첫째, “운영책임자에 의한 업무의 운영 또는 조직이 사망재해의 원인이 된 것”이라고 규정되어 있어, 이것이 책임 회피를 위한 운영의 분권화를 유발하게 되고, 이 규정으로는 모회사와 자회사의 관계를 망라할 수 없는 점.

둘째, 주의의무의 중대한 위반을 판단하는 데 있어서, 위반에 의한 이윤추구의 목적을 고려하는 내용이 규정되어 있지만, 실제로 그 증거를 입수하는 것이 곤란한 점.

셋째, 운영책임자 개인의 형사책임을 묻는 것이 아니라면, 자금력이 있는 대기업에 대해서 억지력이 충분하지 않을 가능성이 있는 점.

넷째, 독점적 공적 직무(Exclusively public function)의 수행 및 공공정책에 관한 판단이 적용에서 제외되어 공공기관에 관해서 이윤추구의 목적을 증명하는 것이 대체로 곤란한 점. 즉 국왕의 기관에 대한 기소의 면책이 실질적으로 유지되고 있는 점.

영국노동조합총연맹(Trade Union Congress, TUC)은 초안의 제출을 대체로 환영하면서도 위 세 번째 문제점에 대해서 이의를 제기하고 공개협의 과정에서 운영책임자 개인의 책임을 추급하는 규정의 도입을 적극 촉구해 나갈 의사를 분명히 밝혔다. 이에 대해 경영자단체인 CBI(Confederation of British Industry)는 경영자 개인책임을 묻는 규정이 도입되지 않은 것을 환영하면서 위 네 번째 문제전에 대해 이의를 제기하였다.

2000년의 제안서에 대하여, CBI는 새로운 법률이 경영자의 기소에 대한 위험회피적인(risk averse) 행동을 유발한다고 주장하면서 경영자 개인

69) The Government Reply to the First Joint Report from the Home Affairs and Work and Pensions Committees Session 2005-2006 HC540. Draft Corporate Manslaughter Bill. 2006. para 130~158.

에 대한 책임 추급에 반대하였었다. 그리고 언론에서는 금번의 초안이 개인 소추의 규정을 포함하고 있지 않은 점 등을 들어 정부가 경영계의 압력에 굴복하였다는 비판도 나왔다.[70]

산업계로부터의 개인책임 추급에 대한 반대는 개인책임 추급이야말로 법인과실치사에 의해 최고의 억지력이 발휘될 수 있다는 것을 증명하는 것이라는 지적도 있다. 시민단체인 CCA(Centre for Corporate Accountability)는 영국의 기업 운영책임자의 표본으로 추출된 120명 중 3분의 2가 개인책임 추급이 사업주에게 직업에 수반된 위험을 경감시키려는 노력을 촉진한다고 회답하였다는 연구결과를 인용하면서 이 방법의 유효성을 호소하였다.[71]

4. 법인과실치사법안 발표와 심의과정

2005-2006 회기 말인 2006년 7월 20일에 마침내 법인과실치사법안(Corporate Manslaughter and Corporate Homicide Bill)이 하원에 제출되었다.

명칭이 변화된 것은, 잉글랜드 및 웨일즈에만 적용될 예정이었던 본 초안이 법안에서 북아일랜드 및 스코틀랜드로 확장되었기 때문이다.

법안에서는 위 네 가지 문제점에 대하여 얼마간의 개선이 이루어졌다. 첫째에 대하여, 운영책임자 개인이 주의의무의 위반을 알고 있었는지, 알아야 할 입장에 있었는지가 아니라, 조직체의 관리(운영)체질이 위반을 조장

70) The Guardian. Far too soft on crime. 2004 Oct 5.

71) Davis C. Making companies safe : What works? London : Centre for Corporate Accountability. 2004. p. 51.

하였는지 여부가 형사입건의 요건이 되어 동일시 원칙이 후퇴하였다. 또한 위반 단체에 의한 이윤추구의 목직을 증명하는 요건이 삭제되고, 유죄 선고율의 제고와 공공기관 소추의 용이화가 도모되었다. 단, 셋째의 운영책임자의 형사책임을 묻지 않는 것 등은 법안에 그대로 남겨졌다.

법안의 제출은 노사 쌍방으로부터 지지되었지만, 그 뉘앙스는 다소 달랐다. 근로자단체는 위반한 법인의 소추수단 강화를 환영하였지만, 사용자단체인 CBI는 법인과실치사의 연대책임성에 초점을 두고 개인책임을 추급하지 않는 점을 긍정적으로 평가하였기 때문이다.

2006년 10월 10일에 제2독회를 통과한 법안은 10월 19일부터 31일까지 상임위원회의 7회에 걸친 심의를 마치고 11월 8일에 회기종료를 맞이하였다.

법안은 계속심의의 대상으로 지정되어 차기회의가 소집된 11월 16일에 다시 제출되었고, 12월 4일에 하원의 심의를 통과한 후 익일에 상원의 제1독회에 제출되었다. 그리고 법안은 2006년 12월 19일에 상원의 제2독회를 마치고 2007년 1월 11일부터 18일까지 상원 대위원회에서 4회에 걸쳐 심의되었다. 본 법안은 2월 5일의 상임위원회 보고를 거쳐 2007년 2월 28일에 제3독회를 마쳤다.

그러나 여기에서부터 상원과 하원의 비판이 약 5개월간 계속된다. 문제의 초점이 된 것은 신병구속이 된 자의 사망재해이다. 이들에 대한 사망 책임을 감시하는 시민단체(INQUEST)에 의해 제공된 통계에 의하면, 경찰에 의해 체포되어 구류 중의 용의자가 사망한 자와 교도소에서 자살・타살에 의해 사망한 자는 2006년 기준으로 각각 31명, 154명이었다.[72] 당시 영국에

72) INQUEST Charitable Trust. Statistics - Deaths in police custody. 2013. Available from : URL : http://inquest.gn.apc.org/data_deaths_in_policecustody.html ; INQUEST Charitable Trust. Statistics - Deaths in prison. 2013. Available from : URL : http://inquest.gn.apc.org/data_deaths_in prison.html.

서는 이런 종류의 사건이 문제로 되고 있었고, 상원에서는 이러한 사건을 기소대상으로 하여야 한다는 의견이 강하였다.

정부, 특히 법안 담당부처 책임자였던 당시 내무부(Home Office)장관은 이와 같은 법 개정안이 상원에서 채택되면 법안을 파기할 것이라는 강경한 발언을 하였다.[73] 이에 대한 의회의 반발은 컸는데, 특히 보수당의 한 의원은 법률이 내무부의 관할에 적용되는 것을 회피하기 위한 것이라고 비난하는 등 국회에서 정부의 입장에 대한 비판이 강하였다. 결국 상원은 2월 5일의 위원회 보고에서 223대 127로 개정안을 채택하였다.[74]

결국 정부는 동 법안을 폐기한다는 입장을 철회하였지만 상원 개정안을 수용하는 입장도 아니었다. 이러한 상태에서 법안은 7월까지 상원과 하원을 4번 왕복하게 되었다. 7월 19일 마침내 법무부장관이 상원안을 수용하는 의사를 밝히고, 7월 26일에 법률이 성립되기에 이르렀다.

III. 법률의 주요 내용

법인과실치사법은 전체 29개조와 부칙 2개조로 구성되어 있다. 본 법안은 영국 전역에 적용된다. 각 조의 규정을 정리하면 다음과 같다.

73) The Times. Lords set to scupper corporate killing bill. 2007 Feb 5.

74) The Guardian. Peers widen scope of manslaughter bill in rebuff to Reid. 2007 Feb 6.

1. 위법행위

법인과실치사죄는 법인, 중앙정부, 경찰서, 조합 및 사업주로서의 노동조합·사용자단체 등의 조직체가 자신의 활동의 관리(managing) 및 조직(organising) 방법이 관련 주의의무(relevant duty of care)의 중대한 위반에 해당하고 사람의 사망을 유발한 경우에 적용된다[제1조(1), (2)].

그리고 법인과실치사죄는 조직체의 상급관리직(senior management), 즉 경영진에 의한 관리(운영) 및 조직(편성) 방법이 관련 주의의무의 중대한 위반의 실질적 요인일 때에 성립한다[제1조(3)]. 조직체의 위반행위가 일정한 상황에서 당해 조직체에게 합리적으로 기대될 수 있는 수준에 훨씬 못 미치는 경우에 중대한 위반이 된다[제1조(4)(b)]. 조직체의 관리·조직이 부적절하였다면 사망의 결과가 어느 누구(특정 개인)의 부주의로 인한 것인지는 묻지 않는다. 경영진(상급관리직) 개개인의 주의의무 위반 여부가 아니라 조직체로서의 관리·조직방법에 초점을 맞춘다. 이 경우 경영진이란 조직체 활동의 전체 또는 상당부분의 관리·조직에 대한 의사결정 또는 실제적인 관리·조직에 있어서 중요한 역할을 하는 자들을 말한다[제1조(4)(c)].

사망의 책임은 당해 조직체가 부담하고 조직체의 구성원 개인에 대해서는 본법이 적용되지 않는다. 그러나 조직체의 구성원 개인의 형사책임이 면제되는 것은 아니며, 본법이 개인에 대한 보통법상의 중과실치사죄, 안전보건법규 위반죄 등에 대한 직접적인 책임에 영향을 미치는 것은 아니다.

법인 등 조직체가 재판에 의해 유죄를 선고받으면 상한이 없는 벌금이 부과된다. 양형평의회(Sentencing Council)의 양형기준(sentencing guidelines)에 의하면, 벌금의 금액은 기업의 최근 3년간의 연간 평균매출액의 5%에서 시작하되, 감경 또는 가중요인을 고려하여 평균적으로 2.5%에서 10% 사이에서 벌금을 부과하도록 되어 있다.[75)]

2. 관련 주의의무

조직체의 관련 주의의무란, 조직체와 관련하여 i) 노무를 제공받는 자로서 근로자 또는 기타 조직체를 위해 작업을 하거나 용역을 수행하는 자에 대하여 부담하는 의무, ii) 부동산(premises)의 점유자로서 부동산의 이용에 의해 영향을 받는 자에 대하여 부담하는 의무, iii) 조직체에 의한 물품 및 서비스의 제공, 건축·유지활동[76], 조직체에 의한 기타의 상업적 활동 또는 설비, 탈 것의 사용·유지와 관련하여 부담하는 의무, iv) 교도소, 경찰서, 법원, 이민관리당국, 병원 등이 신병을 억류(유치, 구류)한 자에 대하여 부담하는 의무를 말한다(제2조).

피해자가 공동으로 위법행위에 가담하고 있는 경우 또는 피해자가 위험을 인수하는 경우에 발생할 수 있는 관련 주의의무의 면제는 법인과실치사법에서는 적용되지 않는다[제2조(6)].

공공정책에 관한 판단(특히 예산의 배분 또는 공익의 비교), 독점적 공적 직무의 수행 및 법률에 근거한 조사에 대해서는 공공기관(public authority)은 관련 주의의무를 부담하지 않는다(제3조).

육·해·공의 군대에 의한 작전행동(평화유지활동, 치안활동, 대테러활동을 포함한다) 및 그 준비 또는 지원에 관하여 국방부는 관련 주의의무를 지지 않는다(제4조). 그리고 테러, 치안불안 및 심각한 무질서에 대응하는 치안유지·법집행 활동 및 그 준비, 지원 또는 훈련에 관하여 공공기관은

75) The Sentencing Council. Consultation Paper on Sentencing for Corporate Manlaughter 2007. Available from : URL : http://www.sentencing-guidelines.gov.uk/docs.pdf.

76) i) 건물 또는 구조물, ii) 부동산의 일부를 형성하고 있거나 형성할 예정인 그 밖의 것, iii) 설비, 탈것, 기타의 건조, 설치, 변경, 확장, 개량, 수리, 보수, 장식, 청소, 해체 또는 철거에 해당하는 활동(작업)을 말한다[제2조(7)].

관련 주의의무를 지지 않는다(제5조).

긴급사태에서 소방대구조, 국민보건서비스 및 군대 등이 행하는 활동(조직체의 피고용인 또는 조직체를 위하여 일하거나 서비스를 수행하는 자에 대한 활동, 시설점유자로서 수행하는 활동은 제외한다.)에 대해서는 관련 주의의무를 지지 않는다(제6조). 또한 지방자치단체, 기타 공공기관은 법률에 근거하여 부여된 아동의 감독・보호 등에 관한 직무 행사에 대해서는 관련 주의의무를 지지 않는다(제7조).

법인과실치사법상의 주의의무는 보통법상의 과실에 의한 불법행위법리에 의해 부과되는 상술한 주의의무를 의미하고[제2조(1)], 1974년 산업안전보건법(Health and Safety at Work etc Act)에 의해 사업주에게 부과된 의무를 의미하지 않는다. 물론 산업안전보건법은 주의의무 위반 여부를 판단할 때 주된 참고기준이 될 것이다.

3. 중대한 위반에 대한 고려요인

배심원이 관련된 주의의무의 중대한 위반에 대하여 판단할 때는, 당해 조직체가 위반혐의와 관련된 안전보건법규에 위반하였다는 것이 입증되는지, 그리고 입증된다면 그 위반이 얼마나 심각한지와 얼마나 많은 사망위험에 노출시켰는지를 고려하여야 한다[제8조(2)].

또한 배심원은 당해 조직체 내부의 태도, 정책, 체제 또는 (일반적으로 인정된) 관행이 상기 위반을 조장하거나 용인한 정도와 위반혐의와 관련된 안전보건지침(안전보건법규 집행당국에 의해 발행된 안전보건문제에 대한 코드, 지침서, 매뉴얼, 유사간행물)을 고려할 수 있다[제8조(3), (5)].

4. 구제명령 및 공표명령

조직체의 과실치사에 대하여 유죄선고를 한 법원은 당해 단체에 대하여 i) 관련된 위반, ii) 위반결과 발생한 문제로서 사망의 원인인 문제, iii) 위반을 발생시킨 조직의 정책, 체제 또는 관행에서의 안전보건상의 결함을 제거하는 것을 목적으로 구제명령(remedial order)을 내릴 수 있다. 구제명령은 일정한 기간을 지정하여 구체적인 조치의 실행을 요구하는 것이고, 해당 단체에 대하여 그 조치를 실행한 증거를 관련 집행기관에 제출하도록 요구할 수 있다. 구제명령에 따르지 않으면 유죄선고를 받게 되고 정식기소에 의해 상한이 없는 벌금이 부과된다(제9조).

그리고 조직체의 과실치사에 대하여 유죄선고를 한 법원은 해당 단체에 대하여 유죄판결을 받았다는 사실, 위법의 구체적인 내용, 부과된 벌금액 및 구제명령의 내용을 상세하게 공표하는 것을 목적으로 한 공표명령(publicity order)을 내릴 수 있다(제10조).

5. 특정 범주의 조직체에 대한 적용

정부기관, 군대, 경찰서 등의 경우, 특별히 법률에서 명기되어 있지 않는 한 적용되는 기소 면책은 법인과실치사죄에는 적용되지 않는다(제11~14조).

6. 적용범위 및 기존법과의 관계 등

법인과실치사법은 근로자 여부에 관계없이 사업장 내부뿐만 아니라 사업장 밖에서 발생하는 모든 사망재해에 대해서 적용된다.

법인과실치사죄는 경찰이 사건을 수사하고 검찰이 기소를 담당한다(제17조). 개인은 법인과실치사 위법행위의 방조, 교사, 조언 또는 알선의 죄로 기소될 수 없다(제18조).

사망재해에 대해 산업안전보건법 등 건강 및 안전에 관한 법 위반에 기인한 유죄와 법인과실치사법 위반에 기인한 유죄의 인정을 병행하여 할 수 있다(제19조). 그리고 법인과실치사법의 제정으로 지금까지 법인 및 기타 조직체에 적용되던 보통법상의 중과실에 의한 과실치사죄는 폐지된다(제20조).

IV. 법인과실치사법 평가

영국 정부는 2006년 7월에 발표한 법인과실치사법안의 규제영향 평가서에서, 사업장에서의 사고 및 종업원의 건강불량에 의한 지출은 사회 전체적으로 200~318억 파운드이고, 변호비용, 법률자문 또는 훈련 등의 법인에 의한 지출과 기소수수료 등의 정부지출의 합계는 1920~2120만 파운드라고 추계하면서, 법률 제정에 의하여 이러한 사고를 0.1% 삭감하는 것만으로도 채산성이 맞는다고 분석하였다. 그리고 법률 제정에 의하여 연간 법인과실치사의 소추건수가 10~13건 증가할 것으로 전망하였다.[77]

시민단체인 법인책임센터는 법인과실치사법의 제정을 환영하면서도 본 법안이 여전히 동일시 원칙을 유지하고 있는 점, 운영책임자 개인의 형사

77) Home Office. Corporate Manslaughter and Corporate Homicide : A Regulatory Impact Assessment of the Government's Bill. 2006 Jul 20. p. 18.

책임을 묻고 있지 않은 점 등을 들어 법인과실치사법에 대해 비판적으로 평가하고 있다. 다만, 상원의 위원회 심의과정에서 추가된 공표명령에 대해서는, 이것이 법인의 주의의무 위반을 경계하는 강력한 무기가 될 수 있다고 긍정적으로 평가하고 있다.[78] 또한 법학자인 Gobert교수는 본법이 적용범위가 제한되어 있고 사업주의 근시안적인 위험관리 결정을 막는 데 한계가 있는 약점을 가지고 있지만, 궁극적으로는 본법의 상징적인 의미가 본법의 방법론적 결점을 능가한다고 평가하고 있다.[79]

공표명령뿐만 아니라 법인과실치사죄의 수사대상이 된다는 것 자체에 수반하는 이미지 실추는 기업 등의 입장에서 벌금 이상의 손실이 될 것이라는 평가도 나오고 있다.[80] 인터넷 등의 발달로 정보전달이 활발한 오늘날의 사회환경에서는 기업 등의 규모가 클수록 벌금보다는 사회적 이미지에 예민하게 반응할 것이라는 것은 쉽게 예상할 수 있다.

한편, 법인과실치사법의 과실치사죄는 1974년 산업안전보건법 위반죄보다 벌금액이 전체적으로 높다고 할 수 있지만, 후자의 벌금액 수준이 낮아서 전자가 제정된 것은 아니다. 1974년 산업안전보건법 위반에 대해서도 상한이 없는 벌금이 부과될 수 있고, 실제로 같은 법 위반으로 수백만 파운드의 벌금액이 부과되기도 한 사실이 이를 간접적으로 증명한다.

오히려 법인과실치사법은 산업재해에 대해 1974년 산업안전보건법으로 책임을 묻는 것이 진정한 범죄로 인식되지 않는다는 '법문화'적 고려에

78) Centre for Corporate Accountability. Press Release 23 July 2007. Available from : URL : http://www.corporateaccountability.org. uk/press_releases/2007/julylordagreement.htm.

79) Gobert J. The Corporate Manslaughter and Corporate Homicide Act 2007 – Thirteen years in the making but was it worth the wait?. The Modern Law Review 2008 ; 71 : 413~433.

80) Personnel Today. Bad press is biggest deterrent in 'kill' Bill. 2007 Jun 5.

서 탄생하였다고 볼 수 있다. 그리고 진정한 범죄로 인식될 수 있는 보통법상의 법인과실치사죄는 그 요건이 엄격하여 사실상 이 죄로는 기업 등에 대한 처벌이 어려웠기 때문에, 영국은 보통법상의 법인과실치사죄(liability of corporations for manslaughter at common law)를 폐지하고(법인과실치사법 제20조)처벌요건을 완화하여 제정법상의 법인과실치사죄를 신설한 것이다.[81] 이를 통해 사망재해를 발생시킨 기업 등이 형사처벌 대상에서 제외되는 것을 최소화하고 처벌의 효과를 높이고자 한 것이다.

그리고 법인과실치사법은 경영진에 의해 조직체의 활동이 관리되거나 조직되는 방식이 주의의무 위반의 실질적 요인일 때에 이를 유죄로 인정된다고 규정하고 있지만, 다수의 학자들은 큰 회사의 경우 경영진 사이에 책임이 분산되어 동일시 원칙에서 나타난 문제와 유사한 문제가 발생할 가능성이 있다고 우려하고 있다. 이에 대해 영국 법무부는 경영진이 산업안전보건법 책임을 하향 위임함으로써 본 법의 적용을 회피할 가능성에 대해 동의하지 않고 있다. 이런 경우 산업안전보건문제를 부적절하게 위임하는 것도 경영진이 사업장의 안전보건을 적절하게 관리(운영)하지 못하는 것의 일부에 해당되어 본법에 위반될 수 있다고 판단하고 있는 것이다.[82]

법인과실치사법에 의한 유죄 인정은 기업 등의 단체에 막대한 벌금 부과에 의한 경제적 부담뿐만 아니라 그 대외적 이미지(평판)에 막대한 악영향을 줄 수 있다. 산업안전보선법 위반이 단순히 '규제적 위반(regulatory offence)'으로 여겨지는 데 반해, 본법 위반은 '진정한 범죄'로 간주되어 산업안전보건법 위반보다 기업 등에 더 큰 낙인을 찍을 수 있는 효과를 거둘 수 있다고

81) 심재진, 영국의 2007년 기업과실치사법과 그 시사점, 『산재사망 처벌 및 원청 책임강화 법 개정 방안 토론회 자료집』, 2013, 96쪽 참조.

82) Ministry of Justice. Understanding the Corporate Manslaughter and Corporate Homicide Act 2007. 2007. p. 3.

평가되고 있다.[83] 그리고 사망재해의 희생자(유족)와 일반국민으로부터 정서적 공감을 얻을 수 있을 것으로 예상된다. 나아가 본법은 이미 제정 과정에서 사망재해의 심각성에 대해 언론과 공중의 많은 관심을 불러일으켜 그것만으로도 산업재해의 감소에 일정한 효과를 주었을 것으로 판단된다.

법인과실치사법 제정 후 10년간(2019년 9월 기준) 25건 유죄[84], 무죄 2건, 각하 1건(법인과실치사법 위반은 없고 보건안전 위반만인 것 2건)이 있었다(그림 1 참조). 중견기업 1건을 제외하고는 모두 중소기업이 처벌되었다.

[그림 1] 법인과실치사법 적용건수

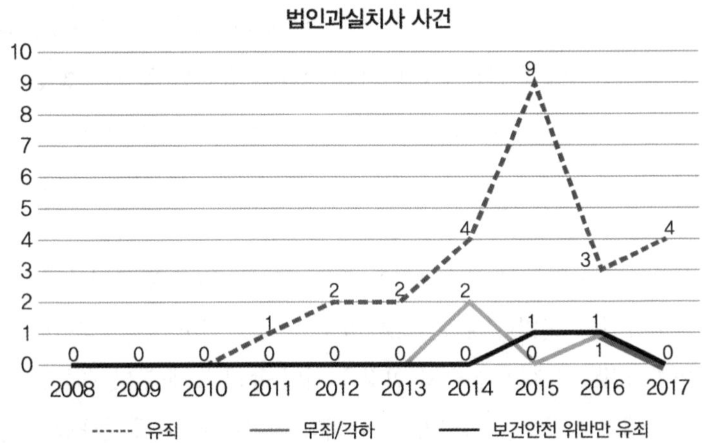

HSE 통계에 의하면, 법인과실치사법이 산재사망의 감소에 별다른 효과가 없는 것으로 나타나고 있다. 그 이유는 여러 가지가 있겠지만, 조사전문

83) Barrett B. Liability for Safety Offences : Is the Law Still Fatally Flawed. Industrial Law Journal 2007 ; 37(1) : 100~118.

84) 2022.12.14 기준으로는 27개 법인이 유죄 판결되었다(Wikipedia. Available from : URL : https://en.wikipedia.org/wiki/Corporate_Manslaughter_and_Corporate_Homicide_Act_2007#Penalties).

팀의 전문성이 부족하고 경찰이 이러한 유형의 사고에 대해 익숙하지 않은 것도 하나의 원인인 것으로 판단된다.[85)]

법인과실치사법이 적용되기 전에는 벌금이 4,000~90,000파운드(약 6백만원~1억4천만원) 부과되었다.[86)] 법인과실치사법이 적용된 후 벌금 최초 가이드라인(2010년)하에서는 평균 251,138 파운드(약 3억7천만원)의 벌금이 부과되었고, 벌금 개정 가이드라인(2014년)은 평균 528,571파운드(약 8억원)의 벌금이 부과되었다(표 3 참조).[87)]

[그림 2] 영국의 법인과실치사법에 의한 벌금 부과액

(1~18 : 최초 가이드라인에 의해 부과, 19~25 : 개정 가이드라인에 의해 부과)

85) Roper V. The Corporate Manslaughter and Corporate Homicide Act 2007 - A 10-Year Review. The Journal of Criminal Law 2018 ; 82(1). 48~75.

86) Davies N. Sentencing guidance : Corporate Manslaughter and Health and Safety Offences Causing Death - Maintaining the Status Quo? Criminal Law Review 2010 ; 5. 403~431.

87) Roper V. The Corporate Manslaughter and Corporate Homicide Act 2007 - A 10-Year Review. The Journal of Criminal Law 2018 ; 82(1). 48~75.

[표 3] 법인과실치사법 벌금 개정 가이드라인

기업규모	총매출액		과실유형	가이드라인	
	(파운드)	(원)		(파운드)	(원)
Large	50백만 초과	750억	A	7.5백만	112억
			B	5백만	75억
Medium	10~50백만	150~750억	A	3백만	45억
			B	2백만	30억
Small	2~10백만	30~150억	A	800,000	12억
			B	540,000	8억1천
Micro	2백만 이하	30억 이하	A	450,000	6억8천
			B	300,000	4억5천

* 과실 유형 : A 과실수준이 높은 경우(예 : 다수 사망), B 과실수준이 낮은 경우

영국에는 도급 자체에 대한 규제는 없다. 직영이든 도급이든 안전관리의 불량이 문제라고 보고 있다. 도급인과 마지막 수급인 사이에 몇 개의 기업이 끼어 있더라도 모든 주체가 각각 다 책임을 지고 있다.[88)]

영국의 사망 10만인율이 최근 몇 년간 0.5명 수준을 유지하며 한국의 20분의 1에 불과한 것은 법인과실치사법의 영향이라기보다는 영국의 우수한 산재예방시스템(산업안전보건법, 산재예방 행정조직, 산재예방 인프라 등)의 영향이라고 보는 것이 영국 내부의 일반적인 시각이다. 법인과실치사법 제정 이전부터 영국은 사망재해율이 전 세계에서 가장 낮았던 것이지, 이 법 제정 이후 사망재해율이 크게 낮아진 것은 아니라는 점에 주목할 필요가 있다.

88) [영국 현지 취재] "기업살인법은 위험의 외주화를 줄일 수 있다?"…팩트체크 5문5답, 시사저널, 2020.1.22. https://www.sisajournal.com/news/articleView.html?idxno=194716.

V. 시사점 : 영국 법인과실치사법과 우리나라 중대재해처벌법 비교

우리나라의 중대재해처벌법은 영국의 법인과실치사법에서 아이디어를 얻어 발의되었지만, 그 체계 및 내용은 여러 가지 점에서 확연히 다르다.

첫째, 영국의 법인과실치사법은 그 구성요건이 영국의 산업안전보건법과 본질적으로 다르게 규정되어 있는 반면에, 우리나라 중대재해처벌법의 구성요건은 산업안전보건법과 유사한 내용으로 규정되어 있다. 다시 말해서, 영국의 법인과실치사법은 조직체의 활동이 관리・조직되는 방법에 현저히 문제가 있는 경우와 같은 조직체의 조직문화에 초점을 맞추어 기존 산업안전보건법 등 사업장 안전보건관계법과 본질적으로 다른 구성요건을 규정하고 있는 반면에, 우리나라 중대재해처벌법은 범죄구성요건에 있어 산업안전보건법 등 사업장 안전보건관계법과 질적으로 다른 사항이 별로 없고 일부 사항은 산업안전보건법과 동일하거나 매우 유사하다.

둘째, 영국의 법인과실치사법은 경영진(senior management : 상급관리직)[89] 개인이 아니라 법인을 처벌 대상으로 하고 반면에, 우리나라 중대재해처벌법은 경영책임자[90] 개인을 처벌 대상으로 하고 양벌규정을 통해 법인에 대해서도 처벌하고 있다. 즉, 영국은 처벌에 있어 산업안전보건법과 처벌구조가 다른 반면, 우리나라 중대재해처벌법은 산업안전보건법의 결과적 가중범과 비교하여 위반행위자와 양벌규정의 사업주(법인의 경우에는 법인 자체)의 법정형을 상향조정하였을 뿐 본질적으로 처벌구조가 동일하다.

89) 경영책임자 개인이 아니라 경영자 집단을 가리킨다.

90) 경영진이 아님에 유의할 필요가 있다.

셋째, 영국의 법인과실치사법은 산업안전보건법 등 사업장 안전보건관계법의 구성요건과 비교하여 가중적인 요소를 규정하고 있는 반면에, 우리나라 중대재해처벌법은 산업안전보건법 등 기존의 사업장 안전보건관계법의 결과적 가중범의 구성요건과 비교하여 가중적인 요소를 규정하고 있지 않다. 영국은 우리나라와 달리 산업안전보건법 등 사업장 안전보건관계법에서 결과적 가중범 규정을 두고 있지 않기 때문에, 법인과실치사법을 제정할 당시의 법적 환경(상황)이 우리나라와 크게 달랐다고 할 수 있다. 그리고 영국은 법인과실치사법을 제정하면서 보통법상의 법인과실치사죄는 폐지한 반면, 우리나라는 중대재해처벌법을 제정하면서 산업안전보건법상의 결과적 가중범이나 형법상의 업무상과실치사상죄는 전혀 정비하지 않았다.

넷째, 중대산업재해의 보호 대상(범위)에 있어 영국의 법인과실치사법은 산업안전보건법에서 더 확대되지 않은 반면에, 우리나라 중대재해처벌법은 기존 산업안전보건법 등 사업장 안전보건관계법보다 훨씬 강한 처벌을 규정하고 있음에도 보호 대상(범위)은 오히려 대폭 확대되었다.

다섯째, 가중처벌의 대상에 있어 영국의 법인과실치사법은 사망재해 발생으로만 규정하고 있는 데 비해, 우리나라 중대재해처벌법은 사망재해 외에 부상, 질병 발생까지도 포함하고 있다.

여섯째, 영국의 법인과실치사법은 하한형을 규정하고 있지 않은 반면에, 우리나라 중대재해처벌법은 하한형을 규정하고 있다.

일곱째, 중한 결과에 사망재해만 포함하고 있는 등 범죄구성요건이 엄격하게 규정되어 있는 영국의 법인과실치사법하에서 실제 처벌된 법인은 연간 약 2.5개에 불과한 반면, 중한 결과에 사망재해가 아닌 부상·질병재해까지 포함하고 있는 등 범죄구성요건이 많이 느슨한 우리나라 중대재해처벌법하에서는 상시 근로자 5명 이상 50명 미만 사업장까지 적용될 경우

이 법으로 실제 처벌되는 경영책임자는 자칫하면 연간 100명(100개 법인·기관)을 상회할 수도 있을 것으로 예상된다.

여덟째, 영국의 법인과실치사법은 징벌적 손해배상을 규정하고 있지 않은 반면, 우리나라 중대재해처벌법은 형사처벌과 징벌적 손해배상을 병행적으로 물을 수 있다.

아홉째, 영국의 법인과실치사법은 모든 규모의 조직에 대해 적용되는 반면에, 우리나라 중대재해처벌법은 5명 미만 사업 또는 사업장은 제외하고 50명 미만 사업 또는 사업장은 시행일로부터 2년간 유예하고 있는 점에서도 크게 다르다. 소규모 기업일수록 중대재해가 많이 발생하고 있는 점을 고려하면, 소규모 기업에 대해 적용을 제외하거나 유예하는 것은 논리적으로나 현실적으로 맞지 않는다.

열째, 영국은 오랜 기간에 걸쳐 국회를 중심으로 정부, 전문가, 노사단체, 시민단체 등의 논의와 협의를 거쳐 이들과의 합의를 통해 제정된 반면에, 우리나라는 아주 짧은 기간에, 그것도 충분한 논의와 전문가의 아무런 참여 없이 급하게 제정되었다. 그 결과 영국은 사회적 합의 속에 제정되었다고 평가할 수 있지만, 우리나라는 중대재해처벌법의 제정안에 대해 그 이유는 달랐지만 노사단체 양쪽과 상당수의 전문가, 언론으로부터 강한 비판적인 의견이 제시되었고, 특히 사용자 측에서는 모든 경영자단체들을 중심으로 매우 강한 반대 의견을 개진하였다.

제3장

중대재해처벌법 해설

Ⅰ. 중대재해처벌법의 목적과 성격

Ⅱ. 중대재해처벌법 축조해설

Ⅲ. 조직에 미치는 영향 및 대책

YouTube 영상으로 확인하세요!

포항 MBC 시사 날

법률방송

I. 중대재해처벌법의 목적과 성격

해당 조문

❚ 법 제1조(목적) ❚

이 법은 사업 또는 사업장, 공중이용시설 및 공중교통수단을 운영하거나 인체에 해로운 원료나 제조물을 취급하면서 안전 · 보건 조치의무를 위반하여[91] 인명피해를 발생하게 한 사업주, 경영책임자, 공무원 및 법인의 처벌 등을 규정함으로써 중대재해를 예방하고 시민과 종사자의 생명과 신체를 보호함을 목적으로 한다.

중대재해처벌법은 산업안전보건법 등 사업장 안전보건관계법과 달리 '처벌'을 재해예방의 수단으로 전면에 내세우고 있다. 예를 들면, 산업안전보건법의 경우 '산업안전보건기준의 확립과 책임소재(체제)의 명확화'를 산업재해 예방 및 쾌적한 작업환경 조성의 수단으로 규정하고 있는 것과 대비된다.

한편, 중대재해처벌법은 이 법에 규정된 안전보건확보(예방조치)의무 위반에 대해서는 형사처벌을 포함한 어떠한 제재 대상으로도 규정하고 있지 않아 법집행기관에서는 안전보건확보(조치)의무의 이행을 강제할 수 없다. 즉, 중대재해처벌법으로는 이 법에 규정된 안전보건확보의무의 이행을 위해 제재를 배경으로 한 예방적 지도감독을 할 수 없다. 그리고 중대재해처벌법은 다른 사업장 안전보건관계법과는 달리 중대재해가 발생하더라도

91) "안전 · 보건 조치의무를 위반하여"에서의 '조치의무'와 같은 표현은 법의 목적 규정에 들어갈 성질의 것은 아니다. 이러한 표현이 목적 규정에 사용되고 있는 입법례는 발견되지 않는다. 중대재해처벌법이 얼마나 졸속으로 제정되었는지를 적나라하게 드러내는 또 하나의 예라고 할 수 있다.

형사처벌만 할 수 있을 뿐 시정(개선)명령과 같은 행정조치를 발령할 수 있는 법적 근거를 가지고 있지 않다.

어떠한 법이 일정한 목적을 달성하기 위해 형벌을 주요한 수단으로 삼고 있는지, 형벌을 규정하고 있더라도 형벌이 아닌 다른 것(교육, 홍보, 지도 등)을 주요한 수단으로 삼고 있는지에 의해 당해 법의 성격이 판단된다. 전자에 해당하는 것이 좁은 의미의 형법과 형사특별법(특별형법)[92)]이고, 후자에 해당하는 것이 행정형법이다.

중대재해처벌법은 형사특별법의 성격을 강하게 가지고 있지만, 처벌규정만을 두고 있는 것이 아니라 안전보건확보의무 규정을 처벌규정과 별도로 두고 있고, 안전보건교육의 수강의무, 중대산업재해 발생사실 공표, 손해배상의 책임, 정부의 사업주 등에 대한 지원 및 보고 의무를 규정하고 있는 등 사회의 안녕과 질서유지를 목적으로 하는 행정법(행정작용법)적 내용도 적게나마 포함하고 있는 점으로 볼 때, 행정형법의 성격도 부분적으로 아울러 가지고 있다고 볼 수 있다. 형사특별법과 행정형법 모두 실질적 의미의 형법에 속하기 때문에 죄형법정주의와 같은 형법의 일반원리와 형법총칙은 중대재해처벌법에도 적용된다(형법 제8조).

92) (협의의) 형사특별법(특별형법)은 대부분 사회 일반에서 특히 비난을 받고 있는 특정한 범죄행위를 기존의 형법보다 무거운 형벌로 처벌하고자 제정된 법률이다. 그 예로 폭력행위 등 처벌에 관한 법률, 특정범죄 가중처벌 등에 관한 법률, 특정강력범죄의 처벌에 관한 특례법, 특정경제범죄 가중처벌 등에 관한 법률, 성폭력범죄의 처벌에 관한 특례법, 보건범죄 단속에 관한 특별조치법, 환경범죄 등의 단속 및 가중처벌에 관한 법률, 교통사고처리 특례법, 국가보안법 등이 있다.

[참고] 죄형법정주의

죄형법정주의는 국가형벌권의 자의적 행사와 남용으로부터 국민이 부당하게 처벌되지 않도록 개인의 자유와 권리를 보장하고자 하는 법치주의의 형법에 있어서의 구현이다.

형법은 간단히 말하자면 죄와 벌, 즉 범죄와 형벌(엄밀하게는 보안처분을 포함한 형사제재)에 관한 법이라고 할 수 있다. 따라서 어디에 들어 있든지 간에 범죄와 형벌에 관하여 규정하고 있는 법은 모두 형법에 속한다. 이러한 의미의 형법을 '광의의 형법' 또는 '실질적 의의의 형법'이라고 한다.[93]

죄형법정주의는 전통적으로 법률주의(성문법주의), 소급효금지의 원칙, 유추적용금지의 원칙, 명확성의 원칙이라고 하는 파생원칙을 그 내용으로 하고 있고, 죄형법정주의의 현대적 의의에 맞추어 적정성의 원칙[94]이 강조되고 있다.

법률주의(성문법주의)

범죄와 형법은 법률로 정해져야 한다. 형법의 법원(法源)은 법률에 국한된다. 사법 등 다른 법 영역과는 달리 형법에서 관습법, 판례, 조리의 직접적인 법원성은 부정된다.

백지형법(위임하는 모법)으로서 일정한 법률의 처벌근거를 규정하고 범죄구성요건[95] 또는 형벌에 관한 세부사항을 하위법규에 위임하는 것은 입법기술상

93) 광의의 형법 중 핵심적인 규정들은 형법이라는 명칭으로 공포된 법률, 이른바 '형법전(刑法典)'에 들어 있다. 이를 '협의의 형법' 또는 '형식적 의의의 형법'이라고 한다.

94) 앞의 파생원칙이 지켜진다고 하더라도 만일 형법의 내용이 정당하지 못하면 죄형법정주의는 아무런 쓸모가 없게 된다. 따라서 실질적 관점에서 '적정성'이 갖추어져야 한다. 적정성의 원칙은 실질적 법치주의가 형법에 구현된 것이라고 할 수 있다. 적정성의 원칙의 구체적 내용으로는 비례의 원칙=과잉금지의 원칙(적합성의 원칙, 필요성의 원칙=최소침해의 원칙, 상당성의 원칙), 책임주의 (원칙)[행위자에게 책임 있는(비난가능성이 있는) 경우에 한해서 책임의 정도를 초과하지 않는(정도에 상응하는) 범위 내에서 형벌이 부과되어야 한다], 죄형균형의 원칙(범죄와 형벌 사이에는 적정한 균형이 유지되어야 한다) 등을 들고 있다. 책임주의와 죄형균형의 원칙은 비례의 원칙을 형법적으로 구체화한 표현이라고 할 수 있다.

95) 어떤 행위가 범죄로 인정되기 위한 조건으로서 '사람의 살해'. '타인의 재물 절취', '안전난간의

또는 기타의 이유로 불가피하게 허용된다. 이때에도 일반적 · 포괄적 위임은 허용되지 않고 구체적 · 개별적 위임이어야 하는 것은 다른 법보다 형법에서 한층 더 강하게 요구된다.

소급효금지의 원칙

형법은 효력발생(시행) 이후의 행위에만 적용되고 시행되기 이전의 행위에까지 소급하여 효력을 갖지는 않는다. 형벌불소급의 원칙 또는 사후입법금지의 원칙이라고도 한다. 만일 사후입법(소급입법)에 의하여 행위 시에 적법이었던 행위를 행위 후에 범죄로 만든다면 죄형법정주의의 정신은 근본적으로 무너진다.

유추적용(해석)금지의 원칙

유추적용(해석)이란 아직 법적으로 규율되고 있지 아니한 개별사건에 대하여 비슷한 개별사건에 적용되는 기존의 법규를 차용하여 적용하는 기법으로서, 법규의 내용을 문언상 꼭 맞아 떨어지지 않는 유사한 사례에 문언의 의미라는 한계를 넘어 적용하는 것을 말한다. 즉, 유추적용은 법문언의 가능한 의미에 포섭될 수 없는 사례를 구성요건상 사례와 행위 또는 법익침해 등에 어떤 유사성이 있다고 하여 적용하는 것이다. 그것은 구성요건상 문언의 의미 한계를 벗어났기 때문에 법해석이 아닌 법창조이자 일종의 입법에 해당한다.

유추적용의 금지란 법문의 내용을 가능한 문언의 의미 한계를 벗어나 비슷한 사례에 적용해서는 안 된다는 것을 뜻한다. 형법 적용에 있어 유추를 허용한다면 법률에 명시되지 아니한 행위가 법해석자 · 적용자의 자의로 처벌될 수 있어서 개인의 자유와 권리의 보장이 위태로워진다.[96] 유추적용금지의 원칙은 형법해석은 기본적으로 '엄격해석'에 입각해야 한다는 취지를 담고 있다.[97]

유추해석과 비슷하지만 구별되어야 할 것으로 확장해석(확대해석)[98]이 있다. 해석의 한계를 준수하는 확장해석은 정당한 확장해석이지만, 해석의 한계를 벗어나는 확장해석은 허용되지 않는 확장해석으로서 '해석'이라는 이름에도 불구하고 유추해석의 범주로 넘어가게 된다. 문언의 가능한 의미를 넘어가는 확장해

설치'와 같이 금지 · 제한 또는 요구되는 행위를 정해 놓은 것을 말한다.

석은 확장해석이기 때문에 허용되지 않는 것이 아니라 (피고인에게 불리한 경우에는) 유추해석이기 때문에 허용되지 않는 것이다.

명확성의 원칙

가벌적 행위는 법률상 명확하게 정형적으로 규정되어야 한다. 구성요건은 가벌적 행위를 가능한 한 정확히 기술해야만 한다. 내용상 윤곽이 모호한 개념, 달리 말하자면 애매하고 불분명하여 신축이 자유로운 개념의 사용을 피하고 국가형벌권 행사의 예측가능한 한계선이 지켜질 수 있는 표현을 사용하도록 해야 한다. 형벌법규의 내용이 불명확하고 추상적일 때에는 법관의 자의적 해석이 쉽게 개입해서 죄형법정주의가 위태롭게 된다. 또 명확하게 규정된 경우에만 국민의 입장에서도 어떠한 행위가 허용되거나 금지되는지를 이해 · 예측하여 준수할 수 있게 되므로 규범안정성을 높일 수 있다.

문제는 구성요건의 명확성이 최소한 어느 정도 지켜져야 하는가라는 점이다. 형사입법에 있어서도 일반조항과 가치충전이 필요한 불명확개념을 사용하는 것은 불가피하다. 그러나 이 경우에도 일반인이 형벌규정의 적용범위를 충분히 인식할 수 있을 정도, 즉 형법이 의사결정규범 · 행위규범으로서 기능할 수 있도록 어떠한 행위가 허용 또는 금지되어 있는지를 국민이 확실히 알 수 있을 정도로 법문을 구체화할 필요가 있다.[99]

96) 유추해석은 「형법」에서는 (피고인에게 불리한 경우) 허용되지 않지만, 「형법」이 아닌 다른 법영역(민법 등)에서는 입법의 흠결을 보완하는 수단으로서 널리 사용(허용)되고 있다.

97) 그럼에도 불구하고 법해석자 · 적용자, 특히 법 집행기관이 유추적용을 하곤 하는 이유는 유추적용을 하지 않으면 법규의 흠결로 말미암아 비난받을 행위를 처벌할 수 없어서 그 결론이 상식에 어긋나고, 따라서 당해 사건에 대해 구체적 타당성이 있는 해결이 불가능하기 때문이다. 그러나 법규의 흠결이 있는 경우에는 유추적용으로 미봉할 것이 아니라 법규를 제 · 개정하여 해결해야 한다. 이 경우 법규가 제 · 개정될 때까지는 비난가능한 행위를 처벌하지 못하는 문제가 있지만, 그것은 행정부 · 사법부가 아닌 입법부가 해결해야 할 문제이다.

98) 확장해석은 문언의 가능한 의미의 한계 안에서 지금까지의 구성요건 해석에는 포섭되지 않던 사례를 목적론적 견지에서 최대한 넓게 해석하는 것이다.

99) 구성요건이 어느 정도 명확하여야 하는지에 대해 헌법재판소는 '통상의 판단능력을 가진 사람이라면 누구나 충분히 그 의미를 이해할 수 있는가'라는 기준을 제시하고 있으며(헌재 1992.2.25,

[참고] 책임주의[100)]

형법의 영역에서는 "책임 없는 자에게 형벌을 부과할 수 없다."는 책임주의의 원칙이 지배한다. 책임주의는 행위자에게 책임이 있는 경우에 한해서, 그리고 책임의 정도를 초과하지 않는 범위 내에서 형벌이 부과되어야 한다는 원칙이다. 책임에 상응하는 형벌만을 가할 수 있다는 책임주의는 근대형법의 기본원칙으로서 형법상 최고원리의 하나이자 지도사상이다. 우리나라 헌법에 책임주의를 명시한 조문은 없지만, 인간으로서 존엄과 가치를 규정한 제10조에서 실정법적 근거를 찾을 수 있다.

헌법재판소는 형벌에 관한 책임주의는 형사법의 기본원리로서 헌법상 법치국가의 원리에 내재하는 원리인 동시에 국민 누구나 인간으로서의 존엄과 가치를 가지고 스스로의 책임에 따라 자신의 행동을 결정할 것을 보장하고 있는 헌법 제10조의 취지로부터 도출되는 원리임을 강조하였다(헌재 2007.11.29, 2005헌가10).

결과만을 가지고 형을 가중하는 것은 책임주의에 반한다. 책임주의란 비난가능성(책임)이 있는 경우에, 그리고 비난가능성(책임)의 정도에 상응한(책임을 정도를 초과하지 않는 범위 내의) 형벌을 부과해야 한다는 원칙이다. 무거운 결과 자체는 책임비난의 대상이 되지 못한다. 무거운 결과를 발생시킨 '행위'가 비난의 대상이 되어야 한다.

책임에 반대되는 것으로 '결과책임'이 있다. 결과책임이란 결과가 발생하였다는 사실만으로 형사처벌을 인정하는 것이다. 결과책임을 묻게 되면 무거운 결과가 발생하지 않도록 다른 사람에게 겁을 주는 효과(위협효과)를 거둘 수 있다. 그러나 위협효과를 거둘 목적으로 책임에 상응하지 않게 형벌을 가하는 것은 책임주의에 반하는 것으로서 허용되지 않는다. 위협효과라는 목적을 위하여 비난

89헌가104), 대법원은 '사물의 변별능력을 제대로 갖춘 일반인의 이해와 판단으로서 그 구성요건에 해당하는 행위유형을 정형화하거나 한정할 합리적 해석기준을 찾을 수 있는가'를 기준으로 삼고 있다(대법원 2002.7.26, 2002도1855).

100) 신동운, 『형법총론(제15판)』, 법문사, 2023, 272, 847~848쪽 ; 이재상 · 장영민 · 강동범, 『형법총론(제11판)』, 2022, 316쪽 참조. 중대재해처벌법과 책임주의의 조화에 대해서는 [부록 1]을 참조하기 바란다.

> 가능성의 정도(죄질의 차이)를 구별하지 않고 사람을 처벌하는 것은 목적을 위하여 사람을 수단으로 동원하는 것이다. 즉, 책임비난 이외의 목적을 위하여 형사처벌을 이용하는 것은 인간을 특정 목적을 위한 수단으로 전락시켜 인간의 존엄과 가치를 침해하는 일이다.

한편, 중대재해처벌법은 기존 안전보건관계법과 달리 경영책임자라는 특정인(개인)에게 처벌의 초점을 맞추고 있다. 특히 형법상의 업무상과실치사상죄 및 산업안전보건법 위반죄, 특히 결과적 가중범(사망과 같은 중한 결과를 발생시킨 경우에 그 중한 결과로 인하여 형벌이 가중되는 범죄)의 처벌을 강화시키려는 입법 의도와 성격이 강하다. 그렇다 보니 예방조치에 대한 의무는 빈약하게 규정되어 있다.

중대재해처벌법은 형법(업무상과실치사상죄) 및 산업안전보건법 등 사업장 안전보건관계법을 대체하는 것이 아니라 추가하는 관계라고 볼 수 있다. 즉, 각 법의 구성요건이 달라 중대재해처벌법이 시행된다고 하여 형법(업무상과실치사상죄) 및 산업안전보건법 등 사업장 안전보건관계법이 더 이상 적용되지 않는 것은 아니다. 다만, 동일인의 입장에서는 각 법의 구성요건 간에 배척현상이 일어나 하나의 구성요건만 적용되거나(법조경합 관계) 각 법의 (복수의) 위반행위가 소송법상[과형(科刑)상]으로 일죄로 취급되어 처리되는 경우(상상적 경합 관계)는 발생할 수 있다.

칼럼 무능·무책임이 낳은 중대재해처벌법 시행령[101)]

중대재해처벌법 시행령이 당초 계획보다 두 달 이상 늦게 입법예고되었다. 법률부터가 태생적 한계를 안고 있다보니 시행령 제정에 어려움이 컸을 것이다. 하지만 이 점을 감안하더라도 이번에 입법예고된 시행령은 체계와 내용의 조잡함과 무책임성으로 두고두고 문제가 될 것으로 보인다.

법을 따라야 할 수범자들은 의지와 비용의 리스크보다는 비현실성과 불명확성의 리스크를 떠안게 되었다. 준법의지가 강한 수범자조차도 지킬 수 없는 내용이 적지 않다는 점에서 중대재해처벌법령은 법령으로서의 기본요건을 갖추지 못하고 있다.

안전보건조치의무를 도급인(원청)이 해야 할지 수급인(하청)이 해야 할지 알 수 없는 곳이 한두 군데가 아니다. 법률과의 부정합성, 시행령 규정 간의 모순을 꼼꼼히 살피지도 않았고, 다른 법령과의 관계, 법리를 제대로 이해하지 못한 무능과 책상물림 냄새가 물씬 풍긴다. 실력 부족을 적나라하게 드러내고 있다.

시행령 전체가 불명확한 개념으로 도배되어 있다는 점은 실효성은 안중에 없고 모든 책임을 기업에 떠넘기겠다는 방증이다. 사람마다 다른 판단을 할 수밖에 없는 애매한 표현을 곳곳에서 사용하다 보니, 전문가조차도 누가 무엇을 어떻게 이행해야 할지 이해할 수 없다. 수범자 입장에서의 예측 가능성은 "내 알 바 아니다"라는 무책임감이 넘쳐난다. 판단을 자의적으로 하겠다는 행정독재의 그림자도 어른거린다.

시행령에 지나치게 광범위하고 비현실적인 규정이 많아 법률의 문제점을 해결하기는 커녕 상황을 더 악화시키고 있다. 원청이 하청·재하청의 근로자뿐만 아니라 하청·재하청과 업무상 관련된 독립사업자까지

101) 정진우, 에너지경제, 2021.8.10.

도 보호조치를 해야 하고, 이들의 안전보건에 관계되는 수많은(그러면서 해당 여부가 모호한) 법령이 규제 대상이다. 또한 질병에만 해당하면 1년 이내에 3명의 경증재해가 발생한 것만으로 무거운 형사처벌에 처하고, 출퇴근 재해로 사망한 사고도 엄벌로 다스리겠다고 한다. 이런 식이라면 안전관리의 선택과 집중에 걸림돌이 될 수밖에 없다.

시행령에는 동일한 위반사항에 대해 산업안전보건법보다 강하게 처벌할 규범적 근거가 없는데도 무작정 엄벌하려는 부분이 산재하고 있다. 죄질과 비난가능성에서 동일하거나 심지어 약한데도 불구하고 강하게 처벌하겠다는 것이다. '기승전 엄벌'인 셈이다. 엄벌 자체를 목적으로 하지 않는 이상 이처럼 법원칙을 무시한 내용을 입법예고하지는 않았을 것이다.

경제적 여유가 있는 기업들에 대해선 일시적으로 '군기' 잡는 효과는 있을 것이다. 그러나 거칠고 실효성 없는 내용으로는 형식적이고 수동적인 대응을 조장할 뿐 실질적인 안전역량 향상으로까지 이어지긴 어려울 것이다. 특히 중소기업의 경우에는 여전히 안전관리를 운수소관에 맡기고 자포자기로 대응할 가능성이 크다.

처벌이 기득권에서 비켜나 있는 중소기업으로 집중될 가능성이 큰 점도 문제이다. 웬만한 대기업들은 엉성한 법령의 틈새를 비집고 소송 등을 통해 적극 대응할 것이다. 종전에는 법 위반에 대해 벌금형을 받을 것으로 예상하고 무리한 수사에 대해서도 별다른 대응을 하지 않았지만, 1년 이상의 실형을 부과받을 수 있는 새로운 상황에서는 대기업들은 너나할 것 없이 소송제기를 할 것 같다. 반면, 준비와 여건이 되어 있지 않은 중소기업들은 산업안전보건법하에서도 주로 대표가 처벌되어 왔지만, 앞으로는 훨씬 심한 타격을 받게 될 것 같다.

우리나라 산업안전보건관계법이 어찌하여 이 지경이 되었는가. 무능과 위선의 조합, 처벌만능주의라는 이념과잉과 보여주기식 포퓰리즘의 결합이 낳은 산물이라고 할 수 있다. 그 원조는 소위 '김용균법'이라 불리는 전부개정 산업안전보건법이다. 전 세계 유례없는 무논리의 조잡한 법을 만들어 놓고도 하자보수에는 무관심했던 정부야말로 중대재해처벌법이라는 막무가내 입법을 불러온 장본인이다.

실효성 없는 규제와 엄벌에의 과도한 의존, 수범자의 준수 가능성에는 모르쇠로 일관하는 '내로남불' 법정책, 비용은 잔뜩 들이면서 효과는 내지 못하는 부실행정, 이런 접근으로는 안전에 대한 형식적 대응으로 이어질 뿐 효과적인 안전관리를 이끌어낼 수 없다.

역사에서 교훈을 배우지 못하면 역사로부터 가혹한 심판을 받게 된다. 역사로부터 배울 것인가, 아니면 역사의 심판을 받을 것인가. 산업안전정책이 어떤 선택을 하느냐에 따라 감당해야 할 몫이다.

칼럼 중대재해처벌법, '안전'이 안 보인다[102)]

요즘만큼 산업현장에서 안전이 핫한 주제로 부각된 적은 없는 것 같다. 중대재해처벌법 시행이 이달 27일로 바짝 다가온 가운데 대기업을 중심으로 걱정이 잔뜩 커진 모양새다.

문제는 중대재해처벌법 관련 논의가 형사처벌이라는 발등에 떨어진 불을 끄는 데 집중돼 있고, 그러다 보니 안전문제에 문외한인 로펌에 지나치게 의존하고 있다는 점이다. 형식적 법기술이 실질적 안전을 밀어내고 안방을 차지하고 있는 형국인 셈이다.

안전에 대한 높은 관심 속에서 안전에 많은 투자를 하고 있지만, 이것이 안전역량 향상으로 이어질지 많은 의문이 들 수밖에 없는 이유이다. 처벌 회피에 초점을 맞추다 보면 시간과 공을 들여야 하는 근본적이고

102) 정진우, 에너지경제, 2022.1.5.

지속적인 대책은 실종되고 보여주기에 좋은 단기처방 일색이 될 가능성이 크다. 도전적이고 많은 시간이 요구되는 중장기적인 대책은 시도될 가능성이 약화될 수 있다.

게다가 산재예방의 기본법인 산업안전보건법에 대한 관심이 줄어들고 있는 부작용이 확연히 눈에 띄고 있는 것도 우려스러운 대목이다. 정부부터 중대재해처벌법을 억지로 부각시키기 위해 산업안전보건법은 구체적인 안전조치만을 규율하고 있는 한낱 '기술법'이라고 격하시키면서 산업안전보건법에 대한 무관심을 부채질하고 있다. 산업안전보건법이라는 밑돌을 빼 중대재해처벌법이라는 윗돌을 괴는 꼴이다.

산업안전보건 주무부처가 산업안전보건법을 이렇게 엉성하게 이해하고 있다면 전부개정 산업안전보건법(일명 '김용균법')으로 규범력이 땅으로 추락한 산업안전보건법은 그 존재감이 더욱 희미해질 것이라는 점은 쉽게 예상할 수 있다. 전부개정 산업안전보건법으로 법을 형해화시키고, 급기야는 중대재해처벌법이라는 '이념법' 제정을 불러온 주범이 정부의 산업안전보건에 대한 무지와 무능이었다. 이젠 그것도 모자라 엄벌이라는 극약처방에 의존하고 기초체력에 해당하는 예방기준에 대한 잘못된 이해와 접근을 조장하고 있는 것이다.

중대재해처벌법 자체만으로도 많은 태생적 한계를 가지고 있지만, 법 집행기관의 산업안전보건에 대한 몰인식과 진정성 부족이 난마처럼 꼬인 현 상황을 악화시키지 않을까 우려된다.

중대재해처벌법에서 규정하고 있는 안전보건관리체계는 단기간에 구축될 수 있는 게 아니다. 가뜩이나 안전보건관리체계에 대한 인프라도 척박한 상태이다. 더구나 누가 무엇을 어떻게 해야 할지에 대한 기본사항부터가 매우 혼란스러운 상황이다. 이런 상태에서 수범자들에게 몽둥이를 들고 당장 결과물을 만들어내라고 몰아붙이면 수범자들은 형식적인 법준수로 대응할 가능성이 높다. 그나마 대기업은 하는 척이라도 하고 있지만, 사망사고가 대부분 발생하고 있는 중소기업은 무엇을 해야 할지 난감해하거나 눈만 꿈벅거리고 있는 상태이다.

중대재해처벌법의 가장 큰 문제는 의무주체의 혼돈이다. 하청 노동자에 대한 안전조치와 관련하여, 예컨대 중대재해처벌법에 따르면 재해발생 시 재발방지대책의 수립의무는 원청이 이행해야 하는 것으로 되어 있고, 산업안전보건법에 따르면 이 의무는 하청이 이행해야 하는 것으로 규정돼 있다. 두 법 간에 의무주체가 충돌하는 문제가 발생하고 있다.

중대재해처벌법 내에서조차 조문 간에 의무주체가 충돌된다. 안전조치의무와 보호 대상이 동일한 상황에서 어떤 조항은 '사업장'을 실질적으로 지배·운영·관리하는 '원청'에게 의무를 부과하고 있는 반면, 다른 조항은 '장소'를 실질적으로 지배·운영·관리하는 위치에 있는 '하청'에게 의무를 부과하고 있다.

정부의 중대재해처벌법 해설서조차 가장 기본적인 이 문제에 대해 설명하고 있지 않다. 현장에서 궁금해 하는 사항에 대한 설명은 하지 않고 정부의 희망사항을 제시하는 내용으로 가득 차 있다고 비판받는 이유이다. 입구에서부터 어느 길로 가야 할지 헷갈리게 길을 만들어 놓고, 기본적인 안내조차 하지 않은 채 무작정 들어가라고 윽박지르는 건 무책임한 처사가 아닐 수 없다.

기업에게 온통 책임을 떠넘기고 정부가 해야 할 시스템 개선이나 인프라 조성에는 무관심하기 짝이 없다. 책임의 외주화에 급급해서는 하청 노동자의 재해예방은 요원한 일이 된다. 지금까지 엄청난 행정비용을 쏟아붓고도 하청 노동자 보호에 갈지자 행보를 반복하고 있는 이유를 냉철하게 되돌아봐야 한다.

새해에는 분위기와 감성에 휩쓸리는 구시대적인 산재예방행정이 아니라 과학과 이성에 근거한 선진적인 산재예방행정을 기대해 본다. 지나친 기대일까.

II. 중대재해처벌법 축조해설

1. 정의 및 개념(법 제2조)

가. 중대재해(법 제2조 제1호)

해당 조문

"중대재해"란 "중대산업재해"와 "중대시민재해"를 말한다.

중대재해를 중대산업재해와 중대시민재해로 구분하여 별도로 규율하고 있다. 따라서 중대산업재해와 중대시민재해 각각에 대비하여야 한다.

나. 중대산업재해(법 제2조 제2호, 시행령 제2조)

해당 조문

▌법 제2조(정의) 제2호▐

산업안전보건법 제2조 제1호에 따른 산업재해 중 다음 어느 하나에 해당하는 결과를 야기한 재해를 말한다.

가. 사망자가 1명 이상 발생

나. 동일한 사고로 6개월 이상 치료가 필요한 부상자가 2명 이상 발생

다. 동일한 유해요인으로 급성중독 등 대통령령으로 정하는 직업성 질병자가 1년 이내에 3명 이상 발생

▌시행령 제2조(직업성 질병자)▐

「중대재해 처벌 등에 관한 법률」(이하 "법"이라 한다) 제2조제2호다목에서 "대통령령으로 정하는 직업성 질병자"란 별표 1에서 정하는 직업성 질병에 걸린 사람을 말한다.

산업안전보건법 제2조 제1호에 따른 산업재해란 "<u>노무를 제공하는 사람이</u> 업무에 관계되는 건설물·설비·원재료·가스·증기·분진 등에 의하거나 작업 또는 그 밖의 업무로 인하여 사망 또는 부상하거나 질병에 걸리는 것"(밑줄은 필자)을 말한다. 산업안전보건법은 본문에서는 근로자 및 14개 직종의 특수형태근로종사자(제77조), 배달종사자(제78조), 가맹점사업자(제79조), 현장실습생(제166조의2)을 보호 대상으로 설정하고 있지만, 산업재해 정의에서는 실제 보호 대상과는 다르게 이들 외에도 노무를 제공하는 사람에 해당하는 자는 모두 포함하는 것으로 규정하고 있다.

중대재해처벌법상의 중대산업재해는 사망자 외에는 산업안전보건법의 중대재해[103]와 기준이 다름에 유의할 필요가 있다. 특히, 다목의 직업성 질병자 요건은 산업안전보건법의 그것보다 대폭 완화되어 있는 점에 유의할 필요가 있다. 산업안전보건법은 직업성 질병자가 '동시에', '10명 이상' 발생한 재해라고 규정하고 있는 반면에, 중대재해처벌법은 직업성 질병자가 '1년 이내에', '3명 이상' 발생한 경우라고 규정하고 있어, 같은 법 시행령에 열거되어 있는 질병의 경우 '동시에' 기준이 '1년 이내에' 기준으로, '10명 이상' 기준이 '3명 이상' 기준으로 각각 대폭 완화되어 있다.

대통령령으로 정하는 직업성 질병자(24종)[104]는 '급성으로 발현되는 질병', 즉 사고성 질병 중심으로 규정되어 있다(간염과 같이 급성으로 발현되지 않은 질병도 포함되어 있다). 그런데 중증도(치료기간)에 대한 기준(제

103) i) 사망자가 1명 이상 발생한 재해, ii) 3개월 이상의 요양이 필요한 부상자가 동시에 2명 이상 발생한 재해, iii) 부상자 또는 직업성 질병자가 동시에 10명 이상 발생한 재해(산업안전보건법 시행규칙 제3조).

104) 별표 1 제13호에서 규정하고 있는 작업환경측정 및 특수건강진단 대상 화학적 인자에 다른 호에서 규정하고 있는 유해인자가 대부분 포함된다. 즉, 제13호와 다른 호가 대부분 중복적으로 규정되어 있다.

한)이 없어 경미한 질병도 포함될 수 있음에 유의해야 한다. 즉, 입원하지 않고 간단한 치료만을 요하는 것[105]도 실병에 해당될 수 있음에 유의해야 한다. 한편, 병·의원의 경우 시행령 별표 1의 제17호에서 정하고 있는 'B형 간염, C형 간염'은 보건의료 종사자에게 흔히 발생할 수 있는 질병임에 유의할 필요가 있다.

직업성 질병 여부는 근로복지공단의 산업재해 승인을 통해 결정되는 것이 통례인 점을 감안할 때, '1년 이내에 3명 발생'이라는 요건 충족을 둘러싸고 많은 혼란이 있을 것으로 예상된다.

질병사망의 경우, 산업안전보건법은 결과적 가중범의 기본범죄에 해당하는 위반행위가 제39조(보건조치)로 한정되어 있고 실무상 급성적으로 발생한 질환(업무상 부상이 원인이 되어 발생한 질환)이 아닌 만성적으로 발생한 질환은 제외하고 있지만, 중대재해처벌법은 (중벌주의에 기초하고 있으면서도) 처벌 대상에 질환의 종류에 관계없이 모든 질환을 제한 없이 포함하고 있다는 점에 유의해야 한다. 즉, 중대재해처벌법에서 질병사망자는 급성(사고사망), 만성(질병사망)에 관계없이 모두 해당될 수 있음에 유의해야 한다.[106]

산업안전보건법상 산업재해에 해당하면, 예컨대 출퇴근재해, 체육행사·회식 참가 중 사망 등과 같은 사고사망[107]과 직업성 암 사망, 작업관련

105) 가벼운 증세로 병·의원에 방문하여 "며칠간의 가료(치료)를 요한다"는 진단을 받아도 질병에 해당한다. 치료에는 입원치료만이 아니라 통원치료, 약물치료 등도 포함된다.

106) 산업안전보건법에서도 사고사망, 실병사망에 관계없이 모든 사망을 중대재해의 개념 및 결과적 가중범(처벌)의 대상에 포함되는 것으로 규정하고 있지만, 실무에서는 근로감독관집무규정(훈령), 관행 등에 따라 질병사망은 수사 대상에서 제외하여 왔다.

107) 다만, 중대재해처벌법 제4조에서 경영책임자의 안전보건조치의무가 '사업 또는 사업장'(여기에서의 '사업장'은 사전적 의미로 "어떤 '사업'의 활동이 이루어지는 일정한 장소"를 가리키는바, '사업'의 장소적 개념이라고 할 수 있다. 따라서 '사업'과 '사업장'은 사실상 동일한 의미이므로

뇌심혈관계질환 사망, 업무로 인한 우울증 자살 등과 같은 질병사망도 중대산업재해에 해당됨에 유의해야 한다.[108] 이 점 또한 헌법상의 원칙인 과잉금지의 원칙에 위반될 소지가 크다.

"동일한 사고로 6개월 이상 치료가 필요한 부상자"(법 제2조 제2호 나목)에서 사고로 인한 부상자의 치료기간이 얼마나 될는지를 언제 시점에서 무엇을 기준으로 판단해야 하는지 매우 불분명하다. 사고가 발생한 당시뿐만 아니라 그 후 상당한 기간이 경과한 후에도 부상자의 치료기간이 얼마나 될는지 정확하게 예상하기 어렵기 때문이다. 또 진단서에 치료예상기간이 기재되지 않는 경우(경과 관찰을 한 후 나중에서야 비로소 치료예상기간을 알 수 있는 경우)도 적지 않고, 추가 진단을 받는 경우 최초 진단서와 추가 진단서의 치료예상기간이 다른 것이 일반적이며, 최초 진단서상의 치료예상기간과 실제 치료기간이 다른 경우도 얼마든지 발생할 수 있기 때문이다. 따라서 이 규정이 실제로 집행되기에는 많은 혼란과 어려움이 있을 것으로 예상된다.[109] 중벌과 밀접하게 관련되어 있는 '치료기간' 개념이 이처럼 불명확한(사람마다 달리 평가될 수 있는) 것은 헌법상의 원칙인 명확성의 원칙에 위반될 소지가 크다.

'사업'은 고려하지 않고 '사업장'만 고려해도 무방하다. 중대재해처벌법령의 여러 곳에서 사용되고 있는 '사업 또는 사업장'의 개념에 대한 상세한 설명은 후술한다)에서의 종사자의 유해·위험, 제5조에서는 시설, 장소에서의 제3자의 종사자의 유해·위험에 대한 것으로 각각 규정되어 있기 때문에, 이들 사고사망 중 경영책임자가 책임져야 할 것은 사업장(제4조) 또는 시설, 장소(제5조)에서 발생하는 것으로 한정된다.

108) 기업 측에서는 산업재해(특히 직업성 질병) 인정에 민감하게 대응하고, 근로복지공단의 직업성 질병 승인에 대해 취소소송을 많이 제기할 것으로 예상된다. 산업재해로 인정되면 아무래도 형사처벌로 이어질 가능성이 커지기 때문이다. 그리고 뇌졸증이나 심근경색에 취약한 기초질환자, 고령자의 채용을 꺼릴 가능성이 있다.

109) 예상치료기간을 수사의 단서가 아닌 필수(강제)요건으로 정하고 있는 입법례는 발견되지 않는다.

‘동일한 사고’(법 제2조 제2호 나목)라 함은 사고기인물을 포함한 사고발생상황이 동일하여야 한다. 발생시기가 다른 사고에서 단지 사고기인물이 동일한 것만으로는 ‘동일한 사고’라고 할 수 없다.

형사특별법의 성격이 강한 중대재해처벌법이 산업안전보건법과 비교하여 처벌수준이 훨씬 높음에도 불구하고, 가중처벌의 대상인 중한 결과(중대산업재해)의 종류에 있어 산업안전보건법은 사망으로 한정되어 있는 데 반해(제167조),[110] 중대재해처벌법은 사망(제6조 제1항) 외에 사망보다 결과가 가벼운 부상과 질병(제6조 제2항)까지를 포함하고 있다.[111] 이는 형벌은 죄질과 책임(비난가능성)에 상응하도록 적절한 비례성이 지켜져야 한다는 죄형균형의 원칙과 평등의 원칙에 위반된다고 할 수 있다.[112] 그리고 중대재해처벌법에서 산업안전보건법의 법정형보다 가중된 처벌을 규정하고자 할 때에는 충분한 규범적 근거가 있어야 함에도 이를 두고 있지 않은 것은 형벌체계상의 정당성과 균형을 상실하여 평등의 원칙 및 과잉입법금지의 원칙에 위배된다고 할 수 있다.[113]

---

110) 산업안전보건법은 사망이 발생한 경우와 달리 부상, 질병이 발생한 경우에 대해서는 결과적 가중범의 내심으로 규정하고 있지 않다.

111) 처벌수준에 있어서는 사망이 발생한 경우와 부상, 질병이 발생한 경우를 달리 정하고 있다(법 제6조, 제7조).

112) 헌법재판소 2019.2.28. 2016헌가13 결정 ; 헌법재판소 2015.9.24. 2015헌가17 결정 ; 헌법재판소 2015.2.26. 2014헌가16 · 19 · 23(병합) 결정 ; 헌법재판소 2014.4.24. 2011헌바2 결정 ; 헌법재판소 2008.12.26. 2007헌가10 · 16(병합) 결정 ; 헌법재판소 2004.12.16. 2003헌가12 결정 ; 헌법재판소 2003.11.27. 2002헌바24 결정 등 참조.

113) 구성요건 표지에 있어 중대재해처벌법 위반범이 산업안전보건법상의 결과적 가중범보다 강하게 처벌받아야 할 규범적 근거가 많이 부족하다. 이에 대한 상세한 설명은 해당 부분에서 후술한다.

다. 중대시민재해(법 제2조 제3호)

해당 조문

특정 원료 또는 제조물, 공중이용시설 또는 공중교통수단의 설계, 제조, 설치, 관리상의 결함을 원인으로 하여 발생한 재해로서 다음 각 목의 어느 하나에 해당하는 결과를 야기한 재해를 말한다. 다만, 중대산업재해에 해당하는 재해는 제외한다.

가. 사망자가 1명 이상 발생
나. 동일한 사고로 2개월 이상 치료가 필요한 부상자가 10명 이상 발생
다. 동일한 원인으로 3개월 이상 치료가 필요한 질병자가 10명 이상 발생

중대시민재해는 사망자 외에는 중대산업재해와 기준이 다르다. 중대산업재해보다 다소 요건이 엄격한 편이다.

원료에 대해서는 이 법에서 용어정의를 하고 있지 않지만, 사전적 의미로는 "어떤 물건을 만드는 데 들어가는 재료"를 가리킨다. '원료'의 개념에 원료 사용과정에서 발산하는 가스, 증기, 분진과 부산물도 포함될 수 있음에 유의할 필요가 있다.

여러 결함 중에서도 특히 '관리상의 결함'이라는 표현이 매우 광범위하고 포괄적인 개념임에 유의해야 한다.

중대산업재해와 마찬가지로, "동일한 사고로 2개월 이상 치료가 필요한 부상자", "동일한 원인으로 3개월 이상 치료가 필요한 질병자"에서 부상자 또는 질병자의 치료기간이 얼마나 될는지를 언제 시점에서 무엇을 기준으로 판단해야 하는지 매우 불명확하다. 사고 또는 질병이 발생한 당시뿐만 아니라 그 후 상당한 기간이 경과한 후에도 부상자 또는 질병자의 치료기간이 얼마나 될는지 정확하게 예상하기 어렵기 때문이다. '치료기간' 개념

에는 그 외에도 중대산업재해 부분에서 설명한 것과 동일한 문제를 안고 있다. 따라서 이 규정이 실제로 집행되기에는 많은 어려움과 혼란이 있을 것으로 예상된다.

라. 공중이용시설(법 제2조 제4호, 시행령 제3조)

해당 조문

▌법 제2조(정의) 제4호▐

"공중이용시설"이란 다음 각 목의 시설 중 시설의 규모나 면적 등을 고려하여 대통령령으로 정하는 시설을 말한다. 다만, 「소상공인 보호 및 지원에 관한 법률」 제2조에 따른 소상공인의 사업 또는 사업장 및 이에 준하는 비영리시설과 「교육시설 등의 안전 및 유지관리 등에 관한 법률」 제2조제1호에 따른 교육시설은 제외한다.

가. 「실내공기질 관리법」 제3조제1항의 시설(「다중이용업소의 안전관리에 관한 특별법」 제2조제1항제1호에 따른 영업장은 제외한다)

나. 「시설물의 안전 및 유지관리에 관한 특별법」 제2조제1호의 시설물(공동주택은 제외한다)

다. 「다중이용업소의 안전관리에 관한 특별법」 제2조제1항제1호에 따른 영업장 중 해당 영업에 사용하는 바닥면적(「건축법」 제84조에 따라 산정한 면적을 말한다)의 합계가 1천제곱미터 이상인 것

라. 그 밖에 가목부터 다목까지에 준하는 시설로서 재해 발생 시 생명 · 신체상의 피해가 발생할 우려가 높은 장소

▌시행령 제3조(공중이용시설)▐

법 제2조제4호 각 목 외의 부분 본문에서 "대통령령으로 정하는 시설"이란 다음 각 호의 시설을 말한다.

1. 법 제2조제4호가목의 시설 중 별표 2에서 정하는 시설
2. 법 제2조제4호나목의 시설물 중 별표 3에서 정하는 시설물. 다만, 다음 각

목의 건축물은 제외한다.

가. 주택과 주택 외의 시설을 동일 건축물로 건축한 건축물

나. 건축물의 주용도가 「건축법 시행령」 별표 1 제14호나목2)의 오피스텔인 건축물

3. 법 제2조제4호다목의 영업장

4. 법 제2조제4호라목의 시설 중 다음 각 목의 시설(제2호의 시설물은 제외한다)

가. 「도로법」 제10조 각 호의 도로에 설치된 연장 20미터 이상인 도로교량 중 준공 후 10년이 지난 도로교량

나. 「도로법」 제10조제4호부터 제7호까지에서 정한 지방도 · 시도 · 군도 · 구도의 도로터널과 「농어촌도로 정비법 시행령」 제2조제1호의 터널 중 준공 후 10년이 지난 도로터널

다. 「철도산업발전기본법」 제3조제2호의 철도시설 중 준공 후 10년이 지난 철도교량

라. 「철도산업발전기본법」 제3조제2호의 철도시설 중 준공 후 10년이 지난 철도터널(특별시 및 광역시 외의 지역에 있는 철도터널로 한정한다)

마. 다음의 시설 중 개별 사업장 면적이 2천제곱미터 이상인 시설

1) 「석유 및 석유대체연료 사업법 시행령」 제2조제3호의 주유소

2) 「액화석유가스의 안전관리 및 사업법」 제2조제4호의 액화석유가스 충전사업의 사업소

바. 「관광진흥법 시행령」 제2조제1항제5호가목의 종합유원시설업의 시설 중 같은 법 제33조제1항에 따른 안전성검사 대상인 유기시설 또는 유기기구

중대산업재해는 '적용범위(법 제3조)' 규정에서 상시 근로자 5명 미만인 사업 또는 사업장을 적용 제외하고 있지만, 중대시민재해에 대해서는 공중이용시설에 대한 '용어정의(법 제2조 제4호 단서)' 규정에서 공중이용시설 중 소상공인의 사업 또는 사업장 및 이에 준하는 비영리시설과 교육

시설을 적용 제외하고 있다. 그러나 공중이용시설에서 이들 시설을 적용 제외할 규범적 근거는 없다. 소상공인의 부담과 이들의 반발을 감안한 '정무적인' 판단을 한 것으로 보이지만, 소상공인의 사업 또는 사업장에서 중대시민재해 발생 가능성이 더 높은 점을 고려할 때, 논리적으로 보면 법규제의 합리적 규정, 지원제도 등을 통해서라도 적용 제외를 하지 않는 것이 타당하다.

공중이용시설에는 건축법 제2조 제2항 제14호의 '업무시설' 중 연면적 3천제곱미터 이상인 것[다만, 건축법 시행령 별표 1 제14호 나목 2)의 오피스텔은 제외한다]도 포함되기 때문에, 대규모 공공업무시설, 일반업무시설을 실질적으로 지배・운영・관리하는 회사, 행정기관, 공공기관 등은 중대산업재해뿐만 아니라 중대시민재해에 대해서도 그 대상인 이용자 또는 그 밖의 사람(노무를 제공하지 않는 자)[114)]을 대상으로 중대재해처벌법령상의 안전보건확보의무를 이행할 필요가 있다는 점에 유의해야 한다.

한편, '공중이용시설'로 보기 어려운 상・하수도시설, 옹벽 및 절토사면, 하천시설, 항만시설, 댐 등이 포함되어 있는바, '공중이용시설'이라는 용어를 수정하거나 이들 시설을 공중이용시설 대상에서 제외하는 것이 타당하다.

114) 노무를 제공하는 자는 중대시민재해가 아닌 중대산업재해의 방지 대상이다.

마. 공중교통수단(법 제2조 제5호)

해당 조문

"공중교통수단"이란 불특정다수인이 이용하는 다음 각 목의 어느 하나에 해당하는 시설을 말한다.

가. 「도시철도법」 제2조제2호에 따른 도시철도의 운행에 사용되는 도시철도차량

나. 「철도산업발전기본법」 제3조제4호에 따른 철도차량 중 동력차 · 객차(「철도사업법」 제2조제5호에 따른 전용철도에 사용되는 경우는 제외한다)

다. 「여객자동차 운수사업법 시행령」 제3조제1호라목에 따른 노선 여객자동차운송사업에 사용되는 승합자동차

라. 「해운법」 제2조제1호의2의 여객선

마. 「항공사업법」 제2조제7호에 따른 항공운송사업에 사용되는 항공기

공중교통수단은 공중이용시설과 달리 영세하거나 소규모라고 해서 적용 제외하는 규정을 두고 있지는 않다. 다만, 중대재해처벌법 제2조 제5호 다목에 따라 노선 여객자동차운송사업 중 시외버스운송사업(고속버스, 시외버스)만 적용되고 시내버스운송사업, 구역 여객자동차운송사업(전세버스운송사업, 법인택시운송사업 등)은 적용 제외되어 있다. 시내버스, 전세버스, 법인택시 등이 사고 건수, 사망자 수, 부상자 수에 있어 고속버스, 시외버스보다도 월등히 많은 점[115]을 감안할 때, 시내버스, 전세버스, 법인택시 등을 제외하는 것은 논리적으로 타당하지 않다.

115) 도로교통공단, 『교통사고 통계분석』, 각 연도.

바. 제조물(법 제2조 제6호)

해당 조문

> "제조물"이란 제조되거나 가공된 동산(다른 동산이나 부동산의 일부를 구성하는 경우를 포함한다)을 말한다.

제조물의 개념은 제조물책임법상의 제조물의 정의(제2조 제1호)를 그대로 차용하고 있다. 제조물책임법에서는 '제조물'이란 "제조되거나 가공된 동산(다른 동산이나 부동산의 일부를 구성하는 경우를 포함한다)을 말한다."고 규정하여(제2조 제1호) 부동산(토지와 그 정착물) 및 제조·가공되지 않은 동산을 제외하였다. 민법에서 동산에 대해서는 "부동산 이외의 물건은 동산이다."라고 규정되어 있고(제99조 제2항), 물건에 대해서는 "본법에서 물건이라 함은 유체물 및 전기 기타 관리할 수 있는 자연력을 말한다."(제98조)라고 정의하고 있다.

그러므로 제조물은 i) 민법상 동산, ii) 다른 동산이나 부동산의 일부를 구성하게 된 동산을 말한다. 즉 민법에 의하면, 건물의 차양이나 덧문, 문짝, 조명기구 등은 독립된 동산이나 부동산인 건물의 일부로 취급되는 것으로서 본법의 제조물에 해당될 수 있는 것이다. 또 목재의 경우 수목의 단계에서는 토지의 정착물로 부동산으로 취급되는 것이지만, 벌채되어 어린이 완구용 블록 등으로 가공된 경우에는 동산으로서 제조물에 해당하게 되는 것이다. 전기·가스는 관리할 수 있는 자연력으로서 동산에 준하는 것이므로 제조물에 포함된다.

사. 종사자(법 제2조 제7호)

해당 조문

가. 근로기준법상의 근로자
나. 도급, 용역, 위탁 등 계약의 형식에 관계없이 그 사업의 수행을 위하여 대가를 목적으로 노무를 제공하는 자
다. 사업이 여러 차례의 도급에 따라 행하여지는 경우에는 각 단계의 수급인 및 수급인과 '가'목 또는 '나'목의 관계가 있는 자

(1) 개설

종사자에는 근로자, 1인 사업자, 모든 직종의 특수형태근로종사자, 고용·도급(용역·위탁)관계 외에 위임관계에 있는 자도 포함되고, 하청, 재하청 등 도급계열에 있는 자(수급인, 하수급인, 재하수급인 등)의 근로자뿐만 아니라 도급계열에 있는 자와 업무관계를 맺고 있는 모든 노무제공자[1인 사업자(고용원이 없는 자영업자)이든 특수형태근로종사자이든 불문한다]가 포함됨에 유의해야 한다. 도급, 용역, 위탁 등의 사업을 위해 사장이 직접 노무를 제공하면 사장도 종사자에 해당한다.

대가를 목적으로 노무를 제공한다면 어디(누구)에 소속되어 있든 그리고 어떤 계약의 형식을 취하든(노무제공형태에 관계없이) 종사자에 해당된다. 이때 계약은 계약 쌍방 간의 의사 합치만으로 성립하며 계약서 등 다른 절차는 요구되지 않는다(낙성 불요식 계약).

나목의 자와 다목의 자는 일부 중복된다. 수급인이 1인 사업자 또는 특수형태근로종사자로서 직접 노무를 제공하는 위치에 있으면, 나목의 '노무를 제공하는 자'에 포함되기도 하고 다목의 '각 단계의 수급인'에도 해당되

기 때문이다.

종사자 중 1인 사업사와 (산업재해보상보험법 적용대상인) 15개 직종 특수형태근로종사자 외의 특수형태근로종사자, 노무제공을 하는 사장 등은 산업재해보상보험법에 의한 산재보상, 근로기준법에 의한 재해보상의 대상이 아닌데도, 도급, 용역, 위탁 등을 주는 자 측에서 이들에 대해 재해예방조치를 해야 하는 제도적 부조화가 발생하고 있다.

중대재해처벌법이 산업안전보건법보다 강한 처벌을 규정하고 있음에도 그 보호(적용) 대상은 오히려 산업안전보건법보다 훨씬 넓음에 유의할 필요가 있다. 수범자의 입장에서 볼 때 중대재해처벌법의 보호 대상은 산업안전보건법의 주된 보호 대상[116]인 근로자(사용종속성이 강하다)보다 보호 필요성(당위성)에 있어 상대적으로 약한 1인 사업자, 모든 직종 특수형태근로종사자(사용종속성이 없거나 약하다), 노무를 제공하는 사장까지를 포함하고 있다. 즉, 죄질, (사회적) 비난가능성으로 볼 때 중대재해처벌법 위반죄가 산업안전보건법 위반죄보다 더 크다고 할 수 없음에도 처벌수준이 오히려 훨씬 더 높은 것은 책임과 형벌 간의 비례성 원칙(죄형균형의 원칙)과 평등의 원칙에 위배되는 측면이 크다.[117] 그리고 중대재해처벌법에서 산업안전보건법의 법정형보다 가중된 처벌을 규정하고자 할 때에는

116) 현재 산업안전보건법의 보호 대상은 근로자(관계수급인의 근로자를 포함한다), 14개 직종 특수형태근로종사자(특수형태근로종사자 중 산업재해보상보험법 적용 대상은 산업안전보건법 적용 대상보다 넓게 설정되어 있다), 현장실습생, 배달종사자, 가맹점사업자로 한정되어 있다. 근로자가 주된 보호 대상이고 다른 사람은 보호 대상이지만 적용되는 규정이 매우 한정되어 있다.

117) 헌법재판소 2019.2.28. 2006헌가13 결정 ; 헌법재판소 2015.9.24. 2015헌가17 결정 ; 헌법재판소 2015.2.26. 2014헌가16 · 19 · 23(병합) 결정 ; 헌법재판소 2014.4.24. 2011헌바2 결정 ; 헌법재판소 2004.12.16. 2003헌가12 결정 ; 헌법재판소 2003.11.27. 2002헌바24 결정 등 참조.

충분한 규범적 근거가 있어야 함에도 이를 두고 있지 않은 것은 형벌체계상의 정당성과 균형을 상실하여 평등의 원칙, 과잉입법금지의 원칙에 위배된다고 할 수 있다.

부연하자면, 산업안전보건법에는 중대재해처벌법에서 규정하고 있는 의무와 동일하거나 유사한 의무(안전보건관리체제 구축·운영, 재해 발생 시 재발방지 대책의 수립, 개선·시정명령의 이행 등)가 이미 규정되어 있는바, 산업안전보건법상의 의무의 대부분이 근로자인 자(관계수급인의 근로자를 포함한다)를 보호 대상으로 하고 있는 반면에,[118] 중대재해처벌법은 자사(自社) 근로자 외에 소속, 노무제공형태에 관계없이[수범자의 입장에서 보호 필요성(당위성)이 상대적으로 적은] 모든 노무제공자(1인 사업자, 사장, 모든 특수형태근로종사자를 포함한다)를 보호 대상으로 하면서(보호 대상을 산업안전보건법보다 대폭적으로 확장하면서) 처벌수준에 있어서는 산업안전보건법보다 오히려 훨씬 강하게 규정하고 있는 것은 형벌체계상의 정당성과 균형을 상실한 것으로서 평등의 원칙 및 과잉입법금지의 원칙 등에 반한다고 할 수 있다.

(2) 계약(관계)의 존재 필요성 여부

중대재해처벌법의 보호 대상인 종사자에 해당하는지 여부는 노무를 제공하는 자가 누구와 계약관계에 있는지(어느 회사 소속인지)와는 아무런 관계가 없다. 누구를 대상으로 하든 어떤 사업의 수행을 위하여 대가를 목적으로 노무를 제공하는 사실만 있으면 누구나 다 중대재해처벌법상의 종

118) 근로자 신분이 아닌 일부 특수형태근로종사자, 현장실습생, 배달종사자, 가맹점사업자가 산업안전보건법의 보호 대상으로 규정되어 있지만, 보호범위는 일부 조항으로 한정되어 있다.

사자가 된다. 다시 말해서, 노무를 제공하는 자가 노무가 제공되는 장소(사업장)를 실질적으로 지배 · 운영 · 관리하는 자와 계약관계가 존재하지 않더라도 그리고 근로자 신분이 아니더라도(1인 사업자이든 사장이든 특수형태근로종사자이든), 누군가를 위하여 대가를 목적으로 노무를 제공하기만 하면 중대재해처벌법상의 보호 대상인 종사자가 되는 것이다.

예컨대 감리단장이 시공사와 근로계약을 체결하지 않고 감리업체와 근로계약을 체결했다고 하더라도, 즉 감리단장이 시공사 소속 근로자가 아니더라도, 그가 일정한 사업의 수행을 위하여 대가를 목적으로 노무를 제공하는 자에 해당한다면 중대재해처벌법상 종사자의 지위를 충족한다는 사실에 아무런 영향을 주지 않는다.

중대재해처벌법의 규정에 따르면, 노무를 제공하는 자의 신분이 무엇이든(근로자 여부와 관계없이), 누구와 어느 계약을 체결했든[노무제공이 이루어지는 사업 또는 사업장(장소)를 실질적으로 지배 · 운영 · 관리하는 자와 계약이 존재하지 않더라도], 노무제공이 이루어지는 장소를 실질적으로 지배 · 운영 · 관리하는 자가 노무를 제공하는 자에 대해 안전보건조치를 취해야 한다. 따라서 노무제공자와 노무가 제공되는 곳을 실질적으로 지배 · 운영 · 관리하는 자 간에 계약관계가 성립하지 않더라도, 즉 노무제공자가 노무를 제공하는 곳을 실질적으로 지배 · 운영 · 관리하는 자와 계약을 체결하지 않았더라도, 노무가 제공되는 곳을 실질적으로 지배 · 운영 · 관리하는 자는 노무제공자에게 중대재해처벌법상의 안전보건확보조치를 이행할 의무가 있는 것으로 해석된다.

이 경우 누가 사업 또는 사업장(시설, 장비, 장소 등)을 실질적으로 지배 · 운영 · 관리하는 자에 해당하는지를 특정하는 문제는 별도로 판단되어야 한다. 이 문제는 노무제공자가 중대재해처벌법상의 보호(적용) 대상에 해당하는지의 문제와는 관계가 없다. 즉, 이 문제는 노무제공자가 중대재해처벌법상의 보호 대상이 된다는 점에는 아무런 영향을 줄 수 없다.

예를 들면, 원수급인(원청업체)과 하수급인(하청업체)의 근로자(또는 재하수급인으로부터 노무제공을 의뢰받는 개인사업자) 간에는 계약관계가 존재하지 않는데도 원수급인이 노무가 제공되는 장소를 실질적으로 지배·운영·관리하는 경우, 원수급인은 노무제공자인 해당 하수급인에 대해 중대재해처벌법상의 안전보건확보의무를 이행하여야 하는 것으로 해석되고 있는 것을 보더라도, 계약관계의 존재 여부는 중대재해처벌법의 보호 대상인 종사자 해당 여부를 판단하는 데 영향을 미치지 않는다는 것을 알 수 있다. 중대재해처벌법은 규정 어디에서도 의무주체와의 계약(관계)의 존재를 전제하거나 요구하고 있지 않다.

이는 중대재해처벌법이 장소를 실질적으로 지배·운영·관리하는 자는 그 장소에서 노무를 제공하는 자가 누구이든 간에(노무제공자의 신분과 소속에 관계없이, 장소를 실질적으로 지배·운영·관리하는 자와의 계약의 존재 여부에 관계없이) 이들에 대해 안전보건확보조치를 할 것을 의도하고 있기 때문이다. 즉, 중대재해처벌법의 보호(적용) 대상은 노무를 제공하는 자와 노무가 제공되는 장소를 실질적으로 지배·운영·관리하는 자 간의 계약(관계)의 존재를 전제로 하지 않는다.

환언하면, 중대재해처벌법의 적용을 피재자와 사업자(장소를 실질적으로 지배·운영·관리하는 자) 간의 계약관계의 존재를 전제로 하면, 사업자와 계약관계에 있지 않은 수많은 사람들이 사업자의 시설, 장비 등에 대한 안전관리의 잘못에 기인하는 중대재해 등에 무방비로 노출될 수 있게 되고, 나아가 사업자와 계약관계가 없는 사람들이 사업자가 지배·운영·관리하는 장소에서의 안전관리 부실로 사망재해 등을 입더라도 계약의 부존재를 이유로 해당 사업자에게 책임을 물을 수 없게 되는 불합리한 일이 생기게 된다.

중대재해처벌법의 보호(적용) 대상을 계약관계의 존재를 전제로 한정하고자 했다면 입법자는 그 내용을 법문에 어떠한 형태로든 규정하였을 것이다. 입법자는 이를 의도하지 않았기 때문에 이 문언을 규정하지 않은 것이라고 보아야 한다. 장소를 실질적으로 지배・운영・관리하는 자가 시설, 장비 등에 대한 안전관리를 불량하게 하여 그와 계약관계에 있지 않은 자(예 : 재하청업체의 근로자)가 중대재해를 입은 경우, 그에게 안전보건확보의무를 부과하고 있지 않거나 책임을 묻을 수 없다고 중대재해처벌법을 해석한다면, 이는 중대재해처벌법의 문언과 목적에 비추어 볼 때 법적 근거 없는 자의적 해석이라고 할 수 있다.

종사자에 대한 정의 규정에 있는 "계약의 형식에 관계없이"라는 문구(법 제2조 제7호 나목)는 '계약이 존재하는 경우'에 계약의 형식을 불문한다는 의미인바, 이 문구가 '계약의 존재'를 전제하는 것으로 보는 것은 잘못된 해석이다.

칼럼 '위험의 외주화' 프레임에 갇힌 도급규제[119]

"선의에 찬 우행(愚行)은 악행으로 통한다." 소위 '위험의 외주화' 문제 역시 차가운 머리 없이 따뜻한 가슴만으로는 해결되기 어렵다. 하물며 따뜻한 가슴마저 없다면 문제해결은커녕 상황을 오히려 악화시킬 거라는 점은 쉽게 예상할 수 있다.

사고가 발생하면 정부는 실효성은 따지지 않고 무작정 처벌과 규제를 강화하는 입법과 정책을 남발하곤 한다. 그 과정에서 취약한 부문의 멀쩡한 규제를 해제시키는 어처구니없는 실수도 다반사로 저지르고 있다. 이에 대해 하청 근로자의 안전을 위한 조치라는 명분 프레이밍을 하지만 보여주기용 술수라고 느끼는 것은 필자만은 아닐 것이다.

하청 근로자의 재해가 다발하는 본질적 원인이 어디에 있는지를 찾아 근본적인 문제를 해결하려고 하기보다는 프레임을 씌우기에 바쁘다. 재해에 미봉적으로 대응하는 근시안과 대중영합주의가 결합된 정치적 제스처이기도 하다. 문제는 실질적 효과보다는 상징적 효과를 기대하는 수단에 의존하면 할수록 본질적인 해결책에서는 그만큼 멀어진다는 점이다.

국제적으로는 외주화 자체가 나쁜 것이 아니라 안전관리의 불량이 나쁜 것이라는 것이 상식이다. 외주화에 따른 위험이 크면 이를 고려하여 합리적으로 규제하면 된다. 안전관리가 불량하면 하청이든 원청이든 가리지 않고 재해로 이어질 수 있다. 외주화를 하지 않는다고 문제가 해결되는 것이 아니다. 하청 근로자가 입던 재해가 원청 근로자의 재해로 회귀할 뿐이다.

한 조직 내에서도 각 계층과 부서의 안전에 대한 역할과 책임을 명확

119) 정진우, 에너지경제, 2021.4.28.

히 설정하는 것은 안전관리의 기본요건이다. 원청과 하청의 관계라 하더라도 이런 원리를 무시하면서 둘 간의 역할·책임을 구분하지 않고 원청에 동일한 의무를 부과하면 하청 근로자에 대한 보호기제가 제대로 작동될 리 만무하다. 그런데도 안전법제는 이런 상식을 외면하고 있다. 원청이 크니까 막무가내로 원청이 다 하라는 식이다. 하청의 자율적 책임을 신장하거나 북돋는 법정책은 발견할 수 없다. 위험의 외주화 프레임에서 한 발짝도 나아가지 못하고 있는 것이다.

산업현장에선 도급안전규제가 누더기가 된 채 장식용으로 전락되어 있다는 시각이 팽배하다. 관념적 이념과 생색내기만 보일 뿐이다. 정교하고 세련되지 못한 도급안전규제로는 빈수레처럼 요란하기만 할 뿐 재해예방 효과를 거두지 못한다. 원청에 그 누구도 준수할 수 없는 비현실적 기준을 들이대면서 무엇을 어디서부터 어디까지 해야 하는지를 알려주지 못하고 있다. 그러다 보니 현장에서는 준수하는 척만 하거나 준수를 아예 포기하고 있다. 정부만 이런 현실을 모르고 있는 것 같다. 아니 현실을 애써 무시하고 있다. 그러다 보니 도급안전규제의 실효성을 높이려는 시도조차 하지 않는다. 무책임 행정의 표본을 보는 듯하다.

외주화 문제에서는 원청에 대한 처벌과 규제를 강화하는 것이 진보이자 정의인 것처럼 생각하는 얼치기 전문가들이 넘쳐난다. 이 문제를 해결할 실력과 진정성이 없는 정부는 자신들의 입맛에 맞게 떠들어 주는 사이비 전문가들이 고마울 따름이다.

도급이 무조건 나쁘다는 시각은 단선적인 접근이다. 현실을 직시하자. 도급을 금지한다고 해서 그 작업이 사라지는가. 원청이든 하청이든 누군가는 그 작업을 하게 되어 있다. 누가 하든 위험작업을 안전하게 관리하는 것이 중요하지, 위험한 부분이 있으니 하청이 하면 안 되고 원청이 직접 해야 한다는 식의 관점은 흑백논리이다. 이념과 허세가 사실을 이길 수는 없다.

이 정권의 도급안전규제는 애당초 도급을 주는 사람을 적대시하고 응징의 대상으로 삼을 뿐 재해예방 효과에는 도무지 관심이 없다. 도급에 따른 재해위험의 약한 고리가 어디인지에 대한 분석보다는 거친 규제를 쏟아내는 것으로 자신의 존재감을 드러내기에 바쁘다.

도급안전규제! 더이상 내지르는 식의 접근은 안 된다. 무능도 문제이지만 위선은 더 큰 문제이다. 이제라도 도급안전규제의 잘못과 허술함을 솔직하게 인정하고 실사구시의 접근을 해야 한다. 세월호 사고를 배경으로 탄생한 정부가 안전법제를 뒤틀리게 한 정부로 역사에 기록되는 일은 없어야 하지 않겠는가.

아. 사업주(법 제2조 제8호)

해당 조문

"사업주"란 자신의 사업을 영위하는 자, 타인의 노무를 제공받아 사업을 하는 자를 말한다.

사업주에 대해서는 법 제2조 제8호에서의 용어정의와 별도로 법 제3조(적용범위)에서 사업주에 대해 "개인사업주에 한정한다. 이하 같다."고 규정하고 있어 이곳에서의 사업주에 대한 용어정의는 사실상 아무런 의미가 없다. 이 법이 얼마나 졸속으로 제정되었는지를 나타내는 한 부분이라고 할 수 있다.

자. 경영책임자 등(법 제2조 제9호)

해당 조문

가. 사업을 대표하고 사업을 총괄하는 권한과 책임이 있는 사람 또는 이에 준하여 안전보건에 관한 업무를 담당하는 사람
나. 중앙행정기관의 장, 지방자치단체의 장, 지방공기업법에 따른 지방공기업의 장, 공공기관의 운영에 관한 법률 제4조부터 제6조까지의 규정에 따라 지정된 공공기관의 장

(1) 위상

중대재해처벌법상의 경영책임자 등(이하 '경영책임자'라 한다)의 의무이행의 경우 보조자를 이용하는 것은 가능하지만, 경영책임자의 개념에 포함되지 않는 다른 자(종업원)에게는 위임하는 것이 허용되지 않는다고 해석된다. 본법이 경영책임자라는 특정의 지위에 있는 자에게 특정의 의무를 부과하는 것을 목적으로 하고 있고, 산업안전보건법의 양벌규정과 같이 경영책임자 외에 다른 자를 행위자로 예정하고 있는 것도 아니기 때문이다. 따라서 중대재해처벌법상의 각종 의무는 경영책임자가 이행의 주체가 되어야 하므로, 경영책임자가 아닌 자(보조자)의 의무이행은 경영책임자의 의무이행으로 간주되지 않는다. 경영책임자가 이 법의 의무[120]를 이행하였다고 인정받기 위해서는 최소한 경영책임자의 결재(행위)가 있어야 한다. 보고를 받는 것만으로는 경영책임자가 의무를 이행하였다고 보기 어렵다는 점을 염두에 누어야 한다.

120) 구체적으로는 중대재해처벌법 제4조, 제5조, 제9조 및 같은 법 시행령 제4조, 제5조 및 제8~11조에 규정된 의무를 가리킨다.

한편, 중대재해처벌법은 경영책임자라는 대표이사 등 (경영진에 해당하는) 특정의 자만을 선험적으로 의무주체 및 처벌 대상으로 삼고 있다는 점에서[121] 국내외 통틀어 그 유례를 찾아볼 수 없는 법임에 유의해야 한다.[122), 123)]

통상적으로 기업 등 조직을 대상으로 의무를 부과하고 있는 법의 의무이행은 누구에 의해서든(1인에 의해 또는 복수의 자에 의해) 어떠한 방법으로든[직접적으로 또는 간접적으로(위임과 지휘・감독)] 법의 의도와 취지에 따라 충실하게 이루어지는 것을 요구하고 있다. 그런데 계획수립, 절차・기준・매뉴얼 마련, 점검 등의 조치를 특정의 사람(경영책임자)에게 총괄관리가 아닌 직접적인 행위에 의해서만 이행되도록 하는 것은 보고, 결재 중심의 서류작업(Paperwork)이 목적이 되어 버리는 부작용이 조장될 수 있다.[124]

---

121) 경영책임자의 지위에 있지 않은 관리감독자는 중대재해처벌법의 의무를 직접적으로 부담하지는 않지만, 중대재해처벌법의 의무가 업무상과실치사상죄의 주의의무에 포섭되는 방식으로 중대재해처벌법의 의무를 간접적으로는 부담한다고 볼 수도 있다.

122) 사업장 안전보건업무의 종합적 성격, 다른 업무와의 유기적 연계성 등을 감안할 때 사업장 안전보건에 대한 책임, 그것도 형사책임을 특정의 자에게만 묻는 것은 비교법적으로 유사한 입법례가 없다.

123) 예를 들면, 근로기준법은 의무주체인 사용자에 대해 "사업주 또는 사업 경영 담당자, 그 밖에 근로자에 관한 사항에 대하여 사업주를 위하여 행위하는 자를 말한다."라고 광범위하게 정하고 있고(제2조 제2호), 호주의 모델 산업안전보건법[Model Work Health and Safety Bill(2022)] 역시 의무주체 중 하나인 'officer'에 대해 특정의 자로 한정하지 않고 Corporation Act 2001 section 9[Part 1.2-Interpretation Division 1-General 9(Dictionary)]를 차용하여 'i) 법인의 이사, ii) 법인의 사업의 전체 혹은 중요부분에 영향을 주는 결정을 하거나 그러한 결정에 참여하는 사람, iii) 법인의 재정상태에 상당히 영향을 미치는 지위에 있는 사람 등'이라고 폭넓게 정의하고 있으며, 영국의 법인과실치사법에서 사실상 의무주체에 해당하는 'senior management'도 특정의 자를 가리키는 것이 아니라 i) 사업활동의 전체 또는 중요부분이 관리 또는 조직되는 방식에 대한 의사결정, 또는 ii) 사업활동의 전체 또는 중요부분에 대한 실제의 관리 또는 조직화에서 중요한 역할을 하는 사람들을 의미한다(1(4)(c)). 즉, officer, senior management 모두 많은 임원들(directors)을 포함하고 있다.

124) 중대재해처벌법상의 의무는 대부분 서류 구비만으로도 면책될 수 있어 웬만큼 서류작성능력이

조직의 안전보건조치의무 이행은 일반적으로 위임과 지휘·감독, 관리자들에 의한 협의·합의(공동)결정 등 다양한 방식과 다양한 계층·부서의 복수 구성원에 의해 이루어지는 것이 합리적이고 효과적이다. 중대재해처벌법에 규정된 대부분의 안전보건조치의무도 경영책임자만에 의해서는 온전히 이행될 수 없고 조직의 여러 구성원에 의한 협동적 노력을 통해 비로소 이행될 수 있는 경우가 적지 않다(예 : 재해 발생 시 재발방지 대책의 수립에 관한 조치, 유해·위험요인의 확인·개선 점검 후 필요한 조치, 안전보건관리책임자, 관리감독자 등 평가·관리). 따라서 중대재해처벌법에서 경영책임자만을 의무주체로 설정하고 있는 것은 조직의 위임원리뿐만 아니라 안전원리에도 부합하지 않는다.

(2) 개념

경영책임자 개념 규정은 기업에서의 안전보건부서의 위상과 역할 또는 안전보건부서와 현업부서·기타 부서의 관계에 대한 몰이해에서 비롯된 잘못된 규정이다. 법안 심의 과정에서 국회 법제사법위원회 법안심사소위원회 위원들과 고용노동부 등 행정기관이 안전의 기초원리와 기업에서의 안전의 이행 메커니즘을 이해하지 못한 상태에서 기업의 안전보건업무는 안전보건부서가 권한과 책임을 가지고 있다는 막연한 생각에 기초하여 "안전보건을 담당하는 사람"이라는 문구가 들어가게 되었다.[125)]

있는 중견기업 이상이 경우는 중대재해가 발생하더라도 실제 처벌까지 가는 사례는 드물 것으로 판단된다.

125) "이에 준하여 안전보건을 담당하는 사람"이라는 안전원리에 맞지 않는 불합리한 문구로 정해진 원인을 일차적으로 제공한 것은 국회 법제사법위원회 법안심사소위원회 심의과정에서 관련부처 의견으로서 '또는 안전담당이사'라는 문구를 제시한 고용노동부이다. 고용노동부의 이러한 의견은 기업의 안전보건업무에 대해 지원부서(참모조직)인 '안전보건부서'가 주된 권한과 책임

중대재해처벌법상의 경영책임자의 개념은 '사업을 대표하고 사업을 총괄하는 권한과 책임이 있는 사람'(전자)[126]과 '이에 준하여 안전보건에 관한 업무를 담당하는 사람'(후자)으로 구분된다. 전자인 경영책임자는 본법에서 정하는 안전보건에 관한 의무를 후자인 경영책임자에게만 유일하게 위임할 수 있다.

한편, 후자는 전자로부터 본법상의 의무를 위임받는지 여부에 관계없이 본법에서 말하는 경영책임자의 자격을 충족한다. 법문에서 그 내용의 타당성을 떠나 '또는'으로 규정하여 전자에 해당하는 자와 후자에 해당하는 자가 선택적으로 경영책임자가 될 수 있다고 명문으로 규정하고 있기 때문이다. '또는'의 사전적 의미가 앞 내용이거나 뒤 내용임을 나타낼 때 쓰여 앞뒤 어구를 이어 주는 말로서 '그렇지 않으면'의 뜻을 나타내는 점을 감안할 때, 전자와 후자는 당연히 선택적 관계에 있다고 해석해야 할 것이다.[127]

중대재해처벌법상의 형사책임은 경영책임자로 합법적으로 설정된 자, 즉 의무주체의 의무이행 위반에 대한 '개별행위책임'으로 파악해야 한다.[128] 따라서 기관(법인) 내부적으로 경영책임자로 설정되어 있지 않은 대표(이사)가 단지 그 지위에 있다는 이유만으로 의무이행 위반에 대한 형사책임

을 가지고 있다는 잘못된 생각에 기초한 것이다.

126) 정부는 전자에 대하여 "형식상의 직위나 명칭에 관계없이 '실질적으로' 사업을 대표하고 사업을 총괄하는 권한과 책임이 있는 사람이 안전보건 확보의무 이행에 관한 최종적인 의사결정권을 가진다고 볼 수 있는 경우에는 그가 경영책임자에 해당할 수 있음"이라고 설명하고 있는바(고용노동부, 중대재해처벌법 - 중대산업재해 관련 -, 2021.11.17, 22쪽 ; 대검찰청, 중대재해처벌법 벌칙해설, 2022.1, 96~97쪽), 여기에는 법문 어디에도 없는 '실질적으로'라는 표현을 사용하고 있음에 유의해야 한다.

127) 입법자의 의도 또한 전자와 후자가 선택적 관계를 의미한다는 것은 제383회 국회 법제사법위원회 법안심사제1소위원회 제5차 회의록(57~59쪽)을 통해서도 분명히 알 수 있다.

128) 형법에서는 항상 '개별행위책임의 원칙'이 지배한다.

을 지는 것으로 파악해서는 안 된다. 중대재해처벌법상의 예방의무의 이행은 그 성격상 경영책임자의 자격에 해당될 수 있는 어느 누군가(후자에 해당하는 자를 포함한다)에 의해 이루어지면 되는 것이고 또 그렇게 이루어질 수 있도록 엄연히 규정되어 있음에도 불구하고, 대표(이사)가 경영책임자에 무조건 또는 반드시 포함되어야 한다고 보는 것은 자의적이고 불합리한 해석이라고 하지 않을 수 없다.

죄형법정주의의 원칙에 비추어 형벌법규의 해석·적용은 엄격해야 하고, 더욱이 행위자에게 불이익하게 해석하는 것은 허용되지 아니한다. 즉, 문언의 가능한 의미를 벗어나 피고인에게 불리한 방향으로 유추해석(적용)하거나 지나치게 확장해석하는 것은 죄형법정주의의 원칙에 따라 결코 허용될 수 없기(엄격히 금지되기) 때문에,[129] 선택적 의미가 명백한 전자와 후자를 선택적 관계가 아닌 다른 관계로 해석할 수는 없다고 보아야 한다. 법률의 입법취지와 목적, 입법연혁 등을 고려한 목적론적 해석이 배제되는 것은 아니지만, 그것도 어디까지나 법률 문언의 통상적인 의미를 벗어나지 않는 한도 내에서 가능한 것이다.[130] 언어의 가능한 의미를 넘는 해석은 국민의 법률에 대한 예측가능성을 보장할 수 없을 뿐만 아니라 형법해석에서는 결코 허용될 수 없다. 언어의 가능한 의미를 넘는 법해석은 '법창조'에 해당하는 것이므로 '입법'이 해결하여야 할 사항이지 '해석'이 감당할 일은 아니다.

---

129) 대법원 2007.6.29. 2006도4582 판결 ; 2004.2.27. 2003도6535 판결 참조. 형법의 경우에는 문언의 가능한 의미를 넘는 해석은 국민의 법률에 대한 예측가능성을 보장할 수 없을 뿐만 아니라 형법 해석에서는 결코 허용될 수 없는 법창조이며 유추라고 하지 않을 수 없다. 따라서 언어의 가능한 의미를 넘는 법해석은 입법이 해결하여야 할 사항이며, 형법해석학이 감당할 수 없는 일이다(이재상 · 장영민 · 강동범, 『형법총론(제11판)』, 박영사, 2022, 35쪽).

130) 대법원 2018.7.24. 2018도3443 판결 ; 대법원 2003.1.10. 2002도2363 판결.

따라서 전자가 이 법에서 정하는 의무를 후자에게 위임함과 아울러 권한을 부여하는 등 실질적으로 위임을 한다면, 후자가 중대재해처벌법상의 경영책임자가 되는 것이고, 전자를 더 이상 경영책임자로 볼 근거는 없으므로, 전자는 이 법상의 실행(자)책임에서 벗어날 수 있을 것이다. 물론 위임하지 않거나 위임만 하고 권한을 부여하지 않으면, 전자가 해당 의무를 이행해야 할 주체이자 위반 시 형벌의 책임주체(정범)가 되는 것으로 해석된다.

전자에 해당하는 사람은 공동의 대표(이사) 체제[131]가 아닌 한 한 명으로 해석될 가능성이 크고,[132] 후자에 해당하는 사람은 복수의 사람이 될 수도 있다. 전자는 한 명 또는 여러 명의 후자에게 업무(권한)를 위임할 수 있다. 후자의 경우 반드시 한 명만이 해당되어야 한다고 볼 이유는 전혀 없다. 구체적으로 말하면, '이에 준하여[133] 안전보건에 관한 업무를 담당하는 사람'은, 예컨대 대표이사로부터 안전보건에 관한 업무위임과 권한을 부여받은 한 명의 차상위자(부사장) 또는 복수의 차상위자(예 : 여러 명의 부사장이 있는 경우)를 가리킨다. 즉, '이에 준하여 안전보건에 관한 업무를 담당하는 사람'은 반드시 한 명일 필요는 없고 복수가 될 수도 있다. 그러나 차차상위자는 이에 '준하는' 자라고 보기는 어려울 것으로 판단된다.

경영책임자에 해당하는 자는 전자이든 후자이든 단독으로 중대재해처

---

131) 대규모 회사나 단체에 따라서는 대표(이사)가 2명 이상으로 되어 있는 경우도 적지 않다. 이런 경우에는 전자의 경영책임자 개념에 "안전보건에 관한 업무를 담당하는"이라는 수식어가 붙어 있지 않기 때문에, 전자에 해당하는 경영책임자(사업을 대표하고 사업을 총괄하는 권한과 책임이 있는 사람)부터가 여러 명이 될 수 있다. 이 경우 복수의 대표(경영책임자)가 업무영역을 구분하여 분담할 수도 있을 것이다.

132) 상법상의 회사의 경우, 전자는 반드시 대표이사만 해당하는 것은 아니고 회장이 해당될 수도 있다.

133) '이에 준하여'는 형벌조항의 구성요건으로서는 모호하고 막연한 개념인 관계로 그 적용범위(해당하는 자)가 법 집행기관의 자의적 판단에 맡겨져 있어 죄형법정주의의 명확성원칙에 위배될 소지가 있다.

벌법 각 조에서 정하는 사항에 관한 현실의 행위자(실질적인 책임자)이고, 그가 각 조 위반의 책임주체(형벌의 책임주체)가 된다. 즉, 법인 또는 기관 내부의 실질적 위임관계에 따라 후자에 해당하는 자가 얼마든지 단독으로 중대재해처벌법 각 조에서 정하는 의무에 대한 실질적 권한을 가지는 자(실질적 책임자)에 해당될 수 있고, 후자의 실질적 책임자 해당 여부에 관계없이 전자가 경영책임자에 상수(常數)로 포함되는 것은 아니다. 후자는 전자에 준하는 자이고 안전보건에 관한 업무를 담당하는 사람으로서 이 법령상의 의무를 이행하면 이 법상의 경영책임자의 자격으로 충분하다.

근로기준법에서도 의무주체인 사용자에 해당하는 자로서 세 부류가 '또는'의 형식으로 규정되어 있는데(사업주 또는 사업 경영 담당자, 그 밖에 근로자에 관한 사항에 대하여 사업주를 위하여 행위하는 자), 이들 간의 관계가 선택적 관계라는 점에 대해서는 의문의 여지없이 받아들여지고 있는 점을 참고할 필요가 있다.[134)]

한편, 중앙행정기관, 지방자치단체, 지방공기업, 공공기관(공기업, 준정부기관, 기타 공공기관)의 경우 제2조 제9호 가목과 나목의 규정 모두 해당될 수 있지만, 공공기관의 입장에서는 가목과 나목이 상호 중복·저촉되는 관계(일반규정과 특별규정의 관계)에 있으므로, 공공기관은 특별법(규정) 우선의 원칙에 따라 나목이 적용되어 '기관의 장'만이 경영책임자에 해당한다고 보아야 할 것이다. 다만, 일반적인 의미에서는 공공기관에 해당하더라

134) 근로기준법은 의무주체인 사용자에 대해 "사업주 또는 사업 경영 담당자, 그 밖에 근로자에 관한 사항에 대하여 사업주를 위하여 행위하는 자를 말한다."로 정의하고 있는바(제2조 제2호), i) 사업주, ii) 사업 경영 담당자, iii) 그 밖에 근로자에 관한 사항에 대하여 사업주를 위하여 행위하는 자가 상호 간에 선택적 관계라는 점에 대해서는 논란이 없다. 즉, 근로기준법 각 조에서 정하는 의무주체는 현실의 행위자(실질적 책임자)로 해석되고 있으며, 법인 내부의 실질적 위임관계를 묻지 않고 사업주나 경영책임자가 상수로 의무주체(사용자)에 포함되는 것으로 해석되지 않는다.

도, 「공공기관의 운영에 관한 법률」 제4조부터 제6조까지의 규정에 따라 지정된 공공기관이 아닌 경우에는[예 : 국립대법인(서울대학교, 인천대학교), 과학기술원(KAIST, GIST, DGIST, UNIST) 등] 가목이 적용된다.

(3) 정부 해석의 문제점

법문에서 "또는"이라는 표현을 통해 명시적으로 전자와 후자가 선택적으로 경영책임자가 될 수 있는 것으로 규정하고 있음에도 불구하고 정부에서는 언어의 일상적인 사용례를 무시하고 후자로의 위임 여부에 관계없이 전자와 후자는 선택적 관계를 규정한 것이 아니고, 후자가 있더라도[대표(이사)의 권한을 위임받아 안전보건에 관한 업무를 담당하는 사람이 있더라도] 전자가 경영책임자로서의 책임에서 면책되는 것은 아니라고 자의적인 해석을 하고 있다.[135] 이러한 해석은 '문언의 가능한 의미 내'라고 하는 한계선을 넘어 범죄구성요건을 유추적용하는 것과 같은 결과가 초래되므로 죄형법정주의의 파생원칙인 유추해석(적용)금지의 원칙에 정면으로 위배되는 불합리한 해석이자 엄격해석을 원칙으로 하는 형벌법규의 해석 원칙에 맞지 않는 해석으로서 허용될 수 없다.[136], [137]

---

135) 고용노동부, 중대재해처벌법 시행령 제정안 주요내용 설명자료, 2021.7, 12쪽. 대검찰청도 공식입장은 아니지만 변호사의 글을 인용하는 형식으로 '또는'을 아무런 논리적 근거를 제시하지 않은 채 전자와 후자 모두 안전보건확보의무의 주체로서 의무불이행의 책임을 진다고 해석함이 상당하다고 설명하고 있다(대검찰청, 중대재해처벌법 벌칙해설, 2022.1, 100쪽). 대검찰청의 해설자료는 전반적으로 대검찰청의 독자적인 견해는 사실상 거의 없고 고용노동부 등 관계부처와 안전관계법의 전문가라고 할 수 없는 외부 법률가의 글을 그대로 옮겨 놓은 것에 불과하다. 그렇다 보니 대검찰청 스스로도 '알림'을 통해 해설자료에서의 평가나 주장 등이 공식입장이 아니라고 밝히고 있다.

136) 법해석은 법개념 또는 법규범의 의미내용을 분명히 하고자 하는 것이므로 문언적 의미라고 하는 한계를 벗어나서는 안 된다. 법문의 외연을 확장하고 법의 흠결을 충전하는 것은 '법형성'이고 '법창조'이자 일종의 '입법'에 속하는 것으로서 법해석의 범위를 뛰어넘는 것이고, 죄형법정

정부는 후자가 경영책임자가 되기 위한 요건으로 "사업 또는 사업장 전반의 안전 및 보건에 관한 조직·인력·예산 등에 관하여 대표이사 등 경영책임자에 준하여 총괄하는 권한과 책임을 가지는 등 최종 결정권을 가진 사람을 의미함", "사업 또는 사업장 전반의 안전 및 보건에 관한 조직·인력·예산 등에 관한 총괄 관리 및 최종 의사결정권을 위임받은 경우로 평가받을 수 있는 경우가 아니라면 이에 준하여 안전보건에 관한 업무를 담당하는 사람으로 볼 수 없음"이라고 설명하면서(밑줄은 필자)[138), 139)] 사업 전반의 안전 및 보건에 관한 조직·인력·예산 등에 관하여 '최종 의사결정권'을 가진 사람인 것을 전제하고 있는바,[140)] 안전보건업무와 생산·효율, 품질, 신뢰성,[141)], 인사·기획[142)]업무가 밀접하게 관련되어 있어 양자가 두

주의의 원칙상 금지되는 '유추해석'에 해당하는 것이기도 하다(대법원 1994.12.20. 94모32 전원합의체 판결 참조). 피고인에게 불리한 유추해석(적용)은 엄격히 금지된다.

137) 해석이 올바르게 이루어졌는지를 판단함에 있어 최후에 주목해야 할 척도는 법문언의 의미한계이다. 문리적 해석방법은 법해석의 출발점을 제공하지만 동시에 여타 해석방법에 대하여 최후의 한계로 기능하기도 한다. 해석을 통하여 얻어진 법적 표현의 의미내용은 어떠한 형태로든지 법문언과 조화를 이루지 않으면 안 되기 때문이다(신동운, 『형법총론(제15판)』, 법문사, 2023, 17쪽).

138) 고용노동부, 중대재해처벌법 해설 - 중대산업재해 관련 -, 2021.11.17, 22쪽 ; 대검찰청, 중대재해처벌법 벌칙해설, 2022.1, 99쪽.

139) 중대재해처벌법 시행령 제정안을 입법예고(2021.7.12~2021.8.23)하면서 발표한 설명자료(고용노동부, 중대재해처벌법 시행령 제정안 주요내용 설명자료, 2021.7, 12쪽)에서는 "안전·보건에 관한 예산·조직 인력 등 안전보건체계 구축 등에 '전적인' 권한과 책임을 가지는 등 안전 및 보건 의무 이행에 최종적인 의사결정권을 가진 사람임"이라고 해석한 것과 비교하면, '전적인 권한과 책임'에서 '총괄하는 권한과 책임'으로 표현이 크게 바뀌었다. 이는 고용노동부가 경영책임자 개념에 대해 논리적으로 정확한 이해를 하지 못하고 있음을 방증하는 하나의 예에 해당한다.

140) 후자에 해당하는 자의 자격과 관련해서는 '최종 (의시)결정권'이라는 표현은 중대재해처벌법령 어디에도 규정되어 있지 않다.

141) 고용노동부의 논리대로라면, 설비의 보전업무는 설비의 신뢰성을 확보하기 위한 업무로서 설비 보전부서의 업무이고 좁은 의미의 안전보건업무로 분류되지 않지만 안전보건과 밀접한 관련을 가지고 있는바, 회사[대표(이사)]가 '이에 준하여 안전보건에 관한 업무를 담당하는 사람'에게

부 자르듯이 명확하게 구분할 수 없고 조직 전체를 조망・고려하면서 안전보건에 관한 조직・인력・예산을 결정할 수밖에 없는 경영현실에서 사업 전반의 안전 및 보건에 관한 조직・인력・예산 등에 관한 '최종적인 의사결정권'은 구조적으로 대표(이사)가 불가피하게 가질(행사할) 수밖에 없다. 따라서 후자가 안전보건에 관한 조직・인력・예산에 관한 '최종적인 의사결정권'을 가질 것을 전제하는 것은 후자의 존재 가능성을 사실상 부정하는 것이고,[143] 아니면 대표(이사)의 역할을 부정하는 것이나 진배없으며, 기업의 경영현실과도 많이 동떨어진 해석이기도 하다.[144] 게다가 법규정으로도 법리상으로도 그렇게 해석할 수 있는 아무런 근거가 없다.[145] 이는 어떻게든 전자를 경영책임자의 개념에 끌어들이거나 전자만을 경영책임자로

안전보건에 관한 업무와 권한을 위임한 후 대표(이사)가 설비보전업무에 관한 권한 행사를 한 것에 대해 수임인이 안전보건에 관한 최종적인 의사결정권을 가지고 있지 않은 것으로 해석할 가능성이 있다.

142) 대표(이사)는 직위의 성격상 기업 전체적으로 부서 간 인력배치, 예산배분 등을 하게 되는바, 그렇다면 기업 전체적인 결정이 안전보건에 관한 인력배치, 예산에 영향을 미칠 수밖에 없는 점을 고려할 때, 대표(이사)를 부정하지 않거나 허수아비로 만들지 않는 이상 수임인이 안전보건에 관하여 최종적인 의사결정권을 갖는 것은 현실적으로 존재할 수 없다.

143) 그 결과, 경영책임자에 대한 정의 중 "또는 이에 준하여 안전보건에 관한 업무를 담당하는 사람"이라는 규정을 둔 입법취지가 몰각되어 버린다.

144) 정부는 중대재해처벌법 시행령 제정안을 입법예고(2021.7.12~2021.8.23)하면서 발표한 설명자료(고용노동부, 중대재해처벌법 시행령 제정안 주요내용 설명자료, 2021.7, 12쪽)에서 후자의 요건으로 안전보건체계 구축 등에 전적인 권한과 책임을 가지는 등 안전보건 의무이행에 최종적인 의사결정권을 가진 사람이라고 설명하면서 후자의 대표적인 예로 (이러한 요건을 본질적으로 가질 수 없는) 안전보건담당 임원, 생산담당 대표 등을 들었던 것은 기업의 (안전보건 경영을 포함한) 경영현실에 대한 인식부족에 기인한 모순된 설명이자 경영책임자 개념에 대한 정부의 혼란스러운 입장을 드러내는 것이다.

145) 법문에서는 후자에 대하여 단지 안전보건에 관한 업무를 담당하는 사람으로서 '전자에 준하는 사람'일 것만을 요구하고 있을 뿐이고, 전술한 바와 같이 사업 전반의 안전 및 보건에 관한 조직 · 인력 · 예산 등에 관하여 '최종 결정권을 가진 사람'이어야 한다거나 '최종 의사결정권을 위임받은 경우'이어야 한다는 등의 전제는 법문 어디에서도 요구하고 있지 않다.

보려고 하는 (입법자의 의도가 아닌) 정부의 의도(억지)가 다분한 해석으로서 법문의 가능한 의미범위를 벗어나는 지나친 확대해석(유추해석)에 해당한다. 정부의 이 같은 해석은 법 자체를 엉성하게 만들어 놓고 이를 정비할 생각은 하지 않으면서 자의적 해석으로 어물쩍 넘어가려고 하는 것으로서 기업의 안전보건조직의 구축에 지침을 제공해주기는커녕 도리어 큰 혼란을 부추길 것으로 예상된다.[146), 147)]

경영책임자의 책임과 관련하여 정부에서는 "'이에 준하여 안전보건에 관한 업무를 담당하는 사람'이 선임되어 있다는 사실만으로 사업을 대표하고 사업을 총괄하는 권한과 책임이 있는 사람의 의무가 면제된다고는 할 수 없음"이라고 설명하고 있는바,[148)] 마치 후자의 선임 여부에 관계없이 전자에게 이행의무가 있는 것처럼 해석하고 있다.[149)]

후자가 본법에서 정하는 의무에 대한 현실의 행위자(실질적 권한을 가지고 있는 자)라 하더라도, 전자는 사업주를 대외적으로 대표하는 자의 자격으로서 양벌규정(본법 제7조)에 의해 적정한 안전보건조치가 이행되도

146) 고용노동부 등 중대재해처벌법 관계부처의 해설서는 법령 자체가 아니고 대외적 구속력이 없는 행정부 해설에 불과하다. 따라서 수범자가 참고할 수는 있어도 꼭 지켜야 할 강제성은 없다.

147) 정부, 특히 고용노동부의 해설서에는 법문 어디에서도 근거를 찾을 수 없는 자의적인 설명이 적지 않음에 유의해야 한다. 행정부의 자의적인 법해석은 수사기관의 자의적인 법집행의 도구가 될 뿐 법원에서는 결코 인용되기 어려울 것이다.

148) 고용노동부, 중대재해처벌법 해설 - 중대산업재해 관련 -, 2021.11.17, 23쪽 ; 대검찰청, 중대재해처벌법 벌칙해설, 2022.1, 100쪽.

149) 중대재해처벌법 해설서(고용노동부, 중대재해처벌법 해설 - 중대산업재해 관련 -, 2021.11.17, 22쪽 ; 대검찰청, 중대재해처벌법 벌칙해설, 2022.1, 97쪽)에서 경영책임자의 개념에 대해 "해당 사업에서의 ① 직무, ② 책임과 권한 및 ③ 기업의 의사결정 구조 등을 종합적으로 고려하여 최종적으로 경영책임자 등에 해당하는지를 판단하여야 함"이라는 해설은 경영책임자, 특히 후자인 경영책임자의 개념 · 범위(자격)에 대해 사실상 예측가능한 구체적인 입장이 없고 법률에 기술된 문언에 관계없이 정부가 사후적이고 자의적으로 판단하겠다는 것이나 다름없는 설명으로서 유추해석(적용)금지의 원칙에 위배되는 무책임한 입장이라고 할 수 있다.

록 후자를 지휘명령을 하는 데 있어 상당한 주의감독을 게을리하지 않을 의무가 있지만,[150] 양벌규정에 따라 전자가 후자에 대해 주의감독을 게을리하지 않을 책임이 있다는 이유로, 전자가 경영책임자, 즉 본법상의 현실의 행위자(안전보건확보의무의 직접적인 이행책임자)에 해당한다고 보는 것은 논리적 비약으로서 타당하지 않다.

본법에서 정하는 의무의 사실상의 행위자(실질적인 책임자)에 해당하는 경영책임자의 개념 · 범위(자격)와 양벌규정에 의한 전자의 후자에 대한 주의감독의무는 구분하여(별개로) 논의되어야 한다. 즉, 전자가 후자에 대해 양벌규정에 의해 주의감독을 해야 한다는 사실을 토대로, 후자로의 위임 여부에 관계없이(후자의 경영책임자로서의 자격요건 충족 여부에 관계없이) 전자는 후자와 함께 경영책임자(안전보건확보의 의무주체)의 범주에서 벗어날 수 없다는 주장은 성립하기 어렵다.[151] 즉, 현실의(사실상의) 행위책임과 관리감독책임은 구분되어야 한다.

법인인 '사업주'가 법적 의무주체인 경우에는 사업주의 안전보건조치의무(이행)를 다른 자에게 위임하더라도 위임인인 사업주에게 본연의 법적 의무주체로서 수임인에 대해 위임된 의무의 위반을 방지하도록 주의감독을 게을리하지 않을 의무는 의무의 위임에 동반하여 사업주에게 있다고 보아야 하지만, 애당초 안전보건조치의 이행의무주체가 사업주가 아닌 경영책임자 개인(전자 또는 후자)으로 명확히 선택적으로 규정되어 있는 데다

150) 법인의 경우 사업주는 대표(이사)가 아니라 법인 자체를 가리킨다. 따라서 양벌규정에서의 사업주의 주의감독의무는 대표(이사)에 의해서만 이행되는 것이 아니라 대표(이사)로부터 업무위임을 받은 다른 관리자(상급 · 중급 · 하급관리자) 등에 의해서도 이행되는 것이 통상적이다.

151) 양벌규정에 따른 의무주체인 사업주는 법인의 경우 법인 자체이므로, 법인의 대표(이사)만이 관리감독의무를 이행해야 하는 것은 아니고 최고경영진에 해당하는 다른 자도 관리감독의무를 이행할 수 있다.

가,[152] 전자만이 안전보건확보의 의무주체로 설정되어 있거나 전자가 후자와 공동으로 안전보건확보의 의무주체로 설정되어 있지 않은 중대재해처벌법에서는, 후자의 요건에 부합하는 사람[153]이라면 안전보건확보의 의무주체는 후자가 되고, 전자는 안전보건확보의 의무주체가 아니게 된다.

정부의 주장대로 전자가 후자에게 실질적인 위임을 하더라도 전자에게 대표(이사)로서의 안전보건확보의무가 있는 것처럼 보게 되면,[154] 수임인인 후자는 '최종적인' 의사결정권을 가질 수 없게 되어 정부가 주장하는 경영책임자로서의 요건을 충족하지 못하게 된다. 즉, 정부는 수임인이 경영책임자가 되기 위해선 수임인이 안전보건에 관하여 최종적인 의사결정권을 가져야 한다고 하면서, 다른 한편으로는 전자가 후자에 대해 관리감독을 해야 할 책임이 있다고 하는 상호 모순된 설명을 하고 있다. 전술한 바와 같이 전자[대표(이사)]를 어떻게든 경영책임자로 무리하게 끌어들이려 하다보니 자의적이고 일관성이 없는 법해석을 하고 있는 것으로 보인다. 후자에게 실질적으로 위임했음에도 불구하고 전자에게 여전히 이행책임이 있다는 식의 정부 해석은 '법률의 의사'[155]뿐만 아니라 '입법자의 의사'에 배

152) 산업안전보건법과 같이 사업주(법인기업의 경우 법인 그 자체, 개인기업의 경우 경영자 개인)가 의무주체로 설정되어 있는 경우에는 법인인 사업주가 행위자에 해당하는 법인 구성원에게 업무를 위임하더라도, 위임이 실질적으로 이루어져 있지 않거나 위임에 따른 권한 부여가 제대로 되어 있지 않으면, 사업주를 대표하는 자(전자) 또한 행위자로서 책임을 물을(처벌할) 수 있지만, 중대재해처벌법에서는 애당초 의무주체가 경영책임자 개인으로 설정되어 있어, 전자와 후자 중 후자가 경영책임자로 설정되어 있는 경우에는 위임 또는 권한 부여의 부적절성을 이유로 전자에 대해서까지 행위자로 책임을 묻는(처벌하는) 것은 불가능하다.

153) 전술한 바와 같이 후자는 전자에 준하는 자이고 안전보건에 관한 업무를 담당하는 사람으로서 이 법령상의 의무를 이행하면 이 법상의 경영책임자의 자격으로 충분하다.

154) 고용노동부, 중대재해처벌법 해설 – 중대산업재해 관련 –, 2021.11.17, 23쪽 ; 대검찰청, 중대재해처벌법 벌칙해설, 2022.1, 100쪽.

155) 법률은 의사(意思)를 가질 수 없으므로, '법률의 의사'란 법률문언(법문)의 의미가 될 것이다.

치되는 것이기도 하다.[156)]

의무주체의 설정과 책임주체의 획정은 별개의 문제로 구분하여 보아야 한다. 후자가 경영책임자로 설정되어 있는 경우에도, 전자에 해당하는 대표이사, 회장 등이 경영책임자와 '함께(공동으로)' 의무위반을 하거나(공동정범)[157)], 경영책임자의 의무위반을 교사(교사범) 또는 방조(방조범)하는 경우에는, 전자에 해당하는 자에 대해 (광의의) 공범으로 책임을 물을 수 있을 것이다.[158)] 책임의 문제가 의무주체의 설정 문제에 영향을 미쳐서는 안 된다. 즉, 책임의 문제를 의무주체의 설정 문제에 끌고 들어오는 것은 법리적으로 타당하지 않다.

전자가 경영책임자로 설정되지 않더라도 사업주를 대외적으로 대표하는 위치에 있는 전자에 대해서는 이 법의 양벌규정(제7조)에 의해 사실상 감독상의 책임[159)]을 물을 수 있음에도 불구하고, 후자로의 위임에 관계없이 전자는 무조건적으로 안전보건확보의무의 직접적인 행위주체(이행의무주체)가 될 수밖에 없다고 보는 것은 실정법적 근거가 없거니와 법리적으로도 불합리하다.

(4) 공범 성립 여부

형법 제33조는 공범과 신분이라는 표제하에 "신분이 있어야 성립되는

---

156) 제383회 국회 법제사법위원회 법안심사제1소위원회 제5차 회의록, 57~59쪽.

157) 공범 성립 문제에 대해서는 바로 뒤에서 자세히 설명하기로 한다.

158) 이것은 비신분자인 전자가 신분자인 후자와 '함께(공동으로)' 범죄를 범한 경우에 특별히 공동정범이 성립될 수 있다는 의미이지, 신분자인 후자의 범죄 성립 없이 비신분자인 전자가 단독으로 정범이 될 수 있다는 의미는 아니다.

159) 법상의 의무이행을 충실히 하도록 주의감독하여야 함에도 불구하고 이를 게을리한 경우에 대한 과실책임(법인의 주의감독의무 불이행책임).

범죄에 신분 없는 사람이 가담한 경우에는 그 신분 없는 사람에게도 제30조부터 제32조[160]까지의 규정을 적용한다."고 규정하고 있다. 비신분자(경영책임자가 아닌 자)가 신분자(경영책임자)의 범행에 가담하여 신분 있는 정범이 신분범[161]을 범한 경우에는 비신분자는 신분범의 공범(공동정범, 교사범, 방조범)이 된다.[162] 따라서 경영책임자가 아닌 자(비신분자)가 경영책임자(신분자)의 범행에 가담(공동, 교사, 방조[163])하여 중대재해처벌법 위반죄(신분범)를 범한 경우, 경영책임자가 아닌 자는 중대재해처벌법 위반죄의 공범으로 처벌될 수 있다.

(5) 유사 입법례의 부재

법의 의무주체를 사실상 1인의 경영책임자로 상정하여 규정하고 있는 입법례는 외국에서는 발견되지 않는다. 조직, 특히 대기업의 경우 경영에 관한 사항이 유기적으로 맞물려 있기 때문에 경영에 관한 제반 결정이 일반적으로는 집단적으로 이루어지는 경우가 많고 최고경영자 1인이 전적인 권한과 책임을 가진다고 볼 수 없다.[164] ISO 45001에서도 조직의 top

160) 제30조(공동정범), 제31조(교사범), 제32조(종범).

161) 범죄의 구성요건이 행위의 주체에 일정한 '신분'을 요구하는 범죄.

162) 작위의무 없는 자가 안전보건확보의무 위반범과 같은 부작위범의 공동정범이 될 수 있는지에 대해서는 견해의 대립이 있지만, 작위의무 없는 자의 부작위는 정범의 표지인 행위지배가 부정될 가능성이 크므로 공동정범의 성립이 부정될 여지가 다분하다(대법원 2008.3.27. 2008도89 판결 참조).

163) 방조라 함은 실행행위 이외의 행위로써 정범을 원조하여, 정범의 범죄 실행을 용이하게 하거나 강화하는 일체의 행위를 말한다. 방조의 방법에는 ① 범행도구나 범행자금의 제공 등과 같은 물질적 · 유형적 방법(유형적 방조)과 ② 기술적 조언, 격려, 정보제공 등과 같이 언어에 의한 정신적 · 무형적 방법(무형적 방조)이 있다.

164) 안전보건사항에 대하여 사실상 1인의 특정 경영책임자가 최종적인 의사결정권을 가지는 것을 전제로 하는 정부의 설명자료(고용노동부, 중대재해처벌법 해설 – 중대산업재해 관련 –, 2021.

management를 1인으로만 상정하지 않고 집단이 될 수도 있다고 규정하고 있다.[165] 1인의 경영책임자만을 의무주체로 설정하는 것은 실제 많은 대기업에서 창업의 초기를 벗어나면 원맨(one-man) 최고경영자 개념으로 운영되지 않고 최고경영자의 직무가 팀 방식으로 운영되는 상식(현실)과 부합하지도 않는다.[166]

(6) 유의사항

기업 등 법인 또는 기관에서는 누구를 '이에 준하여 안전보건을 담당하는 사람'으로 할 것인지를 명확히 설정해 놓을 필요가 있다. 의무주체가 불명확하면 의무이행과 그 책임을 둘러싸고 기관 간에, 기관 안의 경영진 간에 많은 불협화음과 알력이 발생할 가능성이 크다. 그리고 이를 잘못 설정하거나 접근하면 의무를 이행하고도 헛물을 켜거나 의도치 않게 불이행한 것이 되어 낭패를 볼 수도 있을 것이다.

경영책임자의 선임을 집행기관에 보고하여 확인을 받는 규정을 두고 있다면 경영책임자의 개념을 둘러싼 불명확성의 리스크를 다소나마 해소할 수 있을 것인데, 하위명령에서도 이러한 절차를 규정하고 있지 않아 누구를, 어떻게 경영책임자로 선임할지에 대한 혼란은 두고두고 발생할 것으로 예상된다.

경영책임자가 경영진 중 일부의 사람으로 특정되어 있는 관계로 경영책임자에 포함되지 않는 대부분의 경영진과 관리감독자가 자신은 중대재

11.17, 22쪽 ; 대검찰청, 중대재해처벌법 벌칙해설, 2022.1, 96~99쪽)는 이 점에서도 조직, 특히 기업의 경영현실과 큰 괴리가 있다고 볼 수 있다.

165) ISO. ISO 45001(2018) 3.12.

166) Drucker P. F. The Practice of Management. Happer. 1986. pp. 161~181.

해처벌법령상의 안전보건확보의무와 무관한 것으로 잘못 인식하는 일이 없도록 유의할 필요가 있다.

산업안전보건업무는 조직의 모든 계층과 부서에 걸쳐 이루어야 하는 것이 원칙인 만큼, 중대재해처벌법과는 별개로 경영책임자가 아닌 경영진을 포함하여 조직의 모든 구성원과 부서에 대해 산업안전보건에 관한 역할과 책임[사전책임(responsibility), 사후책임(accountability)]을 명확하게 설정하는 것이 중요하다.

칼럼 비현실적 '엄벌法'으론 재해 못 줄인다[167)]

'정부의 안전문화 조성 없이는 기업의 안전문화 조성도 어렵다.' 안전학계의 상식이다. 기업의 안전 수준을 높이기 위해선 정부의 예방 역량과 올바른 방향이 중요하다는 의미다. 그런데 정부는 재해 예방 기반 조성 같은 책무는 소홀히 한 채 기업에만 책임을 씌운다. '책임의 외주화'다. 이를 위해 곧잘 쓰는 수법이 감성에 호소하는 '엄벌주의'다. 그것도 지킬 수 없는 규제를 들이대며.

정부는 재해 예방을 위한 근본적인 문제의 해결보다는 엄벌이라는 손쉬운 방식에 지나치게 의존한다. 마치 엄벌만이 정의인 듯 생각하는 이념이 횡행한다. 사실, 엄벌주의는 미봉적 해결 수단으로, 권위주의 정부에서 자주 사용되는 접근이다. 뭔가 하고 있다는 정치적 제스처를 통해 실질적인 문제를 가리는 알리바이로 활용되는 경우가 많다. 더 큰 문제는, 중심을 잡아야 할 정부가 면피에 급급해 엄벌주의의 선봉대 역할을 자임하고 있다는 사실이다.

167) 정진우, 문화일보, 2020.12.18.

만약 어떤 조직에서 지킬 수 없는 규칙을 만들어 놓고 지키지 않는 구성원을 징계하겠다고 하면 어떻게 될까? 조직이 책임 떠넘기기에 혈안이라고 아우성일 것이다. 조직에 대해 무책임하다는 비난도 쇄도할 것이다. '중대재해기업처벌법'(중대재해처벌법) 제정 움직임에서 이런 비유를 떠올리는 사람은 단지 필자만이 아닐 것이다.

최근 중대재해처벌법을 둘러싼 정국을 보면, 2018년 12월 문제투성이의 '김용균법'을 놓고 연출된 상황의 데자뷔가 느껴진다. 그때도 정치권 등을 중심으로 산업안전보건법 개정안에 대해 '김용균법'이라는 레토릭을 통해 마치 산재 문제를 크게 개선하는 입법인 양 호도하면서 번갯불에 콩 볶듯 통과시켰다. 개악됐다는 사실이 속속 드러나고 중대재해를 줄이긴커녕 증가시키고 있는데도 입법에 앞장선 이들은 아무런 반성이 없다. 아니면 말고 식이다. 처벌을 대폭 강화해 놓고 또다시 이 정도로는 부족하니 문명국에서는 유례없는 입법으로 모든 기업과 경영자를 범법자로 삼겠다고 한다. 이런 식이라면 나중엔 살인죄로 처벌하자고 나올 것이다.

처벌만 강화하면 진정 산재가 줄어들 것이라고 보는가? 그렇다면 중국, 북한과 같은 사회주의 국가가 이미 재해 예방 선진국이 돼 있어야 한다. 이젠 솔직해져야 한다. 산업 안전의 수준은 예방 시스템 여하에 달렸다는 상식을 외면하는 것인가, 아니면 모른단 말인가. 전자라면 무책임하고 후자라면 무능한 것이다.

과연 중대재해처벌법을 지킬 수 있는 기업이 있다고 생각하는가? 처벌에서 자유로울 수 있는 기업이 있을까? 단언컨대 어느 기업도 이 법을 다 준수할 수 없다. 누구도 지킬 수 없는 법을 악법이라고 한다. 좋은 명분만 내걸면 헌법 원칙은 내팽개치고 위법적 수단도 정당화되는 것인가. 목적만 정당하면 애먼 사람이 처벌돼도 무방한가. 그러면서 법치주의, 민주주의를 말할 자격이 있는가. '정의는 결과가 아닌 과정이다.'

정부는 엉성한 김용균법과 고비용 저효과 예방 시스템을 개선할 생각은 하지 않고 툭하면 엄벌에 의존하거나 인력을 늘리는 식의 보여주기에만 골몰한다. 중대재해처벌법이 '제2의 김용균법'이 되선 안 된다. 들끓는 여론을 잠재우기 위해, 본질적인 문제 해결에는 눈감은 생색내기 입법은 재해로 희생된 분들에게도 몹쓸 일이다. 득표하는 데는 도움될지 모르나, '정권은 짧고 역사적 평가는 영원하다'는 사실을 명심해야 한다.

2. 중대산업재해

가. 적용범위(법 제3조)

> **해당 조문**
>
> 상시 근로자가 5명 미만인 사업 또는 사업장의 사업주(개인사업주에 한정한다. 이하 같다) 또는 경영책임자 등에게는 이 장의 규정을 적용하지 아니한다.

(1) 적용 제외

상시 근로자가 5명 미만인 개인사업주(자)에 대해서는 중대산업재해에 관한 규정(제2장)은 적용되지 않고[168] 중대시민재해에 관한 규정만 적용된다. 중대산업재해와 중대시민재해를 달리 적용할 논리적 이유가 없음에도 중대산업재해가 많이 발생하지만 영세한 상시 근로자 5명 미만 조직에 적용하는 것에 대한 현실적 곤란과 정치적 부담을 고려한 것이다.

168) 상시 근로자가 5명 미만이더라도 '법인'인 경우에는 중대산업재해에 관한 규정이 적용 제외되지 않는다.

논리적으로 볼 때 상시 근로자 5명 미만 조직을 법적용에서 제외할 근거는 없다. 논리적으로 보면 상시 근로자 5명 미만 조직이 중대재해에 가장 취약하기 때문에 본법을 적용할 필요성이 가장 크다고 할 수 있다. 비교법적으로 볼 때도 현실적이고 실효성 있는 법인 것을 전제로 법의 일부를 적용하는 방법으로라도 모든 규모의 조직에 적용하는 것이 타당하다.

5명 미만 여부를 판단할 때 이 법의 보호 대상인 '종사자'가 아닌 '근로자'를 기준으로 하고 있는 점에 유의할 필요가 있다.

건설업의 경우 적용범위에 있어 부칙의 적용 유예 규정(건설업의 경우 공사금액을 기준으로 적용 유예)과는 달리 공사금액 기준을 제시하지 않고 있어 다른 업종과 동일하게 상시 근로자 수를 기준으로 법적용 제외 대상 여부를 판단할 수밖에 없다. 상시 근로자 수 판단 시 중대재해가 발생한 해당 건설현장을 기준으로 해야 할지, 아니면 다른 업종과 동일하게 회사(건설사)를 기준으로 해야 할지를 둘러싸고 큰 혼란이 예상된다.

(2) 상시 근로자의 의미

'상시 근로자'에서 '상시'라 함은 '상태(常態)'라는 의미이며, '상시 근로자 수'란 상시 근무하는 근로자 수를 뜻하는 것이 아니고, 일정한 사업장에서 사용하는 근로자가 '상태적'으로 보아 몇 명인지를 의미한다.[169)] 사업장에서 사용되고 있는 근로자라면, 임시직・일용직 근로자, 단시간 근로자 등 고용형태를 불문하며, 파견근로자도 사용사업주의 상시 근로자에 포함된다.[170)]

상시 근로자 수 산정방법과 관련해서는, 근로기준법(근로기준법 제11조

169) 대법원 2000.3.14. 99도1243 판결 ; 대법원 1987.4.14. 87도153 판결 등.

170) 노동부 질의회시, 산보 68340-125, 2000.2.17

제3항 및 같은 법 시행령 제7조의2)과 달리 중대재해처벌법에서는 별도로 규정하고 있지 않지만, 근로자에 대해선 중대재해처벌법(제2조 제7호 가목)이 근로기준법상의 근로자 정의를 원용하고 있는 점을 감안할 때, 중대재해처벌법상의 상시 근로자 수 산정방법도 근로기준법의 상시 근로자 수 산정방법을 그대로 사용하는 것이 무방할 것이다.

다만, 파견근로자에 대해서는 파견근로자 보호 등에 관한 법률(이하 '파견법'이라 한다) 제35조 제1항에서 사용사업주를 산업안전보건법의 사업주로 보고 있는 점을 감안할 때, 산업안전보건법과 그 성격이 유사한 중대재해처벌법에서는 근로기준법(근로기준법 시행령 제7조의2 제4항)이 아닌 산업안전보건법의 해석에 따라 파견근로자도 상시 근로자에 포함되는 것으로 보아야 하고, 동거하는 친족 근로자 역시 위에서 설명한 바와 같이 중대재해처벌법에서는 제외하여야 할 이유가 없기 때문에, 동거하는 친족 근로자도 중대재해처벌법에서는 근로기준법(근로기준법 시행령 제7조의2 제4항)과는 달리 다른 근로자의 종사 여부에 관계없이 상시 근로자에 포함되어야 할 것이다.

(3) 개인사업주(자)의 의미

개인사업주는 개인사업자 또는 자영업자라고도 하는데, 회사 등의 법인을 설립하지 않고 스스로 사업을 하는 자를 말한다. 법인사업주에 대비되는 사업주이다. 사업 규모에 관계없이 고용원이 있는 개인사업주(자)(자영업자)와 고용원이 없는 개인사업주(자)(자영업자)로 구분된다. 고용원이 없는 개인사업주(자)(자영업자)를 1인 개인사업주(자), 1인 사업주(자) 또는 1인 자영업자라고도 한다.

(4) 해외현장 중대재해 발생 시 법적용 여부

중대재해처벌법은 행정형법과 형사특별법의 성격을 아울러 가지고 있다. 행정형법과 형사특별법은 형법의 원칙에 따라 당해 행정법령을 제정한 기관의 권한이 미치는 지역(대한민국의 영토 내)에서만 효력을 가지는 것이 원칙이다(속지주의). 그러나 해외의 한국인의 행위가 국가의 공공이익에 관계되고, 그 행정법규의 취지 · 목적에서 보아 해외의 한국인의 행위도 규제할 것이 요구되는 경우에는 그 범위 내에서 효력이 미친다(속인주의).

중대재해처벌법의 처벌 대상은 국내에 있는 경영책임자이므로, 국내 기업에 소속되어 있는 직원이 파견 나간 해외법인 현장에서 중대재해를 입은 경우, 국내에 있는 경영책임자가 중대재해처벌법에 의해 처벌받을 수 있는지 여부가 문제가 될 수 있다. 이러한 사건이 발생한 경우, 우선 국내 기업이 재해가 발생한 해당 장소(사업장)를 실질적으로 지배 · 운영 · 관리하고 있을 가능성이 없을 것이고, 설령 중대재해처벌법상 경영책임자의 의무위반이 있었다고 하더라도 그 의무위반과 중대재해 간에 상당인과관계가 있을 가능성이 사실상 없으므로, 동 사건에 대해 수사기관에서는 입건도 하지 않을 가능성이 매우 높다. 따라서 해외법인 현장으로 파견 나간 직원의 중대재해 발생으로 인하여 국내 경영책임자가 처벌될 가능성은 현실적으로 전혀 없다고 보아도 무방하다.

참고로, 국내 기업 소속 직원의 해외법인 현장 파견 중에 사망재해가 발생하였다고 하여, 지금까지 산업안전보건법이나 형법상 업무상과실치사죄 적용을 둘러싸고 논란이 된 적은 단 한 차례도 없었다.

(5) 법적용관계에서의 위헌성

중대재해처벌법이 상시 근로자 50명 미만 사업 또는 사업장(건설업의 경우에는 공사금액 50억원 미만의 공사)[171]까지 적용되게 되면 그 위헌 소지가 좀 더 커질 것이 확실시된다. 일부 업종(산업안전보건법 시행령 별표 1 제3호에 해당하는 사업)의 상시 근로자 50명 미만 사업 또는 사업장의 경우, 안전보건관리체제, 안전보건관리규정, 안전보건교육 등의 사안은 산업안전보건법조차도 적용되지 않고 있는데(그리고 산업안전보건법상의 안전보건관리체제, 안전보건관리규정, 안전보건교육 등을 구축·이행하지 않아 사망재해에 이르게 하더라도 처벌 대상으로 하고 있지 않은데) 사실상 동일한 사항에 대해 규범적 근거 없이[불법의 정도(죄질), 비난가능성을 고려하지 않고] 처벌이 중한 중대재해처벌법은 적용받게 되기 때문이다.

즉 일부 업종(산업안전보건법 시행령 별표 1 제3호에 해당하는 사업)의 경우, 산업안전보건법상으로는 상시 근로자 50명 미만 사업 또는 사업장에서 안전보건관리체제, 안전보건관리규정, 안전보건교육 등을 구축·이행하지 않은 것에 기인하여 사망재해가 발생하더라도 이 사실만으론 아무런 처벌을 받지 않는데, 중대재해처벌법이 업종을 불문하고 상시 근로자 50명 미만 사업 또는 사업장까지 적용되게 되면, 사실상 동일한 위반행위에 대해 규범적 근거 없이[불법의 정도(죄질), 비난가능성을 고려하지 않고] 산업안전보건법상의 결과적 가중범 조항(제167조)보다도 중한 중대재해처벌법에 따른 형사처벌을 받게 된다. 이는 형벌체계상의 정당성과 균형을 상실한 것으로서 헌법 제11조의 평등의 원칙 및 헌법 제37조 제2항의 과잉입법금지의 원칙에 반한다고 할 수 있다.[172]

이 문제는 일부 업종(산업안전보건법 시행령 별표 1 제4호·제5호에 해당하는 사업)의 상시 근로자 50명 이상 사업 또는 사업장에서 중대재해처

171) 상시 근로자 5명 미만인 사업 또는 사업장은 중대재해처벌법이 영구히 적용되지 않는다.
172) 헌법재판소 1992.4.28. 90헌바24 결정 참조.

벌법이 시행될 때부터 이미 발생하고 있는 것이기도 하다. 산업안전보건법 시행령 별표 1 제4호, 제5호에 해당하는 사업의 경우, 산업안전보건법하에서는 안전보건관리체제, 안전보건관리규정, 안전보건교육 등의 규정을 적용받고 있지 않아, 이 규정 위반으로 사망재해가 발생하더라도 이 사실만으론 아무런 처벌을 받고 있지 않은데, 중대재해처벌법으로는 사실상 동일한 위반행위에 대해 규범적 근거 없이[불법의 정도(죄질), 비난가능성을 고려하지 않고] 산업안전보건법상의 결과적 가중범 조항(제167조)보다도 중한 형사처벌을 받을 수 있다.

또한 산업안전보건법상의 안전보건관리체제, 안전보건관리규정, 안전보건교육 등 중대재해처벌법에도 이와 동일하거나 매우 유사한 내용으로 규정되어 있는 사항을 이미 적용받고 있는 사업 또는 사업장의 경우에도, 산업안전보건법하에서는 이 규정 위반 시 과태료가 부과되는 것으로 그치고(제175조)[173] 결과적 가중범 조항(제167조)은 적용되지 않고 있는데, 중대재해처벌법이 적용됨에 따라 더 중하게 처벌할 규범적 근거 없이[불법의 정도(죄질), 비난가능성을 고려하지 않고] 사실상 동일한 위반행위에 대해 산업안전보건법상의 결과적 가중범 조항(제167조)보다도 더 중한 형사처벌을 받게 될 수 있다.

173) 중대재해처벌법에 규정되어 있는 사항으로서 산업안전보건법에 이미 동일하거나 매우 유사한 내용으로 규정되어 있는 사항 중에는 위반 시 과태료 부과 대상인 경우(예 : 안전보건관리체제, 안전보건관리규정, 안전보건교육 규정 위반)도 있고, 결과적 가중범 조항은 적용되지 않고 안전보건조치의무 위반죄 적용 대상인 경우(예 : 고용노동부장관의 개선 · 시정명령 불이행)도 있다.

칼럼 아마추어리즘 조장하는 중대재해처벌법[174)]

중대재해처벌법(중처법)이 시행된 지 1년 9개월이 지났다. 사물에는 양면이 있게 마련이어서 중처법도 긍정적 면과 부정적 면을 다 같이 가지고 있겠지만, 중처법은 전자보다 후자가 훨씬 많다는 점이 문제다. 이곳 저곳에서 부작용이 적지 않게 노출되고 있다.

혹자는 중처법 제정으로 안전에 대한 관심과 투자가 크게 높아진 것 아니냐고 반문한다. 이들은 순기능만 보고 부작용과 기회비용은 생각하지 않는다. 중처법 제정 전 잇따른 대형사고로 안전 분위기가 크게 고조된 상황에서 중처법만이 유일한 방안이었다고 생각하는 건 지나친 단견이다. 중처법이 아닌 보다 효과적인 대안을 얼마든지 상정할 수 있었는데도 어떠한 방안이 가장 바람직했을까와 같은 성찰적 질문은 할 생각조차 없다. 사물을 종합적으로 바라보는 과학적 사고가 결여돼 있는 것이다.

어떤 이들은 중처법 때문에 안전 컨설팅, 진단 등이 증가한 것을 이유로 중처법을 무비판적으로 받아들인다. 문제는 이들에게서 기업의 안전역량 향상에 대한 사명감과 전문성을 찾아보기 어렵다는 점이다. 공포 분위기에 편승해 장삿속을 채우는 데 여념이 없는 모습이다. 우리 사회의 안전을 오염시키는 '공공의 적'이다. 특히나 안전전문기관이나 교수 타이틀을 갖고 있는 이른바 전문가라는 사람 중에도 이러한 부류가 적지 않다는 점에서 씁쓸하다.

이들의 공통점은 중처법의 내재적 한계에는 안중에 없고 엄벌에 막무가내로 환호한다는 점이다. 중처법이 실효성이 있는지, 현장에 어떤 영향을 미치고 실제 어떻게 작동하고 있는지에 대해선 잘 알지도 못하고

174) 정진우, 에너지경제, 2023.11.1.

알려고도 하지 않는 아마추어리즘적인 태도를 보인다는 점이다.

건설업과 같은 위험업종에서 일하던 유능한 안전관리자가 대거 공공기관, 제조업 등으로 옮겨가는 것도 중처법의 부작용이다. 중처법이 높은 전문성이 요구되는 업종의 안전관리 여건을 악화시키는 셈이다. 건물 착공면적이 지난해에 비해 40% 가까이 줄었는데도 건설현장에서 사망사고가 줄지 않은 것이 이를 방증한다. 안전관리자 부족으로 건설현장에서 아우성이 일자, 정부는 초단기 양성교육으로 안전관리자를 속성으로 배출하고 있다. 이런 땜질식 대책은 건설업뿐만 아니라 다른 업종에 대해서까지 안전관리는 전문성이 요구되지 않는 아무나 하는 것이라는 잘못된 신호를 주고 있다. 안전관리에 미치는 후과가 심각할 것이다. 가뜩이나 안전관리자의 전문성 부족이 심각한 문제인데 정부가 대놓고 이를 조장하는 셈이니 말문이 막힌다.

중처법 시행 이후 실질적 안전보다는 보여 주기식 안전 대응이 심해지고 있다. 이는 기업 규모가 작을수록 심하다. 법 자체에 예측가능성과 이행가능성이 없다 보니, 대기업마저 정작 해야 할 일보다는 서류작성에 치우치는 모습이다. 체계적으로 안전역량을 강화하기보다는 중처법이라는 발등에 떨어진 불을 끄는 데 급급하기 때문이다.

중처법 시행으로 기업과 정부가 어느 때보다도 안전에 많은 투자를 하고 있는 건 사실이다. 체계적이지 못해 밑 빠진 독에 물 붓기를 한다는 것이 문제다. 시간이 흐르면서 산업현장의 안전관리 피로감과 냉소적 반응이 커지고 있다. 중소기업은 여전히 무엇을 어떻게 해야 할지 몰라 발만 동동 구르고 있다. 게다가 정부의 잘못된 지도로 기업들은 현업부서의 역량을 키우기보다는 안전부서의 조직과 인원을 늘리는 잘못된 방향으로 가고 있다. 그간 안전은 안전부서가 하는 것이라는 잘못된 인식이 팽배해 있었는데, 중처법과 고용부가 기름을 끼얹었다. 중처법으로 고용부는 예방보다는 수사에 과도한 역량을 쏟아 붓고 있다. 지금도 행정자원 배분의 왜곡이 심각한 데 중처법 적용이 내년에 50인 미만 기업으로 확대되면 그 왜곡은 더욱 심해질 것이다. 중처법의 칼날이 중처법 전에도 처벌돼 온 중소기업 경영책임자에 집중되고 있는 것도 문제다. 정부가 전문성과 진정성 없이 현재와 같은 갈팡질팡 정책을 계속한다면 막대한 인원과 예산을 들이면서도 안전수준의 선진화는 요원해진다.

나. 경영책임자의 안전보건확보의무(법 제4조, 시행령 제4조 제1~8호 및 제5조)

해당 조문

▌법 제4조(사업주와 경영책임자 등의 안전 및 보건 확보의무)▐

① 사업주 또는 경영책임자 등은 사업주나 법인 또는 기관이 실질적으로 지배·운영·관리하는 사업 또는 사업장에서 종사자의 안전·보건상 유해 또는 위험을 방지하기 위하여 그 사업 또는 사업장의 특성 및 규모 등을 고려하여 다음 각 호에 따른 조치를 하여야 한다.

1. 재해예방에 필요한 인력 및 예산 등 안전보건관리체계의 구축 및 그 이행에 관한 조치
2. 재해 발생 시 재발방지 대책의 수립 및 그 이행에 관한 조치
3. 중앙행정기관·지자체가 관계법령에 따라 개선, 시정 등을 명한 사항의 이행에 관한 조치
4. 안전·보건관계법령에 따른 의무이행에 필요한 관리상의 조치

② 제1항 제1호·제4호의 조치에 관한 구체적인 사항은 대통령령으로 정한다.

▌시행령 제4조(안전보건관리체계의 구축 및 그 이행에 관한 조치) 제1~8호▐

1. 사업 또는 사업장의 안전·보건에 관한 목표와 경영방침을 설정할 것
2. 「산업안전보건법」 제17조부터 제19조까지 및 제22조에 따라 두어야 하는 인력이 총 3명 이상이고 다음 각 목의 어느 하나에 해당하는 사업 또는 사업장인 경우에는 안전·보건에 관한 업무를 총괄·관리[175)]하는 전담 조직을 둘 것. 이 경우 나목에 해당하지 않던 건설사업자가 나목에 해당하게 된 경우에

는 공시한 연도의 다음 연도 1월 1일까지 해당 조직을 두어야 한다.

가. 상시 근로자 수가 500명 이상인 사업 또는 사업장

나. 「건설산업기본법」 제8조 및 같은 법 시행령 별표 1에 따른 토목건축공사업에 대해 같은 법 제23조에 따라 평가하여 공시된 시공능력의 순위가 상위 200위 이내인 건설사업자

3. 사업 또는 사업장의 특성에 따른 유해 · 위험요인을 확인하여 개선하는 업무절차를 마련하고, 해당 업무절차에 따라 유해 · 위험요인의 확인 및 개선이 이루어지는지를 반기 1회 이상 점검한 후 필요한 조치를 할 것. 다만, 「산업안전보건법」 제36조에 따른 위험성평가를 하는 절차를 마련하고, 그 절차에 따라 위험성평가를 직접 실시하거나 실시하도록 하여 실시 결과를 보고받은 경우에는 해당 업무절차에 따라 유해 · 위험요인의 확인 및 개선에 대한 점검을 한 것으로 본다.

4. 다음 각 목의 사항을 이행하는 데 필요한 예산을 편성하고 그 편성된 용도에 맞게 집행하도록 할 것

가. 재해 예방을 위해 필요한 안전 · 보건에 관한 인력, 시설 및 장비의 구비

나. 제3호에서 정한 유해 · 위험요인의 개선

다. 그 밖에 안전보건관리체계 구축 등을 위해 필요한 사항으로서 고용노동부장관이 정하여 고시하는 사항

5. 「산업안전보건법」 제15조, 제16조 및 제62조에 따른 안전보건관리책임자, 관리감독자 및 안전보건총괄책임자(이하 이 조에서 "안전보건관리책임자 등"이라 한다)가 같은 조에서 규정한 각각의 업무를 각 사업장에서 충실히 수행할 수 있도록 다음 각 목의 조치를 할 것

가. 안전보건관리책임자 등에게 해당 업무 수행에 필요한 권한과 예산을 줄 것

나. 안전보건관리책임자 등이 해당 업무를 충실하게 수행하는지를 평가하는 기준을 마련하고, 그 기준에 따라 반기 1회 이상 평가 · 관리할 것

6. 「산업안전보건법」 제17조부터 제19조까지 및 제22조에 따라 정해진 수 이상의 안전관리자, 보건관리자, 안전보건관리담당자 및 산업보건의를 배치할 것. 다만, 다른 법령에서 해당 인력의 배치에 대해 달리 정하고 있는 경우에는 그에 따르고, 배치해야 할 인력이 다른 업무를 겸직하는 경우에는 고용노동부장관이 정하여 고시하는 기준에 따라 안전 · 보건에 관한 업무 수행시간

을 보장해야 한다.

7. 사업 또는 사업장의 안전 · 보건에 관한 사항에 대해 종사자의 의견을 듣는 절차를 마련하고, 그 절차에 따라 의견을 들어 재해 예방에 필요하다고 인정하는 경우에는 그에 대한 개선방안을 마련하여 이행하는지를 반기 1회 이상 점검한 후 필요한 조치를 할 것. 다만, 「산업안전보건법」 제24조에 따른 산업안전보건위원회 및 같은 법 제64조 · 제75조에 따른 안전 및 보건에 관한 협의체에서 사업 또는 사업장의 안전 · 보건에 관하여 논의하거나 심의 · 의결한 경우에는 해당 종사자의 의견을 들은 것으로 본다.
8. 사업 또는 사업장에 중대산업재해가 발생하거나 발생할 급박한 위험이 있을 경우를 대비하여 다음 각 목의 조치에 관한 매뉴얼을 마련하고, 해당 매뉴얼에 따라 조치하는지를 반기 1회 이상 점검할 것
   가. 작업 중지, 근로자 대피, 위험요인 제거 등 대응조치
   나. 중대산업재해를 입은 사람에 대한 구호조치
   다. 추가 피해방지를 위한 조치

▌시행령 제5조(안전 · 보건 관계 법령에 따른 의무이행에 필요한 관리상의 조치)▐

① 법 제4조제1항제4호에서 "안전 · 보건 관계 법령"이란 해당 사업 또는 사업장에 적용되는 것으로서 종사자의 안전 · 보건을 확보하는 데 관련되는 법령을 말한다.

② 법 제4조제1항제4호에 따른 조치에 관한 구체적인 사항은 다음 각 호와 같다.

1. 안전 · 보건 관계 법령에 따른 의무를 이행했는지를 반기 1회 이상 점검(해당 안전 · 보건 관계 법령에 따라 중앙행정기관의 장이 지정한 기관 등에 위탁하여 점검하는 경우를 포함한다. 이하 이 호에서 같다)하고, 직접 점검하지 않은 경우에는 점검이 끝난 후 지체 없이 점검 결과를 보고받을 것
2. 제1호에 따른 점검 또는 보고 결과 안전 · 보건 관계 법령에 따른 의무가 이행되지 않은 사실이 확인되는 경우에는 인력을 배치하거나 예산을 추가로 편성 · 집행하도록 하는 등 해당 의무 이행에 필요한 조치를 할 것
3. 안전 · 보건 관계 법령에 따라 의무적으로 실시해야 하는 유해 · 위험한 작업에 관한 안전 · 보건에 관한 교육이 실시되었는지를 반기 1회 이상 점검하고, 직접

> 점검하지 않은 경우에는 점검이 끝난 후 지체 없이 점검 결과를 보고받을 것
> 4. 제3호에 따른 점검 또는 보고 결과 실시되지 않은 교육에 대해서는 지체 없이 그 이행의 지시, 예산의 확보 등 교육 실시에 필요한 조치를 할 것

(1) 개설

이 법에서는 개인조직과 법인・기관[176]조직의 의무주체를 구분하여 규정하고 있다.[177] 즉, 이 법상의 의무주체는 개인조직의 경우에는 개인사업주이고, 법인・기관조직의 경우에는 경영책임자이다.

'안전・보건에 관한 업무', '유해・위험요인의 개선', '안전・보건에 관한 인력', '필요한', '관리', '안전보건을 위한 관리비용' 등 불명확하고 포괄적인 개념이 곳곳에 산재되어 있음에 유의해야 한다.

이 법 제4조 제1호와 시행령 제4조에 규정된 안전보건관리체계는 Occupational Safety and Health Management System의 번역어로서 국제기구 및 각국에서 자율기준 형태의 규격(standard)으로 제정되어 있기도 하다. 그런데 이 법의 시행령 제4조에 규정된 안전보건관리체계는 ISO 45001, ILO-OSH 2001 등 국제기준의 내용과 부합하지 않거나 그 내용에 포함되어 있지 않은 사항도 적지 않다. 조직이 안전보건관리체계의 내용을 준수하는 데 있

175) 법문에서의 '총괄'과 '관리'는 '총괄하여 관리'한다는 의미이기 때문에, '총괄'과 '관리'는 총괄・관리와 같이 병렬적으로 표현할 것이 아니라 '총괄'이 '관리'를 수식하는 형태(즉, 총괄관리)로 표현하는 것이 타당하다. 따라서 '총괄'과 '관리' 사이의 가운뎃점은 빠지는 것이 맞다. 현행 산업안전보건법 제15조(안전보건관리책임자) 및 제62조(안전보건총괄책임자)에서는 "총괄하여 관리"[구(舊) 산업안전보건법에서는 "총괄관리"]라고 표현되어 있다.

176) 기관에는 법인이 아닌 종교단체, 학술단체, 시민단체, 봉사단체, 아파트자치회, 종중 등이 있다.

177) 법 제3조에서 사업주는 곧 개인사업주를 가리킨다고 규정하고 있다.

어 자율기준보다 오히려 더 엄격한 내용으로 규정되어 있는 것은 범법자를 양산하거나 형식화를 조장할 가능성이 높다.

한편, ISO 45001, ILO-OSH 2001 등 국제기준에 따르면, 이 법 제4조 제4호의 '안전 · 보건관계법령에 따른 의무이행에 필요한 관리상의 조치'는 이 법 제4조 제1호의 '안전보건관리체계의 구축 및 그 이행에 관한 조치'와 질적으로 구분되는 사항이 아니고 그 일부에 해당하는 사항이다. 각 호에 대한 구체적인 사항을 규정하는 시행령의 규정이 내용적으로 상호 중첩되는 것은 불가피하다고 할 수 있다.

중대재해처벌법 시행령 제4조 및 제5조 각 호에서 정하고 있는 (업무) 절차, 매뉴얼, 기준 등의 내용은 산업안전보건법상의 안전보건관리규정의 세부내용(산업안전보건법 시행규칙 제25조 제2항)과 상당 부분 중복될 수 있으므로, 이 점을 염두에 두면서 절차, 매뉴얼, 기준 등의 세부내용을 마련할 필요가 있다.[178)]

중대재해처벌법 제4조, 제5조와 시행령 제4조, 제5조의 안전보건조치는 원칙적으로 도급, 용역, 위탁 등의 작업 기간이 아무리 짧더라도 그 기간에 관계없이 작업에 종사하는 모든 노무제공자가 보호 대상에 해당된다. 그리고 도급, 용역, 위탁 등을 받은 자가 도급, 용역, 위탁 등을 준 자(이하 이 장에서는 '도급인 등'이라 한다)(경영책임자)[179)]의 사업장에 상주하는 상

178) 중대재해처벌법 제4조, 제5조 및 같은 법 시행령 제4조, 제5조에서 규정하고 있는 안전보건관리체계 구축 · 이행 등 안전보건확보의무는 대부분 산업안전보건법에서 규정하고 있는 안전보건관리체제(제2장 제1절), 안전보건관리규정(제2장 제2절), 산업안전보건위원회(제24조), 위험성평가(제36조) 등과 표현만 다를 뿐 내용적으로 다분히 중복된다. 특히, 안전보건관리규정에는 총칙(하도급 사업장에 대한 안전보건관리에 관한 사항 등), 안전보건 관리조직과 그 직무, 안전보건교육, 작업장 안전관리(작업중지에 관한 사항 등), 작업장 보건관리, 사고조사 및 대책 수립, 위험성평가에 관한 사항 등을 필수적으로 기재하도록 되어 있다[시행규칙 별표 3(제25조 제2항 관련)].

태에서 노무제공을 하는지, 상주하지 않은 상태에서(일시적 또는 간헐적으로) 노무제공을 하는지를 구분하지 않는다. 즉, 중대재해처벌법상의 각종 의무는 도급, 용역, 위탁 등을 받은 자[180](이하 이 장에서는 '관계수급인 등'이라 한다)가 도급인 등의 사업장에 상주하지 않고 일시적 또는 간헐적으로 들어와 작업을 하는 경우에도 동일하게 적용된다.

도급, 용역, 위탁 등을 준 경우에는 중대재해처벌법 제4조・제5조 및 같은 법 시행령 제4조・제5조에 따른 안전보건확보의무의 주체가 과연 누구인지에 대해 많은 논란이 있지만, 이 장에서는 설명의 편의를 위해 원칙적으로 도급인 등에게 있는 것으로 전제하기로 한다.

(2) 안전보건에 관한 목표와 경영방침 설정

산업안전보건법 제14조(이사회 보고 및 승인 등)의 의무가 중대재해처벌법 시행령 제4조(안전보건관리체계의 구축 및 이행 조치) 제1호의 의무(사업 또는 사업장의 안전・보건에 관한 목표와 경영방침을 설정할 것)와 매우 유사하기는 하지만 엄격하게 보면 약간 차이가 있다. 중대재해처벌법 시행령 제4조 제1호는 사업(회사) 또는 각 사업장의 안전보건에 관한 경영방침뿐만 아니라 목표도 설정하도록 규정하고 있는 반면에,[181] 산업안전보

179) 이하에 언급되어 있는 '도급인 등'은 정확하게 말하면 '도급인 등의 경영책임자'를 지칭한다.

180) 도급, 용역, 위탁을 받는다면 수급인, 하수급인, 재하수급인이든 특수형태근로종사자이든 1인 사업자이든 사업형태를 불문하고 모두 해당되고, 단기간 작업이든 임시 작업이든 작업형태에 관계없이 적용됨에 유의할 필요가 있다.

181) 중대재해처벌법령에서는 여러 곳에서 '사업 또는 사업장'이라고 규정하고 있어 의무주체가 '사업'을 단위로 의무를 이행해야 하는지, '사업장'을 단위로 의무를 이행하는지 큰 혼선이 발생하고 있다. 특히 중대재해처벌법 시행령 제4조 제1호, 제2호, 제7호, 제8호가 그러하다. '또는'의 사전적 의미나 일상적인 사용례에 의하면 전자와 후자의 선택적인 관계를 의미하기 때문에, 사업을 단위로 의무이행을 해도 무방하고 사업장을 단위로 의무이행을 해도 무방한 것으로 해

건법 시행령 제13조 제2항 제1호는 회사의 안전보건에 관한 경영방침만을 포함하여 수립하도록 규정하고 있다. 산업안전보건법에 따라 대표이사가 안전보건에 관한 경영방침을 수립하면, 중대재해처벌법에 따라 대표이사 또는 대표이사로부터 위임을 받은 경영책임자가 이미 (대표이사에 의해) 설정된 경영방침을 그대로 받아들이고 거기에 추가하여 사업(회사) 또는 각 사업장의 목표를 수립하면 양 법 간의 충돌을 피할 수 있을 것으로 생각된다.[182] 따라서 양 법의 시행령 간의 의무이행의 내용이 상반되는 것은 아니기 때문에, 산업안전보건법 제14조를 이유로 중대재해처벌법상의 이에 준하는 자에게 업무와 권한을 위임하는 것 자체를 부정할 수는 없다고 생각된다.

참고로, 목표는 경영방침을 토대로 수립하는 것이므로 경영방침을 목표보다 앞서 규정하는 것이 바람직한데, 중대재해처벌법 시행령 제4조 제1호는 목표가 경영방침보다 앞에 규정되어 있어 자칫 목표가 경영방침보다 우선하는 것인 양 잘못된 생각을 초래할 수 있다.[183]

(3) 실질적으로 지배 · 운영 · 관리하는 사업 또는 사업장

민사법이나 형벌이 수반되어 있지 않은 규정과는 달리 형사법, 그중에

석된다.

182) 안전보건에 관한 경영방침의 경우, 산업안전보건법(법 제14조, 시행령 제13조 제2항)에서 이미 규정하고 있는 사항인바, 산업안전보건법에서는 이를 위반한 경우 결과적 가중범(제167조)의 내상으로 규성하시 않고 (형사처벌 대상도 아닌) 과태료 부과 대상에 불과한 데 반해, 중대재해처벌법에서는 사실상 동일한 의무(안전보건에 관한 목표와 경영방침 설정) 위반에 대해 아무런 규범적 근거 없이[불법의 정도(죄질), 비난가능성을 고려하지 않고] 산업안전보건법상의 결과적 가중범보다 오히려 더 무거운 형벌의 대상으로 규정하고 있다(법 제4조 제1항 제1호 및 시행령 제4조 제1호, 법 제6조).

183) 정부의 안전보건관리체계에 대한 이해가 많이 부족하다는 것을 방증하는 대목이기도 하다.

서도 강한 형사처벌이 수반되는 규정은 특히 엄격하게 해석되어야 하는 것이 죄형법정주의 원칙(유추해석금지의 원칙)이다. 따라서 중대재해처벌법상 형사처벌과 직결되는 규정에 해당하는 "실질적으로 지배·운영·관리하는 사업 또는 사업장"[184), 185)]에서의 '지배·운영·관리'[186)]는 엄격해석에 입각해야 하는 형법해석의 원칙상 '또는(or)'의 관계가 아니라 '그리고(and)'의 관계로 보아야 할 것이다. 따라서 지배하고 운영하며 관리하는 자만이 의무주체가 된다.[187)]

---

184) 산업안전보건법상의 사업장과 작업장의 개념에 대해서는 정진우, 『산업안전보건법(개정증보 제5판)』, 중앙경제, 2022, 63~68쪽을 참조하기 바란다.

185) '사업 또는 사업장'이라는 표현은 산업안전보건법, 근로기준법 등 여러 노동관계법에서 사용되고 있는 용어인바, '사업 또는 사업장'에서의 '사업'의 의미가 법에 따라 다르게 해석된다. 예를 들면, 산업안전보건법은 '업종'의 의미로 사용되고 있고(제3조 참조), 근로기준법은 '업(業)으로서 계속적으로 이루어지는 것'의 의미로 사용되고 있다(근로기준법 제11조 참조). 그리고 경우에 따라서는 '사업'의 개념이 경제활동을 하는 주체로서의 '기업 또는 기타 법인 · 단체'를 의미하기도 하는바, 예컨대 산업안전보건법 제2조 제4호의 "사업주란 근로자를 사용하여 사업을 하는 자를 말한다."에서의 사업의 개념이 그러하다. 중대재해처벌법상의 '사업 또는 사업장'이라는 표현은 법문의 맥락에 따라 근로기준법상의 그것과 같은 의미인 것으로 해석될 수도 있고, 산업안전보건법의 사업주 개념상의 그것과 동일한 의미인 것으로 해석될 수도 있어 그 의미를 이해하는 데 매우 혼란스럽다. 근본적인 문제는 근로기준법상의 '사업 또는 사업장'이라는 표현 자체가 일본 노동기준법의 '사업 또는 사무소'라는 표현을 제대로 이해하지 못한 채 잘못 도입했다는 것이고, 그 결과 '적용 대상'인 '사업'과 '적용단위'로서의 '사업장'이 혼재되어 사용되고 있다는 점이다. 중대재해처벌법은 이처럼 문제 있는 표현을 무비판적으로 사용하고 있는 탓에 실무에서 '적용 대상'으로서의 '사업'의 의미와 '적용단위'로서의 '사업장'의 의미가 혼동되어 이해되고 있다. 요컨대, '사업'의 용어와 '사업장'의 용어는 구분하여 사용하는 것이 타당하다.

186) 산업안전보건법(제10조 제2항)에서는 "도급인의 사업장(도급인이 제공하거나 지정하는 경우로서 도급인이 지배 · 관리하는 대통령령으로 정하는 장소를 포함한다)"(밑줄은 필자)라고 규정하고 있는바, 중대재해처벌법은 산업안전보건법과 엄연히 다른 법이기 때문에, 산업안전보건법상의 '지배 · 관리하는 장소'의 의미를 중대재해처벌법상의 '실질적으로 지배 · 운영 · 관리하는 사업 또는 사업장'이나 '시설, 장비, 장소 등을 실질적으로 지배 · 운영 · 관리하는 책임이 있는 경우'에 그대로 차용할 수는 없다.

187) '또는(or)'의 관계로 해석하면 이하에서 설명하는 이유로 위헌적 결과를 초래하게 된다.

대법원도 형법법규에 표현되어 있는 가운뎃점을 '와/과'의 의미로 해석하고 있다. 즉, "가운뎃점(·)은 단어 사이에 사용할 때 일반적으로 '와/과'의 의미를 가지는 문장부호이다. 따라서 위 조항[188]에서 말하는 '복제 · 배포'는 그 문언상 '복제하여 배포하는 행위'라고 해석할 수 있다. (중략) 죄형법정주의의 원칙상 형벌법규는 문언에 따라 해석 · 적용하여야 하고 피고인에게 불리한 방향으로 지나치게 확장해석하거나 유추해석해서는 안 된다. 이러한 견지에서 '복제 · 배포'의 의미를 엄격하게 해석하여야 한다. 결국 저작물을 '복제하여 배포하는 행위'가 있어야 저작물의 발행이라고 볼 수 있고, 저작물을 복제한 것만으로는 저작물의 발행이라고 볼 수 없다."고 판시한 바 있다.[189]

그리고 '지배 · 운영 · 관리'를 '와/과(and)'의 관계가 아닌 '또는(or)'의 관계로 보게 되면, 예컨대 지배자(A)와 운영자(B), 지배자(A)와 관리자(C) 또는 지배자(A)와 운영자(B) 및 관리자(C)가 각각 따로 존재하는 경우[190]

188) "발행은 저작물 또는 음반을 공중의 수요를 충족시키기 위하여 복제 · 배포하는 것을 말한다." (저작권법 제2조 제24호).

189) 대법원 2018.1.24. 2017도18230 판결.

190) 지배자만 하더라도 시설, 장비, 장소 등의 '소유자(간접점유자, 민법 제194조)'와 '점유자'가 따로 존재할 수도 있는데, 이 경우 누구를 지배자로 보아야 할지(즉, 누구를 예방의무를 부담하는 것으로 보아야 할지) 혼선이 발생하고 있다. 민법은 공작물의 설치 또는 보존의 하자로 인하여 타인에게 손해를 가한 때에는 공작물 점유자가 손해를 배상할 책임이 있고, 점유자가 손해의 방지에 필요한 주의를 해태하지 아니한 때에는 그 소유자가 손해를 배상할 책임이 있다고 소유자와 점유자의 책임관계를 명확히 규정하고 있다(제758조 제1항). 이와 같이 민법에서조차 소유자와 점유자의 책임관계를 명확히 규정하고 있는데, 명확성의 원칙이 강하게 요구되는 형벌법규에서 이들 간의 책임관계를 불명확하게 규정하고 있는 것은 명확성의 원칙에 위배된다고 할 수 있다. 그리고 형사책임은 공작물의 소유자나 점유자가 아니라 그 공작물의 위험을 직접 관리하는 자(소유자이든 점유자이든 관계없이)가 해당 안전조치의무를 위반했을 경우에 그에게 귀속된다고 보아야 한다. 이 점에서 안전보건확보의무를 위반한 경영책임자에게 중대재해의 책임을 묻는 것은 책임주의에 어긋난다(이상돈, 『형법강론(제4판)』, 박영사, 2023, 393쪽 참조).

작위의무, 즉 예방(이행)의무의 주체(현실의 행위책임자)를 특정하는 것이 매우 곤란하여 '예방(이행)의무'의 주체가 누구인지 판단할 수 없게 된다.[191), 192)] 관계자들이 공동의무를 진다는 말도 없기 때문이다. 게다가 각자가 어떤 의무를 어디에서부터 어디까지 이행해야 할지도 매우 불명확해진다. 따라서 '지배·운영·관리'의 상호관계를 '또는'의 의미로 보게 되면 이 부분이 죄형법정주의가 요구하는 형벌법규의 명확성의 원칙에 정면으로 위배된다는 것을 자인하는 셈이 된다.[193)]

건설공사의 경우 발주자(수급인으로서 도급받은 건설공사를 하도급하는 자는 제외한다)와 원수급인 중에서 의무주체(사업장 또는 시설·장소를 실질적으로 지배·운영·관리하는 자)를 굳이 선택한다면 건설현장을 점유하면서 운영·관리도 상당부분 하는 원수급인이 사업장 또는 시설·장소를 실질적으로 지배·운영·관리하는 자인 것으로 해석하는 것이 타당하다. 결국 발주자는 의무주체에서 완전히 제외되는 문제가 발생하고 있다.

---

191) 예컨대 발주자가 소유하고 있는 장소에서 신축공사를 하는 경우, 발주자(경영책임자)가 본법상의 의무주체인지, 원수급인이 의무주체인지, 또는 하수급인이 의무주체인지 도저히 구분할 수 없게 된다.

192) 가운뎃점의 의미는 부작위의무보다는 작위의무, 즉 이행의무에서 문제될 수 있다.

193) 정부는 '실질적으로 지배·운영·관리'의 의미에 대하여 "하나의 사업 목적하에 해당 사업 또는 사업장의 조직, 인력, 예산 등에 대한 결정을 총괄하여 행사하는 경우를 의미함"이라고 설명하고 있는바(고용노동부, 중대재해처벌법 해설 – 중대산업재해 관련 –, 2021.11.17, 41쪽 ; 대검찰청, 중대재해처벌법 벌칙해설, 2022.1, 159쪽), 사실상 '사업 또는 사업장'의 의미를 설명하고 있을 뿐 정작 '실질적으로 지배·운영·관리'의 의미에 대한 설명은 누락된 자의적인 해석을 하고 있다. '경영책임자'의 개념과 더불어 중대재해처벌법에서 가장 혼란스러운 개념인 '실질적으로 지배·운영·관리'에 대해서는 아무런 설명을 하지 않고 있는 셈이다. "하나의 사업 목적하에"라는 표현도 법문 어디에서도 그 근거를 찾을 수 없지만, 고용노동부의 해석에 따를 경우 수급인의 사업(예 : 구내식당)이 도급인의 그것(예 : 자동차부품제조)과 다르면 '하나의 사업'에 해당하지 않아 '실질적으로 지배·운영·관리'의 범주에 들어가지 않게 되는 것으로 해석된다.

발주자를 의무주체로 보게 되면, 원수급인이 의무주체에서 완전히 제외되는 모순이 발생하기 때문에, 발주자를 의무주체로 볼 여지는 없다. 의무주체를 다양하게 설정하지 않고 획일적으로(이분법적으로) 규정함으로써 생긴 법적용상의 큰 공백이라고 할 수 있다.

한편, 지배·운영·관리하는 자를 지나치게 확대해석하면, 지금까지 재해예방을 목적으로 자율적으로 전개되어 온 발주자의 선의의 안전보건활동이 오히려 위축될 수 있다는 점을 법집행기관은 유념해야 한다.

"실질적으로 지배·운영·관리하는 사업 또는 사업장"에서의 '사업장'은 도급인(발주자)[194]이 소유하고 있는 경우, '소유'의 관점에서는 도급인이 지배하는 사업장(도급인의 사업장)이라고 할 수 있지만, 수급인의 작업장소가 도급인의 사업장 내 다른 작업장소와 공간적으로 확연히 구분되고 수급인의 작업내용이 도급인의 그것과 현저히 다르며 노무관리 등이 명확하게 구분되는 경우에는, 당해 장소는 수급인이 점유하고 있는 장소로서 '점유'의 관점에서 볼 때 수급인이 지배하는 사업장(수급인의 사업장)이기도 하다.[195] 즉, 관점에 따라 도급인의 사업장의 일부일 수도 있고, 수급인의 사업장일 수도 있다. 사업장이란 사전적 의미로 "어떤 사업의 활동이 이루어지는 일정한 장소"를 가리키므로, 수급인이 어떤 작업을 한다면 어디에서 작업을 하든 수급인에게도 사업장이 존재할 수밖에 없다. 따라서 수급인의 작업이 도급인의 사업장 내에서 이루어지더라도, 수급인의 작업장소

194) 산업안전보건법상의 도급인과 건설공사 발주자의 개념과 양 개념의 차이·구분에 대한 자세한 설명과 비판은 정신우, 『산업안전보건법(개정증보 제5판)』, 중앙경제, 2022, 70~74쪽을 참조하기 바란다.

195) 예방의무주체의 특정과 관련하여 '지배'라는 표현만 하더라도 애매하고 불분명하여 신축이 자유로운 개념이다. 소유자와 점유자가 다른 경우 누구를 지배하는 자로 보아야 할지 불명확한 사례가 많기 때문이다. 시설이나 설비, 장비 등을 임대차한 경우, 일반적으로 소유의 관점에서는 임대인이 지배하는 자에 해당하고 점유의 관점에서는 임차인이 지배하는 자에 해당한다.

가 도급인의 작업장소와 공간적으로 확연히 구분되면서 수급인의 작업이 도급인으로부터 사실상 영향을 받는 것 없이 이루어지는 경우에는, 해당 작업장소는 수급인의 사업장이기도 하고 그 지배·운영·관리권은 수급인에게 있다고 볼 수 있다.[196] 즉, 도급인의 사업장 안에서 이루어지는 수급인의 작업장소는 경우에 따라서는 수급인의 사업장에 속하고,[197), 198)] 그 장소는 수급인이 지배·운영·관리한다고 볼 수 있다. 따라서 사안에 따라서는 입법 의도와는 달리 수급인이 중대재해처벌법 제4조의 의무주체가 될 수도 있다.[199]

입법자는 다분히 도급인의 위치에 있는 자를 의무주체로 의도한 것으로 보이지만, 형법해석은 엄격해석을 원칙으로 하고 '입법자'의 의사(의도)보다는 '법률'의 의사, 즉 문언의 의미를 중시하여야 하므로 법문언의 통상적인 의미를 벗어나 입법자의 의사대로 해석하는 것은 엄격히 금지된다는 점에 유의할 필요가 있다.[200] 해석이 올바르게 이루어졌는가를 판단함에 있어 최후에 주목해야 할 척도는 법문언의 의미한계이다. 문리적 해석방법은

196) 공작물에 대해 점유자와 소유자가 다른 경우에는 민법상의 공작물책임(제758조 제1항) 규정을 참고할 때 일차적으로 점유자에게 책임이 있는 것으로 보는 것이 타당하다. 물론 '작업'에 대한 책임은 공작물, 장소 등에 대한 책임과 별개의 문제이다.

197) 수원지방법원 2018.6.11. 2017노1871 판결 참조.

198) 정진우, 『산업안전보건법(개정증보 제5판)』, 중앙경제, 2022, 167~169쪽.

199) 건설공사가 분리발주되어 전문건설업체가 전기공사 · 정보통신공사 · 소방시설공사 · 문화재수리공사 등을 발주자로부터 직접 발주를 받고 종합건설업체로부터 구체적인 지휘 · 감독을 받는 입장에 있지 않은 경우에는, 해당 전문건설업체에게 사업장 또는 장소를 실질적으로 지배 · 운영 · 관리하는 책임이 있다고 볼 수 있는 여지가 충분히 있다.

200) 법률 해석의 목표는 '입법자'의 의사가 아니라 '법률'의 의사, 즉 문언의 의미를 목표로 하는 것이 타당하다. 의회민주주의 정치체제에서 한 사람의 입법자와 같은 존재를 상정할 수 없고, 다수의 입법자(의원)를 생각할 때 누구를 기준으로 할 것인가도 문제이며, 입법 당시에 인식하지 못했던 사태의 발생이나 사정 변화가 일어날 수 있다는 점에서 입법자의 의사보다 법률의 의사를 중시해야 한다(이재상 · 장영민 · 강동범, 『형법총론(제11판)』, 박영사, 2022, 33쪽).

법해석의 출발점이자 여타 해석방법에 대하여 최후의 한계로 기능하기도 한다. 해석을 통하여 얻어진 법적 표현의 의미내용은 어떠한 형태로든지 법문언과 조화를 이루지 않으면 안 되기 때문이다.[201] 형벌법규의 목적론적 해석도 해당 법률문언의 통상적인 의미 내에서만 가능하다.[202] 따라서 도급인이라 하더라도 지배하고 운영하며 관리하는 위치에 있지 않으면 의무주체라고 볼 수 없을 것이다.

범죄구성요건이 모든 자를 행위의 주체로 하여 부작위의무(살인하지 않을 의무, 폭행하지 않을 의무 등) 형식으로 규정하고 있는 작위범(살인죄, 폭행죄 등)과는 달리, 범죄구성요건이 행위의 주체로서 일정한 신분을 요구하는 범죄의 경우, 특히 작위의무의 경우 의무주체를 명확히 하지 않으면 의무주체의 중복과 혼선이 발생하게 된다.

"실질적으로 지배・운영・관리하는 사업 또는 사업장"과 관련하여, 정부 해설서에서는 "실질적으로 지배・운영・관리"에 대하여 "하나의 사업 목적하에 해당 사업 또는 사업장의 조직, 인력, 예산 등에 대한 결정을 총괄하여 행사하는 경우를 의미함"이라고 설명하고 있는바,[203] 전술한 바와 같이 이는 "실질적으로 지배・운영・관리"라는 문구가 가지고 있는 의미의 본질과 쟁점을 전혀 파악하지 못한 설명인 데다가, 법문 어디에서도 논리적으로 도출될 수 없는 매우 자의적인 설명이다.[204]

---

201) 신동운, 『형법총론(제15판)』, 법문사, 2023, 17쪽.

202) 대법원 2013.6.14. 2013도4279 판결.

203) 고용노동부, 중대재해처벌법 해설 – 중대산업재해 관련 –, 2021.11.17, 41쪽 ; 대검찰청, 중대재해처벌법 벌칙해설, 2022.1, 159쪽.

204) 따라서 위 설명은 '사업 또는 사업장'의 의미에 대한 설명이라고는 할 수 있어도 '실질적으로 지배 · 운영 · 관리'의 의미에 대한 설명이라고는 할 수 없다. 결과적으로 "실질적으로 지배 · 운영 · 관리하는 사업 또는 사업장"에 대한 설명은 사실상 누락되어 있는 셈이다.

한편, 수급인의 작업이 도급인(발주자)의 작업과 공간적으로 확연히 구분되어 이루어지고 업무적으로 연관성도 거의 없는 경우, 즉 수급인의 작업이 여러 면에서 독립적인 경우에는, 도급인(발주자)의 위치에 있는 자는 법적 의무사항[205]을 제외하고는 실질적으로 지배·운영·관리하는 사업장 또는 책임주체로 오해받을 수 있는 형태의 관여[지휘·감독, 오더(order), (시정)지시, 허가(승인) 등]는 하지 않는 것이 바람직하다. 다시 말해서, 관여를 하더라도 조정, 지원, (협조)요청, 조언, 협의, (관계법규 등 안전관리사항) 업무연락(전달), 정보제공 등의 표현 또는 형태를 취하는 것이 바람직할 것이다.

도급인(발주자)이 법적으로 이행해야 할 지위에 있지 않음에도 자체 판단으로 수급인에 대해 자율적으로 안전보건관리를 이행해 온 것을 이유로, 도급인(발주자)에게 실질적으로 지배·운영·관리하는 책임이 있다고 간주(해석)하는 것은 도급인(발주자)의 수급인에 대한 자율적인 안전보건관리를 되레 위축시키거나 저해하는 결과를 초래할 수 있다는 사실을 법집행기관은 유념할 필요가 있다.[206]

(4) 재발방지 대책의 수립 및 이행에 관한 조치

이 법 제4조 제1항 제2호의 경우, 단순히 재해로만 규정되어 있고 '산업'재해로 한정되어 있지 않으며 '중대'재해로 한정되어 있지도 않다는 점에 유의해야 한다. 즉, 재해의 '유형'이 매우 넓고(자연재해, 교통재해, 과로

205) 예컨대, 산업안전보건법 제67조의 건설공사 발주자의 산업재해 예방조치.

206) 도급인이 재해방지에 필요한 안전보건조치를 넘어 공사의 '시공'이나 '개별작업'에 관하여 '구체적으로' 지시·감독한 경우에는 도급인에게 수급인의 업무와 관련하여 재해방지에 필요한 안전보건조치를 취할 업무상 주의의무가 있다고 해석된다(대법원 2009.5.28. 2008도7030 참조).

사, 개인질병, 고객 등에 의한 상해 등을 포함한다), 재해의 '강도'도 매우 다양(찰과상, 타박상 등도 포함한다)한 점에 유의해야 한다. 따라서 재발방지 대책의 수립 및 그 이행에 관한 조치의 대상이 '산업재해' 또는 '중대재해'로 한정되어 있지 않음에 유의해야 한다.[207)]

관계수급인 등의 근로자가 재해[208)]를 입어 재해 재발방지대책을 수립해야 하는 경우, 중대재해처벌법은 원칙적으로 사업장을 실질적으로 지배·운영·관리하고 있는 도급인 등이 이 의무를 이행해야 하는 것으로 규정하고 있는 반면, 산업안전보건법[제15조 제1항, 제57조 제2항(시행규칙 제72조)·제3항(시행규칙 제73조 제1항)]은 이 의무를 관계수급인 등이 이행해야 하는 것으로 규정하고 있다. 결국 두 법 간에 의무주체가 충돌하는 문제가 발생하고 있는 것이다.

이는 중대재해처벌법이 산업안전보건법과 동일하거나 유사한 사항을 다수 규정하고 있는 것에서 기인하는 태생적 문제라고 할 수 있다. 서로 다른 법률 간에 의무주체가 충돌한다는 것은 행위의 주체가 불명확하다는 의미가 되기 때문에 수범자의 입장에서는 적법한 행위의 범위를 확정하기가 어렵게 되는바, 이러한 법률조항은 형벌법규의 명확성의 원칙에 위배된다고 할 수 있다.[209)]

---

207) 재발방지 대책의 수립 및 그 이행에 관한 조치의 대상을 중대재해로 한정하지 않고 모든 재해로 한 것을 논리적으로 해명하자면, 중대재해를 방지하기 위해서는 평상시 중대재해의 전조가 될 수 있는 경미한 재해까지를 포함한 다양한 재해의 원인을 분석하여 이에 대처해야 하기 때문이다. 그러나 경미한 재해까지를, 그것도 모든 유형의 재해에 대해 중벌을 배경으로 부서장이 아닌 경영책임지만의 의무로 규정한 것은 동 의무의 형식화를 소상할 가능성이 크다.

208) 아차사고(Near miss)는 자율적 안전관리 차원에서 관리할 필요는 있지만, 학문적으로 볼 때 재해(Accident)에 포함되지는 않는다. 아차사고까지를 '경영책임자'의 재발방지 대책의 수립 및 이행에 관한 조치의 대상으로 삼는 것은 아차사고 보고, 나아가 안전관리의 형식화를 조장할 수 있다.

209) 헌법재판소 2002.6.27. 2001헌바70 결정 참조.

한편, 이 법 제4조 제1항 제2호에서 규정하고 있는 "재해 발생 시 재발방지 대책의 수립 및 그 이행에 관한 조치"는 산업안전보건법[제15조 제1항, 제57조 제2항(시행규칙 제72조)·제3항(시행규칙 제73조 제1항)]에서 이미 규정하고 있는 사항인바, 동일한 의무에 대해 산업안전보건법에서는 결과적 가중범(제167조)의 대상으로 규정하고 있지 않음에도, 중대재해처벌법에서는 아무런 규범적 근거 없이[불법의 정도(죄질), 비난가능성을 고려하지 않고] 산업안전보건법상의 결과적 가중범보다 오히려 더 무거운 형벌의 대상으로 규정하고 있는 것은 형법체계상의 정당성과 균형을 상실한 것으로서 평등의 원칙 및 과잉입법금지의 원칙 등에 반한다고 할 수 있다.[210), 211)]

(5) 개선 · 시정명령 등의 이행에 관한 조치

이 법 제4조 제1항 제3호의 "개선, 시정 등을 명한 사항"은 명령적 행정행위(처분)에 해당하는 사항만을 한정적으로 가리키므로, 개선권고, 행정지도나 법적 근거 없는 시정지시[212)] 등은 해당하지 않는다. 그리고 행정청이 개선, 시정 등을 명할 때는 처분 행정청과 담당자의 소속·성명 및 연락처

---

210) 헌법재판소 2004.12.16. 2003헌가12 결정 ; 헌법재판소 1992.4.28. 90헌바24 결정 등 참조.

211) 불법의 정도(죄질), 비난가능성을 고려하지 않은 중대재해처벌법의 처벌규정에 대해, 중대재해처벌법과 산업안전보건법 간에 의무주체(수범자)의 신분에 차이가 있다는 점을 이유로 규범적 정당성을 주장할 수도 있다. 형사처벌과 관련하여, 산업안전보건법이 중대재해처벌법과 달리 의무주체를 경영책임자로 한정하고 있지 않지만, 양벌규정의 행위자 규정을 통해 대표이사 등 경영책임자에 대해서도 중요한 의무주체로 상정하고 있는 점, 사업주를 의무주체로 규정하고 있는 법인의 경우 사업주는 법인 자체를 가리키고 대표이사가 대외적으로 법인을 대표하는 위치에 있는 점에서, 경영책임자를 의무주체로 한정하고 있는 중대재해처벌법과 사업주를 의무주체로 규정하고 있는 산업안전보건법 간에 의무주체의 신분에 결코 본질적인 차이가 있다고 할 수 없다. 중소기업의 경우에는 특히 그러하다.

212) 고용노동부 등 행정기관이 사업장 점검 후 사업장에 대해 시정지시, 경고를 내리는 경우가 종종 있는데, 이것들은 법적 근거가 없는 것으로서 법적 구속력 없는 행정지도 차원에서 내리는 것이다.

(전화번호, 팩스번호, 전자우편주소 등을 말한다)가 적힌 문서로 하는 것이 원칙이다(행정절차법 제24조).

개선, 시정 등을 명한 사항의 이행에 관한 조치의무의 경우도, 산업안전보건법에서는 개선·시정명령을 받은 당사자인 관계수급인 등이 이행하도록 규정되어 있지만, 중대재해처벌법에서는 사업장을 실질적으로 지배·운영·관리하고 있는 도급인 등이 이행하도록 규정하고 있어, 두 법 간에 의무주체가 충돌하는 문제가 발생하고 있다.[213)]

한편, 이 법 제4조 제1항 제3호에서 규정하고 있는 "중앙행정기관·지방자치단체가 관계법령에 따라 개선, 시정 등을 명한 사항의 이행에 관한 조치"는 산업안전보건법 등 대부분의 안전보건관계법에서 이미 규정하고 있는 사항인바, 동일한 내용에 대해 산업안전보건법 등 다른 안전보건관계법에서는 결과적 가중범(제167조)의 대상으로 규정하고 있지 않음에도 중대재해처벌법에서는 아무런 규범적 근거 없이[불법의 정도(죄질), 비난가능성을 고려하지 않고] 산업안전보건법상의 결과적 가중범보다 오히려 더 무거운 형벌의 대상으로 규정하고 있는 것은 형법체계상의 정당성과 균형을 상실한 것으로서 평등의 원칙 및 과잉입법금지의 원칙 등에 반한다고 할 수 있다.[214)]

213) 중대재해처벌법 제4조 제1항 제1호 · 제4호 및 같은 법 시행령 제4조 · 제5조에 규정되어 있는 의무사항의 대부분에 대해서도, 산업안전보건법은 관계수급인 등이 이행해야 하는 것으로 규정하고 있는 반면에, 중대재해처벌법에서는 도급인 등이 이행해야 하는 것으로 해석되고 있다.

214) 헌법재판소 2004.12.16. 2003헌가12 결정 ; 헌법재판소 1992.4.28. 90헌바24 결정 등 참조.

(6) 안전보건관계법령의 범위

중대산업재해 영역에서의 '안전보건관계법령'[215), 216)]은 재해(부상, 질병)의 종류에 관계없이 중대재해처벌법상의 보호 대상인 종사자의 안전 · 보건을 확보하는 데 관련되는 법령, 즉 종사자의 부상 또는 질병(건강장해)의 예방과 관련되는 법령을 모두 가리킨다.[217)] 종사자를 부상 또는 질병으로부터 보호하는 내용을 규정하고 있는 법령은 모두 해당된다. 법령의 목적이 안전보건이 아닌 사항, 즉 품질, 환경, 위생 등이라 하더라도 종사자의 안전보건에 영향을 미치는 내용을 담고 있다면 안전보건관계법령에 해당된다고 보아야 한다.[218)]

따라서 '안전보건관계법령'의 범위가 매우 넓은 점(좁게 보더라도 법률만 약 30개)에 유의할 필요가 있다. 이에 해당하는 법률을 명확히 제시하기

---

215) 중대재해처벌법 제4조 제1항 제3호에서는 제4호와 달리 "안전 · 보건관계법령"이 아니라 "관계법령"이라는 표현을 사용하고 있는바, '안전 · 보건'이라는 수식어를 실수로 빠뜨린 입법 흠결이라고 보아야 할 것이다. 졸속으로 제정되다 보니 중대재해처벌법에는 이러한 입법 흠결이 적지 않다.

216) 안전보건관계법령(법 제4조 제1항 제3호 및 제4호)에 대해서는 법률에서 그 범위 설정을 행정입법으로 어떤 형태로도 위임하고 있지 않아(법률에 위임의 근거가 없어) 법률 개정 없이 그 범위를 한정하는 것은 헌법 제75조(대통령은 법률에서 구체적으로 범위를 정하여 위임받은 사항과 법률을 집행하기 위하여 필요한 사항에 관하여 대통령령을 발할 수 있다)에 위반된다.

217) 시행령 제5조 제1항에서 안전보건관계법령에 대해 "해당 사업 또는 사업장에 적용되는 것으로서 종사자의 안전 · 보건을 확보하는 데 관련되는 법령을 말한다."라고 설명하고 있지만, 동어반복에 불과한 정도이고 해당 법령을 열거하고 있지도 않다.

218) 중대재해처벌법에서는 안전보건관계법령의 구체적인 범위는 물론 그 범위를 한정할 수 있는 기준에 대해서조차 아무런 규정도 하지 않고 있어, 구체적으로 무엇이 과연 안전보건관계법령에 해당하는지(즉, 안전보건관계법령의 범위)에 대하여 통상의 판단능력을 가진 일반인이 알기가 매우 어려울 뿐만 아니라 법률전문가들조차도 안전보건관계법령의 범위를 확정하기가 결코 쉽지 않고 애매모호한 상태이다. 이는 적어도 형벌법규에 적합하지 아니한 것으로서 죄형법정주의의 명확성 원칙에 위반된다고 할 것이다[헌법재판소 1997.9.25. 96헌가16 결정(전원재판부) 참조].

는 어렵지만, 대체로 다음과 같은 법이 이에 해당한다고 볼 수 있다. 화학물질관리법, 화학물질의 등록 및 평가 등에 관한 법률, 생활화학제품 및 살생물제의 안전관리에 관한 법률, 석면안전관리법, 실내공기질 안전관리법, 소규모 공공시설 안전관리 등에 관한 법률, 소방기본법, 소방시설공사업법, 정보통신공사업법, 문화재 수리 등에 관한 법률, 위험물안전관리법, 화재의 예방 및 안전관리에 관한 법률, 소방시설 설치 및 관리에 관한 법률, 송유관 안전관리법, 교통안전법, 광산안전법, 철도안전법, 항공안전법, 항만안전특별법, 원자력안전법, 원자력시설 등의 방호 및 방사능 방재 대책법, 방사성폐기물 관리법, 생활주변방사선 안전관리법, 전기안전관리법, 기계설비법, 전기사업법, 전기공사업법, 전력기술관리법, 전기용품 및 생활용품 안전관리법, 고압가스 안전관리법, 액화석유가스 안전관리법, 도시가스사업법, 에너지이용 합리화법, 선원법, 선박안전법, 어선안전조업법, 해사안전법, 해운법, 연안사고 예방에 관한 법률, 승강기 안전관리법, 감염병의 예방 및 관리에 관한 법률, 환경관계법,[219), 220)] 재난 및 안전관리 기본법, 자연재해대책법, 초고층 및 지하연계 복합건축물 재난관리에 관한 특별법, 지진·

219) 대기오염, 수질오염, 폐기물오염 등 환경오염에 의해 근로자 등 종사자가 건강장해를 입는 경우를 얼마든지 상정할 수 있다

220) 환경관계법은 대기분야(대기환경보전법, 소음 진동관리법, 환경기술 및 환경산업 지원법, 다중이용시설 등의 실내공기질관리법, 수도권 대기환경개선에 관한 특별법, 악취방지법), 수질분야(수질 및 수생태계 보전에 관한 법률, 하수도법, 가축분뇨의 관리 및 이용에 관한 법률, 먹는물관리법, 습지보전법, 토양환경보전법, 물의 재이용 촉진 및 지원에 관한 법률), 폐기물분야(폐기물관리법, 자원의 절약과 재활용촉진에 관한 법률, 전기·전자제품 및 자동차의 자원순환에 관한 법률, 폐기물의 국가 간 이동 및 그 처리에 관한 법, 잔류성오염물질 관리법, 방사성폐기물 관리법), 기타분야(환경정책기본법, 환경분쟁조정법, 환경개선비용부담법, 환경분야 시험 검사 등에 관한 법률, 환경영향평가법, 화학물질관리법, 화학물질의 등록 및 평가 등에 관한 법률, 환경친화적 산업구조로의 전환촉진에 관한 법, 환경친화적 자동차의 개발 및 보급촉진에 관한 법률, 해양환경관리법, 자연환경보전법, 환경범죄 등의 단속 및 가중처벌에 관한 법률)로 분류된다.

화산재해대책법, 학교안전사고 예방 및 보상에 관한 법률, 학교보건법, 교육시설 등의 안전 및 유지관리 등에 관한 법률, 식품위생법,[221] 연구실 안전환경 조성에 관한 법률, 건설기술진흥법, 건설기계관리법, 건축법,[222] 건설산업기본법, 건축물관리법, 시설물의 안전 및 유지관리에 관한 특별법, 주택법, 도시 및 주거환경정비법, 급경사지 재해예방에 관한 법률, 사방사업법, 지하안전관리에 관한 특별법, 초고층 및 지하연계 복합건축물 재난관리에 관한 특별법, 총포·도검·화약류 등의 안전관리에 관한 법률, 근로기준법,[223] 매장문화재 보호 및 조사에 관한 법률, 파견법 등이 그것이다.[224]

한편, 중대재해처벌법 시행령 제5조 제2항 제1호의 '안전보건관계법령에 따른 의무 이행'의 점검 대상에는 벌칙이 부과되는 조항뿐만 아니라 벌칙이 부과되지 않는 조항까지도 포함됨에 유의해야 한다. 그리고 법령에서 세부적인 사항을 행정규칙(고시, 예규, 훈령)으로 위임하고 있는 경우에는 행정규칙의 내용 또한 포함됨에 유의해야 한다.[225]

(7) 안전보건 전담조직의 설치 단위

중대재해처벌법 시행령 제4조 제2호의 '안전·보건 전담조직'을 두는 단위가 '사업'인지 '사업장'인지, 아니면 둘 다인지 불명확하지만, 같은 조

221) 식중독 등에 의해 근로자 등 종사자가 건강장해(질병)를 입을 수 있다.

222) 건축법에서는 구조안전에 관한 사항을 규정하고 있는바, 구조안전의 미확보에 의해 종사자가 재해를 입는 일이 많이 발생하고 있다.

223) 근로시간 · 휴식 · 휴가, 직장 내 괴롭힘에 관한 규정 위반에 의한 질병, 사망이 문제될 수 있다.

224) 고용노동부의 중대재해처벌법 해설서에서 안전보건관계법으로 10개 법을 제시하고 있는 것(고용노동부, 중대재해처벌법 해설 - 중대산업재해 관련 -, 2021.11.17, 104쪽)은 어디까지나 예시에 불과한 점에 유의해야 한다.

225) 결국 안전보건관계법령의 범위가 지나치게 광범위하고 포괄적이라고 할 수 있다.

같은 호 나목의 건설사업자가 '사업'을 단위로 규정되어 있는 점, '사업장'에 대해서는 이미 산업안전보건법에서 안전·보건조직을 규정하고 있는 점 등을 고려하면, 이 조항은 안전·보건 전담조직을 '사업' 단위로, 즉 본사에 두는 것을 규정한 것으로 보아야 할 것이다.

'안전·보건'에 관한 업무라고 표현되어 있기 때문에, '산업'안전·보건에 관한 업무만을 담당해야 하는 것으로 해석되지 않는다. 소방, 재난 등 안전·보건에 해당하는 다른 업무를 담당해도 무방하다.

'전담(專擔)'조직이라고 함은 안전보건업무를 '전문적으로 맡아 처리하는' 조직을 의미한다. 안전보건조직에 품질, 환경 등의 업무가 일부 포함되어 있더라도 안전보건업무를 전문적으로 맡아 처리하는 데 지장이 있을 정도가 아니면 무방하다고 할 수 있다. 전담조직 구성원의 고용형태는 일용직이든 계약직이든 파트타임이든 관계없다.

한편, 전담조직의 직원 수를 최소 몇 명으로 구성해야 하는지에 대해서는 규정하지 않고 있기 때문에, 작은 규모라도 '조직'의 형태를 갖추기만 하면 되고 해당 조직의 직원 수는 불문한다. 부서장을 포함하여 2명으로 구성되어도 무방하다.

참고로, 본호에서 '총괄·관리'는 '총괄관리'의 잘못된 표현이다. 안전·보건에 관한 업무의 '관리'는 안전·보건부서뿐만 아니라 모든 부서가 담당하므로 '총괄'과 '관리'를 병렬적으로 규정하는 것은 불합리하다. 안전·보건부서의 역할을 다른 부서와 구별하기 위해서는 '총괄관리' 또는 '총괄하여 관리'라고 표현하는 것이 타당하다.

(8) 유해·위험요인 확인 및 개선

중대재해처벌법 시행령 제4조 제3호는 유해·위험요인의 확인·개선 자체가 아니라 유해・위험요인의 확인・개선 업무절차 마련, 이의 이행점검 및 점검결과에 따른 필요한 조치를 규정하고 있을 뿐이다. 즉, 관련 절차서 작성, 이행점검 및 결과조치를 요구하고 있는 것이지 유해・위험요인의 확인・개선(실행)을 요구하고 있는 것이 아니다. 따라서 중대재해처벌법은 위험성평가를 규정하고 있다고 할 수 없고 위험성평가의 '일부 요소'와 그것의 사후관리를 규정하고 있는 데 불과하다고 보아야 할 것이다.

한편, 중대재해처벌법 시행령 제4조 제3호에 따른 업무절차의 유해・위험요인 확인・개선내용은 종사자(법 제2조 제7호)에 해당하는 자 모두를 대상에 포함하는 것으로 구성될 필요가 있다. 종사자의 유해・위험요인 확인 및 개선의 이행을 누가(도급인 등, 관계수급인 등 중) 어떻게 해야 하는지[도급인 등이 직접 해야 하는지, 관계수급인 등에 대해 이행하도록 지도하거나 이행을 확인(점검)하는 방식도 무방한지] 매우 불명확한 상태이지만, 수사기관에서는 타당성 여부를 떠나 유해・위험요인 확인 및 개선의 이행주체를 최상위에 있는 도급인 등으로 해석할 가능성이 높다. 수범자의 입장에서 사후의 논란을 최소화하기 위해선 관계수급인 등의 종사자에 대해서도 특별한 경우(공간적으로 명확히 구분되면서 업무적 연관성이 거의 없는 작업 등)를 제외하곤 사업장을 실질적으로 지배・운영・관리하는 측에서 본 호의 규정을 어떠한 형태로든 이행하는 것이 바람직하다. 관계수급인 등의 종사자에 대해선 도급인 등이 본 규정을 직접 이행하지 않고 이행을 지도하거나 확인(점검)하는 등 간접적인 방식으로 이행하면 무방하다고 보는 것이 (해석 차원에서나마) 위헌 소지를 줄이는 합헌적 해석[226]이자

226) 이를 넓게 해석하면 위헌적 결과를 가져올 수 있다. 헌법에 합치되는지 여부가 의문시되는 법규정이 있을 때, 국민의 대표기관인 국회가 다수결을 통하여 제정한 법률을 가능한 한 존중하려는 취지에서, 당해 법규정에 대해 가능하면 헌법에 부합하는 쪽으로 의미를 부여하려는 헌법합치적 해석을 할 필요가 있다. 하지만 법문과 그 의미내용에 있어 명백히 헌법에 위반된 법률

산업안전보건법과의 충돌을 피할 수 있는 해석이라고 생각된다.[227)]

중대재해처벌법 시행령 제4조 제4호 나목의 "유해·위험요인의 개선"에는 작업방법·절차, 작업행동 영역도 있는바, 도급인 등에게 관계수급인 등의 종사자를 보호하기 위해 이 모든 것에 필요한 예산을 편성하고 그 편성된 용도에 맞게 집행하도록 하는 것은 과잉금지의 원칙에 위반될 소지가 크다.

유해·위험요인 확인·개선 업무절차에 따른 유해·위험요인 확인·개선 점검이 같은 조 같은 호 단서 규정에 따라 산업안전보건법상의 위험성평가 절차 마련 및 실시(또는 실시 결과를 보고 받음)로 갈음되지만,[228)] 산업안전보건법상의 위험성평가는 그 특성상 수시평가, 도급작업에 대한 위험성평가 실시주체·방법 등과 관련하여 수사기관에 의해 자의적으로 해석될 수 있는 가능성이 많은 점을 유의할 필요가 있다. 즉, 산업안전보건법상의 위험성평가에 따르게 되면, 위험성평가 실시방법에 있어 정부의 지침 등에 구속될 위험과 우려가 크다는 점을 감안할 필요가 있다. 따라서 유해·위험요인 누락 여부, 수시평가 실시 여부, 다양한 방식의 도급작업에 대한 위험성평가의 구체적인 실시방법 등에 대해 많은 시비에 휘말리지 않기 위해서는 '단서' 규정에 따른 '산업안전보건법상의 위험성 평가'가 아닌 '본문' 규정에 따른 '유해·위험요인 확인·개선 업무절차 마련, 반기 1회 이상 점검 및 필요한 조치'를 이행하는 것이 현명한 선택이다. 유해·위험요인 확인·개선 업무절차 마련, 반기별 점검 및 필요한 조치[229)]는 그 자체만

을 헌법합치적 해석방법을 동원하여 무리하게 합헌으로 의미를 부여해서는 안 된다(신동운, 『형법총론(제15판)』, 법문사, 2023, 16쪽 참조).

227) 관계수급인 등이 사실은 이행하지 않았는데 허위로 이행하였다고 도급인 등에게 통보한 경우에는 도급인 등은 법적 책임에서 벗어난다고 보아야 할 것이다. 이 해석은 이하에서 설명하는 다른 사안에 대해서도 그대로 적용된다.

228) 중대재해처벌법 시행령 제4조 제3호 단서에서 갈음해 주고 있는 것은 유해·위험요인 확인 및 개선에 관한 '점검'으로 한정되어 있는 사실에 유의할 필요가 있다.

으로는 어려운 일이 아니기 때문이다. 물론 이 경우 산업안전보건법상 위험성평가를 중대재해처벌법 제4조 제3호 본문에서 규정하고 있는 의무이행의 일부분으로 활용(대응)할 수 있을 것이다.

한편, 산업안전보건법에서는 위험성평가(제36조) 미실시에 대해 결과적 가중범(제167조)의 대상으로 규정하기는커녕 아무런 벌칙을 부과하고 있지 않은 반면에, 중대재해처벌법에서는 아무런 규범적 근거 없이[불법의 정도(죄질), 비난가능성을 고려하지 않고] 산업안전보건법상의 결과적 가중범보다 오히려 더 무거운 형벌의 대상으로 규정하고 있는 것은(제6조) 형벌체계상의 정당성과 균형을 상실한 것으로서 평등의 원칙 및 과잉입법금지의 원칙 등에 반한다고 할 수 있다.[230]

형법상의 업무상과실치사죄와 비교하여 볼 때에도 중대재해처벌법은 동일한 위헌 소지를 가지고 있다. 가령 위험성평가 미실시로 사망에 이르게 한 경우 형법상의 업무상과실치사죄(제268조)로 처벌될 수 있는바, 중대재해처벌법에서 업무상과실치사죄의 구성요건 외에 특별한 (가중적) 구성요건 표지라고 할 만한 것을 추가하지 않은 채 업무상과실치사죄와 별반 다르지 않은 구성요건['미필적 고의'와 '업무상과실(인식된 과실)'이라는 미묘한 차이가 있을 뿐이다]을 규정하면서 업무상과실치사죄와 비교하여 법

---

229) 산업안전보건법상 위험성평가는 유해 · 위험요인 확인(Hazard Identification), 위험성 감소(Risk reduction) 외에 위험성 추정(Risk estimation), 위험성 결정(Risk evaluation)으로 구성되어 있는바, 중대재해처벌법에서 규정하고 있는 '유해 · 위험요인 확인 · 개선 업무절차 마련, 반기별 점검 및 필요한 조치'는 위험성평가의 '일부분'에 지나지 않는 것으로서, 이것만으로는 위험성평가라고 할 수 없다('위험성 추정'과 '위험성 결정'이 누락되어 있고, 유해 · 위험요인 '확인'은 엄격히 보면 유해 · 위험요인 '파악'이라고 보기 어렵다). '유해 · 위험요인(Hazard) 개선'도 잘못된 표현이다. '위험성(Risk) 개선', 더 정확하게는 '위험성 감소'가 맞다.

230) 헌법재판소 2015.9.24. 2014헌바154 · 398, 2015헌가3 · 9 · 14 · 18 · 20 · 21 · 25 결정(병합) 참조.

정형을 대폭 강화한 것은 형벌체계상의 정당성과 균형을 상실한 것으로서 평등의 원칙 및 과잉입법금지의 원칙 등에 반한다고 할 수 있다.

(9) 예산 편성 및 집행

중대재해처벌법 시행령 제4조 제4호 가목의 "안전보건에 관한 인력"은 '안전보건인력'보다 넓은 개념이고 그 범위가 매우 불명확함에 유의해야 한다.[231] 작업지휘자, 신호수, 2인 1조 작업자, 관리감독자[232] 등도 이 안전보건에 관한 인력에 포함될 수 있음을 감안하여 도급·용역·위탁 시 인건비 편성 대상에 포함할 필요가 있다. 장비는 신규로 구입하지 않는 이상 감가상각비를 계상하면 될 것이다.

건설공사의 경우 안전보건에 관한 인력, 시설 및 장비를 구비하는 데 필요한 예산(시행령 제4조 제4호 가목)을 산업안전보건관리비 계상으로 갈음할 수 없음에 유의할 필요가 있다.

도급, 용역, 위탁 등의 작업을 위해 간헐적, 단발적으로 들어오는 관계수급인 등, 특히 이들 중 여러 업체를 대상으로 일을 하는 관계수급인 등의 종사자의 경우, 이들의 인건비, 장비비의 책정, 유해·위험요인 개선비를

231) 고용노동부에서는 심지어 법령이 아닌(대외적 구속력이 없는) 지침에 규정되어 있는 인력까지도 안전보건에 관한 인력으로 보고 있다(고용노동부, 중대재해처벌법 해설 – 중대산업재해 관련 –, 2021.11.17, 67쪽). '안전보건에 관한 인력'이라는 표현은 그 의미가 불명확하고 추상적이어서 그 범위에 대한 판단은 사람마다 크게 다를 수밖에 없으며, 이는 판단주체가 법전문가라 하더라도 마찬가지이고, 법집행자의 통상적 해석을 통하여 그 의미내용이 객관적으로 확정될 수 있다고 보기 어려우므로, 죄형법정주의의 명확성 원칙에 위반될 소지가 크다고 할 수 있다(헌법재판소 2010.12.28. 2008헌바 157, 2009헌바88 결정 참조).

232) 여기에서 말하는 관리감독자는 현업(line)부서에서 작업자에게 지휘·감독하는 위치에 있는 자 모두를 가리킨다. 현업 관리감독자는 작업에 관한 지휘·감독뿐만 아니라 안전보건에 관한 지휘감독도 반드시 하기 마련이고 의무적으로 해야 한다.

도급인 등이 구체적으로 편성하는 것은 현실적으로 불가능하다. 따라서 도급인 등에게 이를 의무화하는 것은 법리적으로 과잉금지의 원칙에 위배될 소지가 크다. 따라서 현실적으로 도급, 용역, 위탁 등의 작업을 하는 측에게 동 작업에 소요되는 인건비, 장비비 및 유해·위험요인 개선비를 대략적으로라도 산출하여 제출하도록 하고 이를 검토하여 반영하는 방법을 하나의 이행방법으로 생각해 볼 수 있다.

산업안전보건법에서는 안전보건업무를 원활하게 수행할 수 있도록 권한·시설·장비·예산, 그 밖에 필요한 지원 조치를 하도록 규정하고 있는 바(법 제15조, 제62조 및 시행령 제14조 제2항, 제53조 제2항), 이의 위반 시 결과적 가중범(법 제167조)의 대상으로 규정하기는커녕 아무런 벌칙을 부과하고 있지 않은(선언적 의무) 반면에, 중대재해처벌법에서는 산업안전보건법상의 의무와 유사한 내용의 의무(재해예방을 위한 필요한 인력, 시설 및 장비의 구입에 필요한 예산 편성 및 집행, 안전보건업무 수행에 필요한 권한과 예산 부여 등) 위반에 대해 아무런 규범적 근거 없이[불법의 정도(죄질), 비난가능성을 고려하지 않고] 산업안전보건법상의 결과적 가중범보다 오히려 더 무거운 형벌의 대상으로 규정하고 있다(법 제4조 제1항 제1호 및 시행령 제4조 제4호·제5호, 법 제6조). 이는 형법체계상의 정당성과 균형을 상실한 것으로서 평등의 원칙 및 과잉입법금지의 원칙 등에 반하는 것이다.

한편, 시행령 제4조 제4호의 '필요한 예산' 개념은, 예산을 어느 정도 확보해야 하는지에 대해 같은 조 같은 호 나목의 "제3호에서 정한 유해·위험요인의 개선"에서의 '유해·위험요인' 개념이 사물의 변별능력을 제대로 갖춘 일반인뿐만 아니라 전문가들조차 그 범위를 한정할 합리적 해석기준을 찾기 어려우므로, 죄형법정주의의 명확성 원칙에 위반된다고 할 것이다.

(10) 안전보건관리(총괄)책임자 및 관리감독자의 업무 수행

중대재해처벌법 시행령 제4조 제5호와 관련하여, 도급인 등은 도급, 용역, 위탁 등의 작업을 수행하는 상주(常駐) 관계수급인 등 외에 간헐적, 단발성으로 들어오는 관계수급인 등 중 안전보건관리책임자, 관리감독자, 안전보건총괄책임자 선임・지정의무가 있는 업체를 안전보건조치 대상으로 하고 있는바, 이들 업체로부터 동 작업 수행에 소요되는 비용(예산)을 대략적으로라도 산출하여 제출하도록 하고 이를 검토하여 반영하면 무방할 것으로 생각된다. 관계수급인 등의 안전보건관리책임자, 관리감독자, 안전보건총괄책임자에게 해당 업무 수행에 필요한 권한과 예산을 주는 것은 이들의 사업주인 관계수급인 등이 당연히 해야 하는 것이므로, 도급인 등은 해당 관계수급인 등으로 하여금 이들에 대해 권한과 예산을 주도록 문서 형태로 지도하거나 그 이행을 확인(점검)하는 등의 방식으로 이행하면 무방하다고 보는 것이 (해석 차원에서나마) 위헌 소지를 줄이는 합헌적 해석이자[233] 산업안전보건법과의 충돌을 피할 수 있는 해석이라고 생각된다.

평가기준 마련 및 평가・관리 대상 또한 상주 관계수급인 등, 외주(비상주) 관계수급인 등의 관리감독자[234]까지도 포함됨에 유의하여야 한다.

(11) 안전보건인력의 배치

중대재해처벌법 시행령 제4조 제6호에서 실질적으로 지배・운영・관리하는 사업장의 경영책임자에게 산업안전보건법에 따라 안전관리자, 보건관리자, 안전보건관리담당자 등을 배치하라는 규정은 다분히 직영근로자를

233) 이를 넓게 해석하면 위헌적 결과를 가져올 수 있다.

234) 이들에 대해서도 단기간 작업, 임시 작업 여부에 관계없이 적용됨에 유의할 필요가 있다.

상정하고 규정된 것으로서, 관계수급인 등의 근로자에 대한 안전보건조치로서는 그 성격상 전혀 맞지 않는(적용될 수 없는) 규정이라고 할 수 있다.[235] 이 규정을 도급인 등이 그대로 이행하는 것은 현실적으로나 법리적으로 불가능하므로, 도급인 등은 관계수급인 등이 해당 인력을 적법하게 배치하였는지를 확인(점검)하는 것으로 무방하다고 보는 것이 (해석 차원에서나마) 위헌 소지를 줄이는 합헌적 해석이자[236] 산업안전보건법과의 충돌을 피할 수 있는 해석이라고 생각된다.

한편, 이 법 시행령 제4조 제6호에서 규정하고 있는 "안전관리자, 보건관리자, 안전보건관리담당자 및 산업보건의를 배치할 것"은 산업안전보건법(제17조부터 제19조까지 및 제22조)에서 이미 규정하고 있는 사항인바, 산업안전보건법에서는 이 사항의 위반에 대해 (원칙적으로 직영근로자를 대상으로 하고 있는) 결과적 가중범의 대상으로 규정하고 있지 않음에도 (과태료 부과 대상에 불과하다),[237] 중대재해처벌법에서는 아무런 규범적 근거 없이[불법의 정도(죄질), 비난가능성을 고려하지 않고] 산업안전보건법상의 결과적 가중범보다 오히려 더 무거운 형벌의 대상으로 규정하고 있는 것은 형법체계상의 정당성과 균형을 상실한 것으로서 평등의 원칙 및 과잉입법금지의 원칙 등에 반한다고 할 수 있다.[238]

다시 말해서, 안전관리자, 보건관리자, 안전보건관리담당자 및 산업보

235) 도급인 등에게 관계수급인 등의 근로자에 대해서까지 안전관리자, 보건관리자, 안전보건관리담당자 등을 배치하라고 강제하는 것은 준수에 대한 기대가능성이 없어 책임조각(면책)사유에 해당한다. 중대재해처벌법뿐만 아니라 그 시행령 또한 졸속으로 제정되었다는 것을 여실히 드러내는 한 사례라고 할 수 있다.

236) 이를 넓게 해석하면 위헌적 결과를 가져올 수 있다.

237) 산업안전보건법에선 수급인의 근로자와 관련해서는 이 사항의 위반에 대해 도급인에게 아무런 벌칙도 부과하고 있지 않다.

238) 헌법재판소 2004.12.16. 2003헌가12 결정 ; 헌법재판소 1992.4.28. 90헌바24 결정 등 참조.

건의의 배치(시행령 제4조 제6호)와 관련하여, 산업안전보건법에서는 자사 근로자에 대해 해당 규정을 위반하여 사망재해에 이르게 한 경우라도 과태료 부과 대상에 불과하고 협력사 근로자에 대해선 아무런 벌칙 부과 대상이 아님에도, 중대재해처벌법에서는 동일한 위반으로 중대산업재해에 이르게 한 경우 중벌(重罰)의 대상으로 삼는 것은 헌법상의 원칙에 반한다고 할 수 있다.

한편, 산업보건의는 산업안전보건법(제22조)에 의해 선임・위촉이 의무화되어 있지만, 기업활동 규제완화에 관한 특별조치법(제28조)에 의해 그 선임・위촉이 자율화되어 있다. 그러나 기업활동 규제완화에 관한 특별조치법의 적용 대상은 어디까지나 '기업'이므로 기업에 해당하지 않는 기관(중앙부처, 지자체, 공단, 공법인 등)은 산업안전보건법에 따라 산업보건의를 선임・위촉해야 할 의무가 부과되어 있으므로, 산업안전보건법상의 산업보건의의 선임・위촉규정을 원용하고 있는 중대재해처벌법상으로도 산업보건의를 배치(선임・위촉)해야 할 의무가 있음에 유의해야 한다.

(12) 종사자의 의견수렴 및 조치

중대재해처벌법 시행령 제4조 제7호에서 종사자의 의견을 듣는 절차를 마련하고 그 절차에 따라 필요하다고 인정하는 경우에는 그에 대한 개선방안을 마련하여 이행하는지를 반기 1회 이상 점검한 후 필요한 조치를 하도록 규정하고 있는바, 종사자는 중대재해처벌법 제2조 제7호의 정의상 도급계열에 있는 모든 근로자, 특수형태근로종사자, 1인 사업자 등을 모두 포함하는데, 단서에서 자사 근로자만을 포괄하는 산업안전보건위원회(산업안전보건법 제24조)나 도급인 사업주와 수급인 사업주(하수급인 사업주는 제외된다)만으로 구성되는 안전 및 보건에 관한 협의체(산업안전보건법 제64조)로 갈음할 수 있다고 규정하고 있는 것은 상호 간의 정합성 측면에서 문제가 있다고 할 수 있다.[239] 즉, 본문에서는 종사자를 대상으로 하고 있는 반면, 단서의 산업안전보건위원회는 자사 직원만으로 구성되어 본문과 단서가 상호 매칭이 되지 않고, 안전 및 보건에 관한 협의체 역시 도급인과 수급인 사업주만으로 구성되어 본문과 단서가 매칭이 되지 않는다.[240]

그렇다고 하여 단서를 산업안전보건법상의 산업안전보건위원회나 안전 및 보건에 관한 협의체 조항에서 규정하고 있는 것과 다르게 위원회 또는 협의체를 구성하고 운영하여야 하는 것으로 해석하는 것은 유추해석(적용) 금지의 원칙에 위배된다. 이와 같이 구성하고 운영하도록 하려면 구성・운영방법에 관한 사항까지도 법령에 규정했어야 한다.

종사자 포함 여부, 산업안전보건위원회에 종사자를 포함시킨다면 구성방법 등을 놓고 시비가 발생할 수 있기 때문에, 산업안전보건위원회나 안전 및 보건에 관한 협의체로 갈음하지 않고, 즉 단서가 아닌 본문에 따라 본 규정을 이행(종사자 의견수렴절차, 개선방안 마련・이행 여부 점검 및 필요한 조치)하는 것이 수월하기도 하고 바람직할 수 있다. 종사자 의견수렴절차, 개선방안 마련・이행 여부 점검 및 필요한 조치 실시는 그 자체만으로는 어려운 일이 아니기 때문이다. 물론 이 경우 산업안전보건위원회, 안전 및 보건에 관한 협의체는 의무이행의 일부분으로 활용할 수 있을 것이다.

239) 산안안전보건법 제75조에 따른 안전 및 보건에 관한 협의체는 건설업에만 해당하므로 비(非)건설업체에는 적용되지 않는다.

240) 산업안전보건법 제75조에 따른 안전 및 보건에 관한 협의체는 건설업에만 해당하고 제조업체에는 적용되지 않는다.

(13) 비상대응매뉴얼 마련 및 점검

중대재해처벌법의 보호 대상이 종사자임에도 불구하고 같은 법 시행령 제4조 제8호 가목에서 대피의 조치 대상을 '근로자'로 한정하여 규정하고 있는 것은 다른 규정과의 일관성 및 논리성 측면에서 문제가 있다. 따라서 '비상대응매뉴얼 마련 및 점검' 대상을 종사자에 해당하는 자 모두를 대상으로 한다는 내용으로 구성하는 것이 타당하다.

본호에 따른 각 목의 조치 이행을 누가(도급인 등, 관계수급인 등 중) 어떻게 해야 하는지(도급인 등이 직접 해야 하는지, 관계수급인 등에 대해 이행하도록 지도하거나 이행을 확인(점검)하는 것으로 무방한지) 매우 불명확한 상태이지만, 관계수급인 등에 대해선 도급인 등이 직접 이행하지 않고 이행을 지도하거나 확인(점검)하는 등 간접적인 방식으로 이행하면 무방하다고 보는 것이 (해석 차원에서나마) 위헌 소지를 줄이는 합헌적 해석이자[241] 산업안전보건법과의 충돌을 피할 수 있는 해석이라고 생각된다.

본호의 본문에서는 중대산업재해가 발생하거나 발생할 급박한 위험이 있을 경우를 '대비(preparedness)'하여 매뉴얼을 마련하도록 규정하고 있지만, 각목에서는 '대응(response)'에 해당하는 것만을 규정하고 있어 본문과 각호 간에 미스매치 문제가 발생하고 있다.[242] 안전원리의 관점에서 보면, '대응'뿐만 아니라 '대비'에 해당하는 것도 마련하는 것이 필요하다.

241) 이를 넓게 해석하면 위헌적 결과를 가져올 수 있다.

242) 중대재해처벌법 시행령 제4조 제8호는 어법에도 맞지 않는 문제가 있다. 문맥상 "중대재해가 발생하거나"가 "경우를 대비하여"에 연결되는 것으로 기술되어 있는바, '중대재해가 발생한 경우를 대비'한다는 표현은 어법상 적합하지 않고, '중대재해가 발생할 경우를 대비'한다 또는 '중대재해가 발생한 경우에 대응'한다는 표현이 어법상 적합하다. 아니면 '중대산업재해가 발생한 경우에 대응하거나 발생할 급박한 위험이 있을 경우를 대비하여' 또는 '중대산업재해가 발생하거나 발생할 급박한 위험이 있는 경우에 대응하여'로 수정하는 것이 어법에 맞는 표현이다.

한편, 산업안전보건법에서는 산업재해가 발생할 급박한 위험이 있는 경우에 작업중지, 근로자 대피 등에 관하여 필요한 조치를 해야 한다고 규정하고 있고(제51조), 같은 법 시행규칙에서는 안전보건관리규정에 중대재해 및 중대산업사고 발생, 급박한 산업재해 발생 위험이 있는 경우 작업중지(별표 3 제4호 바목), 긴급조치(별표 3 제6호 가목)에 관한 사항을 포함해야 한다고 규정하고 있다. 즉, 중대재해처벌법에 규정된 대응조치, 구호조치, 추가 피해방지조치에 관한 매뉴얼 마련 의무가 대부분 산업안전보건법에 이미 중복적으로 규정되어 있다.

산업안전보건법에서는 안전보건관리규정을 위반한 경우 결과적 가중범(제167조)의 대상으로 규정하지 않거나 (형사처벌 대상이 아닌) 과태료 부과 대상에 불과한 데 반해, 중대재해처벌법에서는 사실상 동일한 의무 위반에 대해 아무런 규범적 근거 없이[불법의 정도(죄질), 비난가능성을 고려하지 않고] 산업안전보건법상의 결과적 가중범보다 오히려 더 무거운 형벌의 대상으로 규정하고 있는 것은(제6조) 형벌체계상의 정당성과 균형을 상실한 것으로서 평등의 원칙 및 과잉입법금지의 원칙 등에 반한다고 할 수 있다.[243)]

(14) 안전보건관계법령상의 의무 이행점검 및 조치

중대재해처벌법 시행령 제5조 제2항 제1호・제2호과 관련하여, '안전보건관계법령에 따른 의무'가 이행되지 않은 사실이 확인되는 경우, 해당 의무 이행에 필요한 조치 대상에는 소속에 관계없이 근로자의 신분을 가지고 있는 자(도급인 등의 직영근로자뿐만 아니라 관계수급인 등의 근로자까지)

243) 헌법재판소 2015.9.24. 2014헌바154・398, 2015헌가3・9・14・18・20・21・25 결정(병합) 참조.

와 14개 직종 특수형태근로종사자에 해당하는 자[244]를 포함해야 함에 유의해야 한다.[245]

안전보건관계법령에 따른 의무 이행을 누가(도급인 등, 관계수급인 등 중) 어떻게 해야 하는지[도급인 등이 직접 이행해야 하는지, 관계수급인 등에 대해 이행하도록 지도하거나 이행을 확인(점검)하는 방식도 무방한지] 매우 불명확한 상태이지만, 관계수급인 등에 대해선 도급인 등이 직접 이행하지 않고 이행을 지도하거나 확인(점검)하는 등 간접적인 방식으로 이행하면 무방하다고 보는 것이 (해석 차원에서나마) 위헌 소지를 줄이는 합헌적 해석이자[246] 산업안전보건법과의 충돌을 피할 수 있는 해석이라고 생각된다.

한편, 중대재해처벌법 제4조(사업주와 경영책임자 등의 안전 및 보건 확보의무) 제1항 제4호에서 규정하고 있는 '안전보건관계법령'에는 벌칙이 수반되어 있지 않은 조항들도 적지 않게 규정되어 있는바, 각 안전보건관계법령은 이 조항들 관련 위반에 대해 결과적 가중범의 대상으로 규정하기는커녕 아무런 벌칙을 부과하고 있지 않지만, 중대재해처벌법에서는 아무런 규범적 근거 없이[불법의 정도(죄질), 비난가능성을 고려하지 않고] 산업안전보건법 등 안전보건관계법상의 결과적 가중범보다 오히려 더 무거운 형벌의 대상으로 규정하고 있다(법 제4조 제1항 제4호 및 시행령 제5조 제2항 제1호 · 제2호, 법 제6조). 이는 형법체계상의 정당성과 균형을 상실한 것으로서 평등의 원칙 및 과잉입법금지의 원칙 등에 반하는 것이다.

---

244) 단기간 작업, 임시 작업을 하는 자에 대해서도 적용됨에 유의해야 한다.

245) 본호는 '안전보건관계법령'에 따른 의무라고 규정하고 있는바, 현행 안전보건관계법령은 그 대상이 근로자와 14개 직종 특수형태근로종사자로 한정되어 있고, 그 외의 특수형태근로종사자, 근로자의 신분이 아닌 자(대표, 1인 사업자)는 대상이 아니다.

246) 이를 넓게 해석하면 위헌적 결과를 가져올 수 있다.

(15) 안전보건교육 실시점검 및 조치

중대재해처벌법 시행령 제5조 제2항 제3호·제4호과 관련하여, 안전보건교육 실시 의무가 이행되지 않은 사실이 확인되는 경우, 해당 의무 이행에 필요한 조치 대상에는 소속에 관계없이 근로자의 신분을 가지고 있는 자(도급인 등의 직영근로자뿐만 아니라 관계수급인 등의 근로자까지)와 14개 직종 특수형태근로종사자에 해당하는 자[247]를 포함해야 함에 유의해야 한다.[248], [249]

고용노동부 해설서에서는 안전보건교육의 실시에 대해서는 다른 사항과 다르게 도급인 등이 직접 이행하지 않고 근로자를 채용하거나 특수형태근로종사자로부터 노무를 제공받는 관계수급인 등에게 실시하도록 '요구'하는 조치도 가능하다고 설명하고 있지만,[250] 시행령 제5조 제2항 제4호에서 도급인 등이 안전보건교육 이행의 지시 외에 예산 확보 등 교육 실시에 필요한 조치를 하여야 한다고 규정하고 있어, 도급인 등의 의무범위가 구체적으로 어디에서부터 어디까지인지를 획정하기 어려운 것은 안전보건교육 외의 다른 사항과 크게 다르지 않다. 안전보건교육 역시 관계수급인 등

247) 단기간 작업, 임시 작업을 하는 자에 대해서도 적용됨에 유의해야 한다.

248) 안전보건교육의 경우 산업안전보건법 등에서 모든 종류의 교육에 대해 교육시간까지를 획일적으로 규정하고 이를 강제하고 있는 점에서 우리나라는 어느 나라보다 안전보건교육에 대한 규제가 강하다. 그런데 건설 일용근로자를 제외하고는 당해 사업주가 (직접 또는 위탁하여) 실시하는 안전보건교육만을 인정하고 면허나 자격 취득, 전문기관에서의 소정교육 이수 등은 인정하지 않고 있으며, 단기간 작업 또는 간헐적 작업에 대해서까지 예외 없이 2시간 이상의 특별교육(특수형태근로종사자를 포함한다)을 강제하고 있는 등 안전보건교육이 현실과 많은 괴리가 있고 실효성 또한 담보되지 않고 있는 상태이다.

249) 현재 각종 안전보건관계법령에서의 안전보건교육 실시의무는 그 대상이 근로자와 14개 직종 특수형태근로종사자로 한정되어 있고, 그 외의 특수형태근로종사자, 근로자의 신분이 아닌 자(대표, 1인 사업자)는 대상이 아니다.

250) 고용노동부, 중대재해처벌법 해설 – 중대산업재해 관련 –, 2021.11.17, 106쪽.

에 대해선 도급인 등이 이행의 지시, 예산의 확보 등 간접적인 방식에서 어느 하나의 방식으로 이행하면 무방하다고 보는 것이 (해석 차원에서나마) 위헌 소지를 줄이는 합헌적 해석이자[251] 산업안전보건법과의 충돌을 피할 수 있는 해석이라고 생각된다.

(16) 도급인의 의무와 수급인의 의무의 관계

중대재해처벌법은 관계수급인 등의 근로자 등에 대해 도급인 등이 안전보건확보의무를 이행해야 하는 것으로 규정하고, 관계수급인 등에게는 안전보건확보의무를 부과하고 있지 않은 것으로 해석된다. 사업장을 실질적으로 지배・운영・관리하고 있는 책임이 도급인 등에게 있다고 보면, 중대재해처벌법상의 안전보건확보의무가 도급인 등에게만 있는 것으로 해석되고 관계수급인 등에게는 안전보건확보의무가 있다고 볼 수 있는 근거가 없다. 중대재해처벌법상 도급인 등과 수급인 등에게 공동의무가 규정되어 있는 것도 아니고, 동일한 의무를 엄연히 다른 별개의 사업주에게 각각 부과할 수는 없기 때문이다. 반면, 산업안전보건법에서는 도급인 등에게도 안전보건확보의무를 부과하고 있는 경우도 있지만(법 제62조, 제63조, 제64조, 제125조 제2항 등), 기본적으로는 관계수급인 등에게 단독으로 안전보건확보의무를 부과하고 있다. 결국 두 법 간에 의무주체가 충돌하는 문제가 발생하고 있는 것이다.

한편, 중대재해처벌법 시행령 제4조의 안전보건관리체계의 구축 및 이행조치에 해당하는 사항을 도급인 등으로 하여금 직접 이행하도록 하면, 도급인 등에게 현실적으로 준수할 수 없는 과도한 부담이 수반될 뿐만 아

251) 이를 넓게 해석하면 위헌적 결과를 가져올 수 있다.

니라 관계수급인 등의 독자성과 자율성이 송두리째 무시되어 재해예방의 실효성을 거두지 못하는 결과가 초래될 수 있다.

예를 들면, 도급인 등으로 하여금 관계수급인 등이 안전보건에 관한 인력, 시설 및 장비를 구입하고 유해·위험요인을 개선하는 데 필요한 예산을 직접 편성하고 그 편성된 용도에 맞게 집행하도록 한다든지, 산업안전보건법에 따라 관계수급인 등이 안전보건관리책임자, 관리감독자를 독자적으로 선임하고 있는데, 도급인 등으로 하여금 이들의 업무수행에 필요한 권한과 예산을 직접 주어야 한다든지, 나아가 관계수급인 등이 산업안전보건법에 따라 안전관리자, 보건관리자 등을 별도로 선임하고 있는데, 도급인 등에게 관계수급인 등의 안전관리자, 보건관리자를 직접 배치해야 한다고 강제하는 것은, 현실적으로 도급인 등이 이를 이행하는 것 자체가 불가능하고 관계수급인 등의 헌법상의 직업수행의 자유의 일부인 영업의 자유를 본질적으로 침해할 소지가 크기 때문에, 과잉금지의 원칙에 위반된다고 할 수 있다. 게다가 도급인 등에 대한 이러한 식의 의무부과는 관계수급인 등의 안전보건관리의 역량 강화와 관계수급인 등의 근로자의 산업재해 예방에도 부정적인 영향을 끼칠 가능성이 크다.

다시 말해서, 안전보건관리책임자(안전보건총괄책임자), 관리감독자가 안전보건업무만을 수행하는 것이 아니고, 인력, 시설 및 장비가 안전보건에만 관계되는 것도 아니며, 도급인 등의 사업장에 일시적으로 들어와 작업을 하는 외부 관계수급인 등의 경우 (도급 등의 업무 수행 인력이) 여러 도급인 등의 업무를 수행하는 것이 통례인 상황에서, 도급인 등(경영책임자)에게 직접 관계수급인 등의 안전보건업무에 관한 예산을 구분하여 편성하고 집행하도록 하거나 해당 예산 등을 주어야 한다고 강제하는 것은 관계수급인 등의 영업의 자유를 본질적으로 침해할 소지가 클 뿐만 아니라 과잉금지의 원칙에도 위배될 소지가 크다. 특히 관계수급인 등 중 도급인 등의 사업장에서 단발적으로(일회성으로) 작업하는 1인 사업자나 특수형태근로종사자인 경우에 대해서까지 중대재해처벌법 시행령 제4조 제4호에 따라 인력, 장비(이미 구입한 장비를 포함한다)의 구입에 필요한 예산을 편성하고 집행하도록 하는 것은 위헌 소지가 보다 크다고 할 수 있다.

중대재해처벌법령 전체에 걸쳐 중대재해처벌법령상의 관계수급인 등의 종사자에 대한 안전보건확보의무의 이행주체와 관련하여, 관계수급인 등의 종사자에 대한 안전보건조치를 대체로 시설, 장비, 장소 등을 실질적으로 지배·운영·관리하는 위치에 있는 도급인 등이 관계수급인 등의 종사자에 대한 안전보건조치를 직접 이행해야 하는지, 아니면 관계수급인 등에 대해 이행하도록 지도하거나 이행을 확인(점검)하면 무방한 것인지 등 의무이행의 주체·방법 등을 둘러싸고 매우 불명확한 상태이다.[252] 예컨대 도급인 등이 관계수급인 등에게 해당 의무를 이행하도록 지도하는 것이 허용된다고 하더라도, 중대재해처벌법상 관계수급인 등에게 도급인 등의 지도를 따를 의무가 없는 상황에서 도급인 등이 관계수급인 등에게 어느 정도로(횟수와 강도에 있어) 지도해야 하는지, 도급인 등이 지도하였는데 관계수급인 등이 따르지 않은 경우에도 도급인 등에게 책임이 있다고 보아야 하는지 등을 놓고 많은 혼란이 있다.

건설현장과 관련해서는, 발주자가 직발주한 전기공사, 소방시설공사 등과 원수급인(원청)이 도급한 건설공사가 하나의 건설현장에서 동시에 이루

252) 안전보건관계법령 이행의무의 경우, 의무가 이행되지 않은 사실이 확인되는 경우에는 "인력을 배치하거나 예산을 추가로 편성·집행하도록 하는 등 해당 의무 이행에 필요한 조치를 할 것"이라고 규정되어 있는바, 이 규정만으로는 사물의 변별능력을 제대로 갖춘 일반인뿐만 아니라 전문가의 이해와 판단으로서도 도급인 등의 의무범위가 어디에서부터 어디까지인지를 아는 것이 매우 어려운 점을 감안할 때, 이 규정은 죄형법정주의가 요구하는 형벌법규의 명확성의 원칙에 위배될 소지가 크다.

어지는 경우에 직발주된 건설공사의 수급인의 근로자에 대해 누가 이 법상의 의무를 이행하여야 하는지, 즉 누구를 실질적으로 지배·운영·관리하는 책임이 있는 자로 보아야 할 것인지가 매우 불명확하다.

(17) 의무주체 설정의 문제 및 개선방안

중대재해처벌법은 고용관계에 있는 자, 즉 작업위험을 직접 관리하는 관계에 있는 자를 '기본적인' 의무주체로 설정하면서 도급·용역·위탁 등의 관계에 있는 자, 사업장 또는 시설·장소, 장비 등을 실질적으로 지배·운영·관리하는 관계에 있는 자 등을 '추가적인' 의무주체로 설정하는 방식을 취하지 않고,[253] 사업장 또는 시설·장소, 장비를 실질적으로 지배·운영·관리하는 관계에 있는 자만을 의무주체로 설정하는 방식을 취한 결과, 기본적인 의무주체라고 할 수 있는 고용관계에 있는 자(작업위험을 직접 관리하는 관계에 있는 자)가 사업장 또는 시설·장소, 장비를 실질적으로 지배·운영·관리하는 관계에 있는 자에 해당하지 않을 경우, 의무주체에서 아예 누락되는 불합리가 발생하고 있다.

고용관계에 있는 자(작업위험을 직접 관리하는 관계에 있는 자) 등을 제치고 사업장 또는 시설·장소, 장비를 실질적으로 지배·운영·관리하는 관계에 있는 자만을 안전보건조치의 의무주체로 설정하는 이분법적 접근은 산재예방에 있어서 각 주체의 위상과 역할에 걸맞은 각각의 의무를 부과해야 한다는 산업안전보건의 일반원칙에 부합하지 않는다. 즉, 중대재해

253) 산재예방에서 작업위험을 직접적으로 관리하는 고용관계에 있는 자를 기본적인 의무주체(처벌대상)로 설정하고, 도급관계에 있는 자, 시설 등을 지배·관리하는 자를 추가적인 의무주체(처벌 대상)로 설정하는 것은 의무주체 및 처벌 대상을 폭넓게 설정하고 있는 영국, 호주를 포함하여 모든 산재예방선진국 산업안전보건법의 보편적인 규율방식이다.

처벌법상의 각종 의무[254]를 사업장 또는 시설・장소, 장비를 실질적으로 지배・운영・관리하는 관계에 있는 자에게만 부과하는 것은 노무제공자의 중대재해를 방지하고자 하는 입법목적을 달성(즉, 중대재해 예방의 실효성을 확보)하기에 적합한 방법이라고 보기 어렵다. 게다가 중대재해처벌법상의 의무주체와 산업안전보건법상의 의무주체가 착종되는 문제가 발생하고 있다.

중대재해 발생원인의 상당 부분을 차지하는 작업위험을 직접 관리하는 자가 중대재해처벌법상의 의무주체에서 빠짐으로써, 사업장, 시설・장소, 장비 등을 실질적으로 지배・운영・관리하는 관계에 있는 자가 작업위험을 직접 관리하는 자에 해당하지 않는 경우에는, 중대재해처벌법으로는 누구에게도 중대재해 발생에 대한 책임을 묻는 것이 매우 어려워지게 되었다.

중대재해 예방에 있어서의 각 주체의 위상과 역할에 걸맞은 의무를 가장 적당한 주체에게 각각 부과하는 방식으로 개정해야 한다.

칼럼

중대재해처벌법과 ISO 45001[255]

중대재해처벌법(이하 중처법)은 '안전보건관리체계'의 구축 및 이행 조치를 핵심적인 내용으로 규정하고 있다(법 제4조 제1호, 영 제4조). 중처법상의 안전보건관리체계가 무엇을 의미하는지는 그 내용과 범위 모두 매우 불명확하지만, 국제적으로 메가트렌드라고 할 수 있는 'Occupational Safety and Health Management System(이하 OSHMS)'의 번역어라고 할 수 있다. 그렇다면 중처법의 안전보건관리체계와 OSHMS에 관

254) 중대재해처벌법에는 작업방법・절차 및 작업행동에 대한 지휘감독, 작업배치 등 고용관계를 전제로 한 작업위험의 직접적인 관리에 해당하는 안전보건조치의무도 포함되어 있다.

255) 정진우, 안전저널, 2022.6.21.

한 국제규격인 ISO 45001은 어떤 관계라고 보아야 할까.

중처법과 ISO 45001의 관계는 교집합 벤다이어그램으로 나타낼 수 있다. 즉, 둘은 교집합 부분도 있지만 각각 차집합 부분도 갖고 있다. 중처법에는 ISO 45001에 규정돼 있지 않은 사항에 대해서도 일부 규정돼 있고(예 : 재해 발생 시 재발방지 대책의 수립 및 그 이행에 관한 조치, 중앙행정기관 · 지방자치단체가 관계 법령에 따라 개선, 시정 등을 명한 사항의 이행에 관한 조치, 대규모 조직 본사의 안전보건 전담조직 구축), ISO 45001에도 중처법에 규정돼 있지 않은 사항이 다수 규정돼 있다. 그런데 중처법과 ISO 45001의 교집합 부분, 즉 공통적인 사항도 구체적으로 보면 상당한 차이가 있다는 것을 알 수 있다. 둘 간의 차이에 대해 주요 사항을 중심으로 살펴보면 다음과 같다.

먼저, ISO 45001은 안전보건에 대한 역할과 책임의 명확한 설정을 강조하고 있으나, 중처법에서는 이러한 내용을 담고 있지 않다. ISO 45001에서는 안전보건의 이행 책임이 기본적으로 현업부서(Line management responsibility)에 있고 안전보건부서는 현업부서의 안전보건을 촉진 · 보좌하는 역할을 담당한다는 것을 전제하면서 작업자를 위시한 모든 구성원과 부서의 역할과 책임을 강조하고 있으나, 중처법에서는 이러한 내용을 전혀 담고 있지 않다.

ISO 45001에서는 '프로세스'라는 표현을 사용하고 있는 반면, 중처법에서는 '업무절차, 절차, 매뉴얼, 기준과 절차'라는 표현을 사용하고 있다. ISO 45001은 '프로세스'와 '절차'를 다른 의미로 사용하고 있다. 프로세스는 절차뿐만 아니라 역량 있는 인력, 적절한 기계 · 설비, 안전보건프로그램 등을 포함하는 의미를 가지고 있다. 즉, '프로세스'는 '절차'가 있어도 사람, 기계 · 설비 등이 적합하지 않으면 절차대로 실시하는 것이 불가능하고 의도하는 결과를 얻을 수 없다는 의미를 내포하고 있다. 중처법이 ISO 45001의 '프로세스'와는 다르게 '절차'라는 표현을 사용한 것은 KOSHA-MS의 잘못된 영향인 것으로 보인다. 참고로,

KOSHA-MS는 ISO 45001을 벤치마킹하였다고 하지만, 실제에 있어서는 여러 부분에서 ISO 45001을 엄성하게 반영하고 있다.

중처법에서는 사업 또는 사업장의 안전보건에 관한 목표와 경영방침을 설정할 것을 규정하고 있다(영 제4조 제1호). 목표는 경영방침을 토대로 설정되어야 하므로 경영방침이 먼저 규정돼야 함에도 목표가 먼저 규정된 것은 문제가 있다. 이에 반해, ISO 45001에서는 안전보건방침을 먼저 규정하고 이를 토대로 안전보건목표 및 그것을 달성하기 위한 계획수립까지를 규정하고 있다.

중처법에서는 안전보건에 관한 업무를 총괄 · 관리하는 전담조직을 둘 것이라고 규정하고 있지만(영 제4조 제2호), ISO 45001에서는 이러한 류의 규정을 두고 있지 않다.

중처법은 위험성 평가 중 유해 · 위험요인을 확인하여 개선하는 업무절차 마련과 업무절차에 따른 유해 · 위험요인의 확인 · 개선 점검(반기 1회 이상) 및 필요한 조치를 규정하고 있다(영 제4조 제3호). 위험성 평가는 유해 · 위험요인 확인, 개선 외에도 위험성 추정(estimation)과 위험성 결정(evaluation)을 포함하는 것인데, 중처법은 후자에 대해선 규정하고 있지 않다. 반면, ISO 45001은 위험원의 파악, 위험성의 평가(assessment), 위험성 감소 등 위험성 평가에 관한 모든 절차를 규정하고 있다.

또한 중처법은 경영책임자 개인을 안전보건조치의 유일한 의무주체로 설정하고 있지만, ISO 45001은 조직, 즉 최고경영자를 비롯하여 조직 내의 관련된 모든 자의 의무, 참여 및 역할을 강조하고 있다.

중처법은 절차(서) 또는 매뉴얼, 점검, 점검결과에 따른 필요한 조치 등 외형적인 것을 중심으로 단편적이고 체계성 없이 규정하고 있는 반면에, ISO 45001은 절차(서)보다 넓은 의미의 프로세스, 역량, 실질적 효과(예 : 알게 해야 한다)에 초점을 맞춰 종합적이고 체계적으로 규정하고 있다.

한편, 중처법은 도급인과 수급인 중 누가 의무주체인지가 불명확하고 도급인의 의무범위 또한 불확실한 상태이지만, ISO 45001은 도급인과 수급인의 역할이 구분되어 있고 각 의무주체의 위상과 역할에 맞는 요구사항을 규정하고 있다.

이외에도 중처법에는 안전원리 면에서 ISO 45001과 괴리가 있는 부분이 적지 않은데, 이는 중처법이 안전원리에 대한 충분한 이해 없이 다분히 '처벌'에 주안점을 두고 있는 반면, ISO 45001은 자율안전보건관리의 중요한 수단이라는 위상하에서 '예방'에 주안점을 두고 있기 때문이다.

중처법의 안전보건관리체계에 관한 규정에 국제기준에 맞지 않은 내용이 다수 포함된 것은 중처법이 '경영책임자 개인'에 대한 엄벌을 염두에 둔 결과라고 할 수 있다. 안전원리의 실현과 엄벌. 어느 것을 목적으로 할 것인가. 답은 자명하다.

칼럼 엄벌 만능주의와 책임의 외주화[256)]

'중대재해기업처벌법'(중대재해처벌법)으로 논란이 뜨겁다. 법안을 보자면 이념과잉을 넘어 섬뜩하다. 5개 법안 모두 전 세계 어느 기업도 준수할 수 없는 내용과 어느 나라에서도 유례를 찾아볼 수 없는 강한 처벌을 공통으로 담고 있다. 문명국가에서는 있을 수 없는 일이 정의라는 이름 아래 목전에서 벌어지고 있다.

최근 발의된 박범계 의원안도 법리적으로 문제가 많은 점에서는 다른 법안과 다르지 않다. 중대재해처벌법 주창자들에게는 재해감소라는 목

256) 정진우, 한국경제, 2020.12.30.

적을 달성하기 위해서라면 과정과 수단은 중요하지 않은 것 같다. 민주주의 결정체인 헌법 원칙도 액세서리로밖에 보이지 않는가 보다.

그 누구도 지킬 수 없는 법을, 그것도 엄벌로 다스리겠다고 하는 것은 재해도 줄이지 못하고 애먼 사람만 처벌에 노출시킨다는 점에서 무책임하기까지 하다. 더 큰 문제는 책임회피용으로 입법을 주장하는 자들도 적지 않다는 점이다. 본질적이고 구조적인 문제해결을 게을리해온 자신들의 책임을 가리면서 자신들이 마치 정의의 사도인 양하는 데 여념이 없다. '책임의 외주화' 의도가 역력하다.

이념만으로는 재해를 감소시킬 수 없다. 재해예방시스템을 제대로 갖추지 않은 채 엄벌주의 접근을 하는 사회주의 국가가 재해예방 후진국으로 머물러 있는 현실을 직시할 필요가 있다. 경험적으로 보면 엄벌만능주의는 무능하고 문제해결에 진정성이 없는 정권이 즐겨 사용하는 접근법이기도 하다.

엉성한 범죄구성요건과 비현실적인 예방기준과 같은 재해예방시스템의 문제는 개선하지 않고 처벌강화에만 의존하려는 것은 우리 사회를 경찰국가로 만드는 길이다. 유념해야 할 것은 처벌이 강한 축에 속하는 국가의 경우 충실한 예방행정시스템을 대전제로 하고 있다는 점이다.

강한 처벌을 규정하더라도 지킬 수 없는 법으로는 '군기'는 잡힐지 모르겠지만, 안전역량 강화로는 이어지지 않는다는 건 그간의 경험이 웅변하고 있다. 처벌보다 예방행정의 역량과 노력이 큰 역할을 한다는 점은 안전학계에선 상식이다. 미국, 일본 등보다 훨씬 많은 행정인력으로도 수준을 올리지 못하고 있는 고장 난 예방행정시스템을 정상화하지 않고는 처벌을 강화한들 별무소용이다.

엄벌보다 더 무서운 것은 이 법이 불명확한 내용으로 가득 차 있다는 점이다. 준법의지가 강하더라도 어디서부터 어디까지 무엇을 어떻게 해야 하는지를 알 수 없다. 법 집행자에게는 이처럼 편리한 법이 없겠지만, 기업과 경영자의 인권은 무방비 상태에 놓이게 된다.

중대재해처벌법이 제정되면 고용노동부 특별사법경찰과 일반경찰이 산업안전보건법 위반을 중복 수사하게 된다는 점도 큰 문제다. 특별사법경찰이 하던 산업안전보건법 수사업무를 일반경찰이 중복 담당하고 사실상 대체하는 우스꽝스러운 일이 발생하게 된다. 소규모 사업장 적용 유예, 인과관계 추정 등 한두 개 조항의 문제가 아니다. 전체적으로 대폭 수정하지 않으면 위헌, 중복수사, 실효성 등의 문제가 해결될 수 없다.

정치권에 묻고 싶다. 본인이나 가족이 기업을 운영하더라도 중대재해처벌법에 찬성할 수 있는가. 당신들이라면 이 법에 규정된 안전기준을 준수할 수 있다고 자신할 수 있는가. 이 질문에 긍정적인 답변을 못 하면서 이 법을 찬성한다면 기업은 안중에도 없는 '내로남불'이다.

처벌을 대폭 강화한 '김용균법'을 졸속 통과시키면서 호들갑을 떤 것이 불과 2년 전이다. 그때 입법에 앞장선 자들은 이 법이 산재문제를 크게 개선시킬 거라고 나팔을 불어댔다. 그런데 결과는 초라하기 이를 데 없다. 중대재해처벌법을 발의하기 전에 김용균법이 왜 제대로 작동하지 않는지에 대해 진지한 고민과 반성을 한 번이라도 해봤는가. 기업은 실험대상이 아니다. 무책임하다고 비난받아 마땅한 이유다. 진정 누구를 위한 법인가?

다. 도급, 용역, 위탁 등 관계에서의 안전보건확보의무(법 제5조, 시행령 제4조 제9호)[257]

해당 조문

▌법 제5조(도급, 용역, 위탁 등 관계에서의 안전 및 보건 확보의무) ▌

사업주 또는 경영책임자 등은 사업주나 법인 또는 기관이 제3자에게 도급, 용역, 위탁 등을 행한 경우에는 제3자의 종사자에게 중대산업재해가 발생하지 아니하도록 제4조의 조치를 하여야 한다. 다만, 사업주나 법인 또는 기관이 그 시설, 장비, 장소 등에 대하여 실질적으로 지배 · 운영 · 관리하는 책임이 있는 경우에 한정한다.

▌시행령 제4조(안전보건관리체계의 구축 및 그 이행에 관한 조치) 제9호 ▌

9. 제3자에게 업무의 도급, 용역, 위탁 등을 하는 경우에는 종사자의 안전 · 보건을 확보하기 위해 다음 각 목의 기준과 절차를 마련하고, 그 기준과 절차에 따라 도급, 용역, 위탁 등이 이루어지는지를 반기 1회 이상 점검할 것
   가. 도급, 용역, 위탁 등을 받는 자의 산업재해 예방을 위한 조치 능력과 기술에 관한 평가기준 · 절차
   나. 도급, 용역, 위탁 등을 받는 자의 안전 · 보건을 위한 관리비용에 관한 기준
   다. 건설업 및 조선업[258]의 경우 도급, 용역, 위탁 등을 받는 자의 안전 · 보건을 위한 공사기간 또는 건조기간에 관한 기준

---

257) 중대재해처벌법 시행령 제4조 제1~9호와 제5조는 중대재해처벌법 제4조와 제5조 모두에 연결되어 있다. 즉, 시행령 제4조 제1~8호와 제9호는 법률 제4조와 제5조 중 어느 한 조문에만 연결되는 것은 아니다. 다만, 여기에서는 설명의 편의상 시행령 제4조 제9호를 법률 제5조 부분에 배치해 놓았다. 이 때문에 이 부분은 앞의 '나. 경영책임자의 안전보건확보의무' 부분과 설명이 일부 중복된다.

258) 조선업은 '한국표준산업분류'상의 용어가 아닌 데다가 산업안전보건법에선 '선박의 건조 또는 수리'라는 표현을 사용하고 있어, 조선업의 범위를 둘러싸고 혼란이 발생할 수 있다.

(1) 개설

'발주'는 대부분 '도급'의 성질을 가지고 있다. 사전적인 의미로는, 예컨대 건설공사 발주는 건설공사 도급과 동일한 의미를 가지고 있다. 따라서 중대재해처벌법에 '발주'라는 표현이 없다고 하여 발주에 해당하는 것은 본법의 규제대상에서 제외되었다고 생각하는 것은 잘못이다.[259)]

중대재해처벌법 제4조와 제5조의 의무주체와 관련해서는, 법문의 통상적인 의미 내에서 입법취지와 목적, 입법연혁 등을 고려한 해석을 한다면, 도급인 등의 지위에 있는 자에게만 의무를 부과하고, 수급인 및 하수급인 등 협력업체의 지위에 있는 자에게는 특수한 경우를 제외하곤 의무를 부과하고 있지 않다고 해석된다.[260)]

제3자의 종사자와 직접적인 근로관계, 도급·용역·위탁관계에 있는 자가 별도로 있음에도 불구하고 원칙적으로 도급·용역·위탁관계의 최상위 조직(법인 또는 기관)의 경영책임자에게 사실상 모든 영역(안전보건관리체계 영역, 시설 및 기계·설비적 영역, 작업관리적 영역, 작업행동적 영역)의 안전보건조치를 직접적으로 취하도록 하는 것을 의도하고 있음에 유의해야 한다.

이와 같이 중대재해처벌법 제4조와 제5조의 의무주체를 도급인 등으로 보게 되면, 도급인 등의 입장에선 동 규정이 헌법상의 원칙인 과잉금지의 원칙과 책임의 정도를 초과하지 않는 범위 내에서 형벌이 부과되어야 한다

---

259) 국회 법제사법위원회 논의에서도 발주는 사실상 도급과 같은 개념이므로 도급과 별도로 발주를 규정할 실익이 없다고 판단하고 '발주'표현은 삭제하는 것으로 정리되었다[제383회 국회 법제사법위원회 법안심사제1소위원회 제5차 회의록(54~55쪽) 참조].

260) 협력업체의 경영책임자는 중대재해처벌법의 의무를 직접적으로 부담하는 경우는 거의 없지만, 중대재해처벌법의 의무가 업무상과실치사상죄의 주의의무의 근거가 되는(주의의무에 포섭되는) 방식으로 중대재해처벌법의 의무를 간접적으로는 부담한다고 볼 수도 있다.

는 책임주의 원칙에 위배될 소지가 크다. 그리고 현실에서는 관계수급인 등이 도급인 등보다 규모가 큰 경우도 적지 않은데, 도급인 등이라는 이유만으로 강한 형사처벌을 배경으로 관계수급인 등의 종사자에 대해 작업행동적 영역을 포함한 모든 영역의 안전보건조치를 강제하는 것은 합리성과 실효성 면에서도 문제가 있다.

한편, 관계수급인 등이 재차 도급, 용역, 위탁 등을 주지 않는 경우, 중대재해처벌법 제4조는 도급, 용역, 위탁 등을 주는 것을 전제로 하지 않으므로 해당 관계수급인 등에 대해 경우에 따라서는 제4조에 따른 의무가 적용될 여지도 있지만, 도급, 용역, 위탁 등을 주는 것을 전제로 하는 제5조는 재차 도급, 용역, 위탁 등을 주지 않는 관계수급인 등에게는 의무가 적용될 여지가 전혀 없다. 같은 법에서 동일한 주체가 동일한 의무를 제4조에 따라서는 이행해야 하고 제5조에 따라서는 이행하지 않아도 되는 커다란 모순(어느 조문에 맞춰야 할지 판단할 수 없는 문제)이 발생하고 있는 것이다.

(2) 실질적으로 지배 · 운영 · 관리하는 책임

도급인 등과 관계수급인 등의 의무를 둘러싸고 산업안전보건법 등 기존 안전보건관계법과 중대재해처벌법 간에 의무주체가 달라 법률 간에 모순과 충돌이 발생하고 있고, 그 결과 도급인 등이 구체적으로 어느 범위까지, 어떻게 안전보건조치를 해야 하는지 매우 불명확한 상태이다. 예를 들면, 관계수급인 등의 근로자의 안전보건 확보를 위한 안전보건관계법령에 따른 각종 의무(중대재해처벌법 시행령 제5조 제2항 제1 · 2호)와 안전보건교육 실시의무(중대재해처벌법 시행령 제5조 제2항 제3 · 4호)의 경우, 산업안전보건법령(산업안전보건기준에 관한 규칙 제외) 등 기존 안전보건관계법령에서는 기본적으로 관계수급인 등이 이행하도록 규정하고 있는 반면에, 중대재해처벌법에서는 기본적으로 시설, 장비, 장소 등에 대하여 실질적으로 지배 · 운영 · 관리하는 자로 간주될 가능성이 농후한 도급인 등이 이행해야 한다는 식으로 규정하고 있다. 다시 말해서, 안전보건교육뿐만 아니라 산업안전보건기준에 관한 규칙을 제외한 산업안전보건법령(법률 · 시행령 · 시행규칙, 유해 · 위험작업의 취업 제한에 관한 규칙)[261]에 규정되어 있는 의무의 상당부분에서 의무주체의 충돌이 발생하고 있다.

산업안전보건법에서는 도급인(발주자)의 의무로 해석되는 것이 중대재해처벌법에서는 수급인의 의무로 해석될 수 있는 경우도 있을 수 있다. 중대재해처벌법 제5조 단서에서 "실질적으로 지배 · 운영 · 관리하는 책임이 있는 경우에 한정한다."는 표현이 있는바, 수급인이 도급인(발주자)의 사업장에서 작업을 수행하더라도 도급작업의 전문성(도급인의 도급작업에 대한 비전문성), 도급인(발주자)의 사업과 도급작업의 비연계성 등 때문에 도급작업이 수급인에 의해 독립적으로 수행될 수밖에 없는 경우에는 중대재해처벌법 제5조의 의무주체는 하수급인에게 도급을 주는 수급인이라고 보아야 할 것이다.[262), 263)] 그런데 산업안전보건법에서는 이러한 경우에도 수

261) 산업안전보건법 제63조(도급인의 안전조치 및 보건조치)에 따라 도급인은 고용노동부령으로 정하는 안전보건조치를 하여야 하는바, 고용노동부령에서 도급인의 의무를 수급인의 의무와 구분하여 규정하고 있지 않아 안전보건조치의 내용은 수급인과 동일한 것으로 해석될 수밖에 없다. 이 경우 고용노동부령은 산업안전보건기준에 관한 규칙을 가리킨다. 고용노동부령 중 산업안전보건법 시행규칙과 유해 · 위험작업의 취업 제한에 관한 규칙은 산업안전보건법 제63조를 위임 조문으로 규정하고 있지 않기 때문이다(즉, 산업안전보건기준에 관한 규칙만 산업안전보건법 제63조를 위임 조문으로 규정하고 있기 때문이다).

262) 이와 같은 경우, 의무와 별개로 책임에 있어서는 도급인, 수급인(하수급인) 어느 누구에 대해서도 증대재해처벌법 단서 규정에 의해 '시설, 장비, 장소 등을 실질적으로 지배 · 운영 · 관리하는 책임'이 있는 자라고 볼 수 없는 경우도 발생할 수 있다.

263) 수급인의 작업형태 · 내용에 관계없이 사업 또는 사업장에 대한 실질적인 지배 · 운영 · 관리자를 의무주체로 하는 중대재해처벌법 '제4조'에 의해서는 사업장을 점유의 관점에서 보지 않는 한 수급인은 의무주체 및 처벌 대상이 될 수 없는 것으로 해석된다.

급인이 도급인(발주자)의 사업장에서 작업을 한다는 이유만으로 도급인(발주자)에게 수급인의 근로자에 대한 안전보건확보의무(그것도 수급인과 동일한 안전보건확보의무)를 부과하고 있는바, 결국 중대재해처벌법(특히 제5조)에서는 수급인의 의무로 해석되는 것이 산업안전보건법에서는 도급인(발주자)이 수행하여야 하는 의무로(도) 해석될 수 있다. 예컨대 도급인(발주자)의 사업장 내에서 도급에 의해 엘리베이터 설치공사가 이루어지고 수급인이 도급받은 설치공사의 일부를 하도급하는 경우, 수급인의 근로자에 대한 안전보건조치가 산업안전보건법에서는 도급인(발주자)의 의무로(도) 해석될 수 있지만, 중대재해처벌법(특히 제5조)에서는 수급인의 의무로 해석될 수 있다.

전술한 바와 같이, 민사법이나 형벌이 수반되어 있지 않은 규정과는 달리 형사법, 그중에서도 강한 형사처벌이 수반되는 규정은 특히 엄격하게 해석되어야 하는 것이 죄형법정주의 원칙(유추적용금지의 원칙)이다. 따라서 중대재해처벌법상 형사처벌과 직결되는 규정에 해당하는 "실질적으로 지배·운영·관리하는 사업 또는 사업장"에서의 '지배·운영·관리'[264)]는 엄격해석에 입각해야 하는 형법해석의 원칙상 '또는(or)'의 관계가 아니라 '그리고(and)'의 관계로 보아야 할 것이다. 즉, 지배하고 운영하며 관리하는 자만이 의무주체가 된다.[265)]

대법원도 형법법규에 표현되어 있는 가운뎃점을 '와/과'의 의미로 해석

---

264) 산업안전보건법(제10조 제2항)에서는 "도급인의 사업장(도급인이 제공하거나 지정하는 경우로서 도급인이 지배·관리하는 대통령령으로 정하는 장소를 포함한다)"(밑줄은 필자)라고 규정하고 있는바, 중대재해처벌법은 산업안전보건법과 엄연히 다른 법이기 때문에, 산업안전보건법상의 '지배·관리하는 장소'의 의미를 중대재해처벌법상의 '실질적으로 지배·운영·관리하는 사업 또는 사업장'이나 '시설, 장비, 장소 등을 실질적으로 지배·운영·관리하는 책임이 있는 경우'에 그대로 차용할 수는 없다.

265) '또는(or)'의 관계로 해석하면 이하에서 설명하는 이유로 위헌적 결과를 초래하게 된다.

하고 있다. 즉, "가운뎃점(·)은 단어 사이에 사용할 때 일반적으로 '와/과'의 의미를 가지는 문장부호이다. 따라서 위 조항[266)]에서 말하는 '복제·배포'는 그 문언상 '복제하여 배포하는 행위'라고 해석할 수 있다. (중략) 죄형법정주의의 원칙상 형벌법규는 문언에 따라 해석·적용하여야 하고 피고인에게 불리한 방향으로 지나치게 확장해석하거나 유추해석해서는 안 된다. 이러한 견지에서 '복제·배포'의 의미를 엄격하게 해석하여야 한다. 결국 저작물을 '복제하여 배포하는 행위'가 있어야 저작물의 발행이라고 볼 수 있고, 저작물을 복제한 것만으로는 저작물의 발행이라고 볼 수 없다."고 판시한 바 있다.[267)]

그리고 '지배·운영·관리'를 '와/과(and)'의 관계가 아닌 '또는(or)'의 관계로 보게 되면, 예컨대 지배자(A)와 운영자(B), 지배자(A)와 관리자(C) 또는 지배자(A)와 운영자(B) 및 관리자(C)가 각각 따로 존재하는 경우 작위의무, 즉 예방(이행)의무의 주체(현실의 행위책임자)를 특정하는 것이 매우 곤란하여 '예방(이행)의무'의 주체가 누구인지 판단할 수 없게 된다.[268), 269)] 관계자들이 공동의무를 진다는 말도 없기 때문이다. 게다가 각자가 어떤 의무를 어디에서부터 어디까지 이행해야 할지도 매우 불명확해진다. 따라서 '지배·운영·관리'의 상호관계를 '또는'의 의미로 보게 되면 이 부분이 죄형법정주의가 요구하는 형벌법규의 명확성의 원칙에 정면으로

---

266) "발행은 저작물 또는 음반을 공중의 수요를 충족시키기 위하여 복제·배포하는 것을 말한다." (저작권법 제2조 제24호).

267) 대법원 2018.1.24. 2017도18230 판결.

268) 예컨대 발주자가 소유하고 있는 장소에서 신축공사를 하는 경우, 발주자(경영책임자)가 본법상의 의무주체인지, 원수급인이 의무주체인지, 또는 하수급인이 의무주체인지 도저히 구분할 수 없게 된다.

269) 가운뎃점의 의미는 부작위의무보다는 작위의무, 즉 이행의무에서 문제될 수 있다.

위배된다는 것을 자인하는 셈이 된다.

입법자는 다분히 도급, 용역, 위탁 등을 행한 자를 의무주체로 의도하였다고 생각되지만, 형법해석은 엄격해석을 원칙으로 하고 '입법자'의 의사(의도)가 아닌 '법률'의 의사, 즉 문언의 의미를 중시하여야 하므로 법문언의 통상적인 의미를 벗어나 입법자의 의사대로 해석하는 것은 금지된다는 점에 유의할 필요가 있다. 따라서 도급, 용역, 위탁 등을 행한 자라 하더라도 시설, 장비, 장소 등에 대하여 지배하고 운영하며 관리하는 위치에 있지 않으면 의무주체라고 볼 수 없을 것이다.

이 기준으로 본다면, 발주자(도급인 등), 시공업체 모두 중대재해처벌법 제4조 또는 제5조의 의무주체에 해당하지 않는 경우도 얼마든지 생길 수 있다. 둘 중 어느 한 주체를 반드시 이 법에 따른 의무주체로 보아야 하는 것은 아니기 때문이다.[270)]

건설업의 경우 발주자(건설공사를 건설사업자에게 도급하는 자로서 수급인 중 도급받은 건설공사를 하도급하는 자는 제외한다)가 그의 사업장 밖에서 시공 중인 건설현장(시공업체)에 대해 감리를 하는 경우, 설령 직접 감리를 하더라도 시설, 장비, 장소 등을 (실질적으로) 지배, 관리 외에 (실질적으로) 운영까지 한다고는 볼 수 없으므로,[271)] 시설, 장비, 장소 등을 실

270) 건설업의 경우 발주자(건설공사를 건설사업자에게 도급하는 자로서 수급인 중 도급받은 건설공사를 하도급하는 자는 제외한다)에게 시설, 장비, 장소 등을 지배 · 관리 · 운영하는 책임이 있다고 보기는 어렵다. 더군다나 지배 · 운영 · 관리 간의 관계를 '와/과(and)'의 관계로 본다면 발주자가 지배하고 관리하며 운영하는 위치에 있다고 보기는 더욱 어렵다. 발주자가 의무주체가 아니라고 해서 기계적으로 시공업체가 의무주체에 해당한다고 볼 것은 아니다. 발주자와 시공업체 중 어느 한 주체가 반드시 의무주체에 귀속되어야 하는 것은 아니기 때문이다. 즉, 의무주체의 법적 요건을 충족하는 자가 아예 존재하지 않는 경우도 발생할 수 있기 때문이다.

271) 이런 경우 실질적인 지배, 관리도 발주자가 한다고 보기에는 어려움이 있다. 발주자가 실질적으로 지배, 관리하는 부분이 있더라도, 그 강도로 볼 때 수급인이 발주자보다 더 강하게(직접적으로), 즉 실질적으로 지배, 관리하기 때문이다.

질적으로 지배・운영・관리하는 책임이 있는 자에 해당한다고 볼 수 없을 것이다.[272]

'시설, 장비, 장소 등'을 (실질적으로) 지배・운영・관리한다는 이유로 발주자(도급인)에게만 의무를 부과하고 책임을 묻는 규정을 두면서 '작업'을 (실질적으로) 지배・운영・관리하는 관계수급인 등에게는 아무런 의무를 부과하지 않고 책임도 규정하고 있지 않은 것은 근대형법의 철칙인 책임주의 원칙에 위배될 소지가 크다.

한편, 수급인의 발주(도급)작업이 발주자(도급인)가 운영하고 있는 사업장 내에서 발주자(도급인)의 작업과 공간적으로 확연히 구분되면서 발주자(도급인)의 작업과 업무적 관련성도 없고 발주(도급)업무의 성격으로 보아 발주자(도급인)에게 그 업무에 대한 전문성을 기대하기 어려운 건설공사를 발주(도급)하는 경우(예 : 구내식당의 보수공사를 외부업체에 도급 주는 경우, 엘리베이터 설치・해체공사를 외부업체에 도급 주는 경우, 건물 외벽 도색작업을 외부업체에 도급 주는 경우)의 발주자(도급인)는 시설, 장비, 장소 등에 대하여 실질적으로 지배・운영・관리하는 책임이 있는 경우(중대재해처벌법 제5조 단서 참조)에 해당하지 않는다고 해석된다.[273), 274]

---

272) 그렇다면 건설업에서 재해방지에 중요한 역할을 하는 발주자의 경우 중대재해처벌법의 의무대상에서는 누락되어 있는 셈이다. 이러한 법적 공백이 입법자가 의도한 것이 아니고 객관적으로도 입법적 결함에 해당한다면, 이 문제는 법의 해석 · 적용자가 해석으로 해결할 일이 아니라 입법(부)이 해결해야 할 사항이다.

273) 이런 경우에는 발주자(도급인)가 발주(도급)업무가 이루어지고 있는 장소를 실질적으로 지배 · 운영 · 관리하고 있다고 보기 어려우므로[발주(도급)공사가 이루어지고 있는 동안에는 시공업체가 그 장소, 시설을 점유하고 있어 지배 · 운영 · 관리하고 있다고도 볼 수 있으므로, 또는 발주자(도급인)는 중대재해처벌법 제5조의 단서의 면책규정에 해당하므로], 해당 발주자(도급인)는 중대재해처벌법상 시설, 장비, 장소 등에 대하여 실질적으로 지배 · 운영 · 관리하는 책임이 있는 경우에 해당하지 않는다고 해석된다.

274) 다만, 고용노동부는 산업안전보건법상 의무주체로서의 도급인과 건설공사 발주자의 개념에 대

그리고 예컨대 발주자(도급인)가 사업을 운영하고 있는 장소와 공간적으로 확연히 떨어져 있는 별개의 장소에서 시공업체에 건설공사를 발주(도급)하여 건설공사가 이루어지는 경우에는, 발주자(도급인)가 설령 해당 부지(premises)의 소유자라고 하더라도, 발주자(도급인)에게 해당 시설, 장비, 장소 등을 실질적으로 지배하고 운영하며 관리하는 책임이 있다고 볼 여지는 없다. 따라서 이러한 경우에는 발주자(도급인)에게 안전보건확보의무가 있다고 보기 어렵고 수급인이 시설, 장비, 장소 등을 지배・운영・관리한다고 보아야 할 것이다.

정부 해설서에서는 "시설, 장비, 장소 등에 대하여 실질적으로 지배・운영・관리하는 책임이 있는 경우"에 대하여 "중대산업재해 발생 원인을 살펴 해당 시설이나 장비 그리고 장소에 관한 소유권, 임차권, 그 밖에 사실상의 지배력을 가지고 있어 위험에 대한 제어 능력이 있다고 볼 수 있는 경우를 의미함"라고 설명하고 있는바,[275] 소유권을 가지고 있다고 하여 사실상의 지배력이 있다고 등치시키는 것은 논리적 비약이고, 나아가 위험에 대한 제어 능력이 있다고 연결시키는 것은 근거가 매우 빈약하다. 장소, 시설 등 물리적 공간에는 문제가 없는데, 잘못된 작업방법・절차, 작업행동이 위험을 창출하는 경우도 적지 않다. 그리고 위의 해설은 (예방)의무이행주체(같은 대상을 놓고 소유자와 점유자가 다른 경우, 또는 지배자, 관리자, 운영자가 별도로 존재하는 경우 등)를 둘러싸고 발생할 수 있는 쟁점에 대하여 아무런 답을 주고 있지 못하고 있다. 게다가 "위험에 내한 제어 능력이 있다고 볼 수 있는 경우"라는 표현으로 법문의 가능한 의미를 벗어나

해 법적 근거 없이 자의적이고 불합리하게 해석하고 있다. 이에 대해서는 정진우, 『산업안전보건법(개정증보 제5판)』, 중앙경제, 2022, 71~73쪽을 참조하기 바란다.

275) 고용노동부, 중대재해처벌법 해설 – 중대산업재해 관련 –, 2021.11.17, 109쪽 ; 대검찰청, 중대재해처벌법 벌칙해설, 2022.1, 241~242쪽.

유추적용하는 것과 같은 결과를 초래하고 있다.[276] 한편, 사후책임주체가 아닌 중대재해 발생 전의 '(예방)의무주체(누가 이 법상의 안전보건확보의무를 이행해야 하는지)'를 특정하는 문제에 대해 "중대산업재해 발생 원인을 살펴" 정하겠다는 것은 중대재해가 발생한 후에 사후적으로 판단하겠다는 무책임하고 비논리적인 설명으로서 예방의무의 이행(예측가능성의 확보를 통한 예방효과)에는 관심이 없고 처벌하는 데만 초점을 맞추겠다는 발상에 다름 아니다. 그리고 "사실상의 지배력", "위험에 대한 제어능력"이라고 하는 매우 추상적이면서 파편적인[277] 설명을 하고 있는 것도 문제이다.[278]

(3) 시설, 장비, 장소 등

"그 시설, 장비, 장소 등에 대하여 실질적으로 지배・운영・관리하는 책임이 있는 경우"에서 시설, 장비, (작업)장소 간의 상호관계는 '또는(or)'의 관계로 해석되는바, '시설, 장소'를 실질적으로 지배・운영・관리하는 (책임이 있는) 자와 '장비'[279]를 실질적으로 지배・운영・관리하는 (책임이 있는) 자가 서로 다른 자인 경우, 그중 누가 실질적으로 지배・운영・관리하

---

276) '위험에 대한 제어 능력'의 경우, 예컨대 도급인(발주자), 수급인, 하수급인 등 중 어느 한 주체만 가지는 것이 아니라 일반적으로는 정도 차이가 있을 뿐 관계되는 자 모두 위험에 대한 능력을 가지기 때문에, 정부의 설명으로는 도저히 (예방)의무이행주체를 특정할 수 없다. 위험에 대한 제어 능력이 여러 주체에게 있는 경우가 일반적인 점을 고려할 때, 예컨대 도급인(발주자)이 위험에 대한 제어 능력을 일부 가지고 있다고 하여 도급인(발주자)만을 (예방)의무이행주체로 설정하는 것은 이분법적 접근이다.

277) 법문에서는 지배 외에 운영, 관리라는 말도 규정되어 있는데, 해설서에서는 '지배력'이라는 말만 언급하고 있고 운영, 관리에 대한 언급은 누락되어 있다.

278) 도급인의 사업장에서 수급인이 도급작업을 수행하는 경우, '사실상의 지배력'이나 '위험에 대한 제어 능력'은 도급인뿐만 아니라 수급인에게도 있다고 할 수 있다. 결국 이런 모호한 기준으로는 중대재해처벌법상의 각종 예방의무의 주체를 특정할 수 없는 문제가 그대로 남게 된다.

279) 장치와 설비를 가리킨다. 도구가 포함된다고 봐야 할지는 불명확하다.

는 자에 해당하는지가 매우 모호한 상태이다(그리고 각자가 어떤 의무를 어디에서부터 이디까지 이행해야 할지도 매우 불명확하다). 예컨대 시설, 장소는 도급인 등이 소유자로서 지배・운영・관리하고 장비는 관계수급인 등이 지배・운영・관리할 경우 중대재해처벌법령상의 여러 의무를 누가 이행해야 할지 특정하는 것이 현실적으로 불가능하다. 이 문제는 의무주체를 실질적으로 '시설, 장소'를 지배・운영・관리하는 자와 '장비'를 실질적으로 지배・운영・관리하는 자로 구분하여 설정하고 있지 않은 데에서 기인한다. 입법론적으로 문제가 있다고 하지 않을 수 없다. 현 규정하에서는 시설, 장소를 실질적으로 지배・운영・관리하는 자는 시설, 장소에 대해서, 장비를 실질적으로 지배・운영・관리하는 자는 장비에 대해서 각각 중대재해처벌법 제5조의 예방의무를 부담한다고 해석해야 할 것으로 판단된다.[280)]

문제는 업무를 도급, 용역, 위탁 등을 준 경우 중대재해처벌법 제4조와 제5조가 사실상 동일한 보호 대상(제3자의 종사자 : 각 단계의 관계수급인 등의 근로자, 관계수급인 등에게 노무를 제공하는 특수형태근로종사자, 1인 사업자)[281)]에 대해 의무주체의 요건을 다르게 규정하고 있다는 점이다. '시설,[282)] 장소'를 실질적으로 지배・운영・관리하는 자와 '장비'를 실질적으로

280) 물론 이 경우 이 법에 따른 이행의무의 부담자는 시설, 장소든 장비든 실질적으로 지배・운영・관리하는 사가 도급, 용역, 위탁 등을 행한 경우를 전제로 한다.

281) 중대재해처벌법 제4조에 '도급, 용역, 위탁 등을 행한 경우'라는 수식어가 규정되어 있지 않더라도, 이 제4조의 보호 대상인 종사자에 용어정의상 모든 형태의 노무제공자가 포함되어 있기 때문에(즉, 제4조의 '종사자'의 개념에 제5조의 '제3자의 종사자'가 이미 포함되어 있기 때문에), 제4조의 '종사자'와 제5조의 '제3자의 종사자'는 도급, 용역, 위탁 등을 행하는 자의 직영 근로자가 아닌 자의 경우 보호 대상의 범위에 있어 제5조에서 제3자(도급, 용역, 위탁 등을 받은 자)가 제외되는 점 외에는 동일하다(중복된다)고 할 수 있다. 따라서 제5조를 제4조와 별도로(다분히 중복적으로) 규정한 것에는 후술하는 논리적 정합성 측면에서의 문제 외에 입법기술적 측면에서도 문제가 있다고 하지 않을 수 없다.

282) 시설에는 예컨대 상하수도 시설, 저장 시설, 오락 시설, 캠핑 시설, 교육 시설, 교통 시설, 편의

지배·운영·관리하는 자가 다를 경우, 제5조에 따르면 위에서 설명한 것과 같이 해석할 수 있지만(해석에 다소 무리가 있긴 하지만), 제4조에 따르면 '시설, 장비, 장소 등'이 아니라 (사업 또는) '사업장'[283]을 기준으로 하고 있기 때문에, '장비'를 실질적으로 지배·운영·관리하는 자에 대해서는 '사업장'을 실질적으로 지배·운영·관리하는 자와 별도로 의무를 진다고 해석할 수 있는 법적 근거가 전혀 없다.

한편, 제4조의 '사업장'과 제5조의 '시설, 장소'는 유사하지만 동일한 개념이라고 볼 수 없다. 일반적으로 '사업장'이 '시설, 장소'보다 넓은 의미로 사용되고 있다. 즉, 시설, 장소는 사업장의 일부인 것으로 볼 수 있는 경우가 적지 않다. 따라서 사업장을 실질적으로 지배·운영·관리하는 자와 사업장의 일부인 '시설, 장소'를 실질적으로 지배·운영·관리하는 자를 달리 볼 수 있는 경우가 얼마든지 있을 수 있다. 예를 들면, 사업장 내의 일정한 장소에서 외부업체가 도급인(발주자)의 작업장소와 공간적으로 확연히 구분되는 신축공사, 증축공사, 대정비공사 등을 하는 경우, 해당 '사업장'의 '소유자'는 도급인(발주자)이지만 해당 '시설, 장소'의 '점유자'는 수급인(시공업체)인바, 대체적으로 '사업장 전체'에 대해서는 소유자[도급인(발주자)]가 실질적으로 지배·운영·관리하는 자에 해당하지만, 해당 '시설, 장소'에 국한해서는 점유자(수급인)가 실질적으로 지배·운영·관리하는 자에 해당한다고 보아야 할 것이다.

그렇다면 제3자에게 도급, 용역, 위탁 등을 준 경우로서 '사업장'을 실질적으로 지배·운영·관리하는 자와 '장비'를 실질적으로 지배·운영·관

시설 등이 있다.

283) 전술한 바와 같이, 중대재해처벌법 제4조의 '사업 또는 사업장'과 관련해서는, '사업'의 장소적 개념이 '사업장'이므로 '사업'과 '사업장'은 사실상 동일한 의미인 것으로 해석되어, '사업'이라는 표현은 빼고 '사업장'이라는 표현만 사용해도 무방하다.

리하는 자가 다른 경우, 또는 '사업장'을 실질적으로 지배 · 운영 · 관리하는 자와 '시설, 장소'를 실질적으로 지배 · 운영 · 관리하는 자가 다른 경우, 중대재해처벌법상의 의무를 누가 이행해야 하는지를 둘러싸고 제4조와 제5조가 충돌되는 문제가 발생할 수 있다.

입법의 흠결이라고 할 수 있지만, 현 규정을 기초로 해석을 한다면, 제3자에게 도급, 용역, 위탁 등을 준 경우에 대해선 제5조가 제4조에 대한 특별규정에 해당하는 것으로 보아 제5조에 따라 해석하는 것이 합리적이라고 판단된다. 그리고 실질적으로 지배 · 운영 · 관리하는 자의 책임을 한정한 제5조의 단서(면책규정)를 고려하면, 제4조와 제5조 본문에 의해 의무주체에 해당하더라도 제5조 단서의 면책규정에 해당하면 해당 책임에서 벗어날 수 있다고 보아야 할 것이다.

한편, 제4조의 '사업장'에는 해당되지 않지만 제5조의 '장소'에는 해당되는 곳이 있을 수 있다. 어느 업체가 사업장 밖에 소재한 건물, 시설, 기계 · 설비 등을 소유는 하고 있지만 직원 등을 두고 업무를 운영하는 것이 아니라면, 그곳은 해당 업체의 사업장에는 해당하지 않고 '장소'라고 표현할 수는 있을 것이다.[284] 물론 그 장소에 대해 해당 업체가 실질적으로 지배 · 운영 · 관리하는 책임이 있다고 볼 수 있는지는 별도로 판단할 문제이다.[285]

---

284) 예컨대 지자체가 소유하고 있는 도로의 환경미화업무를 민간대행업체가 담당하고 있는 경우, 도로는 지자체의 '사업장'(사업이 이루어지는 장소)이라고 볼 수는 없지만 '장소'에는 해당될 수 있는 여지가 있다. 또 다른 예로 한국전력이 소유하고 있는 전봇대에서의 전기작업을 전기공사업체가 담당하고 있는 경우, 전봇대는 한국전력의 '사업장'이라고 볼 수는 없지만 '장소'에는 해당될 수 있는 여지가 있다.

285) 장소를 소유하고 있다는 이유만으로 당해 장소에 대해 실질적으로 지배 · 운영 · 관리하는 책임이 있는 것으로 직결시키는 것은 논리적 비약으로서 지나친 자의적 해석(유추해석)이라고 할 수 있다. 장소 소유와 작업에 대한 위험관리는 다른 차원의 것으로서 장소 소유 주체와 작업에 대한 위험관리 주체가 다른 경우가 얼마든지 있을 수 있기 때문이다.

전문공사업체가 전문공사(전기공사, 정보통신공사 등)를 종합공사업체를 통하지 않고 발주자로부터 직접 도급받은 경우, '시설, 장비, 장소 등의 실질적인 지배·운영·관리'개념의 모호함 때문에, 해당 전문공사에 대한 안전보건조치의 의무주체(시설, 장비, 장소 등을 실질적으로 지배·운영·관리하는 책임주체)가 당해 건설현장을 종합적으로 계획, 관리 및 조정을 하는 종합공사업체에 있는지, 발주자로부터 전문공사를 직접 도급받은 전문공사업체에 있는지 매우 불명확한 상태임에 유의해야 한다.

실질적으로 지배·운영·관리하는 주된 대상을 시설, 장비, 장소 등으로 규정하고 있고, 이론적으로 볼 때 보다 중요한 대상이라고 볼 수 있는 '작업(work)'이 사실상 누락되어 있다. '등'이라는 표현이 있지만 '등'에 시설, 장비, 장소와 이질적인 '작업(work)'이 포함되어 있다고 보는 것은 형벌규정의 엄격해석의 원칙상 불가능하다. 그 결과, 실질적으로 지배·운영·관리하는 의무주체에 대한 해석을 놓고 많은 불합리와 혼란이 불가피하게 발생할 수 있는 점에 각별히 유의할 필요가 있다.

한편, 중대재해처벌법에서 의무·책임주체를 주로 노무가 제공되는 '공간'의 관점[사업장(법 제4조) 또는 시설, 장소(법 제5조)]에서 정하고 있는 결과, 중대산업재해 영역의 위험관리에서 중요한 영향을 미치는(권한을 가지고 있는) 위치에 있지만 노무가 제공되는 '공간'과는 무관한 제조·수입·판매업체에 대해선 이 법으로 처벌할 수 없게 되는 불합리(공백)가 발생하고 있다. 즉, 노무가 제공되는 공간을 지배·운영·관리하는 자보다 사회유해성 또는 불법성이 보다 강할 수 있는 제조·수입·판매업체에 대해서는 중대재해처벌법으로 아예 처벌을 할 수 없는 문제를 안고 있다. 결국 제조·수입·판매업체에 대해서는 중대재해처벌법보다 처벌수준이 약한 산업안전보건법 등으로 처벌할 수밖에 없어 책임과 관련된 형평성의 문제가 발생하고 있다.[286)]

(4) 임대차관계의 법 적용 여부

중대재해처벌법 제5조는 보호 대상을 제3자의 '종사자'로 규정하고 있는바, 종사자라 함은 도급, 용역, 위탁 등 계약의 형식에 관계없이 그 사업의 수행을 위하여 대가를 목적으로 노무를 제공하는 자를 말한다(법 제2조 제7호). 따라서 본조는 계약에 노무를 제공하는 내용이 포함되어 있는 경우에만 적용된다.

어떤 구내시설이 임대차계약 관계에 있을 뿐 노무를 제공하는 관계가 아니라면, 임대인 측에서 건물소유자로서 점검을 실시하더라도 본조가 적용된다고 볼 수는 없다. 따라서 임대차계약 관계에 있을 뿐인 사내복지시설(식당, 약국, 매점, 병원, 카페, 은행, 핸드폰 판매매장, 미용실 등)은 임대인 측에서 소방안전점검과 위생점검 등을 실시한다고 하더라도 노무를 제공하는 관계는 아니므로, 본조가 적용되지 않는다고 봐야 할 것이다.

반면, 외부업체가 컨설팅, 인증심사, 보안관리 등을 위해 이를 제공받는 업체에 방문하는 경우에는 노무를 제공한다는 내용이 명시적 또는 묵시적으로 계약에 포함되어 있을(외부업체에 노무제공의 대가를 지불할) 것이므로 본조의 적용 대상이 된다고 해석된다.

(5) 책임을 둘러싼 쟁점 및 문제점

사업장이나 시설, 장소의 소유자 또는 점유자와 그곳의 위험을 직접 관리하는 자(예컨대, 작업의 위험을 관리하는 자)가 다를 경우, 누가 이 법의

286) 2022년 실제로 발생한 세척제(트리클로로메탄)에 의한 근로자 집단 독성간염 사고에서도 세척제 사용업체(두성산업, 대흥알엔티)만 중대재해처벌법 위반 여부가 문제되었고, 세척제를 제조하여 양도 · 제공한 업체(유성케미칼)는 산업안전보건법, 화학물질관리법 위반만 문제되었을 뿐 중대재해처벌법 위반 대상으로는 거론조차 되지 않았다.

의무를 이행해야 하는지 매우 불명확한 문제가 있다. 만약 사업장이나 시설, 장소의 소유자 또는 점유자를 의무주체로 보게 되면 사업장이나 시설, 장소의 위험을 직접 관리하는 자는 의무주체에서 제외되는 모순이 발생한다.

이 법에서는 의무주체가 다분히 장소를 기준으로 설정되어 있고(제4조 : 사업 또는 사업장[287]을 실질적으로 지배·운영·관리하는 자, 제5조 : 시설, 장비, 장소 등에 대하여 실질적으로 지배·운영·관리하는 책임이 있는 자)(밑줄은 필자), '작업'의 위험을 관리해야 하는 자(작업자와 고용관계에 있는 자인 경우가 많다)는 제외되어 있어, 이 법상의 의무 위반과 중대재해 발생 간의 상당인과관계가 부정될 가능성이 높다. 중대재해를 포함한 산업재해의 상당수는 장소적 문제보다는 작업의 위험관리가 제대로 이루어지지 않아 발생하기 때문이다. 즉, 사업장이나 시설, 장소를 지배·운영·관리하는 자와 작업의 위험을 관리하는 자가 다를 경우, 전자(사업장이나 시설, 장소를 지배·운영·관리할 뿐 작업의 위험을 관리하지 않는 자)가 중대재해의 발생원인을 제공했다고 볼 수 없는 경우가 많을 것이기 때문에, 이 법상의 의무 위반이 인정된다고 하더라도 그 의무 위반과 중대재해 발생 간에 상당인과관계가 인정되는 일은 드물 것이다.

한편, 중대재해처벌법의 의무주체에 관한 규정, 즉 '사업 또는 사업장을 실질적으로 지배·운영·관리하는 책임이 있는 자'(법 제4조) 또는 '시설, 장비, 장소 등을 실질적으로 지배·운영·관리하는 책임이 있는 자'(법 제5조)라는 규정 자체가 매우 불명확하고 이마저도 집행기관이 자의적으로 해석하면서 구체적인 지침을 제시하지 않고 있다 보니, 발주자의 위치에 있는 자(조직)는 수급인 근로자의 산업재해 예방을 위한 조치로 인해 중대재해처벌법의 의무주체에 해당하는 것으로 간주(오인)될 것을 우려하여, 중

287) 사업장은 사전적 의미로 어떤 사업의 활동이 이루어지는 장소를 가리킨다.

대재해처벌법 제정·시행 전까지 추진해오던 수급인 근로자를 대상으로 한, 발주자로서의 선의의 자율안전보건관리업무까지도 회피하는 입장으로 선회하고 있다. 중대재해처벌법이 자율적인 안전보건관리를 오히려 위축시키고 있는 것이다. 중대재해처벌법의 또 다른 역기능이라고 할 수 있다.

(6) 도급·용역·위탁 시 기준·절차 및 점검

중대재해처벌법이 종사자를 보호 대상으로 한다는 점을 고려할 때, 중대재해처벌법 시행령 제4조 제9호의 도급·용역·위탁 시 기준·절차 마련 및 점검의무가 1차 수급인에 대해 한정된 의무인지, 2차 수급인, 3차 수급인에 대한 의무이기도 한지 불명확하다. 그러나 법문(시행령 제4조 제9호 가~다목)에 기술된 문언의 의미로 보면(문언해석), 즉 법문상 안전보건 확보의무의 대상이 "도급, 용역, 위탁 등을 받는 자"로 한정되어 있는 점을 고려하면, 본호의 의무 대상은 의무주체와 도급, 용역, 위탁 등의 계약을 체결한 1차 수급인에 한정되는 것으로 해석된다. 즉, 본호의 의무는 의무주체의 계약 상대방(당사자)인 1차 수급인의 종사자에 한정되고, 의무주체의 계약 상대방이 아닌 2차·3차 수급인의 종사자는 보호 대상에 해당되지 않는다고 보아야 한다.[288]

중대재해처벌법 시행령 제4조 제9호에 따르면, 건설업 및 조선업의 경우 제3자에게 업무의 도급, 용역, 위탁 등을 하는 때에는 종사자의 안전보건을 확보하기 위해 "도급, 용역, 위탁 등을 받는 자의 안전·보건을 위한

288) 고용노동부에서는 중대재해처벌법 시행령 제4조 제9호의 대상자가 종사자로 규정되어 있음을 이유로 본호의 전체적인 문언(도급인 등으로부터 "도급, 용역, 위탁 등을 받는 자"라고 규정되어 있다)과 관계수급인 등의 영업의 자유 등을 고려하지 않고 관계수급인 등의 종사자에 대해서까지 보호 대상이라고 유추해석(적용)할 가능성은 상존하고 있음에 유의해야 한다.

공사기간 또는 건조기간에 관한 기준"(다목)을 마련하고, 그 기준과 절차에 따라 도급, 용역, 위탁 등이 이루어지는지를 반기 1회 이상 점검하도록 규정하고 있는바, 여기에서 건설업 해당 여부를 무엇을 기준으로 할 것인지가 논란이 될 수 있다.

건설업 해당 여부는 도급, 용역, 위탁 등을 준 자가 속한 업종이 아니라 도급, 용역, 위탁 등이 된 업무가 건설작업(공사)에 해당하는지를 기준으로 판단한다. 도급, 용역, 위탁 등을 준 자가 속한 업종이 건설업인지 비건설업인지가 중요한 것이 아니라 도급, 용역, 위탁 등이 된 업무가 건설작업인지 비건설작업인지가 중요하기 때문이다. 다시 말해서, 안전(위험)관리에 있어서는 누가 도급, 용역, 위탁 등을 주었느냐가 중요한 것이 아니라 누가 도급, 용역, 위탁 등을 주었든지 간에 어떤 업무를 도급, 용역, 위탁 등을 주었느냐가 중요하기 때문이다. 건설업, 조선업에 한하여 이러한 규제를 하게 된 이유는 건설작업, 조선작업이 다른 작업에 비해 위험해서이지, 건설작업, 조선작업을 도급, 용역, 위탁 등을 준 자가 건설업, 조선업에 속해서인 것은 아닐 것이다.

한편, 사업장 또는 시설, 장비, 장소 등을 실질적으로 지배・운영・관리하는 책임이 있는 자라고 보기 어려운 발주자, 예컨대 도급인 등의 업무장소가 도급, 용역, 위탁 등의 업무가 이루어지는 장소와 공간적으로 확연히 분리되어 있고 관계수급인 등(노무제공자)에 대해 구체적 지휘・감독을 할 입장에 있지 않은 도급인 등은 중대재해처벌법 시행령 제4조 제9호의 의무주체에 해당한다고 볼 수 없다.

중대재해처벌법 제5조는 "제3자에게 도급, 용역, 위탁 등을 '행한' 경우에는"이라고 규정하고 있어 도급, 용역, 위탁 등의 '계약을 체결한 후'의 행위를 그 대상으로 하고 있다. 그러나 중대재해처벌법 시행령 제4조 제9호는 "제3자에게 도급, 용역, 위탁 등을 '하는' 경우에는"이라고 규정하고 있어 도급, 용역, 위탁 등의 '계약을 체결하기 전'인 계약 체결 시의 행위와 계약 체결 후의 점검까지를 그 대상으로 하고 있다. 이러한 중대재해처벌법 시행령의 규정은 모법의 위임규정에서 사용하고 있는 용어의 의미를 넘어 그 범위를 확장함으로써 위임내용을 구체화하는 단계를 벗어나 새로운 입법을 한 것으로 평가할 수 있다. 따라서 중대재해처벌법 시행령 제4조 제9호의 규정은 중대재해처벌법 제5조의 위임한계를 일탈한 것으로서 허용되지 아니한다고 보아야 할 것이다.[289)]

라. 도급인 등의 의무와 관계수급인 등의 의무의 관계

(1) 개설

제3자에게 업무를 도급, 용역, 위탁 등을 준 경우, 중대재해처벌법 시행령 제4조 제1호부터 제8호까지 및 제5조의 의무주체가 도급인 등인지 관계수급인 등인지, 그리고 도급인 등의 의무라면 도급인 등이 어느 영역까지 관여해야 하는지 매우 불명확한 상태임에 유의해야 한다.

중대재해처벌법 시행령 제4조 제1~8호 및 제5조의 경우 중대재해처벌법 시행령 제4조 제9호와 달리 "제3자에게 업무의 도급, 용역, 위탁 등을 하는 경우에는"이라는 수식어가 규정되어 있지 않지만, 중대재해처벌법 시행령 제4조 제1~8호와 제5조의 의무주체 또한 이와 관계없이 중대재해처벌법 제4조 및 제5조의 '실질적으로 지배 · 운영 · 관리하는 자'라는 요건에 해당하는 자라고 보아야 하기 때문에, 특수한 경우를 제외하고는 일반적으로 도급인 등의 위치에 있는 자가 의무주체라고 보아야 할 것이다.

289) 대법원 2019.5.30. 2016다276177 판결 ; 대법원 2016.8.17. 2015두51132 판결 ; 대법원 2012.12.20. 2011두30878 전원합의체 판결 등 참조.

(2) 관계수급인 등의 의무주체 및 처벌 대상 여부

전술한 바와 같이, 관계수급인 등이 도급인 등의 사업장 또는 시설·장소에서 작업을 하면서 다른 자에게 재차 도급, 용역, 위탁 등을 주지 않는 경우에는, 관계수급인 등이 설령 중대재해 예방에 중요한 역할을 하는 지위에 있더라도, 제3자에게 도급, 용역, 위탁 등을 행한 경우를 전제로 하는 중대재해처벌법 제5조의 의무주체에 해당될 가능성은 아예 없고 중대재해처벌법 제4조의 의무주체 해당 여부만 문제될 수 있다. 따라서 이 자(도급인 등의 사업장 또는 시설·장소에서 작업을 하면서 다른 자에게 재차 도급, 용역, 위탁 등을 주지 않는 관계수급인 등)가 실제 중대재해 발생에 중요한 원인을 제공했다고 하더라도 중대재해처벌법 제5조 의무 위반에 따른 처벌 대상이 될 가능성은 없고 중대재해처벌법 제4조의 의무 위반에 따른 처벌 대상 여부만이 문제될 수 있다.

도급인 등의 사업장(시설·장소)에서 작업을 하는 관계수급인 등이 중대재해처벌법 제4조에도 해당하지 않는 경우로 해석되면, 해당 관계수급인 등은 중대재해처벌법상 아무런 의무주체에 해당하지 않고, 그 결과 처벌 대상에 해당되지 않게 된다. 이 점에서도 중대재해처벌법은 중대재해 예방의 실효성 면에서 큰 문제를 가지고 있다고 할 수 있다.

(3) 도급 등 관계에서의 의무·책임주체의 교착

전술한 바와 같이, 관계수급인 등이 재차 도급, 위탁, 용역 등을 주지 않으면, 그는 중대재해처벌법 제5조에 의해서는 의무·책임주체가 될 수 없지만, 같은 법 제4조에 의해서는 관계수급인 등이 재차 도급, 위탁, 용역 등을 주지 않더라도 도급인 등뿐만 아니라 관계수급인 등도 의무·책임주체가 될 수 있다. 문제는 중대재해처벌법 제4조에 의할 경우 안전보건확보의무의 이행주체가 도급인 등인지 관계수급인 등인지 특정(구분)하기 어렵다는 점이다. 도급인 등과 관계수급인 등의 공동의무라고 규정되어 있는 것도 아니다.

관계수급인 등이 재차 도급, 위탁, 용역 등을 주게 되면, 그도 중대재해처벌법 제5조에 따른 안전보건확보의무의 이행주체가 될 수 있어, 같은 법 제4조에 의해서뿐만 아니라 제5조에 의해서도 도급인 등과 관계수급인 등 중 누가 안전보건확보의무를 이행해야 하는지 매우 불명확하다. 게다가 안전보건확보의무 이행주체의 요건이 (보호 대상은 사실상 동일하지만) 제4조는 '사업 또는 사업장'을 실질적으로 지배・운영・관리하는 자로, 제5조는 '시설, 장비, 장소 등'을 실질적으로 지배・운영・관리하는 책임이 있는 자로 동일하지 않게 규정되어 있어 의무・책임주체를 둘러싼 혼란은 더욱 크다.

요컨대, 중대재해처벌법은 도급, 용역, 위탁 등을 주는 경우 외에 재차 도급, 위탁, 용역 등을 주는 경우에도(이 경우에는 더욱 더) 도급인 등과 관계수급인 등 중 누가 안전보건확보를 이행해야 하는지 예측(인식)할 수 없어 죄형법정주의가 요구하는 형벌법규의 명확성의 원칙에 반하는 상태라고 할 수 있다.

(4) 법 제4조와 제5조의 관계

중대재해처벌법 제4조와 제5조는 작위의무인 만큼 누가 의무를 부담하는지가 특정되지 않으면 의무를 이행하는 것이 매우 곤란하다. 그런데 제4조와 제5조 본문은 의무의 객체와 내용이 거의 동일하게 규정되어 있다. 사실상 제4조의 보호 대상인 종사자(법 제2조 제7호)에 도급・용역・위탁 등의 관계에 있는 대부분의 노무제공자가 이미 포함되어 있는데, 이를 간과하고 제5조 본문에서 재차 도급·용역·위탁 등의 관계에 있는 노무제공자를 보호 대상으로 중복규정하고 있는 것이다. 즉, 도급, 용역, 위탁 등을 주는 업체의 경우 대부분 제4조와 제5조 본문 둘 다가 적용될 것이다.

문제는 제4조와 제5조(본문과 단서)의 의무주체가 매우 유사하면서도 다소 다르게 규정되어 있다는 점이다. 그 결과, 의무주체에 있어 제4조와 제5조가 충돌·저촉되는 문제가 발생할 수 있다. 즉, 누가 의무주체에 해당하는지를 특정하기 어려운 문제가 생길 수 있다(명확성의 원칙에 위반될 소지가 매우 크다). 헌법합치적 해석을 하는 데 근본적으로 무리가 있지만, 두 조문의 상호관계를 무리를 해서라도 해석하자면, '의심스러운 때에는 피고인의 이익으로'라는 원칙에 부합하기 위해선 제4조에 의해 의무주체에 해당하는 것으로 해석되더라도 제5조에 의해 의무주체에 해당하지 않는 것으로 해석되는 경우에는 의무주체가 아닌 것으로 보아야 할 것이다. 즉, 제5조 단서는 의무주체를 한정하는 규정으로 보아야 할 것이다.

(5) 도급에 따른 안전보건조치와 불법파견의 관계

중대재해처벌법, 산업안전보건법, 형법(업무상 주의의무) 등 제정법에 명시적·묵시적으로 규정된 도급인 등의 안전보건조치의무로서 관계수급인 등의 근로자를 대상으로 하는 의무는 법정 의무에 해당하므로, 이 의무를 이행한다고 하여 이것이 근로자파견의 징표에 해당한다고 보는 것은 법리적으로 타당하지 않다. 이에 대한 상세한 설명은 후술하는 '보론'을 참고하기 바란다.

마. 산업안전보건법과 중대재해처벌법의 충돌 및 대응

중요한 문제는 산업안전보건법과 중대재해처벌법 간에, 그리고 중대재해처벌법 제4조(사업주와 경영책임자 등의 안전 및 보건 확보의무)와 제5조(도급, 용역, 위탁 등 관계에서의 안전 및 보건 확보의무) 간에 도급인(발주자)의 의무주체·내용이 상충되는 부분이 적지 않음에 유의해야 한다. 다시 말해서, 중대재해처벌법의 도급인(발주자)과 산업안전보건법의 도급인 및 건설공사 발주자 간에, 그리고 중대재해처벌법 제4조와 제5조의 의무주체 간에 그 요건이 다르다는 점에 유의해야 한다.[290] 예컨대 비건설업체에서 발주(도급)하는 50억원 미만의 유지보수공사의 경우 해당 발주(도급)업체는 산업안전보건법상으로는 의무주체가 아니지만 중대재해처벌법상으로는 의무주체가 될 수 있다.

해당 조문

▌산업안전보건법▐

i) 관계수급인의 근로자가 도급인의 사업장(도급인이 지배 · 관리하는 장소를 포함한다)에서 작업을 하는 경우의 도급인 사업주(제63조 등)

ii) 건설공사 발주자(건설공사를 도급하는 자로서 건설공사의 시공을 주도하는 총괄 · 관리를 하지 아니하는 자)(제67조 등)

▌중대재해처벌법▐

i) 법인 또는 기관이 실질적으로 지배 · 운영 · 관리하는 사업 또는 사업장의 경영책임자(제4조)

ii) 법인 또는 기관이 그 시설, 장비, 장소 등에 대하여 실질적으로 지배 · 운영 · 관리하는 책임이 있는 경우의 경영책임자(제5조)

290) 법률 간에 의무주체가 상충되는 것은 수범자의 입장에서 누가 어떠한 행위를 어떻게 해야 하는지를 예측할 수 없게 하므로 죄형법정주의가 요구하는 형벌법규의 명확성의 원칙에 반한다고 할 수 있다.

그 결과, 건설공사를 도급(발주)하는 법인 또는 기관에서는 중대재해처벌법과 산업안전보건법 중 또는 중대재해처벌법 제4조와 제5조 중 어느 기준에 맞춰 안전보건조치를 해야 할지 알 수 없는 상태이다. 현재 상태로는 도급인(발주자)으로서 합리적으로 실행 가능한 범위에서 최대한의 안전보건조치(As low as reasonably practicable : ALARP)를 하는(위험성을 최대한 낮게 유지하는) 방향으로 접근하는 것이 바람직할 것으로 판단된다. 즉, 건설공사를 도급(발주)하는 경우 법인 또는 기관에서 자체적으로 도급인(발주자)으로서 어떤 의무를 어느 영역까지 어떻게 해야 하는지에 대해 면밀한 검토를 거쳐 상세기준을 마련하여 운영할 필요가 있다. 구체적으로 말하면, i) 도급인(발주자) 단독으로 안전보건조치를 해야 하는지, ii) 도급인(발주자)이 관계수급인과 공동으로 안전보건조치를 해야 하는지, iii) 관계수급인의 안전보건조치에 대하여 지도감독(관리)을 해야 하는지 등 도급인(발주자)이 해야 할 의무의 내용에 대해 자체적인 상세기준을 마련할 필요가 있다.[291)]

바. 개선방안

도급, 용역, 위탁 등 관계에서의 안전보건조치는 관련되는 주체들의 각각의 위상과 역할에 맞는 의무를 부과하는 것이 원칙이 되어야 한다. 즉, 가장 적당한 자에게 가장 적합한 의무를 부과하는 방식이어야 한다. 도급, 용역, 위탁 등을 준다고 하여 이들에게만 안전보건조치의무를 부과하는 방

291) 한편, 건설공사 도급(발주)의 경우, 도급인(발주자)이 관계수급인에 대해 안전관리, 공정관리, 품질관리 등을 하는 것으로 도급인(발주자)이 실질적으로 지배 · 운영 · 관리하는 지위에 있다고 바로 연결시키는 것은 합리적이지 못하다. 도급인(발주자)의 관리가 시공업체의 '주된' 관리에 대해 '부가하여(추가적으로)' 이루어지는 지도 · 확인의 위상(성격)을 가지고 있는 경우도 많기 때문이다.

식은 과잉금지의 원칙, 자기책임의 원칙 등에 위반될 뿐만 아니라 재해예방의 실효성을 거둘 수도 없다. 비교법적으로 어느 한 주체에게만 안전보건조치의무를 부과하는 입법례는 어느 국가에서도 발견되지 않는다.

장소(시설)의 실질적인 지배·운영·관리와 관련된 안전보건조치의무(책임) 또한 관련되는 주체들을 대상으로 각각의 위상과 역할에 합당하게 부과되어야 한다. 관련 주체가 여러 주체라면 각각의 주체에게 그 위상과 역할에 맞는 의무가 각각(공동의무를 부과할 필요가 있다면 이를 포함하여) 부과되어야 할 것이다. 예컨대 해당 장소에서 근로자를 사용하는 자는 사업주(employer)로서, 장소를 소유하는 자는 소유자(owner)로서, 장소를 관리하는 자는 관리자로서 그들이 통제(control)하는 사항에 한하여 의무를 부담하는 것이 선진국의 입법례에서 공통적으로 보이는 접근방식이다. 어느 한 주체가 사업의 규모가 크다거나 (직접적·구체적 관리가 아닌) 총괄적 관리를 한다고 하여 이들에게만 의무를 부과하는 것은 이분법적 접근으로서 선진국의 입법례에서는 찾아볼 수 없다.

도급, 용역, 위탁 등 관계에서의 의무주체에 관한 현행 중대재해처벌법상의 규정(제5조의 단서)으로 한정하여 본다면, 이 규정은 입법론적으로 볼 때 영국 산업안전보건법(Health and Safety at Work etc Act 1974), 호주 여러 주(州)의 산업안전보건법(Occupational Health and Safety Act 또는 Work Health and Safety Act) 등의 입법례를 참고하여, "다만, 이 의무는 사업장(작업장)을 실질적으로 지배·관리하는 사업주나 법인 또는 기관에 대하여 실질적으로 지배·관리하는 사항에 관해서만 적용된다."와 같이 규정하는 것이 바람직하다.[292), 293)]

292) 독일, 일본 등의 경우 도급인의 수급인 근로자에 대한 강한 의무는 도급인과 수급인의 근로자가 공간적, 시간적으로 혼재하여 작업하는 것을 전제로 하고 있다.

칼럼 문제투성이 중대재해처벌법, 시행령마저 모호해서야[294)]

"법치주의는 불명확한 형벌규정을 통해 무너진다." 지난 세기 독일의 가장 유명한 형법학자인 벨첼(Welzel)을 비롯한 수많은 형법학자가 강조해온 경구다.

입법예고에 들어간 중대재해처벌법 시행령안 전체적으로 이 상식을 담으려는 진정성과 전문성을 찾아보기 어렵다. 법률에 지나치게 광범위하고 불분명한 부분이 많은 상태임에도 시행령에서 그 불명확성이 거의 해소되지 않았다. 법의 의무주체인 경영책임자부터가 구체적으로 누구를 가리키는지 전문가조차도 알 수 없다. 게다가 시행령에는 '적정한' '필요한' '충분하게' '종사자의 안전보건에 관계되는 법령' 등 애매모호한 표현이 곳곳에 산재해 있다.

법의 불명확한 부분을 시행령에서 보충적으로라도 해석하거나 설명하고 있지 않아 법의 위헌성이 그만큼 더 커지고 확실해졌다. 준법의지가 아무리 강한 경영책임자라도 누가 무엇을 어떻게 해야 할지 판단할 수 없는 규정이 수두룩하다.

잔인한 형벌을 규정한 법보다 무서운 법이 명확하지 않은 법이다. 무엇이든 걸기만 하면 걸리니 마음대로 적용하고 처벌할 수 있다. 그래서 공포정치의 가장 유용한 도구로 사용됐던 것이 바로 불명확한 법이다.

---

293) 도급 관련 규제에 있어 중대재해처벌법과 산업안전보건법은 산재예방선진국의 법에서는 그 유례를 찾아볼 수 없을 정도로 도급인과 수급인(하수급인을 포함한다) 간의 역할과 책임이 구분되어 있지 않은 등 매우 거칠고 불합리하게 규정되어 있어 소위 하청 근로자의 산업재해 예방에 오히려 큰 걸림돌로 작용하고 있다. 산재예방선진국의 법에서는 도급인과 수급인의 의무가 각자의 위상에 걸맞게 명확하게 구분되어 규정되어 있고 도급인에게 수급인과 동일한 의무를 부과하거나 도급인에게 수급인의 의무를 대신하여 모든 의무를 부과하는 접근은 찾아볼 수 없다.

294) 정진우, 매일경제, 2021.7.28.

불명확한 법은 예측가능성을 주지 못해 처벌을 강화하더라도 실효성을 거두기 어렵고 집행기관의 이현령비현령 해석에 날개를 달아주게 된다.

또한 죄질과 비난가능성에 비추어 볼 때 산업안전보건법 등 기존 안전관계법보다 강하게 처벌할 규범적 근거가 매우 부족하여 형벌체계의 정당성과 균형을 상실한 부분이 적지 않다. 중대재해처벌법은 시행령안의 내용으로 보더라도 상당수가 보호법익 측면에서 산업안전보건법의 내용과 별반 다를 게 없는데 처벌만 크게 상향시켜 놓고 있다. 예컨대, 동일한 사항의 위반에 대해 산업안전보건법에서는 과태료를 부과할 뿐인데 중대재해처벌법에서는 강한 형사처벌을 하겠다고 한다.

법 위반자와 위반 여부 자체가 확정되지도 않았는데 중대재해가 발생했다는 이유만으로 수강명령을 강제하는 건 무죄추정의 원칙에 위반될 소지가 크다. 수강명령을 사실상 처벌의 연장수단으로 악용하겠다는 것이나 다름없다.

'실질적으로 지배·운영·관리하는 사업·사업장 또는 책임'이라는 표현도 다양하고 복잡한 현실에서 누구를 가리키는지 도무지 알 수 없는 문제투성이 규정이다. 이런 상태에서 법을 지키라고 하는 건 너무도 무책임한 일이다. 이를 모른다면 무지이고 알고도 이런 내용으로 시행령을 강행한다면 위선이다.

불명확한 부분을 법령으로 정하지 않고 지침이나 매뉴얼 따위로 땜질하려고 하는 것은 법치행정이 아닌 자의적 행정을 하겠다는 매우 부끄러운 처사이다. 강한 형벌이 수반될수록 처벌 대상 행위가 무엇인지를 충분히 예측할 수 있을 만큼 구체적이어야 한다는 것은 법치주의의 기본이다.

정부는 진정 훗날 처벌과 규제만 잔뜩 늘린 무능한 정부, 안전의 원리를 망가뜨린 무책임한 포퓰리즘 입법의 주역으로 기억되고 싶은가. 당장 입법절차의 벽은 넘을지 모르겠지만, 가깝게는 위헌소송, 멀게는 '역사의 심판'이라는 관문은 쉽게 통과하지 못할 것이라는 점을 유념해야 할 것이다.

사. 경영책임자 처벌(제6조)

해당 조문

① 제4조 또는 제5조를 위반하여 제2조 제2호 가목의 중대산업재해에 이르게 한 경영책임자 등은 1년 이상의 징역 또는 10억원 이하의 벌금에 처한다. 이 경우 징역과 벌금을 병과할 수 있다.
② 제4조 또는 제5조를 위반하여 제2조 제2호 나목 또는 다목의 중대산업재해에 이르게 한 경영책임자 등은 7년 이하의 징역 또는 1억원 이하의 벌금에 처한다.
③ 제1항 또는 제2항의 죄로 형을 선고받고 그 형이 확정된 후 5년 이내에 다시 제1항 또는 제2항의 죄를 저지른 자는 각 항에서 정한 형의 2분의 1까지 가중한다.

(1) 개설

중대재해처벌법상의 안전보건확보의무는 그 위반 자체만으로는 처벌되지 않는다. 이 법에서 정하고 있는 안전보건확보의무를 위반하여 중대산업재해에 이르게 한 경우에만 처벌 대상이 된다. 산업안전보건법의 경우 사망 등의 재해가 발생하지 않더라도 안전보건확보의무 위반만으로 처벌 대상이 되는 것과는 차이가 있다.

사망재해의 경우 징역형의 하한형을 설정하고 있으나 벌금과 선택적으로 부과할 수 있고, 임의적 병과규정을 두고 있다.

산업안전보건법에서는 다른 노동관계법과 달리 사업주 외에 근로자도 의무주체로 설정하고 있는바, 이는 산업재해 예방과 발생과정에서 근로자 역시 중요한 역할을 하는 점을 고려한 것이다. 산업안전보건기준 위반행동과 산업재해의 경우에는, 대체로 위반행위자 단독의 행위(잘못)로 이루어지는 형사범 등과는 달리 사업주 측(제조자, 설치자, 대여자 등을 포함한다)에게만 잘못이 있기보다는 근로자 측에도 부분적으로나마(법 위반까지는 아니더라도) 잘못이 있는 것이 통례이므로, 사업주의 법 위반 시 형사처벌의 하한형을 설정하는 것은 이론적으로 타당하지 않다. 비교법적으로 산업안전보건법(영국의 법인과실치사법을 포함한다)에서 하한형을 설정하고 있는 입법례가 발견되지 않는 이유이기도 하다. 이러한 점을 감안할 때, 하한형 설정은 상징적인 효과 외에는 실제에 있어 의미 있게 작용하지는 못할 것으로 예상된다.

경영책임자에 대한 처벌을 사망재해(제1호)와 부상・질병재해(제2호)로 구분하여 달리 정하고 있다.

도급인 등의 의무와 관련하여 산업안전보건법과 중대재해처벌법의 의무 중에는 현실적으로 준수할 수 없는 사항이 많고 두 의무의 내용이 상충되는 경우가 적지 않은 점을 고려하여, 도급인 등은 현행법의 의무내용에 구애받기보다 도급인 등으로서 취할 필요가 있는 안전보건조치에 대하여 합리적으로 실행 가능한 범위에서 최대한의 안전보건조치(As low as reasonably practicable : ALARP)를 취할 필요가 있다.

중대재해처벌법의 경우 법적으로 경영책임자가 아닌 부하직원에게는 위임이 불가능하지만, 회사(협력사를 포함한다)의 모든 계층과 부서에 대해 안전보건에 대한 (실행)의무와 (결과)책임을 명확히 설정할 필요가 있다. 이를 통해 본법이 경영책임자만의 문제가 아니라 회사 전체의 문제로 인식되도록 할 필요가 있다.

경영책임자의 안전보건확보의무에 해당하는 사항을 이행하여 왔다는 것에 대한 입증자료를 문서(매뉴얼, 절차서, 지시서 등), 기록의 작성/유지관리를 통해 일상적으로 준비할 필요가 있다.

수범자들은 대부분 무리한 수사를 우려하여 수사단계에서부터 변호사를 통해 적극적으로 대응(변호)하고 소송까지 가는 것을 각오할 것으로 예상된다. 그리고 소송으로 가는 경우에는 자백하거나 약한 형벌(벌금, 집행유예)이 부과되지 않는 한 대법원까지 가는 것이 통례가 될 것으로 예상된다.

한편, 중대재해처벌법하에서는 중대재해가 발생하는 것만으로 처벌되는 것은 아니며, 결과적 가중범(안전보건확보의무 위반 → 중대재해 발생)[295] 성립요건이 충족될 때 비로소 처벌된다.

(2) 결과적 가중범 성립요건[296]

(가) 결과적 가중범 구성요건 해당성

① 고의(미필적 고의를 포함한다)의 기본범죄(기본행위)[297]가 있어야 한다. 즉, 고의(인식과 의욕)에 의한 제4조・제5조(중대산업재해), 제9조(중대시민재해)의 안전보건확보의무 위반이 있어야 한다.

② 중한 결과(중대재해)가 발생하여야 한다.

③ 기본범죄(기본행위)와 중대재해 사이에 인과관계가 있어야 한다. 판례[298]는 상당인과관계설[299]에 의해 기본행위와 중한 결과 사이의 인

---

295) 전술한 바와 같이 중대재해처벌법 위반죄는 엄밀한 의미에서는 결과적 가중범이 아니지만 설명의 편의상 결과적 가중범으로 본다.

296) 중대재해처벌법 위반범은 부작위범의 일종인바, 부작위범 또한 행위성을 전제로 구성요건 해당성, 위법성, 책임을 그 일반적 성립요건으로 한다.

297) 전술한 바와 같이 중대재해처벌법은 일반적인 결과적 가중범과는 달리 기본행위, 즉 안전보건확보의무 위반을 처벌 대상으로 규정하고 있지 않아, 엄격히 볼 때 '기본범죄'라는 표현은 성립하지 않는다.

298) 대법원 1996.7.12. 96도1142 판결 ; 대법원 1995.5.12. 95도425 판결 ; 대법원 1982.11.23. 82도1446 판결 ; 대법원 1978.7.11. 78도1331 ; 대법원 1968.5.21. 68도419 판결 ; 대법원 1967.10.31. 67도1151 판결 ; 대법원 1956.7.13. 4289형상129 판결.

299) 상당인과관계설에서는 행위와 결과 사이에 일반경험칙상 상당성이 있을 때에만 인과관계를 인

과관계 존재 여부를 판단한다. 상당인과관계가 인정되지 않으면 결과적 가중범은 성립하지 않는다. 부작위범의 인과관계는 요구(기대)된 일정한 작위가 행해졌더라면 결과의 발생을 방지할 수 있었을 것이라는 연관관계가 '확실에 가까운 개연성'으로 긍정되어야 인정될 수 있다.[300] 최근 학계에서는 중한 결과를 기본행위에 객관적으로 귀속시키기 위해서는 지배가능성의 원칙과 위험실현의 원칙에 따른 객관적 귀속기준이 충족되어야 한다는 견해, 즉 결과적 가중범에 있어서는 기본행위에 내포된 전형적인 위험이 실현되어 중한 결과가 발생하였다는 의미에서의 직접성을 필요로 한다는 견해(객관적 귀속론)가 많다.[301] 직접성이라는 요건은 인과관계에 관한 조건설 또는

정한다. 상당성이란 높은 가능성, 즉 '개연성(Wahrscheinlichkeit)'을 의미한다. 일정한 행위가 있으면 일정한 결과가 발생할 '높은 가능성=개연성'이 있는 경우에만 인과관계를 인정하고 일정한 결과가 발생할 '가능성(Möglichkeit)'만이 있는 경우에는 인과관계를 인정하지 않는다(오영근, 『형법총론(제6판)』, 박영사, 2021, 112쪽). 즉, 상당인과관계란 어느 행위로부터 어떠한 결과가 발생하는 것이 일반인 경험상 상당하다고 판단될 때 인정되는 인과관계이다. 이 경우 '경험상 상당하다'는 말은 어느 행위로부터 어느 결과가 발생하는 것이 통상적이라고 판단되는 것을 말한다. 상당인과관계설에 따르면, '상당한' 인과관계인가 아닌가 하는 문제는 사람들의 일상적인 경험에 비추어 판단된다. 일정한 행위가 있으면 문제의 구체적인 결과가 발생한다고 통상적으로 인정될 경우에 상당인과관계가 인정된다. 조건설은 "그 행위가 없으면 그 결과는 발생하지 않는가?"라는 소극적 판단공식을 사용하지만, 상당인과관계설은 "그 행위가 있으면 통상 그 결과가 발생하는가?"라는 적극적 판단공식을 사용한다고 말할 수 있다. 즉, 상당인과관계설은 행위와 결과 사이에 조건설에 의한 자연과학적 인과관계(조건관계)가 인정되더라도 그것으로 바로 형법적 인과관계를 인정하지 않는다. 상당인과관계설은 조건관계가 인정되는 경우에도 다시 사람들의 전체적 경험지식에 입각하여 그 행위가 결과를 야기하는 것이 일반적으로 상당하다고 생각되는가를 묻는다. 이 질문에 긍정적인 대답이 나올 때 행위와 결과 사이에 상당인관게가 있다고 판단된다(신동운, 『형법총론(제15판)』, 2023, 188~189쪽).

300) 임웅, 『형법총론(제13정판)』, 법문사, 2022, 161쪽.

301) 독일과 우리나라의 거의 모든 학자들이 받아들이고 있는 '객관적 귀속론'에 의하면, 기본행위와 중한 결과 발생 사이에 인과관계가 인정되더라도 중한 결과를 행위자에게 객관적으로 귀속시킬 수 있는 경우에 한하여 결과적 가중범의 구성요건해당성이 인정된다. 여기에서 중한 결과를

합법칙적 조건설을 취할 때에는 필요로 하지만, 상당인과관계설을 취할 때에는 인과관계의 문제로 해소된다.[302)] 직접성의 척도는 일상적인 경험을 판단기준으로 하는 인과관계의 상당성을 구체화한 것에 지나지 않는다고 보면 상당인과관계설과 객관적 귀속론의 내용에 차이가 없다고도 할 수 있다.[303)]

[참고] 부작위와 인과관계[304)]

부작위범의 인과관계는 부작위와 결과 발생 간의 문제가 아니라 요구(기대)된 일정한 작위(행위)가 행해졌더라면 결과 발생을 방지할 수 있었을 것이라는 판단이다. 부작위범은 규범적 관점에서 작위와 결과 불발생(不發生) 간의 가설적 인과관계로서 고찰하는 데 특이성이 있다.

요구(기대)된 일정한 작위가 행해졌더라면 결과가 발생하지 않았을 '확실에 가까운 개연성(mit an Sicherheit grenzende Wahrscheinlichkeit)' 또는 '고도의 개연성'이 인정된다면 인과관계가 긍정된다. 이는 독일과 일본의 학설과 판례의 입장이고,[305)] 우리나라 학설이 취하는 견해이기도 하다.[306)]

객관적으로 귀속시킬 수 있다는 것은 중한 결과가 다른 중간 원인의 개입 없이 기본행위로부터 '직접' 초래되었음을 의미한다(직접성의 원칙).

302) 오영근, 『형법총론(제6판)』, 박영사, 2021, 142~143쪽.

303) 결과적 가중범을 책임주의에 부합하게 하기 위해서는 인과관계의 상당성이든 객관적 귀속기준으로서의 직접성의 원칙이든 이를 엄격하게 적용할 필요가 있다.

304) 이에 대한 상세한 설명은 [부록 2]를 참조하기 바란다.

305) 독일과 일본의 학설과 판례는 '확실성에 가까운 개연성'이라는 표현을 사용하고 있고, 일본의 판례는 '십중팔구(80~90% 정도)의 개연성' 또는 '합리적 의심을 넘는 정도의 확실성'이라는 표현을 사용하고 있다(김정현, 『부작위범의 인과관계』, 경인문화사, 2023, 122~126쪽).

306) 박상기, 『형법학(제3판)』, 집현재, 2016, 62쪽 ; 신동운, 『형법총론(제15판)』, 법문사, 2023, 179쪽 ; 임웅, 『형법총론(제13정판)』, 법문사, 2022, 161쪽 ; 정대관, 「부진정부작위범에 관한 연구 : 특히 객관적 구성요건요소를 중심으로」, 성균관대학교 박사학위논문, 1991, 113쪽 등.

④ 중한 결과의 발생에 대하여 예견가능성(과실)이 있었어야 한다. 중한 결과의 발생이 객관적으로 예견 가능한 경우에도 행위자 자신이 중한 결과를 예견할 수 없을 때에는 결과적 가중범으로 처벌하지 않는다. 중한 결과에 대한 과실의 요청은 결과적 가중범이 법치국가성을 확보하기 위한 최소한의 요건이라고 할 수 있다.[307] 과실은 주의의무 위반이다. 주의의무는 구성요건이 실현된다는 것을 예견하고 이를 회피해야 할 의무이다. 결과적 가중범에 있어서 주의의무는 중한 결과의 실현을 예견할 의무와 이를 회피해야 할 의무를 내용으로 한다. 그런데 중한 결과 발생은 고의의 기본범죄(기본행위)에서 비롯된 것이다. 중한 결과 발생을 회피하려면 처음부터 고의의 기본행위를 범하지 말았어야 한다. 즉, 고의의 기본행위를 범하였다면 그 자체가 이미 중한 결과 발생을 회피해야 할 의무를 위반한 것이다. 이제 남는 부분은 중한 결과 발생을 예견해야 할 의무이다. 중한 결과 발생에 대한 예견의무는 예견가능성을 전제로 한다. 예견가능성이 없는 경우에는 결과예견의무를 부과할 수 없다. 결국 결과적 가중범에 대한 책임판단의 토대는 중한 결과에 대한 예견가능성으로 집중된다. 우리나라 형법 제15조 제2항은 이러한 사정을 고려하여 "결과 때문에 형이 무거워지는 죄의 경우에 그 결과의 발생을 예견할 수 없었을 때에는 무거운 죄로 벌하지 아니한다."고 규정하고 있다.[308] 결과발생예견가능성[309]은 '객관적 결과발생예견가능성'과 '주

307) 이호중, 「과실범의 예견가능성」, 『형사법 연구』 제11호, 1999, 60쪽 이하. 우리나라 대법원은 이러한 표현을 사용하지 않지만, 1심 법원은 '십중팔구'라는 표현을 사용한 경우가 있다(서울중앙지방법원 2007.1.19. 2006고합1291 판결).

308) 판례 중에는 드물지만 인과관계는 인정하면서 예견가능성을 부정하는 것도 있다(대법원 2010.5.27. 2010도2680 판결 ; 대법원 1988.4.12. 88도178 판결 등).

관적 결과발생예견가능성'을 모두 포함해야 하는바, 구성요건 단계에서는 객관적 결과발생예견가능성[평균적 일반인(평균인)을 기준으로 행위자가 처한 상황, 행위의 경과, 부수사정 등에 비추어 중한 결과의 발생(실현)을 예견할 수 있었음을 말한다]이,[310] 책임 단계에서는 주관적 결과발생예견가능성[구체적인 행위자가 중한 결과의 발생(실현)을 예견할 수 있었음을 말한다[311]]이 각각 문제된다. 즉, 객관적 결과발생예견가능성은 (주관적) 구성요건요소로서, 주관적 결과발생예견가능성은 책임요소로서 각각 검토된다.[312] 통설도 결과적 가중범의 결과발생예견가능성을 객관적으로 판단해야 하고, 주관적 예견가능성은 책임 단계나 양형 단계에서 고려하면 족하다고 보고 있다.[313]

---

309) 전술한 바와 같이 결과발생예견가능성은 결과 발생에 대한 '구체적인' 예견가능성을 의미하며, 중한 결과 발생 자체와 중한 결과에 이르는 중요과정(인과과정의 본질적 윤곽)에 대해서도 구체적 예견가능성이 있어야 한다(구체적 예견가능성설).

310) 객관적 결과발생예견가능성은 평균인의 객관적 주의능력을 표준으로 한 가능성을 의미한다(통설, 판례). 여기에서의 평균인은 주의 깊은(사려 깊은, 신중한, 성실한) 평균인을 가리킨다. 이 평균인이 '행위 당시의' 구체적 상황과 '행위자가 속한 사회생활권'에서 준수해야 할 주의의무가 표준이 된다(임웅, 『형법총론(제13정판)』, 법문사, 2022, 560쪽). 결과발생예견의무는 결과발생예견가능성을 전제로 하는 만큼, 법관은 결과발생예견의무 위반 여부를 판단함에 있어 행위자의 행위 당시의 시점을 기준으로 삼아 장래전망적으로 검토를 해야 한다. 발생된 결과를 놓고 소급하여 이를 판단의 대상에 포함시켜서는 안 된다.

311) 아무리 객관적 예견가능성이 있더라도 행위자의 주관적 능력[결과 자체와 결과에 이르는 중요과정(사건진행과정의 본질적 부분=인과과정의 본질적 윤곽)을 예견할 수 있는 개인적 능력]을 벗어난 때에는 그의 책임으로 돌릴 수 없다.

312) 중한 결과 발생이 객관적으로 예견가능한 경우에도 행위자 자신이 그것을 예견할 수 없을 때(예견할 수 없는 특수한 사정이 있는 때)에는 결과적 가중범으로 처벌할 수 없다(배종대, 『형법총론(제17판)』, 홍문사, 2023, 519쪽 ; 신동운, 『형법총론(제15판)』, 법문사, 2023, 275쪽).

313) 주관적 주의의무위반이란 '행위자의 개인적' 능력(지식, 경험, 연령, 지능, 신체조건 등)에 비추어 객관적 주의의무의 준수가 '가능'했음에도 주의하지 않았음을 의미한다.

(나) 결과적 가중범의 위법성 · 책임

① 결과적 가중범이 위법하기 위해서는 기본범죄(기본행위)의 위법성과 중한 결과에 대한 과실범의 위법성이 동시에 있어야 한다. 기본행위가 위법성조각사유(정당행위, 정당방위, 긴급피난, 자구행위, 피해자의 승낙에 의한 행위 등)에 해당되면 중한 결과에 대한 과실범의 문제만 남는다. 반대로 기본행위가 위법하고 중한 결과 발생에 대한 과실이 없을 경우에는 기본범죄만 성립한다.[314] 결과적 가중범의 책임표지는 일반범죄와 동일하다. 즉 책임능력, 위법성 인식, 기대가능성이 있어야 한다. 물론 이 요건은 기본행위와 중한 결과에 대한 과실범 모두에 고려되어야 한다.[315]

② 자기의 행위가 법령에 의하여 죄가 되지 아니하는 것으로 오인한 행위는 그 오인에 정당한 이유가 있는 때에는 벌하지 아니한다[형법 제16조(법률의 착오) 참조]. 즉, 행위자에게 위법성의 착오(위법성의 인식이 결여된 경우)가 있었던 경우에 이를 회피할 수 없었으면 책임이 조각(면책)된다. 오인에 정당한 이유가 있는지 여부는 행위자에게 자기 행위의 위법 가능성에 대해 심사숙고하거나 조회할 수 있는 계기가 있어 자신의 지적 능력을 다하여 이를 회피하기 위한 진지한 노력을 다하였더라면 스스로의 행위에 대하여 위법성을 인식할 수 있는 가능성이 있었음에도 이를 다하지 못한 결과 자기 행위의 위법성을 인식하지 못한 것인지 여부에 따라 판단하여야 할 것이고, 이러한 위법성의 인식에 필요한 노력의 정도는 구체적인 행위정

314) 물론 전술한 것처럼 중대재해처벌법의 경우에는 일반적인 결과적 가중범과는 달리 기본행위(안전보건조치의무 위반)에 대해 처벌규정을 두고 있지 않아 기본범죄가 성립할 수 없다.

315) 배종대, 『형법총론(제17판)』, 홍문사, 2023, 520~521쪽 참조.

황과 행위자 개인의 인식능력 그리고 행위자가 속한 사회집단에 따라 달리 평가되어야 한다.[316] 따라서 수범자는 자신의 행위의 적법여부를 의심할 만한 계기가 생긴다면, 관련 규정을 파악해야 할 문의(조사)의무가 있다. 법률전문가가 아닌 사람은 의문이 들 때 자신의 판단에 의지할 것이 아니라 필요한 정보를 얻도록 해야 한다. 관할행정기관, 자격 있는 법률전문가, 전문기관 등에 상세히 문의했다면 비록 잘못된 회답에 따랐다고 하더라도 필요한 문의의무를 이행한 것으로 인정될 수 있다.

③ 행위 당시의 구체적 사정에 비추어 보아 구성요건에 해당하고 행위자에게 주의의무(결과발생예견의무+결과발생회피의무)를 준수한 것을 기대할 수 없는 경우(기대불가능성)에는 결과적 가중범의 책임조각(면책)사유에 해당한다. 기대가능성은 유무의 판단뿐만 아니라 정도의 판단도 있을 수 있는 개념이다. 기대가능성의 강약은 행위자 개인에 대한 책임을 무겁게 하거나 감경시킴으로써 법관의 양형에 직접 영향을 주게 된다.[317]

④ 중대재해처벌법은 구성요건상의 문언이 정교하지 못하고 내용도 엄격하여 이를 그대로 강행할 경우에 피고인에게는 과도한 처벌로 받아들여질 수 있으므로, 구체적 사정에 따라 기대불가능성을 책임조각사유로서 적극적으로 인정하여 형벌권의 남용 또는 과도한 형벌을 방지할 필요가 있다.

---

316) 대법원 2006.3.24. 3005도3717 판결.

317) 우리나라 다수설과 판례는 기대불가능성을 초법규적 책임조각사유로 인정하고 있다.

(3) 과실의 기준시기

결과적 가중범에 있어서 중한 결과(중대재해)에 대한 과실 유무의 판단의 기준시기는 기본행위, 즉 기본적 구성요건의 실행행위 시이다.

[참고] 증거재판주의

범죄사실의 인정은 감정이나 추측, 직관이 아닌 증거에 입각해야 하고, 유죄판결을 하려면 논리와 경험칙에 비추어 합리적인 의심(reasonable suspicion)이 없을 정도로 증명되어야 한다. 그렇지 않으면 무죄가 된다. 이를 '증거재판주의'라고 한다.

증거재판주의는 합리적인 관점에서 무죄의 가능성을 생각하기 어려울 정도의 엄격한 증명이 있어야 한다는 것으로, "열 명의 범인을 놓치더라도 한 명의 무고한 죄인을 만들어서는 안 된다."는 법언에 대응하는 근대형사소송법의 대원칙이다. 즉, 근대국가는 모두 이 증거재판주의에 의하고 있다.

그러나 증거재판주의가 상식처럼 되어 있는 요즈음에 이르러서도 현실에서는 여전히 여론재판이나 마녀사냥에 가까운 일이 벌어지기도 한다.

형사소송법 제307조(증거재판주의)
① 사실의 인정은 증거에 의하여야 한다.
② 범죄사실의 인정은 합리적인 의심이 없는 정도의 증명에 이르러야 한다.

(4) 문제점

산업안전보건법상으로도 경영책임자에 해당하는 자(대표자 등)가 얼마든지 (위반)행위자가 될 수 있는 점을 고려할 때, 동일한 경영책임자에 해당하는 자에 대해 중대재해처벌법상의 처벌 대상이 되는 안전보건확보의무(제4조, 제5조) 위반의 죄질과 비난가능성이 산업안전보건법상의 결과적 가중범 대상이 되는 안전보건조치의무(제38조, 제39조, 제63조) 위반의 그것보다 강하다고 볼 만한 규범적 근거가 없음에도, 중대재해처벌법의 처벌 수준이 산업안전보건법의 그것보다 훨씬 높은 것은 형벌체계상의 정당성과 균형을 상실한 것으로서 평등의 원칙 및 과잉입법금지의 원칙 등에 반한다.

(5) 사례 분석 : 사망사고와 중대재해처벌법 위반죄 성립 여부

> 경영책임자가 주로 근무하는 본사와 작업현장이 같은 공간에 있지 않고 멀리 떨어져 운영되고 있는 회사를 상정한다. 그 회사의 어느 한 작업현장에서 사망사고가 발생한 경우, 해당 회사의 경영책임자에게 중대재해처벌법 위반죄가 성립하는지에 대해 구체적으로 검토하기로 한다.

(가) 개설

경영책임자가 중대재해처벌법령상의 안전보건확보의무를 준수하고 있었는지에 대해서는 법률 규정사항 2개와 시행령 규정사항 11개에 대해 각각 별도로 살펴보아야 한다. 이 경우 이러한 규정사항이 형벌법규인 만큼 죄형법정주의 원칙상 '문언의 가능한 의미 내'라는 한계를 벗어나지 않는 범위에서 기본적으로 엄격해석에 입각하여야 한다.

도급, 용역, 위탁을 주는 경우, 중대재해처벌법령상 경영책임자의 의무(보호) 범위가 직영근로자에게만 미치는지, 상주하는 수급인에 대해서도 미치는지, 나아가 일시적인 작업을 위해 출입하는 업체에 대해서도 미치는지가 매우 불분명하다.

(나) 안전보건확보의무 위반행위와 사망 발생 간의 상당인과관계 여부

어느 조직에게 사업장 또는 시설·장소, 장비를 실질적으로 지배·운영·관리하는 책임이 있다고 하더라도, 그 조직의 경영책임자에게 중대재해처벌법 위반책임을 묻기 위해서는 일차적으로 중대재해처벌법상의 안전보건확보의무 위반과 사망사고 간에 상당인과관계가 있는지를 살펴보아야 한다.

중대재해처벌법상 경영책임자의 안전보건확보의무의 내용은 크게 ① 회사 전체의 안전보건 관련 업무절차서(매뉴얼) 또는 기준 마련 의무, 반기 1회 이상 이행점검 및 점검(또는 점검결과 보고 접수) 결과에 따른 조치 의무, ② 안전보건 인력·조직·예산 편성 의무로 구성되어 있다. 이러한 의무는 회사의 전체적인 안전보건관리체계 또는 안전보건관리의 기본구조, 방향성에 관한 조치사항으로서 회사의 최고경영진에 해당하는 경영책임자의 지위와 위상에서 요구되는 의무에 해당하는 사항이라고 할 수 있다. 즉, 중대재해처벌법상의 안전보건확보의무는 그 이행주체와 내용으로 볼 때 작업이 실제 이루어지는 현장에서의 개별적이고 구체적인 안전보건조치에 관련된 사항은 아니다.

따라서 중대재해처벌법상의 경영책임자의 안전보건확보의무가 도급·용역·위탁을 준 회사의 사업상에 일시적으로 들어와 직접 직업을 담당하는 업체의 개별적인 작업상황에서의 구체적인 안전보건조치까지를 담보한다고 기대하기는 매우 어려울 것이다. 개별 작업현장에서의 구체적인 작업방법·행동의 잘못과 관련된 사망사고의 원인을 중대재해처벌법상의 경영책임자의 안전보건확보의무 위반행위에서 찾는 것은 인과관계의 인정범위를 지나치게 확장(형사책임의 무제한 확대)하는 것이라고 할 수 있다.

형법적인 관점에서 볼 때 많은 사망사고는 작업수행과정에서의 구체적 안전보건조치의 미실시 또는 불충분에서 의미 있는(중요한) 원인이 찾아질 수 있다. 중대재해처벌법상 경영책임자에 의한 안전보건확보의무 위반행위는 의무주체·내용의 성격상 일반경험칙에 비추어 볼 때 대부분의 사망사고 발생에 상당한 원인이라고 보기에는 많은 무리가 있다. 즉, 일반경험칙상 중대재해처벌법의 안전보건확보의무 위반으로부터 사망사고가 발생하는 것이 '상당'하다(결과발생가능성이 꽤 높다)고 평가할 수 있을 경우에 한하여(상당히 인과적인 것만을) 같은 법의 안전보건확보의무 위반행위와 사망사고 간에 '상당인과관계'가 있다고 인정할 수 있을 것이다.

요컨대, 경영책임자가 중대재해처벌법에서 요구되는 안전보건확보의무를 이행하였다면 사망사고가 발생하지 않았을(사망사고를 방지할 수 있었을) 것이 '거의 확실하다'는 정도의 판단이 서야(안전보건확보의무 불이행과 사망 발생 간의 연관관계가 '확실에 가까운 개연성'으로 긍정되어야) 중대재해처벌법에서 요구되는 안전보건확보의무 위반행위와 사망사고 사이에 상당인과관계가 긍정된다고 할 수 있을 것이다.

일반경험칙에 비추어 볼 때, 작업현장과 멀리 떨어진 곳(본사)에 있는 경영책임자가 중대재해처벌법의 안전보건확보의무를 이행하지 않으면 현장에서 작업을 하는 과정에서 사망사고가 발생할 것이라는 점이 통상적으로 예견된다고는 볼 수 없을 것이다. 이러한 경영책임자가 예컨대 회사 전체에 관련된 매뉴얼 마련과 반기 1회 정도의 점검 및 인력·조직·예산 편성과 같은 (중대재해처벌법의) 의무를 이행하지 않았다고 하여, 이를 작업내용이 자주 변화하는 개별현장 작업에서의 구체적인 방법·행동으로 인한 사망과 연결시키는 것은 인과관계의 범위를 지나치게 확장하는 것이다.

경영책임자의 안전보건확보의무 위반행위가 사망이라는 결과를 발생하게 한 것이 통상 예견될 수 있어야 안전보건확보의무 위반행위와 사망 사이에 상당인과관계를 인정할 수 있을 것이다. 경영책임자가 중대재해처벌법에 규정된 위 의무를 이행하지 않았다고 해서 통상적으로 현상 작업에서 사망사고가 발생할 것이라고 보는 것은 지나친 논리적 비약이다. 다시 말해서, 중대재해처벌법상의 경영책임자에 의한 안전보건확보의무 위반행위에 의해 사망사고가 발생하는 것이 일반경험칙상 상당하다고는 보기 어려울 것이다.

중대재해처벌법 위반과 사망사고 간에 상당인과관계가 성립하기 위해서는 사망사고가 중대재해처벌법상의 의무위반행위로 인하여 생긴 당연한 결과라고 볼 만한 정황과 논거가 있어야 한다. 현실에서는 구체적인 작업방법·행동의 잘못이 사망사고의 원인으로 작용하는 경우가 많다.

따라서 조직규모가 클수록 개별현장에서 작업을 수행하는 과정에서 발생한 사망사고를 중대재해처벌법상 경영책임자의 위반책임으로 귀속시키는 것에는 경험적으로나 이론적으로 많은 무리가 있다.

한편, 중대재해처벌법은 사업장 또는 시설·장소, 장비를 실질적으로 지배·운영·관리하는 책임이 있는 자만을 의무주체로 설정하고 있고, 고용관계에 있는 자, 즉 작업위험을 직접 관리하는 책임이 있는 자를 의무주체로 설정하고 있지 않다.

사망사고 발생원인이 작업방법·행동에 있는 경우 책임을 져야 할 자는 작업위험을 직접 관리하는 지위에 있는 자, 즉 당해 사망자와 고용관계에 있는 업체이고, 사업장 또는 시설·장소, 장비 등을 실질적으로 지배·운영·관리하는 책임이 있는 자라고 볼 수 없다. 설령 경영책임자에게 사업장 또는 시설·장소, 장비 등을 실질적으로 지배·운영·관리하는 책임이 있다고 하더라도, 그 경영책임자가 작업위험을 직접 관리하는 책임이 있는 자에는 해당하지 않는다고 하면, 해당 경영책임자의 안전보건조치의무 위반과 사망사고 간에 상당인과관계가 성립한다고 보기는 어려울 것이다.

(다) 사망 발생의 예견가능성 여부

경영책임자에게 사업장 또는 시설·장소, 장비 등을 실질적으로 지배·운영·관리하는 책임이 있다고 하더라도, 사망사고가 발생할 당시의 시점을 전후로 현장에 있지 않은 본사 경영책임자에게 '사망 발생 자체'와 '사망에 이르는 중요과정(인과과정의 본질적 윤곽)'에 대해 (구체적) 예견가능성이 있다고 보기는 어려울 것이다. 다시 말해, 작업위험을 직접 관리하지 않는(해당 작업에 대해 개별적·구체적으로 지시하는) 위치에 있지 않은 본사 경영책임자가 놓인 상황으로 볼 때, 경영책임자가 구체적인 작업현장에서의 사망사고 발생을 예견할 수 있었다고 보기에는 많은 무리가 있다.

사망사고가 시설 측면의 잘못이 아니라 현장의 구체적인 작업방법 또는 작업행동의 잘못에 기인하여 발생한 경우, 경영책임자가 처한 상황, 행위의 경과, 부수사정 등에 비추어 볼 때 경영책임자의 안전보건확보의무 미준수가 당해 사망사고를 발생시킬 것이라고 예견할 수 없었다고 봄이 경험칙에 부합한다고 할 수 있다.

요컨대, 설령 경영책임자가 중대재해처벌법상의 안전보건확보의무를 위반한 잘못이 있었다고 하더라도, 개별 작업현장에서 근로자(수급인 근로자의 경우 더욱더)가 불안전한 작업행동을 하여 사망사고가 발생한 것까지를 경영책임자에게 예견가능성이 있었다고 보기는 어려울 것이다.

(라) 기대가능성 여부

사망사고가 발생한 작업 당시의 구체적 사정에 비추어 볼 때, 현장이 아닌 본사에서 주로 근무하면서 해당 작업에 대하여 개별적·구체적으로 지시하는 지위에 있지 않은 경영책임자에게 전국의 여러 작업현장에서 동시다발적으로 크고 작게 이루어지고 있는 수많은 공정의 작업방법 또는 작업행동까지를 파악하여 결과(사망) 발생에 대한 주의의무를 이행할 것을 기대하는 것은 불가능하다고 보여진다(책임조각사유로서의 기대불가능성).

칼럼 '기업 엄벌화'로만 치닫는 안전입법[318)]

최근 우리 사회는 안전 입법에서 가히 '과잉형벌 의존 증후군'이라고 부를 만하다. 사고 예방의 실효성보다는 어떻게 하면 피해 감정을 만족시킬 수 있는가에서만 입법근거를 찾는 '엄벌화 입법'이 증가하고 있기 때문이다.

문제는 이런 엄벌화 입법의 범죄 억지 및 예방 효과에 대해 검증하려거나, 응보감정을 이성적으로 거르려는 과정 없이 무조건 엄벌만이 곧 정의인양 생각한다는 점이다. 예컨대 대형사고가 발생했을 때 국가의 책임은 묻지 않고, 사고발생 기업에 대해서만 엄벌주의로 대응한다. 물론 가해자에게 책임을 돌려 국가의 책임을 희석시키고 들끓는 여론을 가라앉히는 데 엄벌주의만큼 매력적인 것은 없다. 정치인과 공무원이 가장 선호하는 것이 바로 엄벌주의인 이유다.

엄벌주의 접근은 안전 문제를 개별 기업만의 문제로 여기다 보니, 여기에서 등장하는 인간관계는 '가해자' 대 '피해자'라는 이분법적 구조로 단순화된다. 이 접근은 사고라는 결과에 책임을 묻는 데 집중하고, 사고

318) 정진우, 머니투데이, 2020.8.4.

가 발생하게 된 사회구조적 요인을 간과하는 경향이 있다. 그 결과 가해자인 개별기업을 적대시하는 태도를 보인다. 특히 안전 문제와 인간이 갖는 사회성은 무시된다. 하지만 사회성을 무시하고 가해자를 희생양 삼는 데 급급한 대응은 그럴듯한 정치 슬로건은 될 수 있어도 사고 예방 효과를 거두기는 어렵다.

엄벌화 입법은 사고 발생 기업에 대해 도산할 정도의 치명적 제재를 가해 사회에서 완전히 배제해야 한다는 생각이 저변에 깔려 있다. 사고 발생 기업이라고 해서 사회에서 떼 내어 도태시켜야 한다는 이런 발상은 근대 형법 원리와는 거리가 멀다. 근대 형법은 "범죄는 행위"라는 생각 아래 '범죄'는 사회의 적이지만 '범죄자'는 사회의 적은 아니라는 원리에 기초한다.

처벌 수준은 사회적 규범의식을 도외시할 수 없지만 범죄 예방 효과를 고려해 감성적이 아니라 이성적으로 판단해야 한다. 범죄 예방의 실효성을 따져보지 않고 엄벌화로만 치닫는 것은 국민의 소박한 보복감정에 즉자적으로 대응하는 것이며, 국민의 환심을 사기 위한 '상징 입법'에 지나지 않는다. 범죄를 감소시키려면 엄벌화 외의 요인을 포괄하는 종합적 대책이 동반돼야 한다. 이것이 충실하지 않으면 아무리 무관용으로 처벌을 강화해도 법 위반은 줄어들지 않는다.

안전 입법에서도 처벌은 당연히 필요하지만 예방 효과가 기대되지 않는 대중 영합적인 엄벌화 입법이 돼선 안 된다. 권력은 남용되기 쉽다는 교훈은 엄벌화 입법에도 그대로 적용돼야 한다. 죄형법정주의를 무시한 형벌은 입법 근거가 된 규제목적을 달성하지 못하고, 사고 예방의 실효성도 담보하지 못한다.

그런데 안전입법에서는 죄형법정주의가 액세서리 정도로 취급되는 경향이 있다. 그러나 죄형법정주의는 민주주의의 산물이자 입법의 효과성을 담보하는 장치이다. 죄형법정주의가 안전 입법에 대한 비판의 기준으로 재삼 강조될 필요가 여기에 있다.

준법 의지가 있는 기업이라면 법을 위반하지 않고도 생산 활동을 할 수 있도록 비현실적이고 불명확한 안전기준을 개선하는 일이 선행돼야 한다. 또한 중소기업들도 어렵지 않게 사고 예방 활동을 할 수 있도록 다양한 사고 예방 기법을 널리 개발해 보급하고 유도하는 등 사고 예방 기반을 정비 · 확충하는 것이 역점적으로 추진돼야 한다.

사고 예방 인프라를 구축하려는 노력은 소홀히 한 채 안전 문제를 단속과 처벌 위주로 접근하고, 사고발생 기업에만 책임을 떠넘기는 것은 현대 국가로서의 면모가 아니라 경찰 국가에서나 보이는 현상이다.

처벌은 목적이 아니라 예방을 위한 수단이라는 점을 명심할 필요가 있다. 기업을 적이라고 생각하지 않는 이상, 처벌만이 아니라 기업이 안전입법을 위반하지 않도록 인프라를 조성하는 정책적 노력이 강화돼야 한다. 한국의 사고 예방 행정에서 특히 부족한 점이 이러한 포용 정책이다.

아. 양벌규정(제7조)

해당 조문

법인 또는 기관의 경영책임자 등이 그 법인 또는 기관의 업무에 관하여 제6조에 해당하는 위반행위를 하면 그 행위자를 벌하는 외에 그 법인 또는 기관에게 다음 각 호의 구분에 따른 벌금형을 과(科)한다. 다만, 법인 또는 기관이 그 위반행위를 방지하기 위하여 해당 업무에 관하여 상당한 주의와 감독을 게을리하지 아니한 경우에는 그러하지 아니하나.

1. 제6조 제1항의 경우 : 50억원 이하의 벌금
2. 제6조 제2항의 경우 : 10억원 이하의 벌금

법인 또는 기관에 대한 처벌을 사망이 발생한 중대산업재해와 부상 · 질병이 발생한 중대산업재해로 구분하여 전자에 대해선 50억 이하의 벌금,

후자에 대해선 10억원 이하의 벌금을 부과한다.

양벌규정의 처벌 대상이 '법인 또는 기관'으로 한정되어 있기 때문에 '개인사업주'는 양벌규정의 처벌 대상에서 제외된다.

행정법에서의 양벌규정과 마찬가지로 법인(회사)에 대한 면책사유를 두고 있는바, 회사 전체적으로 협력사 종사자를 포함하여 안전보건에 대한 '상당한' 주의감독(추상적인 수준의 주의감독만으로는 부족)의 노력을 기울일 필요가 있다. 법인, 기관에서는 이를 고려하여 본 법령상의 경영책임자의 안전보건확보의무 이행사항을 문서화, 기록 등으로 보존할 필요가 있다.

다만, 양벌규정에서의 면책사유는 그간 산업안전보건법 등 다른 행정법에서의 적용사례로 보건대 매우 엄격하게 해석되고 있음에 유의해야 한다.

산업안전보건법 등 다른 사업장 안전보건관계법에서도 양벌규정을 두고 있는바, 중대재해처벌법의 양벌규정은 다른 사업장 안전보건관계법의 양벌규정과 별개이므로,[319] 중대재해처벌법과 다른 사업장 안전보건관계법의 양벌규정 각각에 의해 벌금이 병과되는 일은 얼마든지 있을 수 있다. 다만, 중대재해처벌법의 양벌규정에서 정하는 벌금의 2분의 1까지 가중하되 중대재해처벌법과 다른 사업장 안전보건관계법에서 정한 벌금을 합산한 액수를 초과할 수 없다[형법 제38조(경합법과 처벌례) 제1항 제2호].

한편, 중대재해처벌법은 제6조(중대산업재해 사업주와 경영책임자 등의 처벌)에서 경영책임자가 실제행위자, 즉 위반행위자인 경우 경영책임자

319) 중대재해처벌법과 산업안전보건법 등 사업장 안전보건관계법(특히 산업안전보건법) 양벌규정에 의한 법인 처벌의 경우, 중대재해처벌법 위반죄와 산업안전보건법 등 사업장 안전보건관계법 위반죄의 관계는 각각의 처벌 대상인 중대재해처벌법 위반행위와 산업안전보건법 등 사업장 안전보건관계법 위반행위가 별개의 위반행위이므로(단일하고 동일한 행위가 아니므로) 실체적 경합 관계에 있다고 보아야 할 것이다. 양벌규정에 의한 법인 처벌의 죄수관계를 벌칙 본조의 죄수관계와 달리 보아야 할 이유는 없다.

개인을 처벌하는 것으로 규정하고 있다. 그런데도 양벌규정인 같은 법 제7조(중대산업재해의 양벌규정)에서 "…… 그 행위자를 벌하는 외에 ……"라고 위반행위자를 처벌하는 규정을 재차 두고 있는바, 양벌규정의 이 문구는 원래의 처벌규정인 제6조와 중복·충돌되는 잘못된 규정이라고 할 수 있다. 산업안전보건법은 대부분 사업주(법인사업주 : 법인, 개인사업주 : 개인 경영자)를 의무주체로 설정하고 있어 원래의 벌칙규정은 대부분 위반행위자가 아닌 사업주를 처벌하는 것으로 규정하고 있는바, 법인의 경우 법인 그 자체가 사업주이기 때문에 원래의 벌칙규정으로는 위반행위자를 처벌할 수 없는 경우가 대부분이다. 따라서 양벌규정에서 실제행위자인 위반행위자를 처벌한다는 규정("그 행위자를 벌하는 외에")이 필요한 것이다. 이에 반해, 중대재해처벌법은 실제행위자인 경영책임자를 의무주체로 설정하고 있고, 제6조에서 경영책임자를 위반행위자로 처벌한다는 규정("경영책임자 등은 1년 이상의 징역 또는 10억원 이하의 벌금에 처한다. 이 경우 징역과 벌금을 병과할 수 있다.")을 두고 있기 때문에, 양벌규정에서 위반행위자로서의 경영책임자를 처벌한다는 규정을 중복적으로 규정할 필요가 없는 것이다. 즉, 현행 중대재해처벌법의 벌칙 구조하에서는 경영책임자를 벌칙 본조인 제6조로도 처벌할 수 있고 양벌규정인 제7조에 의해서도 처벌할 수 있어 처벌의 근거규정이 중복적으로 존재하게 되는 셈이다. 이 또한 입법적 미비에 해당한다고 지적할 수 있다.

[참고] 중대재해처벌법에 대한 함량 미달의 판결 – 대법원의 죄수 판단을 중심으로[320)]

2023. 12. 28 중대재해처벌법 위반사건에 대한 첫 대법원 판결이 나왔다. 중대재해처벌법 위반사건 중 하급심에서 유일하게 실형이 선고된 사건이기도 해 판결 전부터 주목을 받았다.

하지만 필자는 중대재해처벌법 자체가 모호한 규정이 많은 데다가 법관들에게 생소한 법률이고 '10초 재판'이라는 말이 나올 정도로 대법원의 심리가 충실치 않아 판결에 큰 기대는 하지 않았다. 그럼에도 기초적인 것은 바로잡을 수도 있을 거라고 약간의 기대를 한 것도 사실이다. 뚜껑을 열어 본즉슨 헛된 기대를 했다는 생각을 넘어 대법원의 수준과 판결에 임하는 자세에 큰 실망과 회의(懷疑)를 느꼈다.

이번 판결이 비판받아 마땅한 것은 범죄의 수가 1개인가 수개인가의 문제를 다루는 죄수론에 대한 함량 미달의 판단이다.

먼저, 판결은 중대재해처벌법과 산업안전보건법 모두 사람의 생명・신체의 보전을 보호법익으로 한다는 공통 목적을 가지고 있고, 양 법의 위반행위 모두 같은 일시・장소에서 같은 피해자의 사망을 방지하지 못했다는 것을 근거로 이 둘을 1개의 행위(동일한 행위)라고 봤다. 이것은 실제와 맞지 않는 명백히 잘못된 판단이고 종전의 판례와도 맞지 않는다.

부작위범의 경우 행위의 동일성을 판단할 때에는 '기대되는 행위'의 동일성을 기준으로 해야 한다. 기대되는 행위인 작업계획서 작성과 안전보건관리체계 구축・이행이 사회통념상 1개의 행위라고 평가될 수 없다는 점은 산업안전에선 상식에 속한다. 이 둘은 일반인의 생활경험에 비춰 볼 때 1개의 행위라고는 도저히 볼 수 없다. 게다가 작업계획서는 기본적으로 작업을 하는 하청업체가 작성하는 것이고 안전보건관리체계 구축은 원청업체의 몫이 크다. 대법원은 산업안전의 기초원리와 현실조차 파악하지 않은 채 판결을 한 것이다.

1개의 행위인지는 '실행행위'의 동일성이 기준이고 법의 목적과 결과 발생의

320) 정진우, 월간 노동법률, 2024.2(Vol. 393)

일시·장소, 피해자가 동일하다고 해 1개의 행위로 평가되지 않는다는 건 죄수론의 기초다. 작업계획서 미작성과 안전보건관리체계 미구축의 관계보다 훨씬 더 유사한 음주운전죄와 위험운전치상죄의 관계에 대해 입법취지, 보호법익 및 적용영역을 달리하는 별개의 범죄이므로 '실체적 경합' 관계에 있다고 판단한 종전의 대법원 판결(2008도9182)과도 부합하지 않는다.

근로자 사망으로 인한 산업안전보건법 위반죄(결과적 가중범)와 업무상과실치사죄를 상상적 경합 관계로 본 것도 명백히 잘못된 것이다. 법리상 상상적 경합이 되려면 한 구성요건이 다른 구성요건을 배척하는 법조경합 관계(특별관계)에 있어서는 안 되는데, 두 죄는 죄수론상 법조경합 관계에 있다. 산업안전보건법의 결과적 가중범은 기본행위와 업무상과실치사행위의 결합범으로서 업무상과실치사죄는 전자에 흡수되기 때문이다. 이번 판결이 인용한 산업안전보건법 위반죄와 업무상과실치사죄를 상상적 경합범으로 본 종전 판결(91도2642)은 산업안전보건법에 결과적 가중범이 도입되기 이전의 판결로서 2006년 3월 산업안전보건법 개정으로 결과적 가중범이 새롭게 도입된 이후에는 그대로 원용될 수 없는 판결이다.

중대재해처벌법 위반죄도 기본행위와 업무상과실치사행위의 결합범이기 때문에 중대재해처벌법 위반죄만 적용되고 업무상과실치사죄의 적용은 배제되는 법조경합 관계(특별관계)에 있다고 봐야 한다. 상해치사죄가 과실치사죄에 대해 특별관계에 있는 것과 동일한 구조이다. 그런데 이번 판결은 상상적 경합 관계로 봤다. 죄수론의 기초에 반한다.

업무상과실치사죄와 근로자 사망으로 인한 산업안전보건법 위반죄·중대재해처벌법 위반죄 간의 관계와 유사한 업무상과실치사죄와 위험운전치사죄의 관계에 대해 종전의 판례는 업무상과실치사상죄를 내용으로 하는 교통사고처리 특례법 위반죄는 특정범죄 가중처벌 등에 관한 법률상의 위험운전치사상죄(제5조의11)에 흡수된다(법조경합 관계)고 보고 있다(2008도7143). 위험운전치사상죄는 1개의 구성요건에 음주운전행위와 업무상과실치사상행위가 결합된 결합범으로서 음주운전을 하다가 '치사상'의 결과가 발생하면 업무상과실치사상죄는 별죄를 구성하지 않고 위험운전치사상죄만이 성립하게 된다는 것이다.

요컨대, 이번 판결은 확립된 죄수이론뿐만 아니라 널리 인정되고 있는 종전 판례에도 배치된다고 할 수 있다. 중대재해처벌법 관련 죄수에 대한 대법원의 법리에 맞지 않는 판단은 중대재해처벌법과 산업안전보건법에 대한 전문성 부족과 판결에 임하는 무성의한 자세에 기인한 측면이 크다. 전문법률과 관련된 생소하거나 사전지식이 부족한 사건에 대해 판결을 할 때는 기본적인 것은 학습을 한 상태에서 판결을 해야 하는데 전혀 그렇지 않은 것 같다.

산업안전보건법과 유사한 중대재해처벌법 제정이 두 법 위반죄를 상상적 경합 관계로 보는 비상식적 판결을 하게 한 주된 원인으로 작용한 건 분명하다. 수사기관이 중대재해처벌법의 안전보건확보의무 위반과 중대재해 사이에 무리하게 산업안전보건법을 끼워 넣은 것 또한 상상적 경합범으로 잘못된 판단을 하는 데 있어 한 원인을 제공했다. 선고할 형벌수준을 미리 정해 놓고 이에 맞추기 위해(형을 가중하지 않기 위해) 법리에 대해 별다른 고민을 하지 않은 측면도 엿보인다. 결국 중대재해처벌법 자체가 자의적인 법해석의 단초가 된 것이다.

이번 판결로 보건대 하급심뿐만 아니라 대법원조차 국민들로부터 권위는 고사하고 신뢰도 인정받지 못하는 이유를 짐작할 수 있을 것 같다. 이 점은 2018년 6월 리얼미터에서 실시한 법원 판결에 대한 신뢰도 조사에서 응답자의 64%가 불신한다고 답변한 것으로도 확인된다. 또한 경제협력개발기구(OECD)에서 발간하는 '한 눈으로 보는 정부' 통계에서 우리나라의 사법시스템이 매년 최하위 수준인 것으로 조사되는 것에서도 대법원을 포함한 법원 판결에 심각한 문제가 있음을 알 수 있다.

부실한 심리와 판결이 계속된다면 재판을 차라리 AI한테 맡기는 것이 낫겠다는 세간의 비아냥이 드세질 것이다. 당사자의 운명을 결정짓는 판결이 졸속으로 이루어질 가능성이 높다는 건 국민들에겐 끔찍한 일이다. 법원의 전문성과 책임성을 강화하여 재판의 질을 높이는 것이 시대적 사명이어야 하는 이유다.

칼럼

'손댈 곳 투성이' 중대재해처벌법[321)]

지난해 산재사망사고가 늘어난 것으로 잠정 집계됐다. 처벌을 대폭 강화한 '김용균법'이 시행된 이후 오히려 사망재해가 늘어난 것이다. 그것도 근로감독관 수와 산업안전공단 직원 수가 크게 늘어난 상황에서의 성적이라서 심각한 결과라고 볼 수 있다. 게다가 코로나19로 인해 취업자수가 많이 줄어든 점을 감안하면 산재예방행정시스템이 고장 나 있다는 방증이 아닐 수 없다.

이 수치는 시스템 개선 없는 처벌강화가 재해감소가 아니라 증가를 초래할 수 있다는 것을 실증적으로 보여준 것이다. 재해를 감소시키려면 엄벌보다 더 중요한 것이 따로 존재한다는 것을 시사하는 대목이기도 하다.

이런 점에서 볼 때, 1월 8일 국회를 통과한 '중대재해 처벌 등에 관한 법률'(중대재해처벌법)은 재해예방에 실효를 거두지 못하고 비용만 많이 초래하는 법이라 할 수 있다.

법 제정과정에서 정치권은 여야 가릴 것 없이 재해 예방을 위한 진지한 논의 보다는 들끓는 여론을 잠재우는 정치적 제스처를 취하는 데에만 여념이 없었다.

당초 중대재해처벌법의 모델로 삼은 영국의 법인과실치사법과는 달리 경영책임자 개인에 대한 처벌을 산업안전보건법 등과 중복 규정하는 태생적 한계를 안고 있다 보니, 노사 양쪽으로부터 지탄을 받는 사생아가 탄생했다. 특히 산업안전보건법보다 강하게 처벌할 규범적 근거도 없이 무작정 엄벌에 처하겠다는 무모함 앞에서 이성적 토론과 사유는 설 땅이 없었다.

321) 정진우. 중소기업뉴스. 2021.1.18

중대재해가 왜 많이 발생하는지, 어떻게 해야 중대재해를 줄일 수 있는지에 대한 진지한 성찰 없이 엄벌이 마치 중대재해를 줄이는 요술방망이나 되는 것인 양 여론을 호도하기에 바빴다. 산재 예방 인프라를 개선하거나 산재예방행정시스템을 혁신할 진정성과 전문성은 어디에서도 찾아볼 수 없었다.

처벌만능주의라는 이념에 사로잡힌 채 중대재해처벌법을 구조적이고 본질적인 문제를 회피하기 위한 알리바이로 삼으려는 정치공학만이 난무했다. 공청회는 요식행위로 단 한 번만 한 채 일정을 무리하게 못 박아 놓다 보니, 졸속심사와 내용부실은 이미 예상됐다. 법안에 많은 문제가 있지만 몇 가지만 지적해 보자.

첫째, 누가 무엇을 어떻게 해야 할지가 불명확하고 모호한 내용이 많다. 예컨대, 한 사업장에서 소유자, 운영자, 관리자가 별도로 있는 경우 실질적으로 지배 · 운영 · 관리하는 사람이 누구인지 도대체 알 수 없다. '이현령비현령식'의 자의적 법집행이 불을 보듯 훤하다. 역할과 책임이 불분명하다 보니, 준법의지가 강한 경영책임자라 하더라도 어디부터 어디까지 예방조치를 해야 할지 몰라 실제조치로 이어지기도 어렵다.

둘째, 경영책임자가 도저히 준수할 수 없는 비현실적 조치 또한 적지 않다. 중소기업에서 도급이나 용역을 준 경우, 이를 받은 영세업체의 재해 재발방지대책 수립이나 영세업체에 대한 관공서 지적사항의 이행조치를 중소기업 측에서 그것도 경영책임자가 직접 해야 한다는 식이다. 준수할 수 없는 기준을 들이대고 강요하는 것이야말로 법치주의에 정면으로 위배된다.

셋째, 징벌적 손해배상은 이를 인정하는 영미법 국가에서조차도 형사처벌이 현실적으로 어려운 경우 대체수단으로 인정되는 것이지, 형사처벌 대상이 되는 행위에 대해 이중제재를 하기 위해 존재하는 것이 아니다. 그런데 중대재해처벌법은 전 세계 유례없이 형사처벌과 병과하는 식으로 징벌적 손해배상을 입법화했다.

넷째, 이 법의 유예기간 동안 사망자의 직접 고용주인 50명 미만 하청업체의 경영책임자는 법적용에서 제외되는데, 사망자와 간접적 관계에 있는 50명 이상 원청업체의 경영책임자는 이 법에 따라 처벌되는 아이러니가 발생할 수밖에 없다.

공부할 여건은 만들어 주지 않고 매질만 하는 부모가 좋은 부모일 수 없듯, 재해 예방의 실질적 여건 조성에 무관심한 정부는 결코 좋은 정부일 수 없다. 준법여건 조성 없이는 처벌 자체가 목적인 법이 되고 만다.

법의 제정 의도가 순수하지 못한 상태에서, 그것도 졸속으로 심사한 만큼 법안 곳곳에서 허점과 무리가 발견된다. 위헌소송이 제기된다면 위헌판결이 날 가능성이 높다. 재해예방의 실효성을 위해서도 그렇고, 현장의 혼란과 부작용을 최소화하기 위해서라도 중대재해처벌법은 대폭 개정돼야 한다. 그것도 하루빨리.

자. 안전보건교육 수강(법 제8조, 시행령 제6조)

해당 조문

▍법 제8조(안전보건교육의 수강) ▍

① 중대산업재해가 발생한 법인 또는 기관의 경영책임자 등은 대통령령으로 정하는 바에 따라 안전보건교육을 이수하여야 한다.

② 제1항의 안전보건교육을 정당한 사유 없이 이행하지 아니한 경우에는 5천만 원 이하의 과태료를 부과한다.

③ 제2항에 따른 과태료는 대통령령으로 정하는 바에 따라 고용노동부장관이 부과 · 징수한다.

▍시행령 제6조(안전보건교육의 실시 등) ▍

① 법 제8조제1항에 따른 안전보건교육(이하 "안전보건교육"이라 한다)은 총 20시간의 범위에서 고용노동부장관이 정하는 바에 따라 이수해야 한다.

② 안전보건교육에는 다음 각 호의 사항이 포함되어야 한다.
1. 안전보건관리체계의 구축 등 안전 · 보건에 관한 경영 방안
2. 중대산업재해의 원인 분석과 재발 방지 방안

③ 고용노동부장관은 「한국산업안전보건공단법」에 따른 한국산업안전보건공단이나 「산업안전보건법」 제33조에 따라 등록된 안전보건교육기관(이하 "안전보건교육기관등"이라 한다)에 안전보건교육을 의뢰하여 실시할 수 있다.

④ 고용노동부장관은 분기별로 중대산업재해가 발생한 법인 또는 기관을 대상으로 안전보건교육을 이수해야 할 교육대상자를 확정하고 안전보건교육 실시일 30일 전까지 다음 각 호의 사항을 해당 교육대상자에게 통보해야 한다.
1. 안전보건교육을 실시하는 안전보건교육기관등
2. 교육일정
3. 그 밖에 안전보건교육의 실시에 필요한 사항

⑤ 제4항에 따른 통보를 받은 교육대상자는 해당 교육일정에 참여할 수 없는 정당한 사유가 있는 경우에는 안전보건교육 실시일 7일 전까지 고용노동부장관에게 안전보건교육의 연기를 한 번만 요청할 수 있다.

⑥ 고용노동부장관은 제5항에 따른 연기 요청을 받은 날부터 3일 이내에 연기 가능 여부를 교육대상자에게 통보해야 한다.

⑦ 안전보건교육을 연기하는 경우 교육일정 등의 통보에 관하여는 제4항을 준용한다.

⑧ 안전보건교육에 드는 비용은 안전보건교육기관등에서 수강하는 교육대상자가 부담한다.

⑨ 안전보건교육기관등은 안전보건교육을 실시한 경우에는 지체 없이 안전보건교육 이수자 명단을 고용노동부장관에게 통보해야 한다.

⑩ 안전보건교육을 이수한 교육대상자는 필요한 경우 안전보건교육이수확인서를 발급해 줄 것을 고용노동부장관에게 요청할 수 있다.

⑪ 제10항에 따른 요청을 받은 고용노동부장관은 고용노동부장관이 정하는 바에 따라 안전보건교육이수확인서를 지체 없이 내주어야 한다.

중대산업재해 발생에 대해 안전보건교육을 규정한 것으로서, 중대산업재해가 발생하기만 하면 그 원인도 규명되기 전에 무조건 안전보건교육을 수강하도록 하는 것은 행복추구권(헌법 제10조)과 무죄추정의 원칙(헌법 제27조 제4항)을 침해할 가능성이 크다.

형이 확정된 사업장을 대상으로 중대산업재해 발생사실 공표(법 제13조)와 달리 중대산업재해가 발생하기만 하면 그 원인도 규명되기 전에 무조건 안전보건교육을 수강하여야 한다.

조사(수사)・재판 결과를 통해 경영책임자에게 잘못이 없는 것으로 밝혀질 가능성도 적지 않을 텐데, 잘잘못이 확정되기 전에 교육 수강을 강제하는 것은 사실상 결과책임을 묻는 것으로서 매우 불합리하다.

고용노동부의 안전보건교육 통보에 응하여 교육을 받게 되면 자신이 법 위반자임을 인정하는 것으로 인식되어, 죄의 유무가 확정되지 않은 상태에서는 많은 사람들이 안전보건교육을 받지 않고 과태료(1차 위반 시 1천만원)를 감수하거나 안전보건교육 수강명령에 대한 집행정지신청으로 대응하는 기업들이 적지 않을 것으로 예상된다.

과태료의 부과 대상자는 원칙상 질서위반행위를 한 자이다. 다만, 법인(법인이 아닌 사단 또는 재단으로서 대표자 또는 관리인이 있는 것을 포함한다. 이하 같다)[322]의 대표자, 법인 또는 개인의 대리인・사용인 및 그 밖의 종업원이 업무에 관하여 법인 또는 그 개인에게 부과된 법률상의 의무를 위반한 때에는, 대표자 또는 종업원이 아니라 수범자인 법인 또는 그 개인에게 과태료를 부과하는 것으로 규정되어 있다(질서위반행위규제법 제11조). 그러나 중대재해처벌법상 안전보건교육 수강의무를 포함한 각종 안전보건조치 의무의 수범자는 법인 또는 기관이 아니라 경영책임자 개인이므

322) 질서위반행위규제법 제2조 제3호.

로, 경영책임자가 안전보건교육을 이수하지 않는 경우에는(수강명령에 따르지 않은 경우가 아니다), 질서위반행위를 한 자인 경영책임자가 과태료(1차 위반 1천만원, 2차 위반 3천만원, 3차 이상 위반 5천만원)를 부과받게 된다.

한편, 안전보건교육 수강 대상자는 법인 또는 기관의 경영책임자로 한정되어 있고 개인사업주는 그 대상에서 제외되어 있다. 개인사업주를 안전보건교육 수강 대상에서 제외한 것은 논리적 이유보다는 영세하다는 현실적인 사정이 고려된 것이다.

칼럼 중대재해기업처벌법 제정 바람직한가[323)]

우리 사회에는 '엄벌주의'라는 유령이 떠돌고 있다. 특히 안전사고에 대해 이념적 진영에 관계없이 '중대재해기업처벌법'을 제정해야 한다는 목소리가 드높다. 원래 정치사조로서의 엄벌주의는 신자유주의 이데올로기에 가깝다. 범죄를 발생시키는 사회의 구조적 문제를 해결하려고 하기보다는 처벌이라는 즉흥적이고 현상적인 접근에 의지하기 때문이다. 아이러니컬한 것은 신자유주의에 비판적인 문재인 정부에서 어느 때보다 엄벌주의에 의존하고 있다는 점이다.

사실 유럽연합 국가 중 안전사고에 대해 엄벌주의를 택하고 있는 나라는 영국 외에는 발견되지 않는다. 엄벌주의 입장을 취하지 않고도 산재예방에서 우수한 성과를 거두고 있는 국가들이 많다는 점에도 주목할 필요가 있다. 한편, 영국의 중대재해기업처벌법에 해당하는 법인과실치사법이 사망재해 감소에 효과를 거두었는지에 대해서는 영국 내에서 높

323) 정진우, KEF e매거진, 2020.11.6.

은 평가를 받지 못하고 있다. 영국은 법인과실치사법을 도입하기 전부터 이미 사망재해율이 낮았다. 이 법을 도입하고 나서 비로소 획기적으로 낮아졌다는 주장은 사실과 명백히 다르다. 그리고 영국의 낮은 사망재해율은 엄벌보다는 전 세계에서 가장 효과적이고 높은 전문성을 갖추었다고 평가받는 산재예방행정조직에 힘입은 바 크다. 이러한 여건이 갖추어져 있지 않았다면 법인과실치사법이 탄생되지도 못했을 것이다.

우리나라의 산재예방 여건과 인프라는 이러한 영국과는 사뭇 다르다. 이를 고려하지 않은 채 처벌이 만능인 것처럼 생각하면서 중대재해기업처벌법 도입을 주장하는 것은 효과는 거두지 못하고 부작용만 키울 수 있다. 게다가 지금 주장되고 있는 중대재해기업처벌법은 벤치마킹의 대상이 되고 있는 영국 법인과실치사법에서도 찾아볼 수 없는 강한 내용으로 되어 있다. 경영진 형사처벌, 법인 형사처벌, 영업정지 등 행정제재, 징벌적 손해배상 등 가히 '제재의 백화점'이라 할 만하다. 4중 제재라고 할 수 있다. 제재 하나하나도 아주 강하다. 중소기업의 경우에는 문을 닫아야 할 곳이 속출할 것 같다. 법의 준수가 목적이 아니라 제재가 목적인 건 아닌가라는 생각이 강하게 드는 이유이다. 이 대목에서 처벌수위가 끊임없이 높아진 범죄의 가해자와 피해자 모두 약자들인 경우가 많다는 점을 되새겨볼 필요가 있다.

가장 큰 문제는 중대재해기업처벌법 찬성론자들이 산업재해를 실질적이고 효과적으로 예방하는 방안에 대해서는 별다른 관심이 없고 깊은 고민을 하지 않는다는 점이다. 이들은 처벌을 강화하면 사망재해 등 산업재해 문제가 쉽게 해결될 수 있을 것이라고 본다. 산업재해 문제를 단순히 기강과 의지의 문제로 바라보는 시각이 강하다. 그러나 처벌수준을 높이는 것보다 더 중요한 것이 수범자에게 어떤 조치를 해야 하는지에 대한 구체적인 행동기준을 명확하게 제시하는 것이다. 무엇을 어떻게 해야 할지 모르는 상태에서 법정형을 올린다고 해서 산재예방의 효과를 거둘 수 있을까.

4. 안전 · 보건관계법령에 따른 의무이행에 필요한 관리상의 조치

④ 제1항 제1호 · 제4호의 조치에 관한 구체적인 사항은 대통령령으로 정한다.

▌시행령▐

제8조(원료 · 제조물 관련 안전보건관리체계의 구축 및 이행에 관한 조치)

법 제9조 제1항 제1호에 따른 조치의 구체적인 사항은 다음 각 호와 같다.

1. 다음 각 목의 사항을 이행하는 데 필요한 인력을 갖추어 중대시민재해 예방을 위한 업무를 수행하도록 할 것
   가. 법 제9조제1항제4호의 안전 · 보건 관계 법령에 따른 안전 · 보건 관리 업무의 수행
   나. 유해 · 위험요인의 점검과 위험징후 발생 시 대응
   다. 그 밖에 원료 · 제조물 관련 안전 · 보건 관리를 위해 환경부장관이 정하여 고시하는 사항
2. 다음 각 목의 사항을 이행하는 데 필요한 예산을 편성 · 집행할 것
   가. 법 제9조제1항제4호의 안전 · 보건 관계 법령에 따른 인력 · 시설 및 장비 등의 확보 · 유지
   나. 유해 · 위험요인의 점검과 위험징후 발생 시 대응
   다. 그 밖에 원료 · 제조물 관련 안전 · 보건 관리를 위해 환경부장관이 정하여 고시하는 사항
3. 별표 5에서 정하는 원료 또는 제조물로 인한 중대시민재해를 예방하기 위해 다음 각 목의 조치를 할 것
   가. 유해 · 위험요인의 주기적인 점검
   나. 제보나 위험징후의 감지 등을 통해 발견된 유해 · 위험요인을 확인한 결과 중대시민재해의 발생 우려가 있는 경우의 신고 및 조치
   다. 중대시민재해가 발생한 경우의 보고, 신고 및 조치
   라. 중대시민재해 원인조사에 따른 개선조치
4. 제3호 각 목의 조치를 포함한 업무처리절차의 마련. 다만, 「소상공인기본법」 제2조에 따른 소상공인의 경우는 제외한다.
5. 제1호 및 제2호의 사항을 반기 1회 이상 점검하고, 점검 결과에 따라 인력

을 배치하거나 예산을 추가로 편성 · 집행하도록 하는 등 중대시민재해 예방에 필요한 조치를 할 것

제9조(원료 · 제조물 관련 안전 · 보건 관계 법령에 따른 의무이행에 필요한 관리상의 조치)

① 법 제9조제1항제4호에서 "안전 · 보건 관계 법령"이란 해당 사업 또는 사업장에서 생산 · 제조 · 판매 · 유통 중인 원료나 제조물에 적용되는 것으로서 그 원료나 제조물이 사람의 생명 · 신체에 미칠 수 있는 유해 · 위험 요인을 예방하고 안전하게 관리하는 데 관련되는 법령을 말한다.

② 법 제9조제1항제4호에 따른 조치의 구체적인 사항은 다음 각 호와 같다.

1. 안전 · 보건 관계 법령에 따른 의무를 이행했는지를 반기 1회 이상 점검(해당 안전 · 보건 관계 법령에 따라 중앙행정기관의 장이 지정한 기관 등에 위탁하여 점검하는 경우를 포함한다. 이하 이 호에서 같다)하고, 직접 점검하지 않은 경우에는 점검이 끝난 후 지체 없이 점검 결과를 보고받을 것
2. 제1호에 따른 점검 또는 보고 결과 안전 · 보건 관계 법령에 따른 의무가 이행되지 않은 사실이 확인되는 경우에는 인력을 배치하거나 예산을 추가로 편성 · 집행하도록 하는 등 해당 의무 이행에 필요한 조치를 할 것
3. 안전 · 보건 관계 법령에 따라 의무적으로 실시해야 하는 교육이 실시되는지를 반기 1회 이상 점검하고, 직접 점검하지 않은 경우에는 점검이 끝난 후 지체 없이 점검 결과를 보고받을 것
4. 제3호에 따른 점검 또는 보고 결과 실시되지 않은 교육에 대해서는 지체 없이 그 이행의 지시, 예산의 확보 등 교육 실시에 필요한 조치를 할 것

324) "안전"이라는 표현은 앞의 "결함으로 인한"이라는 말과 문맥상 연결되지 않는다. '위해 방지' 정도가 적합하다.

(1) 개설

‘안전 · 보건 관계 법령’, ‘안전 · 보건 관리 업무’, ‘유해 · 위험요인의 점검’, ‘필요한’ 등 지나치게 불명확하고 포괄적인 개념이 곳곳에 산재되어 있음에 유의해야 한다.

중대재해처벌법 제9조 제1항의 ‘이용자 또는 그 밖의 사람’에 근로자 등 종사자도 포함될 수 있고 시민은 ‘이용자 또는 그 밖의 사람’보다 더 넓은 개념으로서 근로자 등 종사자는 시민에 당연히 포함되므로, 장의 제목이 중대시민재해라고 하여 원료 · 제조물 관련 안전보건조치에서 근로자 등 종사자(노무를 제공하는 자)를 배제해서는 안 된다. 중대산업재해에 해당하는 재해는 중대시민재해에서 제외되지만(제2조 제3호), 재해자에 근로자 등 종사자 외에 일반시민(노무를 제공하지 않는 자)이 포함되어 있는 경우 근로자 등 종사자의 재해가 중대시민재해를 구성하는 일부분의 요소가 될 수는 있기 때문이다.[325)]

중대산업재해와는 달리 중대시민재해 관련 안전보건관리체계의 구축 및 그 이행에 관한 조치내용(법 제9조 제1항 제1호)에는 ‘점검’이 들어가 있는 점에 유의해야 한다.[326)]

소상공인기본법 제2조에 따른 소상공인에 대해서는, 법률에 위임 근거는 없지만 ‘시행령 제8조 제3호 각 목의 조치를 포함한 업무처리절차의 마련’에 관한 규정을 적용 제외하고 있다(시행령 제8조 제4호).

---

325) 예컨대 사업장에서의 폭발사고로 시민 7명이 2개월 이상 치료가 필요한 부상을 입었고 근로자 3명이 2개월 이상 치료가 필요한 부상을 입은 경우 중대시민재해의 요건을 충족하게 된다.

326) 법률의 취지와는 달리 중대산업재해 분야에서도 ‘안전보건관리체계의 구축 및 이행 조치’의 세부적인 사항을 규정하고 있는 시행령(제4조)을 보면 ‘점검’에 관한 내용이 다수 규정되어 있어 중대시민재해 분야에서 중대산업재해 분야와 달리 ‘점검’을 별도로 규정한 취지가 무색해졌다. 이 법이 얼마나 졸속으로 제정되었는지를 방증하는 또 하나의 사례라고 할 수 있다.

(2) 재발방지 대책의 수립 및 이행에 관한 조치

중대재해처벌법 제9조 제1항 제2호의 경우 단순히 재해로만 규정되어 있지만, 같은 조 같은 항 본문에서 "생산·제조·판매·유통 중인 원료나 제조물의 설계, 제조, 관리상의 결함으로 인한"이라는 수식어가 있기 때문에, 이 결함에 기인한 재해로 한정된다고 보아야 할 것이다. 다만, 재해의 '강도'의 경우 중대재해로 한정되어 있지 않으므로 경미한 재해도 포함되는 점에 유의해야 한다.

(3) 개선·시정명령 등의 이행에 관한 조치

이 법 제9조 제1항 제3호의 "개선, 시정 등을 명한 사항"은 명령적 행정행위(처분)에 해당하는 사항만을 한정적으로 가리키므로, 개선권고, 행정지도나 법적 근거 없는 시정지시 등은 해당하지 않는다. 그리고 행정청이 개선, 시정 등을 명할 때는 처분 행정청과 담당자의 소속·성명 및 연락처(전화번호, 팩스번호, 전자우편주소 등을 말한다)이 적힌 문서로 하는 것이 원칙이다(행정절차법 제24조).

한편, 이 법 제9조 제1항 제3호에서 규정하고 있는 "중앙행정기관·지방자치단체가 관계법령에 따라 개선, 시정 등을 명한 사항의 이행에 관한 조치"는 대부분의 안전보건관계법에서 이미 규정하고 있는 사항인바, 동일한 내용에 대해 다른 안전보건관계법에서는 결과적 가중범의 대상으로 규정하고 있지 않음에도 중대재해처벌법에서는 아무런 규범적 근거 없이[불법의 정도(죄질), 비난가능성을 고려하지 않고] 다른 안전보건관계법의 결과적 가중범보다 오히려 더 무거운 형벌의 대상으로 규정하고 있는 것은 형법체계상의 정당성과 균형을 상실한 것으로서 평등의 원칙 및 과잉입법 금지의 원칙 등에 반한다고 할 수 있다.[327), 328)]

구성요건 표지의 추가 없이 법정형만 가중하려고 한다면 일반법의 법정형을 올리면 되지 특별법을 제정할 필요가 없다. 법정형을 가중하기 위해서는 범행방법, 신분 등 별도의 가중적 구성요건 표지를 규정하는 것이 필요하다.[329)]

(4) 안전보건관계법령의 범위

원료・제조물 관련 안전보건관계법령[330)]은 "해당 사업 또는 사업장에서 생산・제조・판매・유통 중인 원료나 제조물에 적용되는 것으로서 그 원료나 제조물이 사람의 생명・신체에 미칠 수 있는 유해・위험 요인을 예방하고 안전하게 관리하는 데 관련되는 법령을 말한다."고 규정하고 있지만(시행령 제9조 제1항), 동어반복을 한 것에 지나지 않고 해당 법령을 열거하고 있지도 않다. 시민의 생명・신체에 미칠 수 있는 유해・위험요인 예방 및 안전보건관리에 관련되는 법령은 모두 포함된다. 안전보건관계법령에 따른 의무는 위반 시 벌칙이 수반되는 의무만 해당되는 것이 아니라 위반 시 벌칙이 수반되지 않는 의무도 포함됨에 유의해야 한다.[331)]

---

327) 헌법재판소 2004.12.16. 2003헌가12 결정 ; 헌법재판소 1992.4.28. 90헌바24 결정 등 참조.

328) 신분에 있어서 산업안전보건법 등 기존 안전보건관계법이 경영책임자를 위반행위자(처벌 대상)에서 배제하고 있는 것이 아니므로, 중대재해처벌법과 기존 안전보건관계법 간에 신분에 있어 본질적 차이가 있다고 결코 말할 수 없다. 중소기업은 특히 그러하다.

329) 헌법재판소 2014.4.24. 2011헌바2 결정 ; 헌법재판소 2015.2.26. 2014헌가16 등 참조.

330) 안전보건관계법령(법 제9조 제1항 제3호 및 제4호)에 대해서는 중대산업재해 관련 안전보건관계법령과 마찬가지로 법률에서 그 범위 설정을 행정입법으로 어떤 형태로도 위임하고 있지 않아(법률에 위임의 근거가 없어) 법률 개정 없이 그 범위를 한정하는 것은 헌법 제75조(대통령은 법률에서 구체적으로 범위를 정하여 위임받은 사항과 법률을 집행하기 위하여 필요한 사항에 관하여 대통령령을 발할 수 있다)에 위반된다.

331) 중대재해처벌법에서는 중대산업재해 영역뿐만 아니라 중대시민재해 영역에서도 안전보건관계법령의 구체적인 범위는 물론 그 범위를 한정할 수 있는 기준에 대해서조차 아무런 규정도 하

안전보건관계법령 및 관련 규정의 상세내용에 대해서는 '환경부, 중대재해처벌법 해설 - 중대시민재해(원료・제조물) -'을 참고하기 바란다.[332)] 다만, 여기에 제시되어 있는 것은 망라적인 것은 아니고 예시적인 성격의 것임에 유의해야 한다.

(5) 필요한 인력 및 예산

앞에서 살펴본 바와 같이 시행령 제8조 제1호 가목에서 '안전・보건 관계 법령'의 범위가 매우 불명확한 데다가 '안전・보건 관리 업무'의 개념도 형벌법규의 구성요건요소로서는 지나치게 광범위하고 불명확하여 "안전・보건 관계 법령에 따른 안전・보건 관리 업무"를 이행하는 데 '필요한 인력'을 어느 정도 갖추어야 하는지에 대해 사물의 변별능력을 제대로 갖춘 일반인뿐만 아니라 전문가들조차도 판단하기가 대단히 어렵다. 이는 죄형법정주의의 명확성 원칙에 위반된다고 할 것이다.[333)]

시행령 제8조 제1호 나목의 "유해・위험요인의 점검과 위험징후 발생 시 대응"에서 '유해・위험요인'과 '위험징후' 개념(범위) 역시 과도하게 광범위하고 포괄적이어서 동일한 문제를 안고 있다.

시행령 제8조 제2호의 '필요한 예산' 개념도, 예산을 어느 정도 확보해야 하는지에 대해 같은 조 같은 호 나목의 "유해・위험요인의 점검과 위험

지 않고 있어, 구체적으로 무엇이 과연 안전보건관계법령에 해당하는지(즉, 안전보건관계법령의 범위)에 대하여 통상의 판단능력을 가진 일반인이 알기가 매우 어려울 뿐만 아니라 법률전문가들조차도 안전보건관계법령의 범위를 확정하기가 결코 쉽지 않고 애매모호한 상태이다. 이는 적어도 형벌규에 적합하지 아니한 것으로서 죄형법정주의의 명확성 원칙에 위반된다고 할 것이다[헌법재판소 1997.9.25. 96헌가16 결정(전원재판부) 참조].

332) 환경부, 중대재해처벌법 해설 - 중대시민재해(원료 · 제조물) -, 2021.12.29, 70~90쪽.

333) 헌법재판소 1997.9.25. 96헌가16 결정(전원재판부) 참조.

징후 발생 시 대응”에서 ‘유해・위험요인’과 ‘위험징후’ 개념이 상술한 바와 같이 통상적인 판단능력을 가진 일반인뿐만 아니라 전문가조차도 그 범위를 한정할 합리적 해석기준을 찾기 어려우므로, 죄형법정주의의 명확성 원칙에 위반된다고 할 수 있다.

게다가 제8조 제1호의 “중대시민재해 예방을 위한 업무”라는 개념도 사물의 변별능력을 제대로 갖춘 일반의 이해와 판단으로서도 그 범위를 정형화하거나 한정할 합리적 해석기준을 찾기 어려울 정도로 신축이 자유로운 개념이다.

위헌 소지가 다분한 현 상태에서는 수범자가 ‘합리적으로 실행 가능한 범위(so far as is reasonably practicable)’에서 인력과 예산을 갖추는 것으로 족하다고 보아야 할 것이다.

(6) 제조의 개념

‘제조’란 ‘원재료에 인공을 가해 새로운 물품을 만들어 내는 것’으로서, 생산보다는 좁은 개념이고, 이른바 제2차 산업에 관련된 생산행위를 가리키며, 1차 산품의 산출, 서비스의 제공에는 사용되지 않는다.

(7) 결함의 개념 및 범위

중대재해처벌법 제9조 제1항에 규정되어 있는 결함에 관한 규정은 제조물책임법에 규정되어 있는 결함에 관한 규정을 많이 차용하였는바, 제조상의 결함과 설계상의 결함은 동일하고, ‘관리상의 결함’은 제조물책임법상의 ‘표시상의 결함’을 대신하여 규정하였다. 그런데 ‘관리상의 결함’이 ‘표시상의 결함’보다 그 범위에 있어 훨씬 광범위하고 포괄적인 의미를 가지고 있는 점에 유의해야 한다. 한편, 중대재해처벌법이 형사특별법인 점을 고려할 때 동일한 표현이더라도 민사법인 제조물책임법보다 엄격하게 해석되어야 한다.

'결함'은 중대재해처벌법에는 용어정의가 되어 있지 않아 제조물책임법상의 용어정의를 참고할 필요가 있다. 제조물책임법에 따르면, 결함이란 해당 제조물에 다음 각 목의 어느 하나에 해당하는 제조상·설계상 또는 표시상의 결함이 있거나 그 밖에 통상적으로 기대할 수 있는 안전성이 결여되어 있는 것을 말한다(제조물책임법 제2조 제2호). 여기에서 통상적이라고 하는 것은 일반사회의 통념에 비추어 그 판단이 이루어져야 한다는 것을 의미하는바, 제조업자, 공급업자, 유통업자, 소비자 등을 포함하는 사회일반의 건전한 상식으로서의 통념, 즉 통상적인 평균인의 상식이 결함 판단의 기준이 된다. 그렇다고 하더라도 '통상적으로 기대할 수 있는'이라는 규범적인 개념을 어떻게 현실의 제조물에 맞게 해석할 것인가 하는 점은 실무상 어려운 문제이다. 제조물의 종류나 성능 그리고 출하시기, 사용자의 사용형태와 사고 발생의 상황 등과 같은 개별사정은 개개의 사안에 따라 천차만별이기 때문에, 그중에 일정한 선을 그어서 개개의 제조물에 결함이 있는지의 여부를 판단하지 않으면 안 되기 때문이다.

그런데 중대재해처벌법령은 형벌법규임에도 결함 판단 시의 고려사항을 예시하고 있지도 않는 등 내용상 윤곽이 모호한 개념에 대해 아무런 규정도 두고 있지 않다. 제조상의 결함과 설계상의 결함에 대해서는 제조물책임법상의 용어정의라도 참고할 수 있는데, 이보다 더 막연한 개념인 '관리상의 결함'에 대해서는 어디에도 용어정의가 되어 있지 않은 것은 이 법이 형벌법규인 점을 고려할 때 명확성의 원칙 위반 소지가 크다.[334), 335)]

334) 구체적으로 어느 정도의 '관리상의 결함'이 있을 경우에 그 위반이 있다고 할 수 있는지에 대한 기준이 없어 법의 적용을 받는 구체적인 개인은 법적용자의 자의에 내맡겨질 가능성이 매우

한편, 제조물에 대해서는 제조물책임법의 용어정의를 참고할 수 있는데, 원료에 대해서는 제조물책임법과 중대재해처벌법 어디에도 개념, 범위 등이 규정되어 있지 않은 점도 큰 문제라고 지적할 수 있다.

해당 조문

가. "제조상의 결함"이란 제조업자가 제조물에 대하여 제조상 · 가공상의 주의의무를 이행하였는지에 관계없이 제조물이 원래 의도한 설계와 다르게 제조 · 가공됨으로써 안전하지 못하게 된 경우를 말한다(제조물책임법 제2조 제2호 가목).

나. "설계상의 결함"이란 제조업자가 합리적인 대체설계(代替設計)를 채용하였더라면 피해나 위험을 줄이거나 피할 수 있었음에도 대체설계를 채용하지 아니하여 해당 제조물이 안전하지 못하게 된 경우를 말한다(제조물책임법 제2조 제2호 나목).

"생산 · 제조 · 판매 · 유통 중인 원료나 제조물의 설계, 제조, 관리상의 결함"으로 표현되어 있어 전형적으로 제조업체, 서비스업체에 적용될 수 있다.

사업 또는 사업장을 실질적으로 지배 · 운영 · 관리하는 판매 · 유통업체의 경우, 제조물의 '설계상의 결함', '제조상의 결함'으로 인한 위해 방지의무까지도 이행해야 하는 것으로 규정되어 있지만, 설계 · 제조상의 결함으로 인하여 중대시민재해가 발생한 경우 판매 · 유통업체에 대해서는 상당인과관계가 부정될 가능성이 크다.

크고 그만큼 적용기준이 모호하다. 이는 적어도 형벌법규에는 적합하지 아니한 것으로서 죄형법정주의의 명확성 원칙에 위반된다고 할 것이다[헌법재판소 1997.9.25. 96헌가16 결정(전원재판부) 참조].

335) '설치상의 결함'에 대해서도 용어정의가 전혀 되어 있지 않다.

관리상의 결함과 관련하여, 원료나 제조물을 생산 · 제조 · 판매 · 유통하는 과정에서 기계 · 설비의 트러블, 작업(취급, 운영)방법 또는 작업환경 등에 문제가 있는 것이 모두 관리상의 결함에 해당될 수 있기 때문에, 관계 법령을 포함하여 근로자, 방문객, 그 밖의 사람의 사망 또는 부상 · 질병으로 이어질 수 있는 유해 · 위험요인에 대해 위험성평가 등을 통하여 철저하게 관리해 나갈 필요가 있다.

(8) 실질적인 지배 · 운영 · 관리의 개념

공장, 건물, 시설 등의 내부에 협력업체, 입점업체 등이 있는 경우, 누가 이 법령에서 규정하고 있는 생산 · 제조 · 판매 · 유통 중인 원료나 제조물의 설계, 제조, 관리상의 결함으로 인한 재해방지조치, 즉 시행령 제8조 및 제9조에서 규정하고 있는 재해방지조치를 이행해야 하는지가 불명확하다. '사업장'이라는 장소를 실질적으로 지배 · 운영 · 관리하는 주체를 누구로 보아야 할지를 놓고 많은 혼란이 있기 때문이다. 게다가 지배 · 운영 · 관리도 '와/과'의 관계로 봐야 할지, '또는'의 관계로 봐야 할지 불명확한 상태이다. 이 부분에 대해서는 전술한 중대산업재해 설명 부분을 참고하기 바란다.

"실질적으로 지배 · 운영 · 관리하는 사업 또는 사업장"과 관련하여, 환경부 해설서에서는 '실질적인 지배 · 운영 · 관리'에 대하여 "소유권, 점유권, 임차권 등 장소, 시설, 설비에 대한 권리를 가지고 있는 경우, 사업 또는 사업장의 생산 · 제조 · 판매 · 유통 중인 원료나 제조물로 인한 유해 · 위험요인을 통제할 수 있는 경우, 보수 · 보강을 실시하여 안전하게 관리해야 하는 의무를 가지는 경우 등"이라고 설명하고 있는바,[336] 소유권자, 점유권자, 임차권자, 원료나 제조물로 인한 유해 · 위험요인을 통제할 수 있는 자,

보수 · 보강을 실시하여 안전하게 관리해야 하는 의무를 가지는 자에 해당하는 자가 복수로 존재하는(복수의 자가 관련되어 있는) 경우에 누가 예방의무를 이행해야 하는지(예방의무주체)를 특정할 수 없는 본질적인 문제가 해결이 되지 않는다. 이러한 폭넓고 자의적인 해석은 형벌법규의 엄격해석의 원칙, 즉 죄형법정주의의 내용인 유추해석금지의 원칙에 정면으로 위배된다. 한편, 대검찰청은 '실질적으로 지배 · 운영 · 관리하는 사업 또는 사업장'의 의미에 대하여 "하나의 사업 목적하에 해당 사업 또는 사업장의 조직, 인력, 예산 등에 대한 결정을 총괄하여 행사하는 경우"를 의미한다고 해설하고 있는바,[337] 이는 중대산업재해 부분에서 언급한 바와 같이 사실상 '사업 또는 사업장'의 의미를 설명하고 있을 뿐 정작 '실질적으로 지배 · 운영 · 관리'의 의미에 대한 설명은 누락된 자의적인 해석을 하고 있다. 중대재해처벌법에서 가장 혼란스러운 개념에 해당하는 '실질적으로 지배 · 운영 · 관리'에 대해서는 아무런 설명을 하지 않고 있는 셈이다.

(9) 재해방지조치의 대상(범위)

이 법에 따르면, 중대시민재해도 중대산업재해와 마찬가지로 재해방지조치의 대상에 시설, 기계 · 설비에 관한 사항만 있는 것이 아니라, 작업(취급, 운영)방법 · 절차, 작업행동에 관한 사항까지가 규정되어 있는바, 공장, 건물, 시설 등의 내부에 협력업체, 입점업체 등이 있는 경우, 작업(취급, 운영)방법 · 절차, 작업행동에 관한 재해방지조치는 누가 이행해야 할지 매우 불명확한 상태이다.

---

336) 환경부, 중대재해처벌법 해설 – 중대시민재해(원료 · 제조물) –, 2021.12.29, 7쪽.

337) 대검찰청, 중대재해처벌법 벌칙해설, 2022.1, 290쪽. 이 부분도 고용노동부의 해설을 사실상 그대로 옮겨 놓은 것에 불과하다.

(10) 신고 · 보고의무

시행령 제8조 제3호 나목 및 다목의 규정에 따른 신고, 보고의 경우, 어디로 어떻게 언제까지 신고해야 하는지에 대해 어디에서도 정하고 있지 않아 법인 또는 기관이 임의적으로 정하여 이행하는 수밖에 없다. 이 경우 신고 · 보고의무의 이행주체가 경영책임자이므로 경영책임자 명의의 문서로 신고 · 보고할 필요가 있다.

나. 공중이용시설 또는 공중교통수단 관련 경영책임자의 안전보건 확보의무(법 제9조 제2항, 제3항 및 제4항, 시행령 제10조 및 제11조)

해당 조문

❙ 법 ❙

제9조(사업주와 경영책임자 등의 안전 및 보건 확보의무) 제2항, 제3항 및 제4항

② 사업주 또는 경영책임자 등은 사업주나 법인 또는 기관이 실질적으로 지배 · 운영 · 관리하는 공중이용시설 또는 공중교통수단의 설계, 설치, 관리상의 결함으로 인한 그 이용자 또는 그 밖의 사람의 생명, 신체의 안전을 위하여 다음 각 호에 따른 조치를 하여야 한다.

1. 재해예방에 필요한 인력 · 예산 · 점검 등 안전보건관리체계의 구축 및 그 이행에 관한 조치
2. 재해 발생 시 재발방지 대책의 수립 및 그 이행에 관한 조치
3. 중앙행정기관 · 지방자치단체가 관계 법령에 따라 개선, 시정 등을 명한 사항의 이행에 관한 조치
4. 안전 · 보건 관계 법령에 따른 의무이행에 필요한 관리상의 조치

③ 사업주 또는 경영책임자 등은 사업주나 법인 또는 기관이 공중이용시설 또는 공중교통수단과 관련하여 제3자에게 도급, 용역, 위탁 등을 행한 경우에는

그 이용자 또는 그 밖의 사람의 생명, 신체의 안전을 위하여 제2항의 조치를 하여야 한다. 다만, 사업주나 법인 또는 기관이 그 시설, 장비, 장소 등에 대하여 실질적으로 지배 · 운영 · 관리하는 책임이 있는 경우에 한정한다.
④ 제1항제1호 · 제4호 및 제2항제1호 · 제4호의 조치에 관한 구체적인 사항은 대통령령으로 정한다.

▍시행령▐

제10조(공중이용시설 · 공중교통수단 관련 안전보건관리체계 구축 및 이행에 관한 조치)

법 제9조제2항제1호에 따른 조치의 구체적인 사항은 다음 각 호와 같다.

1. 다음 각 목의 사항을 이행하는 데 필요한 인력을 갖추어 중대시민재해 예방을 위한 업무를 수행하도록 할 것
   가. 법 제9조제2항제4호의 안전 · 보건 관계 법령에 따른 안전관리 업무의 수행
   나. 제4호에 따라 수립된 안전계획의 이행
   다. 그 밖에 공중이용시설 또는 공중교통수단과 그 이용자나 그 밖의 사람의 안전에 관하여 국토교통부장관이 정하여 고시하는 사항
2. 다음 각 목의 사항을 이행하는 데 필요한 예산을 편성 · 집행할 것
   가. 법 제9조제2항제4호의 안전 · 보건 관계 법령에 따른 인력 · 시설 및 장비 등의 확보 · 유지와 안전점검 등의 실시
   나. 제4호에 따라 수립된 안전계획의 이행
   다. 그 밖에 공중이용시설 또는 공중교통수단과 그 이용자나 그 밖의 사람의 안전에 관하여 국토교통부장관이 정하여 고시하는 사항
3. 공중이용시설 또는 공중교통수단에 대한 법 제9조제2항제4호의 안전 · 보건 관계 법령에 따른 안전점검 등을 계획하여 수행되도록 할 것
4. 공중이용시설 또는 공중교통수단에 대해 연 1회 이상 다음 각 목의 내용이 포함된 안전계획을 수립하게 하고, 충실히 이행하도록 할 것. 다만, 공중이용시설에 대해 「시설물의 안전 및 유지관리에 관한 특별법」 제6조에 따라 시설물에 대한 안전 및 유지관리계획을 수립 · 시행하거나 공중이용시설 또는 공중교통수단에 대해 철도운영자가 「철도안전법」 제6조에 따라 연차별 시행계

획을 수립 · 추진하는 경우로서 사업주 또는 경영책임자 등이 그 수립 여부 및 내용을 직접 확인하거나 보고받은 경우에는 안전계획을 수립하여 이행한 것으로 본다.

가. 공중이용시설 또는 공중교통수단의 안전과 유지관리를 위한 인력의 확보에 관한 사항

나. 공중이용시설의 안전점검 또는 정밀안전진단의 실시와 공중교통수단의 점검 · 정비(점검 · 정비에 필요한 장비를 확보하는 것을 포함한다)에 관한 사항

다. 공중이용시설 또는 공중교통수단의 보수 · 보강 등 유지관리에 관한 사항

5. 제1호부터 제4호까지에서 규정한 사항을 반기 1회 이상 점검하고, 직접 점검하지 않은 경우에는 점검이 끝난 후 지체 없이 점검 결과를 보고받을 것

6. 제5호에 따른 점검 또는 보고 결과에 따라 인력을 배치하거나 예산을 추가로 편성 · 집행하도록 하는 등 중대시민재해 예방에 필요한 조치를 할 것

7. 중대시민재해 예방을 위해 다음 각 목의 사항이 포함된 업무처리절차를 마련하여 이행할 것. 다만, 철도운영자가 「철도안전법」 제7조에 따라 비상대응계획을 포함한 철도안전관리체계를 수립하여 시행하거나 항공운송사업자가 「항공안전법」 제58조제2항에 따라 위기대응계획을 포함한 항공안전관리시스템을 마련하여 운용한 경우로서 사업주 또는 경영책임자 등이 그 수립 여부 및 내용을 직접 점검하거나 점검 결과를 보고받은 경우에는 업무처리절차를 마련하여 이행한 것으로 본다.

가. 공중이용시설 또는 공중교통수단의 유해 · 위험요인의 확인 · 점검에 관한 사항

나. 공중이용시설 또는 공중교통수단의 유해 · 위험요인을 발견한 경우 해당 사항의 신고 · 조치요구, 이용 제한, 보수 · 보강 등 그 개선에 관한 사항

다. 중대시민재해가 발생한 경우 사상자 등에 대한 긴급구호조치, 공중이용시설 또는 공중교통수단에 대한 긴급안전점검, 위험표지 설치 등 추가 피해방지 조치, 관계 행정기관 등에 대한 신고와 원인조사에 따른 개선조치에 관한 사항

라. 공중교통수단 또는 「시설물의 안전 및 유지관리에 관한 특별법」 제7조제1호의 제1종시설물에서 비상상황이나 위급상황 발생 시 대피훈련에 관한 사항

8. 제3자에게 공중이용시설 또는 공중교통수단의 운영 · 관리 업무의 도급, 용

역, 위탁 등을 하는 경우 공중이용시설 또는 공중교통수단과 그 이용자나 그 밖의 사람의 안전을 확보하기 위해 다음 각 목에 따른 기준과 절차를 마련하고, 그 기준과 절차에 따라 도급, 용역, 위탁 등이 이루어지는지를 연 1회 이상 점검하고, 직접 점검하지 않은 경우에는 점검이 끝난 후 지체 없이 점검 결과를 보고받을 것

가. 중대시민재해 예방을 위한 조치능력 및 안전관리능력에 관한 평가기준 · 절차

나. 도급, 용역, 위탁 등의 업무 수행 시 중대시민재해 예방을 위해 필요한 비용에 관한 기준

제11조(공중이용시설 · 공중교통수단 관련 안전 · 보건 관계 법령에 따른 의무 이행에 필요한 관리상의 조치)

① 법 제9조제2항제4호에서 "안전 · 보건 관계 법령"이란 해당 공중이용시설 · 공중교통수단에 적용되는 것으로서 이용자나 그 밖의 사람의 안전 · 보건을 확보하는 데 관련되는 법령을 말한다.

② 법 제9조제2항제4호에 따른 조치의 구체적인 사항은 다음 각 호와 같다.

1. 안전 · 보건 관계 법령에 따른 의무를 이행했는지를 연 1회 이상 점검(해당 안전 · 보건 관계 법령에 따라 중앙행정기관의 장이 지정한 기관 등에 위탁하여 점검하는 경우를 포함한다. 이하 이 호에서 같다)하고, 직접 점검하지 않은 경우에는 점검이 끝난 후 지체 없이 점검 결과를 보고받을 것
2. 제1호에 따른 점검 또는 보고 결과 안전 · 보건 관계 법령에 따른 의무가 이행되지 않은 사실이 확인되는 경우에는 인력을 배치하거나 예산을 추가로 편성 · 집행하도록 하는 등 해당 의무 이행에 필요한 조치를 할 것
3. 안전 · 보건 관계 법령에 따라 공중이용시설의 안전을 관리하는 자나 공중교통수단의 시설 및 설비를 정비 · 점검하는 종사자가 의무적으로 이수해야 하는 교육을 이수했는지를 연 1회 이상 점검하고, 직접 점검하지 않은 경우에는 점검이 끝난 후 지체 없이 점검 결과를 보고받을 것
4. 제3호에 따른 점검 또는 보고 결과 실시되지 않은 교육에 대해서는 지체 없이 그 이행의 지시 등 교육 실시에 필요한 조치를 할 것

(1) 개설

'안전·보건 관계 법령', '안전·관리 업무', '유해·위험요인의 점검', '충실히', '필요한' 등 지나치게 불명확하고 포괄적인 개념이 곳곳에 산재되어 있음에 유의해야 한다.

중대재해처벌법 제9조 제2항의 '이용자 또는 그 밖의 사람'에 근로자 등 종사자도 포함될 수 있고 시민은 '이용자 또는 그 밖의 사람'보다 더 넓은 개념으로서 근로자 등 종사자는 시민에 당연히 포함되므로, 장의 제목이 중대시민재해라고 하여 공중이용시설·공중교통수단 관련 안전보건조치에서 근로자 등 종사자를 배제해서는 안 된다. 중대산업재해에 해당하는 재해는 중대시민재해에서 제외되지만(제2조 제3호), 재해 중 단독으로는 중대산업재해에 해당하지 않지만 중대시민재해를 구성하는 일부분의 요소가 될 수는 있기 때문이다.[338]

중대산업재해와는 달리 중대시민재해 관련 안전보건관리체계의 구축 및 그 이행에 관한 조치내용(법 제9조 제1항 제1호)에는 '점검'이 들어가 있음에 유의해야 한다.

시행령 제10조 제8호 가목 "중대시민재해 예방을 위한 조치능력 및 안전관리능력에 관한 평가기준·절차"에서 '중대시민재해 예방을 위한 조치능력'과 '안전관리능력'은 의미상 아무런 차이가 없는 동일한 표현으로서, 중복 규정으로 인해 수범자에게 많은 혼란을 야기하고 있다.

338) 예컨대 공중이용시설에서의 사고로 시민 7명이 2개월 이상 치료가 필요한 부상을 입었고 근로자 3명이 2개월 이상 치료가 필요한 부상을 입은 경우 중대시민재해의 요건을 충족하게 된다.

(2) 재발방지 대책의 수립 및 이행에 관한 조치

중대재해처벌법 제9조 제2항 제2호의 경우 단순히 재해로만 규정되어 있지만, 같은 조 같은 항 본문에서 "공중이용시설 또는 공중교통수단의 설계, 설치, 관리상의 결함으로 인한"이라는 수식어가 있기 때문에, 이 결함에 기인한 재해로 한정된다고 보아야 할 것이다. 다만 재해의 '강도'의 경우 중대재해로 한정되어 있지 않으므로 경미한 재해도 포함되는 점에 유의해야 한다.

(3) 개선 · 시정명령 등의 이행에 관한 조치

중대재해처벌법 제9조 제1항 제3호의 "개선, 시정 등을 명한 사항"은 명령적 행정행위(처분)에 해당하는 사항만을 한정적으로 가리키므로, 개선권고, 행정지도나 법적 근거 없는 시정지시 등은 해당하지 않는다. 그리고 행정청이 개선, 시정 등을 명할 때는 처분 행정청과 담당자의 소속 · 성명 및 연락처(전화번호, 팩스번호, 전자우편주소 등을 말한다)이 적힌 문서로 하는 것이 원칙이다(행정절차법 제24조).

한편, 이 법 제9조 제1항 제3호에서 규정하고 있는 "중앙행정기관 · 지방자치단체가 관계법령에 따라 개선, 시정 등을 명한 사항의 이행에 관한 조치"는 대부분의 안전보건관계법에서 이미 규정하고 있는 사항인바, 동일한 내용에 대해 다른 안전보건관계법에서는 결과적 가중범의 대상으로 규정하고 있지 않음에도 중대재해처벌법에서는 아무런 규범적 근거 없이 사실상 결과적 가중범, 즉 중벌(重罰)의 대상으로 규정하고 있는 것은 형법체계상의 정당성과 균형을 상실한 것으로서 평등의 원칙 및 과잉입법금지의 원칙 등에 반한다고 할 수 있다.[339)]

(4) 안전보건관계법령의 범위

공중이용시설 · 공중교통수단 관련 해당 안전보건관계법령[340]은 "공중이용시설 · 공중교통수단에 적용되는 것으로서 이용자나 그 밖의 사람의 안전 · 보건을 확보하는 데 관련되는 법령을 말한다."고 규정하고 있지만(시행령 제11조 제1항), 동어반복을 한 것에 지나지 않고 해당 법령을 열거하고 있지도 않다. 시민의 안전보건을 확보하는 것과 관련되는 법령은 모두 포함된다. 안전보건관계법령에 따른 의무는 위반 시 벌칙이 수반되는 의무만 해당되는 것이 아니라 위반 시 벌칙이 수반되지 않는 의무도 포함됨에 유의해야 한다.

안전보건관계법령 및 관련 규정의 상세내용에 대해서는 '국토교통부, 중대재해처벌법 해설 - 중대시민재해(시설물 · 공중교통수단)',[341] '소방방재청, 중대재해처벌법 해설 - 중대시민재해(다중이용시설)'[342]을 참고하기 바란다. 다만, 여기에 제시되어 있는 것은 망라적인 것은 아니고 예시적인 성격의 것임에 유의해야 한다.

---

339) 헌법재판소 2004.12.16. 2003헌가12 결정 ; 헌법재판소 1992.4.28. 90헌바24 결정 등 참조.

340) 안전보건관계법령(법 제9조 제1항 제3호 및 제4호)에 대해서는 중대산업재해 관련 안전보건관계법령과 마찬가지로 법률에서 그 범위 설정을 행정입법으로 어떤 형태로도 위임하고 있지 않아(법률에 위임의 근거가 없어) 법률 개정 없이 그 범위를 한정하는 것은 헌법 제75조(대통령은 법률에서 구체적으로 범위를 정하여 위임받은 사항과 법률을 집행하기 위하여 필요한 사항에 관하여 대통령령을 발할 수 있다)에 위반된다.

341) 국토교통부, 중대재해처벌법 해설 – 중대시민재해(시설물 · 공중교통수단)', 2021.12.30, 29~32, 34, 39~40, 43~47쪽, 63~66쪽.

342) 소방방재청, 중대재해처벌법 해설 – 중대시민재해(다중이용시설)', 2021.12.31, 14~17, 21, 23, 29~31쪽.

(5) 필요한 인력 및 예산

앞에서 설명한 바와 같이 시행령 제10조 제1호 가목에서 '안전·보건 관계 법령'의 범위가 매우 불명확한 데다가 '안전·보건 관리 업무'의 개념도 형벌법규의 구성요건요소로서는 지나치게 광범위하고 불명확하여 "안전·보건 관계 법령에 따른 안전·보건 관리 업무"를 이행하는 데 '필요한 인력'을 어느 정도 갖추어야 하는지에 대해 사물의 변별능력을 제대로 갖춘 일반인뿐만 아니라 전문가들조차도 판단하기가 대단히 어렵다. 이는 죄형법정주의의 명확성 원칙에 위반된다고 할 것이다.[343)]

시행령 제10조 제1호 나목의 "제4호에 따라 수립된 안전계획의 이행"에서 '제4호에 따라 수립된 안전계획' 개념(범위) 역시 과도하게 광범위하고 포괄적이어서 동일한 문제를 안고 있다.

시행령 제10조 제2호의 '필요한 예산' 개념도, 예산을 어느 정도 확보해야 하는지에 대해 같은 조 같은 호 나목의 "제4호에 따라 수립된 안전계획의 이행"에서 '제4호에 따라 수립된 안전계획' 개념이 상술한 바와 같이 통상적인 판단능력을 가진 일반인뿐만 아니라 전문가조차도 그 범위를 한정할 합리적 해석기준을 찾기 어려우므로, 죄형법정주의의 명확성 원칙에 위반된다고 할 수 있다.

게다가 제10조 제1호의 "중대시민재해 예방을 위한 업무"라는 개념도 사물의 변별능력을 제대로 갖춘 일반의 이해와 판단으로서도 그 범위를 정형화하거나 한정할 합리적 해석기준을 찾기 어려울 정도로 신축이 자유로운 개념이다.

위헌 소지가 다분한 현 상태에서는 수범자가 '합리적으로 실행 가능한

343) 헌법재판소 1997.9.25. 96헌가16 결정(전원재판부) 참조.

범위(so far as is reasonably practicable)'에서 인력과 예산을 갖추는 것으로 족하다고 보아야 할 것이다.

(6) 실질적인 지배 · 운영 · 관리의 개념

공중이용시설 또는 공중교통수단과 관련하여 도급, 용역, 위탁 등을 준 경우, 누가 이 법령에서 규정하고 있는 재해방지조치, 즉 시행령 제10조 및 제11조에서 규정하고 있는 재해방지조치를 이행해야 하는지가 불명확하다. 공중이용시설 또는 공중교통수단이라는 장소를 실질적으로 지배 · 운영 · 관리하는 주체를 누구로 보아야 할지를 놓고 많은 혼란이 있기 때문이다. 게다가 지배 · 운영 · 관리도 '와/과'의 관계로 봐야 할지, '또는'의 관계로 봐야 할지 불명확한 상태이다. 이 부분에 대해서는 전술한 중대산업재해 설명 부분을 참고하기 바란다.

"실질적으로 지배 · 운영 · 관리하는 공중이용시설 또는 공중교통수단"과 관련하여, 국토교통부와 소방방재청 해설서에서는 '실질적인 지배 · 운영 · 관리'에 대해 "소유권, 점유권, 임차권 등 장소, 시설, 설비에 대한 권리를 가지고 있거나, 공중이용시설 또는 공중교통수단의 유해 · 위험요인을 통제할 수 있거나, 보수 · 보강을 실시하여 안전하게 관리해야 하는 의무를 가지는 경우 등"이라고 설명하고 있는바,[344] 소유권자, 점유권자, 임차권자, 공중이용시설 또는 공중교통수단의 유해 · 위험요인을 통제할 수 있는 자, 보수 · 보강을 실시하여 안전하게 관리해야 하는 의무를 가지는 자에 해당하는 자가 복수로 존재하는(복수의 자가 관련되어 있는) 경우에 누가 예방의무를 이행해야 하는지(예방의무주체)를 특정할 수 없는 본질적인 문제가

344) 국토교통부, 중대재해처벌법 해설 - 중대시민재해(시설물 · 공중교통수단) -, 2021.12.30, 19쪽 ; 소방방재청, 중대재해처벌법 해설 - 중대시민재해(다중이용시설) -, 2021.12.31, 13쪽.

해결이 되지 않는다. 이러한 폭넓고 자의적인 해석은 형벌법규의 엄격해석의 원칙, 즉 죄형법정주의의 내용인 유추해석금지의 원칙에 정면으로 위배된다. 대검찰청에서는 “실질적으로 지배·운영·관리하는 공중이용시설 또는 공중교통수단”에 대해 “사업주나 법인 또는 기관이 소유권, 임차권 등으로 법률상 관리하는 시설에 한정되지 않고, 사실상 관리하고 있는 시설도 본조에 따른 조치 대상에 포함된다고 봄이 상당할 것이다.”라고 설명하고 있는바,[345] 국가배상법 제5조(공공시설 등의 하자로 인한 책임)에 대한 해석논리를 규정 자체가 다른, 그것도 형사법 해석에 그대로 적용하는 우를 범하고 있다.

(7) 재해방지조치의 대상(범위)

이 법에 따르면, 중대시민재해도 중대산업재해와 마찬가지로 재해방지조치의 대상에 시설, 기계·설비에 관한 사항만 있는 것이 아니라, 작업(취급, 운영)방법·절차, 작업행동에 관한 사항까지가 규정되어 있는바, 공중이용시설 또는 공중교통수단과 관련하여 도급, 용역, 위탁 등을 준 경우, 작업(취급, 운영)방법·절차, 작업행동에 관한 재해방지조치는 누가 이행해야 할지 매우 불명확한 상태이다.

(8) 신고의무

시행령 제10조 제7호 나목 및 다목의 규정에 따른 신고의 경우, 어디로 어떻게 언제까지 신고해야 하는지에 대해 어디에서도 정하고 있지 않아 법인 또는 기관이 임의적으로 정하여 이행하는 수밖에 없다. 이 경우 신고의

345) 대검찰청, 중대재해처벌법 벌칙해설, 2022, 290쪽.

무의 이행주체가 경영책임자이므로 경영책임자 명의의 문서로 신고·보고할 필요가 있다.

칼럼 현장의 안전이 멍들고 있다[346)]

세월호 침몰사고와 같은 대참사를 막기 위해 중대재해처벌법까지 제정했는데 이를 비웃기라도 하듯 서울 이태원에서 대참사가 발생하고 말았다. 아이러니컬하게도 이번 참사의 한 원인을 제공한 것은 중대재해처벌법이지 않나 싶다. 이 법이 예방역량 강화보다는 공포감 조성에 초점을 맞추다 보니, 지자체를 포함한 많은 수범기관이 당장 발등에 떨어진 불을 끄고 보자는 생각과 처벌을 피하는 일에만 골몰한 것이 이번 사고에 별다른 대비를 하지 못하게 된 하나의 요인이 아닌가 싶다.

중대재해처벌법이 시행된 이후 수범자들에게 안전조치가 예방에 도움이 되는지에 대한 생각은 한가한 일이 돼버렸다. 이 법에 규정된 의무사항만을 형식적으로 준비하는 것이 초미의 관심사가 됐기 때문이다. 실효성 있는 안전조치를 면밀히 강구하기보다는 처벌 회피용 서류작업 작성에 매몰됐다. 실질적 안전이 있어야 할 곳에 '보여주기 식'의 형식적 안전이 자리 잡았다. 현장의 안전이 멍들어 가고 있는 것이다. 입법기관과 행정(수사)기관은 처벌하는 것에만 집중했지, 예방기준을 실효성 있게 만들거나 정교화하고 예방지도를 하는 일에는 무관심했다. 이러한 부작용은 시민안전 영역뿐만 아니라 산업안전 영역에서도 마찬가지로, 아니 더 심하게 발생하고 있다.

지난 정부에선 큰 사고가 터질 때마다 시스템을 개신할 생각은 하지 않고 처벌의 희생양을 만들고 행정인력·예산을 늘리는 즉자적이고도

346) 정진우, 오피니언뉴스, 2022.10.31.

손쉬운 대응으로만 일관했다. 산재예방 행정조직이 비대해질 대로 비대해져 행정조직 간에 조직과 기능이 중복되고 심지어 방만한 상태가 된 것은 예견된 일이었다. 사고가 터질수록 인력이 늘어나는 도덕적 해이에 빠져, 행정기관은 툭하면 사고발생의 책임을 인력부족 탓으로 돌리고 대책을 세울 때마다 인력증원 타령을 해왔다.

기업을 포함한 수범자들도 안전조직·인력을 늘리는 일에만 혈안이 됐고, 정작 현장의 안전역량을 높이는 일은 등한시하고 있다. 안전의 이행과 실천은 현장에서 이뤄지는데도 불구하고 현장의 안전을 강화할 생각은 하지 않았다. 현장인력을 빼 안전인력만 늘리다 보니, 안전부서와 현장부서 간 분절이 심화되고 현장안전은 중대재해처벌법 제정 전보다 오히려 약화되고 있다.

산재예방 행정조직의 전문성 역시 오히려 확연히 뒷걸음질하고 있다. 행정인력이 늘어나고 교육기간도 늘어났지만 인력은 '오합지졸' 수준이고 교육훈련 프로그램은 부실하기 짝이 없다. 처벌만 잘하면 중대재해가 줄어들 거라는 생각에 처벌을 위한 조직과 인원을 늘리는 데만 골몰할 뿐, 예방역량을 강화하는 일에는 의지도 전문성도 부족했다. 산업안전보건청을 만들겠다는 민주당의 대국민 약속은 헌신짝처럼 내팽겨쳐진 지 오래다. 또 한 번의 '먹튀정치'다. 사람의 생명에 직결되는 문제를 정치적 이해득실에만 이용하는 모습은 혐오스럽기 그지없다. 국민을 우롱하는 정치권은 더 이상 안전을 이야기할 자격이 없다.

행정기관이 기본적인 제 역할조차 못하고 있는 부분 역시 비판 받아 마땅하다. 산업현장에서 재해예방에 대한 행동기준을 제시해 주는 기능을 하는 질의회시 행정이 몇 년 전부터 무너졌다는 이야기가 이곳저곳에서 들려온다. 어떻게 해야 할지 궁금한 사항에 대해 정부에 질문을 하더라도 묵묵부답이거나 무책임한 답변 일색이라고 한다. 수범자의 기초적인 요구에도 모르쇠로 일관하면서 모든 책임을 기업에만 돌리는 '내로남불' 행정을 혁신하지 않고는 산업현장 안전의 미래는 암울할 수밖에 없다.

처벌수준을 높이는 일에만 의지를 보일 뿐 엉성하고 모호한 법령을 정비할 생각은 하지 않고 자의적인 지침으로 땜질을 하려다 보니, 일선 행정기관조차 우왕좌왕하면서 갈지자 법집행을 남발하고 있다. 산업현장에서는 "도대체 '무엇'을 '어떻게' 하란 말이냐"라는 볼멘소리가 터져 나오고 있는데도 귓등으로 들을 뿐이다. 기업에서는 예측 가능성이 없다 보니 실질적 안전을 하기보다는 '감독 대비용' 안전을 하고 있다. 기업 스스로의 예방역량을 올릴 생각은 하지 않고 돈벌이에 혈안인 로펌 등 외부기관에 '묻지마' 컨설팅을 의뢰하면서 할 일을 다하고 있다고 생각한다. 재해예방에 많은 비용을 들이고 있지만, 안전역량의 향상과 재해예방 성과로 이어지지 못하고 있는 이유다.

고비용 저효과의 안전이 고착화된 데에는 무엇보다 재해예방의 조타수 역할을 하여야 할 행정부와 정치권의 기능이 먹통이 되어 버린 탓이 가장 크다. 희생양 만들기와 창피주기, 군기잡기가 본연의 역할이라는 착각에 빠져 있는 것 같다. 우리나라의 안전이 어쩌다 이 지경이 됐는가. 행정부와 정치권의 처절한 반성과 성찰 없이는 안전선진국으로 발전하기는커녕 '안전후진국'이라는 오명에서 벗어나기도 쉽지 않다.

다. 경영책임자 처벌(법 제10조)

해당 조문

① 제9조를 위반하여 제2조 제3호 가목의 중대시민재해에 이르게 한 사업주 또는 경영책임자 등은 1년 이상의 징역 또는 10억원 이하의 벌금에 처한다. 이 경우 징역과 벌금을 병과할 수 있다.

② 제9조를 위반하여 제2조제3호나목 또는 나목의 중대시민재해에 이르게 한 사업주 또는 경영책임자 등은 7년 이하의 징역 또는 1억원 이하의 벌금에 처한다.

재범에 대한 가중처벌은 중대산업재해와 달리 두고 있지 않다. 그 외에는 중대산업재해에 대한 처벌규정과 동일하다.

라. 양벌규정(법 제11조)

> **해당 조문**
>
> 법인 또는 기관의 경영책임자 등이 그 법인 또는 기관의 업무에 관하여 제10조에 해당하는 위반행위를 하면 그 행위자를 벌하는 외에 그 법인 또는 기관에게 다음 각 호의 구분에 따른 벌금형을 과한다. 다만, 법인 또는 기관이 그 위반행위를 방지하기 위하여 해당 업무에 관하여 상당한 주의와 감독을 게을리하지 아니한 경우에는 그러하지 아니하다.
> 1. 제10조 제1항의 경우 : 50억원 이하의 벌금
> 2. 제10조 제2항의 경우 : 10억원 이하의 벌금

중대산업재해에 대한 양벌규정과 동일하다.

칼럼 중대재해법 시행령 옳게 고치려면[347)]

중대재해처벌법은 이념 이전에 무지의 산물이라고 볼 수밖에 없다. 영국 '법인과실치사법'이 이 법 제정의 모티브가 되긴 했지만, 우리나라 법체계와의 차이, 영국법의 내용 등에 대한 충분한 이해가 없다 보니 영국법과는 확연히 다른 체계와 내용으로 되고 말았다. 결과적으로 세계 유례없는 '갈라파고스법'이 만들어진 셈이다. 기존 안전관계법과 충돌되는가 하면 시행된 지 6개월이 지난 지금도 현장에선 누가 무엇을 어떻

347) 정진우, 에너지경제, 2022.7.28.

게 해야 할지 모르겠다는 하소연이 끊이지 않고 있다.

새로 출범한 윤석열 정부는 법률은 아니지만 일단 시행령만이라도 금년 하반기에 개정하겠다고 한다. 문제는 제대로 개정되겠는가이다. 대통령실 등의 모니터링이 전문성을 바탕으로 정교하게 기능하지 못하면 개정하는 시늉만 하고 정작 개정해야 할 사항은 손도 대지 않을 가능성이 크다. 이 법의 단맛을 이미 맛본 고용부는 재해예방의 실효성에 많은 부작용이 초래되고 있음에도, 이 법을 부각시키는 데만 혈안이 되어 있고 실효성엔 소극적 모습으로 일관하고 있기 때문이다. 정부는 바뀌었지만 자의적이고 무모한 법집행은 계속되고 있어 아직은 '춘래불사춘'이다.

어떻게 하면 이러한 상황의 한 원인을 제공하고 있는 시행령을 올바른 내용으로 개정하도록 할 수 있을까. 고용부에 맡겨 놓기만 하면 고양이에 생선 맡긴 꼴이 되어 눈 가리고 아웅할 가능성이 크다. 정교한 관리전략이 필요한 이유이다.

먼저, 개정을 관료에게만 맡기지 말고 각계 전문가가 참여하여 실질적인 의견수렴과 논의가 이뤄지도록 해야 한다. 다만, 얼치기 전문가와 어용교수들을 들러리로 내세우는 식의 꼼수는 부리지 못하도록 해야 한다.

둘째, 경영책임자 개념을 법률에 부합하게 명확히 설정토록 해야 한다. 현재는 고용부가 법적 근거 없이 입법의도를 자의적으로 내세우며 경영책임자를 어떻게든 대표이사로 한정하려고 하고 있다. 경영책임자의 범위를 법률과 다르게 정하라는 것이 아니라 고용부가 자의적인 해석을 하지 못하도록 구체화하라는 것이다.

셋째, '도급인(원청)'이 안전조치를 해야 하는지, '수급인(하청)'이 안전조치를 해야 하는지 도무지 알 수가 없다. 또한 시설 · 장소 등의 '지배자'가 안전조치를 해야 하는지, '유영자'가 해야 하는지, '관리자'가 해야 하는지도 분간할 수 없다. '시설 · 장소'를 지배 · 운영 · 관리하는 자가 안전조치를 해야 하는지, '장비'를 지배 · 운영 · 관리하는 자가 해야 하는지도 알 수 없기는 매한가지다. '지배자가 '소유자'를 가리키는지, '점유자'를 가리키는지도 불확실하다.

의무내용이 지나치게 포괄적인 규정이 많은 것도 문제지만, 이처럼 규범의 기본인 의무주체부터가 불명확한 곳투성이라는 점이 더 심각한 문제이다. 법규정이 불명확하다 보니 전문가들조차 이해와 판단이 각기 다르다. 고용부는 두루뭉술한 답변만 할 뿐 구체적 답변은 못하고 있다. 결국 준법의지가 강한 기업조차 이 법을 잘 준수할 수 없는 것이 엄연한 현실이다.

넷째, 안전교육 수강명령의 시기를 합리화해야 한다. 중대재해가 발생한 것만으로 수강명령을 받도록 하는 건 무죄추정의 원칙 정신에 정면으로 배치된다. 확정판결 이후에 안전교육을 받도록 하는 것이 헌법 원칙에도 부합하고 실효성도 거둘 수 있다.

시행령 개정 효과를 거두기 위해선 시행령 자체뿐만 아니라 법 해설서부터 대폭 정비해야 한다. 당장이라도 더도 말고 덜도 말고 법리에 맞게 해석이 이뤄지도록 해야 한다. 현재의 해설서는 이현령비현령 해석이 차고 넘친다.

중대재해처벌법에 대한 질의가 고용부에 수없이 제출되어 있다고 한다. 고용부는 구체적인 답변을 못하고 쩔쩔 매고 있다. 5개월이 넘도록 사실상 답변을 못 받은 곳도 적지 않다고 한다. 질의가 많다는 것은 법령이 매우 불명확하다는 것을 방증하는 것이고, 담당부처가 제대로 답변하지 못하고 있다는 건 자신들도 잘 모르고 있다는 의미이다. 집행기관도 어떻게 해야 할지 모르는 조치를 수범자에게 이행하라고 하는 건 난센스이자 '내로남불' 행정이다.

새 정부가 국민들의 눈높이에 제대로 부응하기 위해선 방향을 제시하는 것만으로는 부족하다. 행정부처가 방향에 맞게 올바로 가고 있는지, 결과가 방향에 맞게 나왔는지도 꼼꼼하게 챙겨야 한다. 그렇지 않으면 관료들에게 휘둘릴 뿐 성과를 거두지 못할 공산이 크다. 지난 정부의 실패를 반면교사로 삼아야 한다.

4. 보 칙

가. 중대산업재해 발생사실 공표(법 제13조, 시행령 제12조)

해당 조문

▌법 13조(중대산업재해 발생사실 공표)▐

① 고용노동부장관은 제4조에 따른 의무를 위반하여 발생한 중대산업재해에 대하여 사업장의 명칭, 발생 일시와 장소, 재해의 내용 및 원인 등 그 발생사실을 공표할 수 있다.

▌시행령 제12조(중대산업재해 발생사실의 공표)▐

① 고용노동부장관은 법 제4조에 따른 의무 위반으로 형이 확정된 사업장에 대하여 다음 각 호의 사항을 공표한다.

1. 중대산업재해 발생 사업장의 명칭 · 소재지
2. 발생 일시와 장소, 재해자 현황
3. 발생재해의 내용, 원인 및 경영책임자의 의무위반 사항
4. 5년 내 중대산업재해 발생 여부

② 고용노동부장관은 제1항에 따른 공표를 하기 전에 공표대상자에게 공표대상임을 통지하고 소명기회를 주어야 한다.

③ 제1항에 따른 공표는 관보 또는 고용노동부 · 공단 홈페이지 등에 게시하는 방법으로 한다. 이 경우 홈페이지 등에 게시하는 기간은 1년으로 한다.

중대시민재해는 공표 대상이 아니고 중대산업재해만 공표 대상이다.

산업안전보건법이 발생건수, 재해율 등을 공표내용으로 하고 있는 반면에, 중대재해처벌법은 재해자 현황, 발생재해의 내용, 원인 및 경영책임자의 의무위반 사항, 5년 내 중대산업재해 발생 여부 등을 공표내용으로 하고 있다.

나. 심리절차에 관한 특례(법 제14조)

해당 조문

① 이 법 위반 여부에 관한 형사재판에서 법원은 직권으로 「형사소송법」 제294조의2에 따라 피해자 또는 그 법정대리인(피해자가 사망하거나 진술할 수 없는 경우에는 그 배우자 · 직계친족 · 형제자매를 포함한다)을 증인으로 신문할 수 있다.
② 이 법 위반 여부에 관한 형사재판에서 법원은 검사, 피고인 또는 변호인의 신청이 있는 경우 특별한 사정이 없으면 해당 분야의 전문가를 전문심리위원으로 지정하여 소송절차에 참여하게 하여야 한다.

형사소송법 제294조의2(피해자 등의 진술권) 제1항에서는 피해자 또는 법정대리인이 신청하는 경우에 그 법정대리인이 그 피해자 등을 증인으로 신문하도록 규정하고 있는 반면에, 중대재해처벌법(제14조 제1항)에서는 피해자의 신청이 없더라도 형사법원이 직권으로 피해자 또는 그 법정대리인을 신문할 수 있도록 규정하고 있다.

형사소송법 제279조의2(전문심리위원의 참여) 제1항에서는 소송관계를 분명하게 하거나 소송절차를 원활하게 진행하기 위하여 필요한 경우에 법원은 직권으로 또는 검사, 피고인 또는 변호인의 신청에 의한 결정으로 전문심리위원을 지정하여 소송절차에 참여하게 할 수 있다고 규정하고 있는 데 비해, 중대재해처벌법(제14조 제2항)에서는 검사, 피고인 또는 변호인의 신청이 있는 경우 특별한 사정이 없는 한 소송절차에 참여하게 하여야 한다고 규정하고 있다.

산업재해 사건이 복잡하고 전문성이 요구됨에 따라 심판의 전문성을 확보하기 위해 전문가와의 협력 필요성이 증대되고 있는바, 현재 법원은 건축, 의료, 지적재산권, 특허 등 분쟁해결을 위해 전문적인 지식과 경험을 필요로 하는 사건을 심리할 때, 법원 외부의 관련 분야 전문가들을 전문심리위원으로 참여하여 신속한 심리를 하는 데 도움을 주고 있는바, 산업재해 사건에도 검사, 피고인 또는 변호인의 신청을 전제로 전문심리위원이 참여할 수 있는 근거를 마련한 것이다. 기업 등 조직에서는 산업안전보건 분야의 실력 있는 관계전문가를 미리 파악하고 있을 필요가 있다. 그리고 피고인 측은 소송절차 진행 시 관계전문가의 적극적인 참여를 통해 과학과 사실에 기초한 심리를 유도하고 전문성에서의 우위를 점할 수도 있다.

본 조항은 형사소송법의 특칙에 해당하는 규정으로서, 중대재해처벌법에서 규정하고 있지 않은 형사소송법상의 피해자 등의 진술권이나 전문심리위원에 관한 기타 규정은 중대재해처벌법에 당연히 적용된다고 보아야 할 것이다.

다. 손해배상의 책임(법 제15조)

해당 조문

① 사업주 또는 경영책임자 등이 고의 또는 중대한 과실로 이 법에서 정한 의무를 위반하여 중대재해를 발생하게 한 경우 해당 사업주, 법인 또는 기관이 중대재해로 손해를 입은 사람에 대하여 그 손해액의 5배를 넘지 아니하는 범위에서 배상책임을 진다. 다만, 법인 또는 기관이 해당 업무에 관하여 상당한 주의와 감독을 게을리하지 아니한 경우에는 그러하지 아니하다.

② 법원은 제1항의 배상액을 정할 때에는 다음 각 호의 사항을 고려하여야 한다.

1. 고의 또는 중대한 과실의 정도
2. 이 법에서 정한 의무위반행위의 종류 및 내용
3. 이 법에서 정한 의무위반행위로 인하여 발생한 피해의 규모
4. 이 법에서 정한 의무위반행위로 인하여 사업주나 법인 또는 기관이 취득한

경제적 이익
5. 이 법에서 정한 의무위반행위의 기간 · 횟수 등
6. 사업주나 법인 또는 기관의 재산상태
7. 사업주나 법인 또는 기관의 피해구제 및 재발방지 노력의 정도

징벌적 손해배상책임을 규정한 것으로서 귀책사유로 '고의 또는 과실'을 요하는 일반 손해배상과는 달리 '고의 또는 중대한 과실'을 요구하고 있다. 고려사항은 제조물책임법(제3조 제2항)의 요인을 거의 그대로 차용하고 있다.

법인 또는 기관의 면책요건(상당한 주의와 감독을 게을리하지 않은 경우)이 규정되어 있다. 다만, 추상적인 주의와 감독을 하는 것만으로는 면책사유에 해당하지 않는다.

지금까지 징벌적 손해배상 제도가 도입되어 있는 법[348]의 대부분이 손해액의 '3배'를 상한으로 하고 있지만,[349] 이 법에서는 손해액의 '5배'를 상

348) 우리나라에서 징벌적 손해배상 제도는 2011년 하도급거래 공정화에 관한 법률 개정에 의해 처음으로 도입되었다.

349) 우리나라에서 징벌적 손해배상을 규정하고 있는 법률은 2022월 1월 31일 현재 중대재해처벌법을 포함하여 20개이다[하도급거래 공정화에 관한 법률(제35조), 기간제 및 단시간근로자 보호 등에 관한 법률(제13조), 파견법(제21조), 신용정보의 이용 및 보호에 관한 법률(제43조), 개인정보 보호법(제39조), 정보통신망 이용촉진 및 정보보호 등에 관한 법률(제32조), 대리점거래의 공정화에 관한 법률(제34조), 가맹사업거래의 공정화에 관한 법률(제37조의2), 제조물책임법(제3조), 공익신고자 보호법(제29조의2), 환경보건법(제19조), 독점규제 및 공정거래에 관한 법률(제56조), 부정경쟁방지 및 영업비밀보호에 관한 법률(제14조의2), 대규모유통업에서의 거래 공정화에 관한 법률(제35조의2), 대 · 중소기업 상생협력 촉진에 관한 법률(제40조의2), 특허법(제128조), 축산계열화사업에 관한 법률(제34조의2), 산업기술의 유출방지 및 보호에 관한 법률(제22조의2), 자동차관리법(제74조의2), 중대재해처벌법(제15조)]. 이 중 중대재해처벌법, 신용정보의 이용 및 보호에 관한 법률, 자동차관리법 이 3개 법률만 손해액의 5배를 상한으로 규정하고 있고, 나머지 법률은 손해액의 3배를 상한으로 규정하고 있다.

한으로 하고 있음에 유의해야 한다.

징벌적 손해배상을 인정하고 있는 영미법 국가에서도 형사처벌과 병과하여 징벌적 손해배상을 하는 경우는 발견되지 않는다. 게다가 이들 영미법 국가에서조차 상해가 아닌 인적 재해 영역으로 특정하여 징벌적 손해배상을 규정하고 있는 입법례와 인적 재해 영역에서 실제로 적용된 사례를 찾아볼 수 없어, 과연 법원에서 징벌적 손해배상책임을 실제 얼마나 인정할지, 징벌적 손해배상책임을 인정하더라도 실제 몇 배의 손해배상책임을 물릴는지는 예상하기 어렵다.[350)]

5. 시행일(부칙 제1조)

해당 조문

① 이 법은 공포 후 1년이 경과한 날부터 시행. 다만, 이 법 시행 당시 개인사업자 또는 상시 근로자가 50명 미만인 사업 또는 사업장(건설업의 경우에는 공사금액 50억원 미만의 공사)에 대해서는 공포 후 3년이 경과한 날부터 시행한다.

개인사업자(회사 등의 법인을 설립하지 않고 개인적으로 사업을 경영하는 사람)[351)]는 상시 근로자 수와 관계없이 시행이 유예되고 개인사업자가

350) 지금까지 징벌적 손해배상이 문제가 된 사건은 총 12건(하도급거래 공정화에 관한 법률 9건, 기간제 및 단시간근로자 보호 등에 관한 법률 1건, 대리점거래의 공정화에 관한 법률 1건, 가맹사업거래의 공정화에 관한 법률 1건)이다. 이 중 청구가 인용된 사건은 2건에 불과하고, 그마저도 1건은 항소심에서 감액되었다(제1심에서 2배 → 항소심에서 1.5배)(김정환, 『징벌적 손해배상의 적정한 운영방안에 관한 연구』, 사법정책연구원, 2019, 221쪽).

351) 자영업자라고 하기도 하며, 법인사업자가 이에 대비되는 사업자에 해당한다.

아닌 조직은 상시 근로자 수가 50명 미만인 경우에 한하여 시행이 유예되어 이 법 시행 후 2년이 경과한 날(2024.1.27)부터 시행된다.

시행 유예 대상 여부를 판단할 때, 적용단위가 '사업조직'(법인 또는 개인사업체)인지 '사업장'인지 불분명하지만, 건설업은 사업장(현장) 단위, 기타 업종은 사업조직 단위로 할 것으로 예상된다. 참고로, 산업안전보건법은 사업장을 적용단위로 하고 있다.

중대재해가 시행일 이후 발생하였다고 하더라도 이 법에서 규정하고 있는 안전보건확보의무 위반이 시행일 이전에 발생한 경우에는 이 법의 처벌 대상에 해당하지 않는다.

논리적으로 볼 때, 상시 근로자 50명 미만 조직을 유예할 근거는 없다. 실효성 있는 내용으로 개정하는 것을 전제로 상시 근로자 50명 미만 조직에도 동일한 시기에 적용하는 것이 타당하다.

법적용 유예기간 동안 중대재해의 직접적 당사자 지위에 있는 상시 근로자 50명 미만 관계수급인 등은 처벌 대상에서 제외되는 반면, 간접적 당사자 지위에 있는 상시 근로자 50명 이상 도급인 등은 처벌되는 모순이 발생할 수 있음에 유의할 필요가 있다(상시 근로자 5명 미만 관계수급인 등은 이 모순이 항구적으로 발생한다).

상시 근로자 50명 미만 여부를 판단할 때는 이 법의 보호 대상인 '종사자'가 아닌 '근로자'를 기준으로 하고 있음을 유념할 필요가 있다.

한편, 상시 근로자 50명 이상인 비건설업체에서 공사금액 50억 미만의 건설공사를 발주하는 경우 해당 건설공사의 법적용 유예 여부에 대해 논란이 있을 수 있다. 판단컨대, 법문에서 '건설업의 경우 공사금액 50억 미만의 공사'에 대해서는 공포 후 3년이 경과한 날부터 시행한다고 명시적으로 규정하고 있는바, 건설공사를 발주하는 자의 규모와 성격을 묻지 않고 있고, 건설공사의 종류를 신축공사 등 특정 건설공사로 한정하고 있는 것도 아니며, 형법해석은 기본적으로 엄격해석에 입각해야 하므로, 공사금액 50억 미만의 건설공사는 발주자가 누구인지에 관계없이 유지보수성 건설공사를 포함한 모든 종류의 건설공사에 대해 법적용이 2024년 1월 26일까지 유예된다고 보아야 할 것이다.[352] 여기에서 '건설업'은 발주한 자를 기준으로 해당 여부를 판단하는 것이 아니라 발주한 일을 기준으로 해당 여부를 판단해야 한다. 즉, 법적용 유예 대상 여부는 발주한 자가 건설업(체)에 해당하는지를 기준으로 삼는 것이 아니라 발주한 일이 건설업(건설공사)에 해당하는지를 기준으로 삼아야 한다.

2024년 1월 27일부터는 상시 근로자가 50명 미만인 사업 또는 사업장(건설업의 경우에는 공사금액 50억원 미만의 공사)에 대해서도 중대재해처벌법이 적용되는바, 부칙에 경과조치가 별도로 규정되어 있지 않기 때문에 이들 사업 또는 사업장의 사업 개시 또는 건설공사 착공이 2024년 1월 27일 이전이라 하더라도 2024년 1월 27일부터는 중대재해처벌법이 전면 적용되어 이 법에 따른 안전보건확보의무를 이행해야 한다.

352) 국회와 고용노동부는 상시 근로자 50명 이상인 비건설업체에서 공사금액 50억 미만의 건설공사를 발주하는 경우에도 시행 유예 대상이 될 수 있다는 점을 전혀 생각하지 못한 것으로 판단된다. 이 법이 얼마나 졸속으로 제정되었는지를 방증하는 또 하나의 대목이다.

칼럼 50인 미만 중대재해처벌법 적용 유예 논란에 대한 단상[353]

50인 미만 사업장(소기업)에 대한 중대재해처벌법 적용 유예를 둘러싸고 논란이 뜨겁다. 중대재해처벌법 찬성과 반대 측 모두 '재해 예방'이라는 본질에서 벗어나 있고 진정성도 없어 보인다. 찬성 측은 정작 중요한 실효성은 따져보지도 않고 예정대로 적용해야 한다는 입장이다. 반대 측은 정교한 논거를 제시하기보다는 부담스러우니 적용을 유예하자는 식이다.

중대재해처벌법이 중대재해 예방에 실제로 어떤 영향을 미칠지를 제대로 따져보지 않은 채 그저 좋은 법이라는 전제하에 '묻지마' 적용을 하자는 찬성 측은 위험하기까지 하다. 이들의 엄벌주의 입장은 가히 종교 수준이다. 중대재해 예방을 위해 무엇이 중요하고 어떻게 하는 것이 효과적인지에 대한 고민은 보이지 않는다. 중국, 북한 등 엄벌주의를 취하고 있는 나라의 산업안전 수준이 형편없는 사실에는 모르쇠로 일관한다. 실효성 있는 예방시스템을 구축하는 것이 가장 중요하다는 사실에는 눈을 감고 귀를 닫는다.

소기업의 경영책임자는 중대재해 발생시 기존 산업안전보건법으로 이미 처벌되도록 돼 있어 중대재해처벌법을 적용할 실익이 없다. 소기업은 산업안전보건법도 못 지키고 있는 만큼 산업안전보건법이라도 제대로 지킬 수 있도록 하는 것이 먼저다. 이런 상태에서 소기업에 중대재해처벌법을 적용한다면 이들 입장에선 옥상옥으로 받아들여져 혼란과 부담만 가중될 뿐 예방효과를 거두지 못할 건 명약관화하다. 그런데도 찬성 측은 이 점을 애써 외면하고 있다. 무지하거나 솔직하지 못하다는 비판에서 자유로울 수 없는 이유다.

353) 정진우, 에너지경제, 2024.1.11.

찬성론자는 소기업의 경우 중대재해처벌법 준수를 적은 비용으로 쉽게 준비할 수 있다고 한다. 이 주장은 중대재해처벌법을 형식적으로 준수할 때만 타당하다. 이 법의 핵심내용인 안전보건관리체계는 일회성이 아니라 지속적이고 실질적으로 이행돼야 한다. 찬성론자는 이러한 기본적 사실조차 모르고 있다. 안전의 형식화를 조장하는 인식이라고 할 수 있다.

중대재해처벌법이 소기업에 확대 적용되면 수사에 치우친 고용노동부의 잘못된 관행이 훨씬 악화될 수 있다는 점도 경계해야 한다. 가뜩이나 고용노동부의 처벌 일변도 법집행으로 일반경찰과의 차별성이 희미해지고, 산재예방기관이라는 존재이유에 근본적 의문이 제기되고 있는 마당에 고용노동부의 역할이 더욱 왜소해질 수 있다.

찬성론자의 일부는 중대재해처벌법 시행 이후에 재해조사 대상 사망자가 조금이나마 줄었다며 이 법에 효과가 있는 것으로 강변한다(한겨레 2023.12.27 세상읽기). 이런 주장에는 사망사고가 많은 변수의 영향을 받는다는 기초지식과 종합적 사고가 결여돼 있다. 무엇보다 지난 5년간 산업안전감독관이 약 2.3배, 준정부기관인 안전보건공단 직원이 약 700명, 산재예방 예산이 약 2.3배나 전례 없이 증가했고, 산재예방 선진국보다도 많은 행정인원과 예산을 가지고도 법이 시행된 후에 사망사고 수에 큰 변화가 없었다는 건 어떻게 설명할 것인가. 법 정책의 여건까지 고려하면 중대재해처벌법이 중대재해를 오히려 증가시키는 쪽으로 작용했다고 봐야 한다.

2023년엔 전 산업에 걸쳐 경기가 침체되고 사망사고의 절반을 차지하는 건설공사 착공면적이 거의 반토막이 났다. 객관적으로 사망사고가 크게 줄 만한 상황이다. 중대재해처벌법의 중대재해 감소효과에 대해 부정적 판단을 내릴 수밖에 없는 또 다른 이유다.

사회 전체적으로 이 법의 대응에 엄청난 비용을 들이고 있는데도 중대재해 예방효과를 거두지 못하고 있는 점은 가볍게 넘길 일이 아니다.

중대재해 예방의 '가성비'가 낮은 것은 처벌수준이 문제가 아니라 예방시스템이 고장 났다는 방증이다. 정치권은 중대재해처벌법이 여러 면에서 문제가 많다는 점을 깨닫고 일찌감치 이 법의 문제 전반에 대해 대처했어야 했다. 대처할 시간과 기회가 충분히 있었는데도 이를 소홀히 한 것은 직무태만에 가깝다. 그간 변죽만 울리다가 소기업 적용 문제가 임박한 시점이 돼서야 마지못해 파편적으로 대응하는 식의 모습은 책임정치, 신뢰행정과는 거리가 멀다.

어떤 안전관계법이 정법(正法)인지 악법인지의 바로미터는 처벌수준이 아니라 재해예방의 실효성이다. 소기업의 중대재해처벌법 적용 유예 여부도 바로 이 관점에서 접근해야 한다. 진영논리, 장삿속과 감성팔이는 철저히 배격되어야 한다. 수많은 사람의 목숨이 걸려 있는 문제인 만큼 과학적이고 이성적으로 그리고 신중하고 정교하게 접근해야 한다.

칼럼 포퓰리즘 입법의 태생적 한계와 보완방향[354]

연말연시를 뜨겁게 달구었던 '중대재해 처벌 등에 관한 법률'(중대재해처벌법)이 우여곡절 끝에 제정되었다. 경영책임자, 기업 등에게 큰 영향을 미치는 법, 그것도 쟁점이 매우 많았던 제정법을 일정을 못 박아 놓고 번갯불에 콩 볶듯 졸속 심의를 했다. 엉성한 법이 탄생하는 것은 예고된 것이나 다름없었다.

우리나라에서 중대재해가 많은 가장 큰 이유가 처벌이 낮기 때문이라는 생각부터가 사실관계와 달랐다. 중대재해처벌법 제정 이전부터 우리나라의 법정형은 재해예방선진국과 비교할 때 결코 낮은 편이 아니었음에도, 중대재해가 많은 본질적인 이유는 외면한 채 처벌만 강화하면 이

354) 정진우, KEF e매거진, 2021.2.4

문제가 해결될 듯이 주장했다.

우리나라에 경영책임자를 처벌할 수 있는 법이 마치 없는 것처럼 여론을 호도한 대목에서는 법 제정의 진정성을 의심케 한다. 기존법의 벌칙체계를 정교하고 효과적으로 개선하려는 조치와 예방행정시스템을 혁신하려는 노력은 하지 않고 이러한 조치와 노력의 해태를 가리려는 수단으로 중대재해처벌법을 들고 나왔다.

잘못된 인식과 진정성이 결여된 의도로 출발한 입법이 올바른 내용을 담고 있을 리 없다. 법사위 심의과정에서 문제점이 다소 수정되긴 했지만, 발의안에 워낙 문제가 많았던 터라 법리, 안전원리 및 실효성의 면에서 여전히 많은 문제점을 갖고 있다. 문맥이 맞지 않거나 상호 모순되는 용어, 표현도 곳곳에서 발견된다.

무엇을 해야 할지를 집행기관의 자의적 판단에 맡기는 법, 도저히 지킬 수 없는 사항을 규정해 놓고 이를 위반할 경우 처벌하겠다고 하는 법을 우리는 악법이라고 부른다. 중대재해처벌법은 이 악법 기준에 딱 들어맞는다. 악법의 문제는 수범자에게 언제든지 처벌될 수 있다고 잔뜩 겁을 주지만 실질적 효과는 거두지 못한다는 것이다.

독일의 법학자 벨첼(Welzel)은 "법치주의는 불명확한 형벌규정을 통해 무너진다"고 역설하였다. 지나친 형벌을 규정하는 법도 문제이지만 이보다 무서운 것이 이현령비현령식의 해석이 될 수 있는 불명확한 법이다. 중대재해처벌법은 이 자의적 법집행에 날개를 달아주었다. 법집행기관에게는 침으로 편리한 법이 만들어진 셈이다.

특히 경영책임자에게 애매하고 모호한 안전보건확보의무를 부과하면서, 그것도 어디에서부터 어디까지를 경영책임자가 조치해야 하는지 어느 누구도 알 수 없는 상태이다. 이런 식의 규정으론 경영책임자를 공포에 떨게 하면서 '군기'는 잡을 수 있을지 모르겠지만, 실제 중대재해를 줄일 수 있을지는 의문이다.

강도, 절도, 폭행과 같은 자연범과 달리 행정범에 대해선 명확하게 규정해야 수범자에게 재해예방을 위한 행동기준으로 작용할 수 있다. 특히 형벌이 강할수록 명확하게 규정되어야 한다. 그런데 중대재해처벌법은 준법의지가 있는 경영책임자, 나아가 전문가라도 안전조치를 어떻게 이행해야 할지 행위유형의 실질을 파악할 수 없는 규정이 수두룩하다.

중대재해처벌법은 경영책임자에게 현실적으로 불가능한 것을 하라고 강제하고 있는 부분도 적지 않다. 안전조치의무라는 건 전 계층에 의해 이행될 수 있는 것임에도, 경영책임자가 이를 직접 다 이행하라는 식으로 규정하고 있는 것은 안전원리에 맞지 않을 뿐만 아니라 과잉금지의 원칙에도 반한다.

불법의 정도, 비난가능성 등의 측면에서 산업안전보건법보다 강하게 처벌할 규범적 근거가 없는데도 산업안전보건법보다 훨씬 강한 형벌을 규정하고 있는 건 형벌체계의 정당성과 균형을 상실한 것으로서 평등의 원칙에 위반된다.

도급, 용역, 위탁과 관련해서는, '위험의 외주화'라는 프레임에 갇혀 원청에게 하청 종사자에 대해 형사책임에서는 허용되지 않는 위험책임, 연대책임, 대위책임을 부과하고 있다. 자기책임의 원칙에 위배된다. 최상위 원청에게만 하청 종사자 보호를 위해 작업행동에 대한 조치를 포함하여 모든 차원의 조치를 직접 하도록 하는 식의 불합리하고 거친 규제로는 하청문제를 풀 수 없다. 소문난 잔치에 먹을 게 없는 거나 진배없다.

이처럼 중대재해처벌법에 위헌 소지가 많고 안전원리에 맞지 않는 부분이 많다는 것은 이 법이 실효성보다는 보여주기에 급급한 또 하나의 무책임한 포퓰리즘 입법임을 보여주는 증좌이다. 수범자의 입장은 고려하지 않고 오로지 처벌만이 강조되고 있는 이유이기도 하다. 이런 접근으로는 중대재해를 줄이기는커녕 사회적 비용과 혼란만 증가시킬 뿐이다.

시스템 개선 없는 생색내기 입법이 중대재해 감소에 도움이 되기는 커녕 걸림돌이 될 수 있다는 점을 방증하는 수치가 최근 발표됐다. 코로나19로 취업자수가 외환위기 이후로 가장 많이 감소한 상황 속에서 지난 해 산재사망자수가 27명이 증가한 것으로 잠정 집계되었다. 처벌을 대폭 강화한 '김용균법' 시행 후의 성적이어서 처벌강화가 중대재해에 어떤 영향을 미치는지를 실증적으로 보여준 것이기도 하다. 막무가내로 김용균법을 밀어붙였던 정치권 등은 이 수치 앞에서 뭐라고 할 것인가. 그때도 그 법이 통과되면 원하청문제 등이 해결될 듯이 강변하지 않았는가.

중대재해처벌법 제정을 빌미로 산재예방시스템은 개선하지 않고 산재예방행정인력을 또 늘리는 꼼수를 부릴 수도 있는 점도 우려되는 지점이다. 그간에도 현 정부는 행정인력을 늘리는 손쉬운 방법에만 의존해 온 터라 이런 의심이 들 수밖에 없다. 우리나라는 근로자수를 감안할 때 선진국 어느 나라와 비교해도 행정인력이 부족하지 않다. 미국보다 6배 이상 많고 일본보다도 4배 이상 많은 상태다. 이 상태에서 시스템 개선 없이 인력증원이라는 헛물을 켠다면 성과 없이 행정비용만 잔뜩 늘렸다는 역사적 평가에서 결코 자유롭지 못할 것이다.

중대재해처벌법은 하위법령으로 위임한 사항도 매우 적은 상태이다. 그래서 하위법령에서 상세히 규정하는 것만으로는 위헌 소지, 실효성 등의 문제를 해결하기에 많은 한계가 있을 수밖에 없다. 그러기에는 문제가 차고 넘치는 데다가 태생적이고 근본적이다. 하위법령 제정이 미봉책이 될 수밖에 없는 이유이다. 명분으로 내건 입법취지를 살리기 위해서라도 법을 전면 개정하는 방법 외에는 달리 뾰족한 수가 없다. 국회가 자율적으로 문제해결에 나서지 않으면, 위헌소송이라는 타율적 방법에 의해 문제해결이 도모될 것 같다. 어느 길을 택할 것인가.

Ⅲ. 조직에 미치는 영향 및 대책

이 법은 의무주체가 경영책임자로 한정되는 점이 큰 특징이고 규제내용이 매우 광범위하고 불명확하여 기업 입장에서는 큰 리스크가 따를 수밖에 없다고 할 수 있다.

경영책임자 개인이 형사처벌될 뿐만 아니라 양벌규정에 의해 법인에게도 막대한 금액의 벌금이 부과되고, 3일 정도의 안전보건교육을 수강해야 한다는 불명예(부담)까지도 떠안게 되며, 나아가 징벌적 손해배상까지 물어질 수 있다. 특히 법 시행 초기에 처벌을 받게 되면 기업 등 조직의 사회적 이미지도 크게 손상을 입을 수 있다.

여러 가지의 제재를 순서적으로 보면, 경영책임자 개인에 대한 법 위반 여부가 가장 우선적으로 문제가 되는바, 이것이 유죄로 인정되면, 양벌규정에 따른 막대한 벌금, 징벌적 손해배상으로까지 쉽게 연결될 수 있기 때문에, 경영책임자 개인에 대한 법 위반이 성립되지 않도록 만전을 기할 필요가 있다.

이 법에서는 사고에 따라서는 실형도 부과될 수 있기 때문에, 재범에 대한 가중처벌은 형이 확정된 것을 전제로 하는 점을 감안할 때, 경영책임자 입장에서는 가중처벌을 피하기 위해서라도 하급심에서 유죄판결이 난 경우 최종심(대법원)까지 갈 생각을 할 필요가 있다.

소송을 통해 최종적으로 무죄가 나온다 하더라도, 그간의 관행과 이 법에 대한 사회적 관심 정도로 볼 때, 수사기관에서는 판결이 확정되기 전임에도 중대재해가 발생한 것만으로 사실상 범죄자로 취급할 가능성이 있기 때문에, 즉 수사기관은 어떻게든 법을 위반한 것으로, 그것도 업무와 권한의 위임 여부에 관계없이 최대한 대표이사를 법 위반에 책임이 있는 자로

몰고 갈 가능성이 크다. 이 위험성은 매스컴에 보도가 많이 되는 대기업일수록 커진다고 보아야 할 것이다. 게다가 중대재해처벌법에 모호하고 불명확한 규정이 많은 만큼, 법집행이 자의적으로 이루어질 가능성은 어느 법보다도 높다고 할 수 있다.

따라서 중대재해가 발생하면 앞에서 설명한 범죄성립요건을 참고하여 무리한 수사 가능성에 대비하여 수사단계에서부터 변호사를 통해 적극적으로 대응(항변)하고, 대부분의 중대재해에 대해 소송까지 가는 것을 각오할 필요가 있다고 보여진다.

우선적으로, 기업 등 조직에서는 중대재해처벌법에 규정된 경영책임자의 4가지 의무에 대하여 각각 '합리적으로 실행 가능한 범위'에서 최대한의 안전보건조치(As low as reasonably practicable : ALARP)를 자체적으로 마련하여 지속적으로 시행할 필요가 있다.

이와 함께, 경영책임자의 안전보건확보의무에 해당하는 사항을 이행하여 왔다는 것에 대한 입증자료를 문서(매뉴얼, 절차서, 지시서 등), 기록의 작성/유지관리, 결재 등을 통해 철저하게 준비할 필요가 있다.

칼럼 황당한 중대재해 해설서, 혼란 키운다[355)]

'형식이 실질을 삼켜 버렸다.' '법 기술이 안전원리를 내몰았다.' 내년 1월 27일부터 시행되는 중대재해처벌법을 두고 기업에서 벌어지고 있는 살풍경을 두고 나오고 있는 말이다. 중대재해처벌법 시행을 앞두고 기업들이 안전역량 강화보다는 처벌 회피에 골몰하고 있다. 실효성과

355) 정진우, 문화일보, 2021.12.21.

현실을 무시한 엄벌 중심 입법과 정부의 자의적 법 해석에 발등의 불부터 끄자는 것이다.

그런데 최근 발표된 정부의 중대재해처벌법 해설서는 이런 분위기에 기름을 끼얹었다. 법문의 의미를 벗어나는 이현령비현령 해석은 넘치는 반면, 정작 현장에서 궁금해하는 사항에 대해선 구렁이 담 넘어가듯 한다. 해설서가 의문을 해소하긴커녕 혼란을 부추기고 형식적 안전을 조장하는 양상이다.

직업공무원제에서 공무원은 정치에 휘둘리지 않고 전문성을 바탕으로 객관성을 확보하는 것을 생명처럼 여겨야 한다. 그런데 근래의 산재(産災)예방 행정을 보면 그런 정신은 찾아보기 어렵고 되레 상황을 악화시킨다. 중대재해처벌법 자체가 태생적 한계를 안고 있어 해설서에 기대를 걸었지만 그마저도 물거품이 되고 말았다. 형법 해석의 기본인 엄격해석 원칙을 도외시하고 멋대로 해석하는 부분이 곳곳에서 눈에 띈다. 법리에 대한 무지도 놀랍지만 법치주의에 대한 불감증은 더욱 놀랍다.

특히 문제는, 어떻게든 대표이사를 끌어들여 처벌하려는 의도를 노골화하고 있다는 점이다. 대표이사 처벌을 위해선 헌법 원칙은 무시해도 된다는 생각인 듯하다. 대표이사에게 책임을 물으려면 합당한 법적 근거가 있어야 하는데도 '입법 취지'를 달성하기 위해선 법적 근거 따위는 아랑곳하지 않겠다는 독선마저 엿보인다. 자의적 법 집행은 예방조치를 하더라도 어차피 처벌될 것이란 생각에 기업을 자포자기로 내몬다.

현장에서 가장 혼란스러워하는 '실질적인 지배 · 운영 · 관리'의 의미에 대해서는 아무런 해설이 없다. 유사 판례도 무시하겠다는 태세다. 원청이 해야 하는지 하청이 해야 하는지, 원청이 해야 한다면 어디까지 해야 하는지에 대해 기준을 제시하지 않고 있다. 게다가, 이 법 조문 간에 충돌되는 문제(예컨대, 엘리베이터 설치공사의 경우 제4조는 원청에, 제5조는 하청에 의무를 부과하고 있다)에 대해서는 일언반구 설명이 없다. 중대재해처벌법과 산업안전보건법 간에 상충되는 문제(예컨대, 재해 재발방지대책 수립의 경우 전자는 원청에, 후자는 하청에 의무를 부과)에 대해서도 마찬가지다. 원청의 의무와 불법파견의 관계에 대한 해설조차 없다. 해설서의 분량은 많은데 알맹이가 없다는 냉소가 나오는 이유다.

중대재해처벌법을 부각하기 위해 기본법인 산업안전보건법을 구체적 조치만 규정한 '기술법'으로 격하시키는 건 점입가경이다. 산업안전보건법 개악과 엉터리 운영으로 중대재해처벌법 제정을 자초하더니, 기어이 산업안전보건법을 철학 없는 법으로 전락시킬 셈인가.

현장에 갈 때면 정부가 산재예방에 도움이 되기보다 걸림돌이라는 말을 자주 듣게 된다. 책임은 기업에 떠넘기면서 처벌에만 관심이 있고, 시스템 개선과 인프라 조성에는 너무 소홀하기 때문일 것이다. 이런 자세와 방식으로는 행정의 산재예방 기여는 기대난망이다. 큰 기대는 하지 않겠다. 법치 행정의 기본만이라도 지켜주기 바랄 뿐이다.

[참고] 도급인(원청)의 안전보건조치와 근로자파견 간의 관계에 대한 올바른 이해

산업안전보건법규에서는 도급인에게 관계수급인 근로자의 산재예방을 위하여 다음과 같은 다양한 의무를 부과하고 있다.

① 도급인으로서 고용노동부령(산업안전보건기준에 관한 규칙)에서 정하는 구체적인 안전보건조치를 하여야 한다(산업안전보건법 제63조). 산업안전보건법령에서는 도급인과 관계수급인의 의무를 구분하여 규정하고 있지 않지만, 도급인이 관계수급인을 대신하여 법령상의 모든 안전조치를 직접 이행할 수는 없기 때문에 불가피하게 도급인은 관계수급인 근로자의 재해예방을 위하여 다양한 관리감독을 할 수밖에 없다.

② 도급인은 관계수급인 근로자가 원청의 사업장에서 작업을 하는 경우에는 그 사업장의 안전보건관리책임자를 원청의 근로자와 관계수급인 근로자의 산업재해를 예방하기 위한 업무를 총괄하여 관리하는 안전보건총괄책임자로 지정하여야 한다(산업안전보건법 제62조 제1항). 다시 말하면, 도

급인은 관계수급인 근로자의 산재예방을 위해 안전보건총괄책임자로 하여금 총괄적으로 안전보건관리를 하도록 하여야 하고, 그 직무는 산업안전보건법 시행령 제53조에서 정하고 있다.

③ 관계수급인은 도급인이 실시하는 순회점검을 거부·방해 또는 기피하여서는 아니 되며, 점검 결과 원청의 시정요구가 있으면 이에 따라야 한다(산업안전보건법 시행규칙 제80조 제2항).

이처럼 산업안전보건법규에서 관계수급인 근로자의 산업재해 예방을 위하여 도급인에게 명시적으로 구체적인 안전보건조치, 위험성평가, 작업중지, 안전인증기준 등에 적합한 기계 등의 사용 여부 확인, 순회점검 등을 규정한 이상, 도급인은 관계수급인과 그 근로자를 대상으로 이들 사항에 대해 지도와 지시 등을 하지 않을 수 없다. 법규에서 명시하고 있는 규정이 법집행기관인 행정부와 법해석기관인 법원에서 제시하고 있는 근로자파견(불법파견)의 징표보다 우선하다는 것은 법치주의 원칙상 당연하기 때문에, 도급인은 실정법을 준수하기 위해서라도 관계수급인 근로자의 산재예방을 위하여 관계수급인과 그 근로자에 대해 법규에서 규정하고 있는 지도·지시, 확인, 점검 등에 해당하는 안전보건조치를 하여야 하고, 따라서 이를 실제로 하더라도 무방하다고 보아야 할 것이다.

법원도 산업안전보건법규에서 규정하고 있는 안전보건조치는 법정 의무이기 때문에, 도급인은 산업안전보건법규상의 의무에 따라 관계수급인 근로자에게 출입증 발급을 위한 면접 시 안전교육을 실시하고, 월 1회 도급인이 실시하는 안전결의대회에 참여하도록 하는 것은 산업안전보건법규상 도급인의 당연한 의무라고 판시한 바 있다.[356] 산업안전보건법규에 규정된 도급인의 의무에 해당하는 관리감독조치는 설령 이것이 관계수급인의 근로자에 대해 직접 이루어졌다고 하더라도 법정 의무이기 때문에 파견법과의 충돌 문제가 생기지 않는다는 것이다.[357]

356) 서울행정법원 2006.5.18. 2005구합11951 판결.

357) 근로자파견의 판단기준에 관한 지침 개정안(2019.12.30, 10쪽)에서는 "산업안전보건법 제63조(2020.1.16 시행)에 따라 도급인의 안전조치 및 보건조치를 해야 하는 경우에는 근로자파견의 징표에 해당한다고 보기 어렵다."고 설명하고 있다. 이러한 입장은 산업안전보건법 전부개정 시에 불법파견의 소지를 이유로 도급인의 관계수급인과 그 근로자에 대한 의무를 대폭 후퇴

도급인을 포함한 일반국민은 다른 사람과 더불어 살아가므로 항상 자신의 행위로 인해 다른 사람이 피해를 입지 않도록 노력해야 할 의무가 있는데, 이를 주의의무라고 한다. 주의의무 위반으로 인해 타인의 법익을 침해하는 결과를 발생시키고 그로 인해 형사처벌되는 행위를 과실범이라고 하는데, 업무상 필요한 주의의무를 위반하여 사람의 생명·신체에 침해를 일으켰을 경우 형법상의 업무상과실치사상죄로 처벌된다. 도급인 역시 그 사회생활상의 지위에 기하여 주의의무를 지게 된다.

다시 말해서, 도급인이 형법상의 업무상과실치사상죄의 책임추궁을 당하지 않기 위해서는 산업안전보건법규상의 의무 외에도 관계수급인 근로자의 재해예방을 위한 주의의무까지 다하여야 한다. 주의의무의 근거는 산업안전보건법규 등 안전관계법규 외에 조리[358]상·경험칙상의 주의의무와 판례상 축적된 주의의무 등도 고려된다. 예컨대 구의역 스크린도어 사고 판결에서 도급인은 지휘·감독권 행사를 통하여 수급인의 작업을 관리·감독함으로써 수급인의 근로자의 위험을 미연에 방지하여야 할 직접적이고 구체적인 주의의무가 있다고 판시하고 있다.[359] 이러한 의무는 제정법규상의 명시적 의무에서 도출되는 것이 아니라 조리상·경험칙상의 주의의무에서 도출되는 것이다. 세월호 침몰사고 판결에서도 작위의무는 법령, 법률행위, 선행행위로 인한 경우는 물론, 신의성실의 원칙이나 사회상규 혹은 조리상 작위의무가 기대되는 경우에도 인정된다고 판시하고 있다.[360]

시켰던 당시의 입장과 많이 다른 것이다. 이는 산업안전보건법 진부개정 시에 밝혔던 불법파견 관련 개정내용이 잘못된 것이었음을 스스로 인정한 것이라고 할 수 있다. 참고로, 산업안전보건법규에 따른 도급인의 안전보건조치 중 근로자파견의 징표에 해당하지 않는다고 볼 필요가 있는 것은 제63조에 따른 조치만은 아니다. 도급인의 안전보건조치의무는 산업안전보건법 제63조 외에도 제62조, 제64조, 제66조 등에도 규정되어 있기 때문에 제63조에 따른 조치로 한정하는 것은 타당하지 않다. 이 점에서 고용노동부의 위 지침은 문제가 있다고 할 수 있다. 그 외의 문제에 대해서는 후술한다.

358) 조리는 일반 사회의 정의감에 비추어 반드시 그러해야 할 것이라고 인정되는 것을 말하며, 판례 중에 "사회통념에 비추어", "사회일반의 정의관념에 비추어" 등의 표현이 종종 보이는바, '사회통념', '사회일반의 정의관념'도 조리의 개념에 포함된다고 볼 수 있다. 조리의 내용은 영구불변적인 것은 아니고 시대와 사회에 따라 변동이 있을 수 있다. 조리는 법 해석의 기본원리

따라서 도급인은 제정법규상의 명시적 의무를 준수하였다는 것만으로 법적 책임을 면할 수는 없고, 행위 당시의 사정에 비추어 관습, 조리, 경험법칙, 판례 등에 근거하여 발생하는 구체적인 주의의무까지도 준수하여야 한다고 보아야 한다. 이 주의의무는 민사상의 안전배려의무와 동일한 수준은 아니지만 이에 상당부분 근접한 수준의 내용으로 구성된다고 할 수 있다. 즉, 도급인은 산업안전보건법령에 규정된 의무 외에 이를 넘어서는 사회상규에 해당하는 의무까지도 부담하는 것이다.

요컨대, 산업안전보건법규상의 명시적인 의무뿐만 아니라 형법의 업무상 주의의무를 구성하는 명시적이지 않은(행위 당시의 사정에 비추어 구체적으로 발생하는) 의무도 법정 의무에 해당하기 때문에, 명시적이든 묵시적이든 법규상 도급인에게 수급인 근로자에 대해 지휘감독의무가 부과되어 있는 것으로 인정되는 경우에는, 이러한 의무는 파견법의 특례규정으로 보아 그 의무 이행에 해당하는 안전보건조치가 근로자파견의 징표가 되어서는 안 된다고 보아야 할 것이다.

전부개정 전 산업안전보건법 제29조 제6항에서는 도급인으로 하여금 관계수급인 또는 관계수급인의 근로자가 해당 작업과 관련하여 산업안전보건법령을 위반한 경우에 그 위반행위를 시정하도록 필요한 조치(시정조치)를 하여야 한다고 규정하고 있었는데, 전부개정 산업안전보건법에서는 시정조치 대상에서 관계수급인의 근로자를 삭제하고 시정조치에 대한 의무규정을 자율규정으로 바꾸었다(제66조 제1항). 그리고 전부개정 전 산업안전보건법하에서는 제29조 제2항 제3호에 따라 도급인은 관계수급인이 그의 근로자에게 하는 안전보건교육에 대한 '지도'와 '장소·자료의 제공 등 지원'을 실시하여야 했는데, 전부개정 산업안전보건법에서는 이를 '장소 및 자료의 제공 등 지원'으로 바꾸어 '지도'를 삭제하였다(제64조 제1항 제3호). 이는 파견법과의 충돌문제를 의식하여 도급인의 의무에서 지시와 지도에 해당하는 사항을 삭제한 것으로 판단된다.

가 되고 실정법의 흠결이 있는 경우에 최후의 보충적 법원(法源)으로서의 중요성을 가진다(박윤흔 · 정형근, 『최신행정법강의(상)(개정30판)』, 박영사, 2009, 61~62쪽 참조).

359) 서울동부지방법원 2018.6.8. 2017고단1506 판결 참조.

360) 대법원 2015.11.12. 2015도6809 전원합의체 판결.

그러나 위에서 살펴본 것처럼 산업안전보건법규상의 도급인의 의무는 파견법의 특례규정으로 보아야 하기 때문에 근로자파견의 징표가 되지 않는다는 점을 고려하면, 이 개정은 도급인의 의무를 대폭 축소시킨 것이라고 할 수 있다. 그리고 도급인의 관계수급인 근로자의 재해를 방지하기 위해서는 산업안전보건법령을 위반한 관계수급인과 그 근로자에 대한 시정조치와 관계수급인이 실시하는 안전보건교육에 대한 지도가 필요하다는 점을 고려할 때, 산재예방의 실효성의 측면에서도 이번 개정은 큰 후퇴라고 할 수 있고 불법파견을 둘러싼 현장에서의 혼란을 부추길 우려가 있다고 보여진다. 예를 들면, 산업안전보건기준에 관한 규칙에서 사업주는 관리감독자로 하여금 작업자의 작업을 직접 지휘하는 일, 감독하는 일, 지시하는 일, 지도하는 일과 작업시작 전 점검을 하도록 규정하고 있는데도(별표 2), 도급인은 관계수급인의 근로자에 대해 이러한 지휘, 감독, 지시, 지도, 점검 등의 업무를 '하지 않아도 된다' 또는 '하지 않아야 한다'는 메시지로 작용할 수 있다.

오히려 도급인에게 관계수급인 및 관계수급인의 근로자가 당해 작업에 관하여 산업안전보건법령에 위반하지 않도록 필요한 지도를 실시하여야 한다는 의무를 추가하는 것[361]이 파견법과의 충돌을 피하고 이를 둘러싼 현장에서의 혼란과 마찰을 피하기 위하여 필요하다고 할 수 있다.

산업안전보건법 외에 중대재해처벌법에서도 제4조와 제5조에서 도급인에게 관계수급인 근로자의 재해예방을 위하여 포괄적이면서 직접적인 안전보건조치의무를 부과하고 있고, 이 안전보건조치의무에는 관계수급인 근로자의 작업행동에 대한 것도 포함되어 있는바, 중대재해처벌법상 관계수급인 근로자의 작업행동에 대한 도급인의 의무도 법정 의무로서 파견법의 특례규정으로 보아 근로자파견의 징표가 되어서는 안 된다고 보아야 한다.

전술한 바와 같이 고용노동부의 근로자파견의 판단기준에 관한 지침 개정안(2019.12.30)에서도 개정 전의 지침과는 달리 산업안전보건법 제63조(도급인의 안전조치 및 보건조치)에 따라 도급인의 안전보건조치를 해야 하는 경우에는 근로자파견의 징표에 해당한다고 보기 어렵다고 설명하고 있는바,[362), 363)] 산업안전보건법규상의 법정 의무에 대해 다소 진전된 입장을 제시하고 있다는 점도 참고할 필요가 있다.[364] 그러나 산업안전보건법 제63조 단서에서 "다만, 보호구 착용의 지시 등 관계수급인 근로자의 작업행동에 관한 직접적인 조치는 제외한다." 고 규정하고 있어, 도급인이 관계수급인 근로자의 작업행동에 관한 직접적인 조치를 지휘 · 명령하는 것은 근로자파견의 징표가 될 수 있는 것으로 해석될 소지가 여전히 남아 있다. 다시 말해서, 위 지침의 문구만으로는 도급인이 관계수급인의 근로자에 대해 안전보건에 관한 구체적 · 개별적인 지휘 · 감독을 하는 것이 가능한 것인지, 금지되는 것인지가 불명확하다. 게다가 산업안전보건법 제63조의 도급인의 안전보건조치의무가 관계수급인의 의무와 동일한 의무를 부과하고 있어(즉, 관계수급인과의 공동의무를 규정한 것도 아니고 관계수급인과 그 근로자에 대한 관리감독의무를 규정한 것도 아니어서), 위 지침의 근로자파견의 징표와 관련한 고용노동부의 해석은 법리적으로 부족한 점이 많다고 할 수 있다.[365)]

361) 이 경우 당해 의무의 성격상 위반 시 벌칙규정을 두지 않는 것이 바람직하다.

362) "다만, ① 도급인 등은 도급작업의 범위를 특정하는 등 도급인 등의 권한에 속하는 정도의 지시만 할 뿐이고, 구체적인 작업내용, 작업방법 등은 수급인 등의 현장 책임자, 현장 대리인 등이 결정하여 지시하는 경우, ② 도급인 등이 수급인 등 소속 근로자에게 상시적으로 지시하는 것이 아니라 긴급상황이나 위험 상황 등에서 문제 해결을 위해 일시적으로만 지시하는 경우, ③ 산업안전보건법 제63조(2020.1.16. 시행)에 따라 도급인의 안전조치 및 보건조치를 해야 하는 경우에는 근로자파견의 징표에 해당한다고 보기 어려움"(고용노동부, 근로자파견의 판단기준에 관한 지침 개정안, 2019.12.30, 10쪽).

363) 도급인의 안전보건조치의무가 전부개정 산업안전보건법에서 제63조(도급인의 안전조치 및 보건조치)뿐만 아니라 제62조(안전보건총괄책임자) 등에도 규정되어 있음에도, 근로자파견의 판단기준에 관한 지침(개정안)에서 근로자파견의 징표에 해당한다고 보기 어려운 대상을 제63조만으로 한정하고 있는 것은 문제가 있다.

364) 고용노동부는 전부개정 산업안전보건법에서 도급인의 관계수급인의 근로자에 대한 지휘 · 감독, 지도에 해당하는 표현을 삭제한 이유로 도급인의 이러한 조치가 근로자파견의 징표에 해당될 수 있음을 제시하고 있다(고용노동부, 전부개정 산업안전보건법 설명자료, 2019.1, 45, 46, 59쪽). 고용노동부는 산업안전보건법 전부개정 시만 하더라도 근로자파견의 징표와 법정의무의 관계에 대해 이해가 부족했던 것으로 보인다.

365) 도급인의 관계수급인 근로자에 대한 안전보건조치와 근로자파견의 징표 간의 관계에 대해 학계와 기업 측에서 고용노동부에 대해 공식적이고 구체적 답변을 여러 차례 요구가 있었음에도, 고용노동부 산업안전보건 부서에서 지금까지 공식적인 지침을 제시하거나 발표한 적은 단 한 번도 없었다.

제4장

중대재해처벌법의 주요 쟁점

Ⅰ. 총 설

Ⅱ. 중대재해처벌법 입법 취지에 대한 기본적 관점

Ⅲ. 중대재해처벌법 제정 과정에서의 주요 법적 쟁점

Ⅳ. 중대재해처벌법의 남겨진 과제

YouTube
영상으로 확인하세요!

SBS Biz 뉴스

울산MBC 보도특집

I. 총 설

중대재해처벌법이 많은 우여곡절 끝에 2021년 1월 8일 국회를 통과하여 1월 26일 제정·공포되었다. 중대재해처벌법은 의원이 발의한 법률안만 하더라도 5개나 되고 국민입법청원안까지 제출되었지만 더불어민주당과 국민의힘에서는 중대재해처벌법에 대해 당론도 정하지 못하고 각 당의 내부에서도 많은 의견차가 있는 등 제정 과정에서부터 많은 진통과 혼란이 있었다.

내용적으로도 중대재해처벌법 발의안들은 경영계뿐만 아니라 법무부, 법원행정처, 전문가 등으로부터 위헌성 등 법리적으로 많은 문제가 있다는 지적이 있어 혼란이 적지 않았다. 그리고 짧은 시간 속에 심의를 하다 보니 중대재해처벌법 발의안들을 반대한 경영계뿐만 아니라 중대재해처벌법의 제정을 강력하게 주장한 노동·시민단체로부터도 많은 비판이 제기되었다.

이 장에서는 중대재해처벌법의 기초가 된 5개 의원안이 법리적으로 어떤 문제가 있었는지, 그리고 그 문제가 어떤 내용으로 최종 합의되었는지를 주요 쟁점에 초점을 맞추어 회고적으로 고찰하고, 제정된 법률에 남겨진 문제는 어떤 것이 있는지를 구체적으로 살펴보고자 한다. 또한 이러한 사항들을 본격적으로 검토하기 전에 예비적으로 중대재해처벌법 입법취지에 대한 기본적 관점을 제시하고자 한다.

이를 통해 발의된 법안들에 어떤 법리적 문제가 있었는지를 살펴보는 한편, 앞으로 하위법령을 제정하거나 법령 해석을 하는 과정에서 방향을 설정하고 기준을 마련하는 데 도움을 주고자 한다. 나아가 향후 중대재해처벌법을 개정할 때 논점과 문제점을 파악하는 데 있어 참고자료로 기여하고자 한다.

이곳에서는 중대재해처벌법으로 발의된 5개 의원안 중 강은미 의원안과 박주민 의원안을 중심으로 살펴보고자 한다. 이탄희 의원안과 박범계 의원안은 한두 개 조항 외에는 박주민 의원안과 사실상 동일한 내용으로 구성되어 있기 때문에 중복되지 않는 조항에 한정하여 고찰하도록 한다. 임이자 의원안은 여당 의원안에 대응하기 위한 용도의 안으로서 외양적으로는 다른 것처럼 보이지만, 실질에 있어서는 강은미 의원안 및 박주민 의원안과 크게 다르지 않은 점을 감안하여 특별히 고찰할 필요가 있는 사안에 대해서만 검토하기로 한다.

중대재해처벌법의 남겨진 과제 부분의 경우는, 본법에 전반적으로 많은 문제가 있지만, 그중에서도 본법에서 중요한 위상을 가지면서 학문적으로 검토할 가치가 큰 사항을 중심으로 구체적으로 논구하고자 한다.[366)]

칼럼 산업재해와 엄벌 그리고 정의?[367)]

우리 사회에서 그 어느 때보다 정의라는 말이 자주 회자되고 있다. 그만큼 사회 곳곳에서 정의를 갈망하는 사람들이 많다는 이야기이자 정의가 제대로 실현되지 않고 있다는 방증이기도 하다. 아이러니컬한 것은 '정의'를 빙자하여 정의롭지 않은 행위들이 자행되고 있다는 점이다. 이러한 일은 산업재해 영역에서도 버젓이 발생하고 있다.

대형사고가 날 때마다 원인 여하를 불문하고 이에 관계된 사람을 정의라는 이름하에 엄벌하는 것이 당연한 듯이 강조되곤 한다. 엄벌이라

366) 이하 부분은 주로 정진우, 「중대재해처벌법 제정과정에서의 법적 쟁점과 남겨진 과제」, 과학기술법연구 제27집 제2호, 2021, 47~94쪽을 참조하였다.

367) 정진우, 전기신문, 2021.5.10.

는 결과를 위해서는 절차는 다소 생략하거나 무시해도 되는 것으로 생각하기도 한다. 산업현장에서의 대형사고 앞에서는 소위 보수, 진보를 가리지 않고 엄벌이 정의로 쉽게 둔갑한다.

안전사고의 결과만 보고 상황과 과정을 보지 못하는 사후확신편향도 자주 목격된다. '누가'에만 관심이 있고 '왜'에는 별다른 관심이 없다. 안전사고에 대해 '실제' 책임이 있는지는 묻지 않는다. 단지 그 자리에 있었거나 그 조직에 몸담고 있었다는 이유만으로 여론의 뭇매를 맞는다. 본질적이고 구조적인 문제는 도외시한 채 희생양을 찾아내는 데 골몰한다. 때로는 보복감정을 정의라는 말로 포장하고 있는 것은 아닌지 의심이 들기도 한다. 모두 정의에 반하는 접근이다.

안전사고를 일으킨 자에 대해 엄벌한다고 해서 문제가 해결되는 것일까. 엄벌 주장이 구조적인 문제를 덮어버리는 미봉책으로 악용되고 있는 것은 아닐까. 혹여 처벌하는 것만이 능사인 것처럼 생각하면서 실제로는 구조적인 문제를 애써 무시하거나 덮으려는 '구조맹(構造盲)'이 되고 있는 것은 아닐까. 정치권과 행정기관의 정치적 술수에 휘둘리는 것은 아닐까.

내가 외치는 정의가 혹여 그들에게 이용당하기만 하고 헌신짝처럼 버려지는 것은 아닐까를 항상 경계하고 의심해야 한다. 사실 대형 안전사고가 발생할 때마다 봇물처럼 쏟아져 나오는 엄벌화 주장은 범죄자에 대한 신자유주의 관점이 반영되어 있다. 신자유주의 사조에서 위반자는 이해득실을 계산하여 자유로운 판단에 근거하여 해악을 일으키고 그것에 전면적으로 책임을 져야 할 자율적 주체로 취급된다. 그 결과 법위반에 이른 개별적 원인을 심층적으로 분석하여 그것을 개선한다고 하는 접근보다는 징벌적·응보적인 처벌이 강조된다. 근본적인 문제는 건드리지 않으면서 성난 여론을 쉽게 달랠 수 있는 접근이 엄벌에 처하겠다는 공언이다. 그러다 보니 문제해결을 위한 실질적인 접근은 시간이 걸리고 힘들다는 이유로 채택되지 않고 '간편한' 엄벌주의가 선호되는 경향이 있다. 엄벌주의가 진정한 정의와는 부합하지 않을 수 있다는 점을 시사한다.

어떤 특정인의 불안전행동이 관여하여 발생한 재해 또는 중대사고에 직면하였을 때, 정의로운 대응을 하기 위해서는 '치환(대체)테스트'를 거치는 것이 필요하다. 당사자를 동일한 활동분야에서 동등한 자격과 경험을 가진 다른 사람으로 치환하고 사건의 전개양상 등을 고려할 때 그 치환된 개인이 다르게 행동하였을 가능성이 없는 경우조차 당사자를 비난하는 것은 시스템적 결함을 모호하게 하고 희생자를 만드는 것 외에는 아무런 역할도 하지 못한다. 이러한 경우에도 개인을 처벌하는 것은 정의롭지 못한 대응이라고 할 수 있다.

물론 상황적 요인이 작용했다고 볼 수 없는 개인 잘못에 대해서는 엄벌에 처해야 하는 경우도 있겠지만, 개인 잘못에는 잘못된 시스템이 배경으로 영향을 미친 경우도 적지 않다는 점을 유념해야 한다. 희생양을 찾아 책임을 지우는 데만 집중한다면 시스템 설계에는 관심을 두지 않아도 될지 모른다. 그럴 경우 역량을 갖춘 선량한 사람들을 실수하게 만드는 시스템의 문제점은 해결할 수 없게 된다.

독일의 형법학자로서 세계적으로 유명한 프란츠 폰 리스트(Franz von Liszt)가 "최고의 형사정책은 사회정책이다"라고 주장한 것도, 처벌 위주의 대증요법보다 사회정책에 해당하는 재해예방정책과 법제라는 근본적 해결방안을 더 중요하게 여기는 것이 실질적인 정의에 부합한다는 점을 역설한 것이라 할 수 있다.

정의는 정치영역에서만 실현되어야 하는 것은 아니다. 산업재해라는 영역에서도 응당 실현되어야 할 보편적 가치이다. 산업재해에서 정의를 구현하기 위해서는 그것의 시스템적 원인을 찾아내고자 하는 태도와 찾아낼 수 있는 눈을 갖는 것이 무엇보다 중요하다. 툭하면 정의라는 말을 끄집어내는 것은 누구나 다 할 수 있다. 정작 중요한 것은 말의 성찬이 아니라 정의를 '어떻게' 실현할 수 있는가이다. 산업재해 영역에서의 정의의 실현 역시 의욕만이 아니라 실력이 함께 요구되는 이유이다.

Ⅱ. 중대재해처벌법 입법 취지에 대한 기본적 관점

1. 중대재해처벌법 어떻게 바라봐야 할까?

비교법적으로 볼 때 중대재해처벌법은 조직(법인, 단체)만을 처벌 대상으로 하는 영국의 법인과실치사법(The Corporate Manslaughter and Corporate Homicide Act 2007)과도 사뭇 다른 내용으로 되어 있고,[368] 어느 국가에서도 이와 유사한 입법례를 찾아볼 수 없는 독특한 내용으로 구성되어 있는 법안이라고 할 수 있다.

우리나라의 재해예방기준과 인프라(여건)는 선진국을 크게 하회하면서 제재는 영국을 포함한 선진국의 수준을 훨씬 상회한다. 중대재해처벌법 제정 이전에도 우리나라의 산업안전보건법의 처벌수준은 독일, 일본 등 대부분의 선진국보다 높은 상태였다. 더욱이 작업중지·영업정지와 같은 행정제재까지를 포함하면 이미 어느 나라보다도 제재수준이 높은 상태이다.

우리나라의 산업안전보건수준이 낮은 이유를 찾아보려는 진지한 노력을 하지 않고, 가장 손쉬운 방법인 제재수준 강화에만 집중되어 있는 중대재해처벌법 제정과 같은 접근은 향후 우리나라 산업안전보건 발전에 결코 바람직한 일이 아니다.

정치권과 행정기관의 이러한 움직임은 산업안전보건문제를 해결하려는 근본적인 노력(예방기준을 정교하고 실효성 있게 만들고 예방인프라를 충실하게 구축·운영하려는 노력)은 게을리하고 이에 대한 별다른 관심을 보이지 않은 채 제재수준을 올리는 것만으로 할 일을 다 하고 있다는 인상을

368) 영국의 법인과실치사법의 제정경위와 상세내용은 정진우, 「사망재해 발생 기업에 대한 형사책임 강화 - 영국의 '법인과실치사법'을 중심으로」, 한국산업보건학회지, 제23권 제4호, 2013 참조.

국민들에게 주게 되어 실질적인 개선의 방치로 이어질 가능성이 높다.

손쉬운 엄벌에 의존하면 할수록 정작 위험의 실질적 예방수단을 강구하는 노력을 회피할 우려도 그만큼 커지게 된다. 상징입법으로서의 엄벌입법은 정부가 위험에 잘 대처하고 있다는 심리적 메시지와 대국민 진정효과를 발휘할 수는 있겠지만, 그 효과가 오히려 위험의 원인을 규명하고 효과적인 대책을 강구해야 한다는 정부의 책임 있는 대응을 회피하거나 약화 또는 형식화하는 알리바이로 작용할 가능성이 크기 때문이다. 위험의 원인이 될 행위들을 강력히 처벌한다는 메시지로 국민을 안심시키는 대신 위험원인을 면밀히 밝히고 그 위험원인을 제거하기 위해서 기울여야 하는 정치적, 사회적, 경제적 측면의 노력과 수고를 회피하는 결과로 이어지고, 그에 따라 위험의 예방은 더 멀어질 수 있다.

산재예방을 위해 필요한 것이 무엇인지에 대한 고민과 검토 없이 오로지 처벌하는 데만 역량을 집중하는 것은 올바른 접근이 아니다. 엄벌주의를 채택하지 않고도 훌륭한 안전성적을 거두고 있는 국가(독일, 일본, 북유럽 등)[369]에 대해서는 전혀 언급하지 않고, 처벌이 강한 국가의 입법례만이 유일한 답인 것처럼 생각하는 것은 균형 잡히거나 종합적인 접근이라고 볼 수 없다.

독일의 유명한 형법학자인 프란츠 폰 리스트(Franz von Liszt)가 주장한 "최선의 형사정책은 사회정책이다."라는 말을 산업안전보건 영역에 적용해 보면, "산업안전보건에서의 최선의 형사정책은 산재예방정책이다"라고 할 수 있다. 따라서 산재예방의 인프라를 충실히 구축하는 것에 최우선을 두어야 한다.

369) 조명우 · 김왕배 · 이용갑, 『주요 외국의 업종별 사망재해 조사 연구』, 산업안전보건연구원, 2013 참조.

칼럼 규정보다 '감정'으로 처벌하는 중대재해처벌법[370)]

"'건전한 국민감정'에 비추어 처벌할 필요가 있다고 인정되는 경우는 처벌한다."

불명확한 개념으로 유명한 나치 형법의 일부다. 중대재해처벌법 시행령을 보면서 제일 먼저 연상된 문구다. 기업의 군기(?)를 잡기 위해선 법치주의는 한낱 장식물로 취급해도 되는 것일까. 준법의지가 강한 경영책임자조차 누가 무엇을 어떻게 이행해야 할지 알 수 없는 규정을 만들어 놓고 준수를 강제하는 건 권위주의적 발상이자 실제 법 준수에는 무관심하다는 방증이다. 제재를 위해선 수범자의 인권과 실효성은 아랑곳하지 않는 포퓰리즘 입법의 민낯을 보는 것 같아 못내 씁쓸하다.

모호하고 불명확한 규정이 수두룩한 것은 물론이고 법령 상호 간에 그리고 다른 법과 상충되거나 모순되는 규정이 적지 않다. 수범자는 어느 장단에 맞춰 춤을 춰야 할지 헷갈릴 수밖에 없다. 단언컨대, 중대재해처벌법령에 규정되어 있는 안전조치의무를 준수할 수 있는 기업은 전 세계 어디에도 없을 것이다. 이런 내용의 법령이 버젓이 제정되는 건 법치주의 관점에서 수치스러운 일이 아닐 수 없다.

법에서 정의를 실현하고 실효성을 담보하기 위한 가장 좋은 방법은 구성요건을 정교하고 실효성 있게 규정하는 것이다. 이것을 엉성하게 규정한 채 엄벌에만 의존하는 것은 정의도 개혁도 아니다. 불의이자 개악일 뿐이다. 법정책의 기본은 예측가능성임에도 이를 도외시한 규정이 중대재해처벌법령 전반에 산재해 있다. '이에 준하여 안전보건에 관한 업무를 담당하는 사람' '충실하게' '적정한' '안전보건관계법령' '실질적으로 지배 · 운영 · 관리' 등과 같은 표현은 지나치게 광범위하고 불명확

370) 정진우, 파이낸셜뉴스, 2021.8.17.

하여 사람마다 달리 판단될 수밖에 없다. 전문가에게 물어봐도 제각각의 답변이 나올 것이다. '관심법'이 판칠 것은 불을 보듯 훤하다.

일찍이 몽테스키외는 '법의 정신'에서 법 위반에 따른 수치와 비난에 대한 두려움이 범죄를 막는 동기가 된다고 역설했다. 중대재해처벌법령처럼 현실적으로 준수할 수 없고 예측 가능성이 없는 법령을 위반했다고 수치와 비난에 대한 두려움을 느끼지 않을 것이다. 법규범과 집행기관에 대한 신뢰가 추락해서는 준법의식을 높일 수 없다. 몽테스키외는 형벌을 받고도 부끄럽지 않다고 생각하는 나라가 있다면, 그것은 폭정의 결과라고도 주장했다. 엉터리 법을 만들어 놓고 처벌하는 데 급급하면 수범자들이 법을 준수하기는커녕 법을 위반하고도 죄책감을 느끼지 않게 된다는 의미이다. 그러한 법은 예방효과도 거두지 못하고 범법자만 양산하게 될 뿐이다.

종전의 안전관계법보다 특별히 강하게 처벌할 규범적 근거도 없이 처벌수준만 높인 형벌의 심각한 불균형도 곳곳에서 발견된다.

누군가를 강하게 처벌하려면 그에 맞는 합당한 이유가 있어야 함에도 이를 무시하고 있는 것이다.

산업안전보건법령에서는 하청에게 의무를 부과하면서 중대재해처벌법령에서는 원청에게 의무를 부과하고 있는 조항도 상당수 보인다. 이런 상태에서 어느 원청이 법을 온전히 준수할 수 있겠는가. 정부는 현실과 안전법리를 모르는 것인가. 알고서도 외면하는 것인가. 현실과 전문성을 무시한 이념과잉의 무리한 법정책이 어떠한 결과를 초래하는지는 '김용균법'(전부개정 산업안전보건법) 한 번으로 족하다. 역사는 반복되는가.

2. 우리나라에서 중대재해가 많이 발생하는 이유는?

안전에 관심이 많은 문재인 정부 출범 이후 산업안전보건담당 근로감독관(특별사법경찰관) 및 산업안전보건공단 직원과 산재예방 예산을 대폭 늘렸는데도, 그리고 산업안전보건법을 전부개정하여 제재(처벌)수준을 대폭 높임으로써 제재 또한 어느 나라보다도 약하지 않은 상태인데도,[371] 중대재해가 좀처럼 줄어들지 않는 이유는 무엇일까?[372]

그 이유로 크게 다음 4가지를 지적할 수 있다. ① 산업안전보건법의 구성요건의 허술 및 산업안전보건법 벌칙체계의 엉성함, ② 비현실적 규정의 과다(규범력의 부족), ③ 산재예방행정 전문성의 태부족, ④ 산재예방 인프라의 취약이 그것이다.

우리나라에서 중대재해 발생이 많은 이유 중의 하나로 낮은 법정형을 지목하는 것은 정확하지 않다고 본다. 중대재해처벌법 제정 이전부터 신체형(징역형)은 이미 선진국 어느 나라보다도 높은 편이고, 벌금형(과태료)의 경우에도 영국보다는 낮은 편이지만, 독일, 프랑스, 일본 등 대부분의 선진국보다는 훨씬 높다.[373] 게다가 선진국에서 찾아볼 수 없는 영업정지(영업허가취소)명령, 전면 작업중지명령 등의 행정제재와 과태료까지를 포함하면 법정 제재가 다른 나라와 비교하여 결코 낮다고 볼 수 없다.

---

371) 특히 신체형(징역)의 경우에는 중대재해처벌법 제정 이전부터 선진외국 어느 나라보다도 이미 높은 상태였다.

372) 전부개정 산업안전보건법 시행 이후 산재사망사고자 수가 연도별로 약간 증감되고 있지만, 분명한 것은 산재예방행정에 들어가는 비용 대비 그 효과는 오히려 낮아졌다는 점이나(고용노동부, 『2020 산업재해 현황분석』, 2021 참조).

373) 정진우, 산업안전보건법 국제비교, 한국학술정보, 2015 ; Bundesministerium der Justiz und für Verbraucherschutz, ArbSchG, 〈https://www.gesetze-im-internet.de/arbschg/〉, (2021.4.1. 방문) ; E-GOV, 労働安全衛生法, 〈https://elaws.e-gov.go.jp/document?lawid=347AC0000000057〉, (2021.4.1. 방문) 참조.

엄벌주의가 안전보건범죄를 낮추는 데 효과적이라는 증거는 없다. 아랍권, 중국, 북한 등의 형벌은 상당히 강한 것으로 알려져 있다. 만약 엄벌주의로 중대재해를 줄일 수 있다는 것이 형사정책적으로 입증되었다면 많은 국가에서 엄벌주의 접근을 채택하였을 것이다.

따라서 우리나라의 중대재해의 다발을 법정 처벌(제재)수준만으로 설명하는 데는 많은 한계가 있다. 다만, 대기업의 경우 책임 있는 최고경영진이 거의 처벌 대상에서 제외되고 있는 것은 문제라고 지적할 수 있다. 즉, 처벌수준의 미약이 문제가 아니라 책임을 져야 하는 사람이 책임을 지지 않는 '정의롭지 못한' 처벌이 문제가 된다고 할 수 있다.

중대재해가 다발하고 '정의로운' 처벌(제재)이 되고 있지 않은 문제의 원인으로 위 4가지 요인이 작용하고 있다고 생각한다. 이 4가지 요인이 개선되지 않고는 처벌수준을 올리더라도 이 문제는 해결되지 않을 것이다. 즉, 부작용과 혼란을 많이 초래하면서 효과는 거두지 못하는 법이 될 가능성이 높다.

중대재해처벌법 제정을 주장하는 많은 사람들은 산업안전보건 문제를 기강, 의지의 문제로만 바라보는 편향, 즉 처벌만 강하게 하면 산업안전보건 문제를 해결할 수 있을 것이라는 생각을 가지고 있는 것 같다. 살인, 절도, 폭행과 같이 그 행위의 반도덕성·반사회성이 당해 행위를 범죄로 규정하는 제정법을 기다릴 것도 없이 일반적으로 인식되고 있는 '형사범(자연범)'의 경우에는 이것이 통할 수 있지만, 그 행위의 반도덕성·반사회성이 당해 행위를 범죄로 규정하는 법률의 제정 이전에는 당연히 인정되지 않고 당해 행위를 범죄로 규정하는 법률의 제정에 의해 비로소 범죄로 인정되는 '행정범(법정범)'의 경우, 특히 산업안전보건과 같은 전문적·기술적 성격이 강한 분야의 범죄의 경우에는 기강, 의지만으로는 범죄의 발생을 줄이는 데 많은 한계가 있다.

따라서 준수할 수 있는 법규정과 이에 대한 안내(해설)기준을 충실히 만드는 한편, 이를 잘 준수하도록 적극적으로 충분히 지도・홍보하는 노력을 한 후, 그럼에도 법규정을 준수하지 않은 자에 대해 확실하게 처벌을 하는 것이 올바른 접근이다. 다시 말해서, 전자(올바른 법규정과 안내기준 및 지도・홍보)가 전제되지 않으면 법정형을 올린다고 하여 범죄가 줄어들 것으로 기대하기는 어려울 것이다.

도저히 준수(이행)할 수 없는 법규정을 만들어 놓고 이를 안 지킨다고 강하게 처벌하는 접근방법으로는 산재예방의 효과를 기대하기도 어렵고 법치주의에도 부합하지 않는다. 즉, 비현실적이고 애매모호하며 지나치게 광범위한 규제와 행위의 당벌성을 넘어서는 '위험의 외주화' 프레임에 입각해서 과도하게 부과된 형벌은 헌법상의 원칙에 해당하는 명확성의 원칙, 책임주의 원칙 등에 위배될 소지가 크다. 헌법의 원칙은 민주주의 원리이자 법의 실효성을 위해서도 지켜야 할 철칙이다.

칼럼 엉터리 산재예방법 정비 서둘러야[374)]

노벨경제학상을 2001년 수상한 조지 에컬로프 교수가 케인즈 이후 가장 혁명적인 저작이라고 극찬한 '자본주의 미래'를 저술한 옥스퍼드 대학의 폴 콜리어 교수는 21세기 가장 경계해야 할 지도자 유형으로 이데올로기의 열렬한 신봉자와 포퓰리스트를 꼽았다.

안타깝게도 최근 몇 년 사이 산재예방 영역에서 여야 정치권이 행정부를 행동대원으로 하여 이 두 가지 경향을 거센 기세로 몰아붙이고 있다. 실용적인 해법은 보이지 않고 이념과 구호가 난무하고 있다. 실효성

374) 정진우, 에너지경제, 2021.11.26.

을 거두기 위한 심도 있는 고민과 관심은 없고 '아니면 말고' 식이다.

이러한 접근은 단기적으로 효과를 못 내는 것으로 끝나지 않는다. 산재예방법제를 난마처럼 얽히고 뒤틀리게 만들었다. 전문가조차 어디에서부터 손을 대야 할지 해법을 제시하기가 어렵게 누더기가 되고 말았다. 실효성을 고려하지 않은 거친 규제와 처벌에 지나치게 의존한 참담한 결과이다. 문재인 정부 들어 산재예방행정에 많은 인원과 예산을 투자했지만 공급자 중심의 아마추어와 생색내기 행정에 머물다 보니 어찌 보면 예견된 일이라고 할 수 있다.

가장 큰 문제는 불명확하고 모호한 규정을 두어 기업에서 무엇을 어떻게 해야 하는지 예측을 하기 어려운 규제를 양산하고 있다는 점이다. 정부 규제개혁위원회는 허수아비로 전락한 지 오래이다. 이로 인해 행정기관의 자의적인 공권력 행사가 판을 치고 있다. 어느 법보다 모호한 중대재해처벌법이 조만간 시행되면 자의적 행정은 목불인견이 될 것이라는 우려가 많다.

자의적인 행정에는 전문성과 진정성의 부족이 배경으로 자리 잡고 있다. 전문성이 없다 보니 적발 위주의 거친 법집행을 하고, 진정성이 없다 보니 나중에 어떻게 되든 일단 저지르고 보는 '먹튀행정'이 반복된다.

최근에 제정된 중대재해처벌법, '김용균법'으로 불리는 전부개정 산업안전보건법과 조만간 제정될 예정인 건설안전특별법을 보면 하나같이 현장작동성과 실효성은 안중에도 없고 오로지 처벌과 보여주기에 목적을 두고 있는 듯하다.

시간이 다소 걸리더라도 지속적으로 주력해야 할 시스템 · 인프라 개선은 하지 않고 밑 빠진 독에 물 붓기 식의 단순 물량 투입과 처벌 강화에만 '몰빵'하고 있다. 말로는 진보정권이라고 주장하면서 실제는 신자유주의 이데올로기에 집착하는 행태를 보이고 있다. 좌측 깜박이를 켜고 우회전하는 차량과 데칼코마니다. 안전철학의 빈곤 탓이다.

산재예방의 실효성을 거두기 위해선 의무주체부터 명확하게 설정해야 한다. 그런데 이에 대한 법규정은 엉터리로 만들어 놓고 법적 근거도 없이 대표이사가 무조건 책임을 져야 한다는 억지를 부리고 있다. 법률 간에 의무주체가 상충되기도 한다. 게다가 현실적 가능성과 실효성은 따지지 않고 하청은 능력이 없으니 무조건 원청이 하나부터 열까지 다 하라는 식이다. 엄연한 하나의 사업체인 하청의 안전에 대한 자율성을 송두리째 부정하는 방식으로 과연 하청 노동자의 안전을 확보할 수 있을까. 안전의 현장작동 메커니즘과 안전원리에 대해선 도대체 알려고 하지 않고 이념에만 매달리다 보니 헛발질만 하고 있는 것이다. 무지이자 무능이다.

정부 관계자는 며칠 전 한 포럼에서 산업안전보건법은 구체적인 안전조치만을 규정하고 있을 뿐 안전보건관리체계에 대해선 규정하지 않고 있어 중대재해처벌법이 제정되었다는 식의 발표를 하였다. 중대재해처벌법을 부각시키기 위해 기본법에 해당하는 산업안전보건법을 하찮은 기술법으로 왜소화시키고 안전보건관리체계를 중대재해처벌법의 규정사항으로 협소하게 생각하는 '몰이해'에 아연실색했다. 중대재해처벌법과 산업안전보건법의 집행기관이 양 법의 성격과 안전보건관리체계에 대해 이처럼 기본적인 이해도 못 하고 있으니 한심하다. 산재예방행정이라는 배가 산으로 가지 않을까 우려하지 않을 수 없다.

세간에서는 산재예방에 관한 비체계적인 법제와 무능한 집행기관을 두고 있는 우리나라에서는 절대로 안전 일류기업이 출현할 수 없다는 말이 나오고 있다. 법제와 집행기관이 산업안전의 발전에 오히려 걸림돌이 된다는 이야기이다. 정부는 국제원자력기구(IAEA)에서 "기업의 안전문화가 조성되기 위해서는 규제기관부터 안전문화가 조성되어야 한다"고 강조한 이유를 되새겨볼 필요가 있다.

칼럼 '위험불감' 행정으론 산재 못 줄여[375]

지난해 1월 원청 책임과 처벌 강화를 대표브랜드로 내건 '전부개정 산업안전보건법'(김용균법)이 시행됐지만, 산업재해로 사망한 근로자가 줄기는 커녕 오히려 증가했다. 산재예방 인원과 예산이 대폭 늘어난 상황에서의 성적이어서 김용균법이 얼마나 엉터리였는지를 여실히 드러내는 수치라고 할 수 있다. 기업으로 치면 유례없이 큰 적자가 발생한 셈이다.

이 실적은 중대재해 발생 사업장에 대한 형사처벌, 과태료 등 제재가 크게 늘어나는 등 어느 때보다 기업에 큰 비용을 치르게 하면서 나온 실적이어서 시스템 자체가 고장 난 것은 아닌지 심각하게 받아들여야 할 일이다.

그러나 정부는 사고가 발생한 후에 조잡한 법규제를 급조하는 잘못된 뒷북행정 관행에서 벗어나지 못하고 있다. 산재예방시스템을 개선하여 법규제의 품질을 높일 생각은 하지 않고 인력과 예산을 늘리는 방식에 여전히 과도하게 의존하고 있다.

김용균법이 산업재해 감소에 기여하지 못하고 있는 것도 산재예방의 철학과 원리를 따져보지 않고 보여주기식의 실효성 없는 규제를 양산하는 데 급급했기 때문이다. 실효성과 체계성의 관점에서 보면, 김용균법은 김용균 '없는'을 넘어 김용균을 '무시한' 법이라고 명명하는 게 어울릴 정도로 엉성하고 미흡하다. 금년 1월 졸속으로 제정한 중대재해처벌법 역시 처벌에만 올인하느라 김용균법이 가지고 있는 문제를 개선하기는 커녕 악화시켜 놓았다.

산재예방시스템을 개선할 생각은 하지 않고 처벌과 거친 규제만 강화하면 산업재해가 줄어들 듯이 접근하는 것은 산업재해의 성격과 발생양

375) 정진우, 에너지경제, 2021.6.28.

상에 대한 무지의 소치이다. 산업재해는 일반형사범과 달리 수범자에게 무엇을 어떻게 해야 할지를 예측하고 현실적으로 준수할 수 있도록 하는 것이 무엇보다 중요하다. 이런 일은 소홀히 하면서 처벌과 무분별한 규제를 만능의 보검인양 여기는 것은 산재예방행정의 존재이유를 몰각하는 것이자 무책임한 태도이다.

산업안전규제의 규범력은 추락할 대로 추락하였다. 기업현장에서는 법은 지키라고 존재하는 것이 아니라 '폼'으로 존재하는 것이라는 냉소적 반응이 만연돼 있다. 법규제가 난마처럼 꼬일 대로 꼬여 이해하기도 어렵거니와 지키고 싶어도 지킬 수 없다는 불만이 곳곳에서 터져 나오고 있다. 진정성과 전문성이 없는 산재예방 '먹튀행정'이 낳은 심각한 상태이다. 이러한 상황에서 질 낮은 처벌과 규제를 강화한들 과연 산재예방으로 이어질 수 있을까. 요행수를 기대하는 것이나 다름없다.

실효성 없는 산업안전법규제를 양산하는 구조를 개혁하지 않고는 기업의 안전관리 역량을 끌어올리는 데 근본적으로 한계가 있다. 최근 광주 철거건물 붕괴사고도 규제의 부족 문제가 아니라 많은 규제가 있었음에도 어느 하나 제대로 작동하지 않은 데서 기인한다. 정부가 앞다투어 규제를 양산했지만, 재해예방의 실효성이라는 염불보다는 '묻지 마 규제'와 권한을 늘리는 잿밥에 관심이 많다 보니 어느 것 하나 제대로 작동하지 않은 것으로 보인다.

복잡다단하고 구조적 요인을 지닌 산업재해 문제를 해결하기 위해서는 생색내기용 대책으로 접근해서는 김용균법처럼 문제 해결을 오히려 어렵게 만든다. 대책을 만들 때는 무엇보다 진정성과 전문성으로 무장해야 한다. 그렇지 않으면 제 아무리 거창한 대책을 수립한들 수범자로부터 신뢰를 얻을 수 없다. 신뢰를 받지 못하는 무책임한 행정으론 산업재해를 줄일 수 없다.

정부가 중대재해 줄이기에 진정성이 있다면 법규제를 잘 준수할 수 있는 여건을 조성하고 실효적인 대책을 수립하는 데 집중해야 한다. 사물의 변별능력을 제대로 갖춘 자조차도 무엇을 어떻게 준수해야 할지 알 수 없고 실효성에 눈감은 불합리한 규제로는 범법자만 양산하고 많은 사회적 비용만 초래할 뿐 산업재해를 줄일 수 없다.

일찍이 국제원자력기구(IAEA)는 기업의 안전문화 조성을 위해서는 규제기관의 안전문화부터 조성되어야 한다고 역설하고 있다. 정부가 곱씹어 보아야 할 말이다. 후진적인 산재예방행정하에선 안전일류기업이 탄생하기 어렵다.

많은 국민들은 산재예방행정이 존재하는 이유를 묻고 있다. 이제 정부가 행동으로 답해야 할 때이다.

3. 경영자 처벌을 위해 중대재해처벌법 제정이 올바른 접근인가?

중대재해처벌법의 가장 큰 특징은 안전보건에 대한 지나치게 '포괄적이고 불명확한 의무'를 부과하고 있는 점과 '엄벌주의' 입장을 취하고 있다는 점이다. 그러나 이러한 접근은 헌법의 원칙의 하나인 명확성의 원칙, 책임주의 원칙 등에 위반되는 문제를 낳을 뿐만 아니라, 중대재해 감소에도 도움이 되지 않을 것이라고 판단된다.

법문이 애매모호하고 불명확하게 규정되어 있으면, 수범자가 당해 법률에 정통한 지식을 가진 사람의 의견이나 조언을 구하여도 자신이 무엇을 어떻게 해야 하는 것인지를 도저히 정확히 예측할 수 없어, 수범자에게 행동지침으로 작용하지 못하고 법집행자에게도 객관적 판단지침을 주지 못하여 자의적이고 차별적인 법해석이 이루어지게 된다. 법문이 가벌적 행위를 가능한 한 정확히 기술해야만 수범자들이 어떠한 행위를 해야 하는지를 예측할 수 있게 되고, 행정기관에 대해서도 장래의 조치기준을 제공할 수 있게 된다. 그런데 중대재해처벌법은 명확성의 원칙에 위배되는 내용이 적지 않아 민주주의·법치주의 원리를 훼손시킬 뿐만 아니라, 법의 실효성, 즉 중대재해 감소에도 효과를 주기는커녕 큰 혼란을 초래할 우려가 크다.

지금 현재에도 산업안전보건기준에 무엇을, 어떻게, 어디까지 지켜야 할지 불명확한 규정이 매우 많고, 비현실적인 규정도 적지 않으며, 선진국과 비교하여 산업안전보건기준에 대해 법령에 근거한 해설, 지침도 턱없이 부족하고, 그 결과 법집행기관의 자의적인 해석이 차고 넘치는 상태에서, 그리고 산업안전보건문제를 해결하려는 근본적인 노력으로서 예방기준을 정교하고 실효성 있게 만들고 예방인프라를 충실하게 구축·운영하는 노력은 보이지 않은 상태에서, 강한 제재(처벌)에 과도하게 의존하는 방식은 중대재해 감소에 기여하는 순기능은 하지 못하고 중소기업 등 사회적으로 취약한 집단에게 과잉처벌이 집중되는 등의 역기능이 더 클 것으로 예상된다.

공장과 본사가 분리되어 있지 않은 기업, 특히 중소기업의 경우 지금도 대표이사 등 경영책임자가 산업안전보건법으로 흔하게 처벌되고 있는데, 이 법이 제정되면 보다 강한 처벌에 더 쉽게 노출되게 된다. 본사와 공장이 분리되어 있지 않은 대기업의 경우에도 중대재해가 발생하면 대표이사 등 경영책임자가 중대재해처벌법 제정 이전에도 처벌되는 경우가 있었고 수사력이 뒷받침된다면 실무에서 실제 처벌하는 것이 크게 어렵지 않은 것으로 여겨지고 있다.

공장과 분리되어 있는 본사의 경영책임자가 거의 처벌되지 않고 있는 문제는 중대재해처벌법이 아니라 산업안전보건법을 정교하고 실효성 있게 개정하여 의율하는 것으로 해결할 필요가 있다. 산업안전보건법에서 대기업의 경영책임자에 대한 처벌을 구조적으로 할 수 없다고 보는 것은 잘못된 생각이다. 현행 산업안전보건법의 벌칙체계가 조잡하고 엉성하게 규정되어 있어 대기업의 경영책임자에 대한 위하력이 없는 것이지, 산업안전보건법이 본래 대기업의 경영책임자를 처벌할 수 없는 것은 결코 아니다. 이를 위해서는 일차적으로 산업안전보건법 제2장 안전보건관리체제 등의 위반에 대해 현재 과태료로 되어 있는 것을 형사처벌로 바꾸는 것이 필요하다.

한편, 중대재해처벌법으로 경영책임자라는 개인을 처벌하려고 하다 보면, 산업안전보건법과 내용 및 집행 면에서 중복될 뿐만 아니라, 법리적으로 적지 않은 문제가 초래될 것이다. 영국의 법인과실치사법의 경우, 경영책임자 개인을 처벌하는 규정은 없고 법인만을 처벌 대상으로 하고 있으며, 그것도 산업안전보건법과 확연히 다른 구성요건을 규정하고 있어, 산업안전보건법과 내용 및 집행에서 중복되지 않고 산업안전보건법을 보완하는 역할에 그치는 관계로 법리적 문제에 대한 시비도 발생하지 않고 있다.[376)]

칼럼 안전역량과 따로 노는 중대재해법[377)]

조직의 안전수준은 안전역량과 안전의욕의 '곱'이다. 어느 하나가 제로이면 안전수준도 제로가 된다. 안전의욕이 아무리 높다고 하더라도 안전역량이 뒷받침되지 않으면 안전수준이 올라가지 않는다는 의미이다.

중대재해처벌법 시행을 전후로 이 법을 비웃기라도 하듯 대형사고가 줄을 잇고 있다. 기업의 안전의욕은 높아졌을지 모르지만 안전역량

376) Roper V. The Corporate Manslaughter and Corporate Homicide Act 2007-A 10-Year Review. The Journal of Criminal Law 2018 ; 82(1) : 48 참조.

377) 정진우, 에너지경제. 2022.3.4.

은 향상되고 있지 않는 것 같다. 처벌 회피에 초점을 맞춘 형식적 대응으로 안전역량이 되레 후퇴하는 곳도 적지 않게 발견된다. 안선에 임하는 진정성이 부족하다 보니 엄밀히는 안전의욕 역시 올라갔다고 보기 어렵다.

중대재해처벌법 시행을 전후로 기업들이 바짝 긴장을 하면서 작업 자체를 하지 않는 진풍경이 벌어지기도 했다. 위험을 잘 관리하겠다는 생각을 하기보다는 처벌 1호가 되어 매스컴에서 난타 당하는 사태를 피하자는 심산이 크게 작용했다. 문제는 일정 기간 작업을 하지 않겠다고 위험 자체가 없어지거나 줄어드는 게 아니라 지연되는 것에 불과하다는 점이다. 안전역량을 높이는 것이 중요한 이유가 여기에 있다.

부모가 학업수준이 부족한 자녀에게 회초리를 들고 당장 좋은 성적을 거두라고 잡도리를 한다고 가정하자. 과연 자녀의 학업수준이 올라갈까. 자녀는 겁에 질릴 뿐 학습의욕도 학습역량도 올라가질 않을 것이다. 자녀는 공부하는 척만 하면서 실력이 아닌 편법으로 성적을 올리려고 할 수도 있다.

최근 대기업을 중심으로 안전 관련 예산을 늘리고 안전부서 인력을 확대하고 있다는 소식이 많이 들려오고 있다. 문제는 실제 안전역량 향상으로 이어지고 있는가이다. 안전관리의 중심은 안전부서가 아니라 현업부서라는 게 안전학계의 상식이다. 기업의 안전수준을 끌어올리기 위해선 현업부서의 역량을 높이는 것이 우선이고 중요하다. 그런데 많은 기업들은 안전부서 인력을 늘리는 것으로 엄청난 투자를 한 것처럼 호들갑을 떨고 있다. 우리나라 대기업의 안전부서 인력은 숫자로 보면 이미 산재예방 선진기업보다 많은 상태이다. 우리나라 기업에 특히 부족한 것이 현업부서의 안전역량이다. 정작 강화해야 할 곳은 강화하지 않고 헛발질을 하고 있는 것이다. 본말전도가 따로 없다.

중대재해처벌법 대비책으로 대기업과 공공부문에서 안전인력을, 그것도 경력직 위주로 늘리고 있다. 그러다 보니 중소기업의 안전인력이 대기업과 공공부문으로 썰물처럼 빠져나가고 있다. 사회 전체적으로 보면 당장 급하지 않은 곳을 위해 가뜩이나 취약한 곳이 공동화되어 가고 있는 것이다. 타격이 가장 심한 중소건설업체는 중대재해처벌법 시행 전보다 안전 확보가 훨씬 어려워졌다고 하소연하고 있다. 중소기업의 안전역량의 향상을 도와주기는 커녕 훼방하고 있는 것이다. 안전마저 부익부 빈익빈을 조장하고 있는 셈이다.

안전투자를 하더라도 현장 상황에 부합하지 않는 몰아붙이기식 대응이 중심이 되면 안전역량을 향상시키는 것이 아니라 예산 낭비로 흐를 수 있다. 중장기적 전략이 빠진 대증요법 위주의 대책은 지속 가능하지도 않다. 나아가 현장에서 안전에 냉소적인 반응이 많아지면서 회사 전체의 안전역량이 되레 떨어질 수도 있다.

안전역량이 향상되려면 기업 자체의 구체적인 안전활동이 수립되고 실질적으로 전개되는 것이 기본이다. 현장 특성에 맞는 일상적인 안전활동이 활성화되고 내실화되는 것이 필수불가결하다. 서류작업으로 당장 형사처벌을 피하는 데만 골몰하고 기본적인 예방활동을 등한시하면 반짝 효과는 거둘 수 있을지 모르지만 중장기적으론 안전역량을 높이지 못하고 형사처벌을 피하는 데에도 도움이 되지 않을 것이다.

기업들이 다분히 생색내기식 대응을 하는 데에는 정부의 처벌 중심의 접근 탓이 크긴 크다. 그래서 급한 불은 꺼야겠다는 심정이 이해가 가는 측면도 없지 않다. 그렇다고 겉치레에 급급한 손쉬운 접근에만 의존하는 것이 정당화될 수는 없다. 안전에 대한 투자를 확대하는 진정한 목적이 무엇인지를 곰곰이 되새길 필요가 있다.

안전의 세계에 일발역전이라는 것은 없다. 안전역량이라는 건 지난한 노력을 통해 저 멀리서 찾아오는 것이다. 미봉책과 편법이라는 유혹에 빠져선 안 되는 이유이다. 지속적이고 착실한 실천만이 안전역량을 강화하는 유일한 길임을 정부도 기업도 명심할 일이다.

Ⅲ. 중대재해처벌법 제정 과정에서의 주요 법적 쟁점

1. 정의

발의된 중대재해처벌법안은 모두 정의 규정에서부터 명확성의 원칙에 위배되는 표현이 적지 않게 포함되어 있었다.

먼저, 중대재해의 정의가 범죄구성요건임에도 "산업안전보건법 제2조 제2호에 '준하는' 재해"라는 불명확하고 모호한 표현으로 되어 있어 명확성의 원칙에 위배될 소지가 있었다. 그리고 '경영책임자 등'에서 "해당 법인의 의사결정에 '실질적으로 영향력을 행사하는 자'라는 표현 또한 범죄구성요건임에도 불명확하고 모호한 표현으로 되어 있어 명확성의 원칙에 위배될 소지가 컸다.

한편, 범죄구성요건인 중대산업재해 개념의 일부로 포함되어 있는 "고의로 재해를 은폐하거나 부상자 또는 질병자가 발생하여 '사회적 물의'를 일으킨 재해"는 '중대'산업재해의 정의와 부합되지 않고, '사회적 물의'라는 표현은 지나치게 모호하고 불명확한 표현이어서 명확성의 원칙에 위배되는 것이었다고 볼 수 있다.

또한 범죄구성요건인 "해당 법인의 사업상의 결정에 상당한 영향을 미치거나 그러한 결정에 실질적으로 관여하는 지위에 있는 자"라는 표현도 전체적으로 모호하고 불명확한 표현이어서 명확성의 원칙에 반하는 것이었다고 판단된다.

위에서 지적한 문제는 국회 법제사법위원회 심의과정에서 위헌 소지를 고려하여 삭제하는 것으로 정리되었다.

2. 사업주와 경영책임자 등의 유해위험방지의무

강은미 의원안과 박주민 의원안의 법안에서 핵심적이고 대표적인 규정의 하나라고 볼 수 있는 규정이 '사업주(개인사업주에 한한다)와 경영책임자 등'(이하 '경영책임자'라 한다)의 유해위험방지의무이다.[378] 그런데 이 의무규정은 적용 대상자에게 그 규제내용을 미리 알 수 있도록 공정한 고지를 하여 장래의 행동지침을 제공하고, 동시에 법집행자에게 객관적 판단지침을 주어 차별적이거나 자의적인 법해석이 배제되도록 해야 하는데,[379] 행위유형의 실질을 파악할 수 없게 하는 등 그렇지 못하여, 명확성의 원칙에 정면으로 위반되는 규정이었다고 판단된다.

수범자에게 무엇을, 어떻게 해야 할지에 대한 행동기준을 전혀 제시해주지 못하고 있다. 즉, 수범자는 구체적인 경우에 과연 어떠한 행위가 금지되고 허용되는 것인지를 알 수 없게 된다. 이렇게 되면 미래에 대한 예측가능성과 법적 안정성이 상실될 수밖에 없다. 통상의 판단능력을 갖춘 경영책임자라면 해당 규정의 적용범위를 능히 인식할 수 있을 정도, 즉 의사결정규범·행위규범으로서 기능할 수 있도록 어떠한 행위를 해야 하는지를 예측할 수 있을 정도로 법문을 구체화하여야 하는데, '유해위험을 방지할 의무'는 지나치게 모호하고 막연하여 구성요건상 행위의 윤곽을 파악하기 어려운 문제점을 가지고 있었다.

한편, 경영책임자의 유해위험방지의무를 살피건대, 사업 또는 사업장에서 종사자에 대한 의무주체가 복수로 존재하는 경우에(예컨대 소유자와 운

378) 박주민 의원안은 제3조 제2항에서 유해위험방지의무의 대상 조항을 구체적으로 제시하고 있었지만, 예시 형식으로(…을 포함한다) 규정하고 있어 의무내용이 매우 포괄적이었던 것은 강은미 의원안과 다르지 않다.

379) 헌법재판소 2005.3.31. 2003헌바12 결정.

영자, 소유자와 관리자 또는 운영자와 관리자가 따로 있는 경우에), 본조의 의무를 누가 이행하여야 하는지가 매우 불명확하여, 즉 형벌법규의 구성요건으로서는 본조의 의무주체의 권한과 책임이 매우 불분명하여, 죄형법정주의의 명확성원칙 위반으로부터 벗어나기 어려운 상태였다.

이와 같이 실행가능성, 통제가능성을 따지지 않고 광범위하고 모호하며 불명확한 의무를 부과하고 이를 위반하였다고 하여 형사책임을 묻는 것은 '책임주의 원칙' 또는 '과잉금지의 원칙'[380]에 어긋나는 것이었다고 생각된다.

임이자 의원안의 경우, 제3조 제2호의 "근로감독관의 권한에 따라 시행된 감독의 지적사항"에서 '감독의 지적사항'이라는 표현은 법적 근거를 가지고 있는 행정명령뿐만 아니라 행정지도, 구두상의 시정권고에 해당하는 것도 포함되는 것으로 해석될 수 있는 매우 광범위한 개념이어서 명확성의 원칙에 반하는 것이었다. 또 행정명령 외에, 특히 행정지도 등의 사항에는 기술적·실무적인 사항도 많이 있는데(예 : 현지시정사항, 간단한 지도 또는 권고사항), 대표이사 및 기관의 장이 이러한 것에 대해서까지 직접 확인하도록 하는 것은 매우 비현실적이고 산재예방의 실효성에도 도움이 되지 않는 것이었다. 특히 대형건설업체의 경우에는 전국에 수많은 현장이 있고 지방고용노동관서, 지자체, 국토관리청 등의 감독이 자주 이루어지는 상황에서 그리고 관계수급인 등에 관한 사항까지 포함해서, 그것도 지방고용노동관서(근로감독관)의 지적사항에 대해서만 대표이사 및 기관의 장이 직접 확인하도록 하는 것은 매우 불합리하고 형식화를 조장할 가능성이 높은 규정이었다. 그리고 제3호의 '관리' 또한 내용상 윤곽이 모호한 개념, 달리 말하자면 애매하고 불분명하여 신축이 자유로운 개념을 사용하고 있고, 제

380) 권영성, 『헌법학원론(2010판)』, 법문사, 2010, 810쪽 참조.

1호와 제3호의 점검에는 다양한 계층과 부서에 의한 수많은 종류가 있을 수 있음에도(작업자가 할 성질의 점검, 현장감독자가 할 성질의 점검, 관리자가 할 성질의 점검, 경영책임자가 할 성질의 점검 등), 이를 모두 경영책임자가 직접 확인하고 이행해야 한다는 취지라면, 이는 현실에서 결코 실행에 옮길 수 없는 매우 비현실적인 규정이었다.

박범계 의원안은 강은미 의원안과 박주민 의원안의 유해위험방지의무가 지나치게 광범위하고 추상적이어서 명확성의 원칙에 위반 소지가 크다는 비판에 대응하기 위해 발의되었다. 그런데 박범계 의원안 제2조 제7호의 "안전 · 보건조치 등 의무", 즉 "개별법에서 정하고 있는 안전 또는 보건을 위한 관리, 조치, 감독, 검사, 대응 등의 의무" 역시 '안전 또는 보건'이라는 개념 자체가 모호하고 막연한 개념이어서 '안전 또는 보건의 범위'가 지나치게 포괄적이고 불명확하다는 문제를 가지고 있었다.

그리고 "개별법에서 정하고 있는 안전 또는 보건을 위한 관리, 조치, 감독, 검사, 대응 등의 의무"에서 '관리, 조치, 대응' 등의 표현 또한 지나치게 광범위하고 애매하고 불명확하며 신축이 자유로운 개념이어서, 각 개별법에 규정되어 있는 각종 선언적 의무, 추상적 의무, 벌칙이 없는 의무까지도 모두 포함될 수 있는 문제를 안고 있었다. 즉 각 개별법규에 어떤 형태로든 규정되어 있는 내용은 모두 여기에 해당될 수 있다는 한계를 내포하고 있었다.

게다가 '종사자'를 대상으로 하는 의무와 '이용자, 공중'을 대상으로 하는 의무가 혼재적으로 포함되어 있어 본법 피적용자의 입장에서 당해 법률 규정으로부터 위임의 범위나 한계를 도저히 객관적으로 분명히 확정할 수 없는 상태이었다. 즉, 경영책임자에게 제3조(사업주와 경영책임자 등의 안전 · 보건조치 등 의무) 외에, 제4조(도급 및 위탁관계에서 안전 · 보건조치 등 의무의 귀속), 제8조(사업주와 경영책임자 등의 안전점검 및 안전 · 보건조치 등 의무)에 따른 의무가 복합적으로 부과되어 있었는바, "개별법에서 정하고 있는 안전 또는 보건을 위한 관리, 조치, 감독, 검사, 대응 등의 의무"의 규정으로부터 누구도 대통령령에 규정될 내용의 대강을 예측할 수 없는 상태이었다.

특히 국민의 기본권을 제한하거나 침해할 소지가 있는 사항에 관한 위임에 있어서는 구체성 내지 명확성이 더욱 엄격하게 요구되는바, "안전・보건조치 등 의무"와 같이 복수의 매우 강한 형사처벌(제3조, 제4조, 제5조, 제6조, 제8조, 제9조)이 수반되는 규정은 '구체적 위임' 원칙이 강하게 요구된다.

요컨대, 제2조 제7호 "안전・보건조치 등 의무"의 정의규정으로는 위임의 내용・목적 및 범위가 명확하고 구체적으로 한정되어 있다고 볼 수 없고, 동 규정은 대통령령으로 정하는 데 있어서 준수해야 할 목표・기준 및 기타 고려해야 할 사항을 적절한 강도로 규정하고 있지도 않다. 따라서 일반적・포괄적 위임의 금지원칙에 정면으로 위배되는 것이었다고 볼 수 있다.[381)]

경영책임자의 유해위험방지의무는 국회 법제사법위원회에서 논의 끝에 유해위험방지의무가 지나치게 광범위하고 추상적이라는 점을 고려하여, ① 안전보건관리체계의 구축 및 그 이행에 관한 조치의무(구체적인 사항은 대통령령으로 위임), ② 재해 발생 시 재발방지 대책의 수립 및 그 이행에 관한 조치의무, ③ 행정기관이 관계법령에 따라 개선, 시정 등을 명한 사항의 이행에 관한 조치의무, ④ 안전보건관계법령에 따른 의무이행에 필요한 관리상의 조치의무(구체적인 사항은 대통령령으로 위임)와 같이 의무를 구분하여 규정하는 것으로 정리되었다.

381) 헌법재판소 1994.7.29. 93헌가12 결정 ; 대법원 2007.10.26. 2007두9884 판결 ; 대법원 1996.3.21. 95누3640 판결 ; 헌법재판소 2000.7.20. 99헌가15 결정 ; 대법원 2000.10.19. 98두6265 판결 참조.

3. 도급과 위탁관계에서 유해위험방지의무

강은미 의원안과 박주민 의원안에서 또 하나의 핵심적인 규정이라고 볼 수 있는 의무인 도급과 위탁관계에서의 '유해 · 위험을 방지할 의무' 또한 경영책임자의 유해위험방지의무와 마찬가지로 내용이 애매하고 불분명하여 신축이 자유로운 개념이고 국가형벌권 행사의 예측가능한 한계선이 지켜질 수 없는 표현인 관계로, 집행기관과 법관의 자의적 해석이 쉽게 개입할 수 있어 명확성의 원칙에 반하는 규정이었다고 판단된다.[382] 다시 말해서, 법률이 제정된 목적, 구성요건의 특수성, 법적 규제의 원인이 된 여건이나 처벌의 정도, 다른 법률조항과의 연관성을 고려할 때,[383] 통상의 판단능력을 가진 사람 또는 사물의 변별능력을 제대로 갖춘 일반인이 그 의미에 대해 합리적인 해석이 가능하다고 할 수 없었다.

한편, 사외납품(제작도급), 기계 · 설비의 임대, 단순배달 등과 같이 도급 · 위탁업체가 수급 · 수탁업체에 대해 물품의 제조 · 서비스 과정에 전혀 관여하지 않거나 지배 · 관리 가능성이 없는데도,[384] 도급 · 위탁 등을 했다는 이유만으로 도급 · 위탁업체에게 수급 · 수탁업체와 공동의 유해 · 위험방지의무를 부과하고, 동 의무의 위반 시 형사책임(제5조, 제6조)을 묻는 것은 '책임주의 원칙' 또는 '과잉금지의 원칙'에 위배되는 것이었다고 할 수 있다.

임이자 의원안 역시 안전보건조치의무 대상이 사내도급 외에 사외도급, 임대, 위탁 등의 경우까지 업무를 맡기는 모든 업무를 포함하고 있었고, 도

382) 임웅, 『형법총론(제13정판)』, 법문사, 2022, 39쪽 참조.

383) 오영근, 『형법총론(제6판)』, 박영사, 2021, 31쪽.

384) 기계 · 설비의 소유주이지만 이를 점유하고 있지 않아 소유주가 이에 대해 통제할 수 없는 경우도 적지 않다.

급인·임대인·위탁인 등의 의무내용을 일률적으로 공동의무로 규정하고 있었는바, 영세소규모업체가 보다 큰 규모의 업체에 사외도급, 위탁하거나 업무의 전문성 때문에 외부의 전문업체에게 맡기는 경우 등에 대해서까지 획일적으로 공동의무를 부과하고, 이를 위반하였다고 하여 근로관계에 있는 사업주에 대한 처벌과 동일한 수준의 형사처벌을 하는 것으로 규정하는 것은 행위의 당벌성을 넘어서는 과도한 형벌에 해당하여 책임주의 원칙에 위배되는 것이었다.

국회 법제사법위원회에서 도급과 위탁관계에서의 안전보건조치의무의 내용이 지나치게 광범위하고 추상적이면서 책임주의 원칙 위반 소지가 있다는 점을 고려하여, ① 안전보건관리체계의 구축 및 그 이행에 관한 조치의무(구체적인 사항은 대통령령으로 위임), ② 재해 발생 시 재발방지 대책의 수립 및 그 이행에 관한 조치의무, ③ 행정기관이 관계법령에 따라 개선, 시정 등을 명한 사항의 이행에 관한 조치의무, ④ 안전보건관계법령에 따른 의무이행에 필요한 관리상의 조치의무(구체적인 사항은 대통령령으로 위임)와 같이 의무를 구분하여 규정하는 것으로 정리되었다. 그리고 도급인, 위탁인 등에게 수급인, 수탁인 등과 공동의 유해위험방지의무를 부과하는 것은 문제가 있다는 지적을 받아들여, 공동으로 의무를 부담한다는 규정은 삭제하고, 산업안전보건법 등에서 기본적으로 근로관계에 있는 수급인, 수탁인 등이 부담하는 성격의 의무와 동일한 의무(산업안전보건법 등에서 본래 수급인, 수탁인 등이 부담하는 것으로 규정되어 있는 의무)를 도급인, 위탁인 등이 일원적·배타적으로 부담하는 것으로 조정되었다.

4. 경영책임자의 처벌

강은미 의원안과 박주민 의원안은 앞에서 살펴본 것처럼 본조의 범죄구성요건에서 (고의의) 기본행위의 대상인 "유해・위험을 방지할 의무"(제3조 및 제4조의 의무)가 형법법규의 구성요건요소로는 지나치게 광범위하고 불명확하게 규정하고 있었다. 이런 상태에서 중대재해가 발생할 경우, 경영책임자에게 사실상 결과책임을 인정하게 될 소지가 커 책임주의 원칙 위반 소지가 많았다고 할 수 있다. 두 의원안의 경영책임자에 대한 처벌 조항이 안고 있었던 문제는 이외에도 다음과 같다.

본 법안의 입법 목적이나 그 전체적인 내용, 구조 등을 살펴보아도 건전한 상식과 통상적인 법감정을 가진 경영책임자의 이해와 판단으로서도 그 구성요건요소에 해당하는 행위유형을 정형화하거나 한정할 합리적 해석기준을 찾기 어려우므로 죄형법정주의가 요구하는 형벌법규의 명확성의 원칙에 명백히 반하는 것이었다.

경영책임자에 대해 산업안전보건에 관한 일반법인 산업안전보건법과 내용적으로 상당히 유사한 구성요건에 대해(별도의 법으로 규율하여야 할 법적 근거, 즉 구성요건을 규정하지 않은 채) 사실상 중복적으로 형사특별법의 형식을 빌려 규율하는 입법례는 어느 나라에서도 발견되지 않는다.

중대재해처벌법의 처벌 조항과 산업안전보건법의 결과적 가중범 조항의 구성요건이 사실상 동일한 내용으로 되어 있었던 상황에서는,[385] 경영책임자의 위치에 있는 자의 경우 실무에서 중대재해처벌법이 우선적으로 적

385) 외형적으로 법조경합(1개의 행위가 수 개의 범죄구성요건을 실행하였으나 구성요건 상호 간에 배척 현상이 일어나 하나의 구성요건만 적용되고 다른 구성요건의 적용이 배제되는 경우)의 특별관계에 있었던 것으로 보이지만, 중대재해처벌법의 구성요건이 산업안전보건법의 구성요건의 모든 요소를 구비하고 있으면서 그 이상의 특별한 요소까지도 포함하고 있었던 것이 아니어서, 특별관계에 있었다고 볼 수 없고 단순 중복관계에 있었다고 보아야 할 것이다.

용될 것이기 때문에, 산업안전보건법의 결과적 가중범 조항은 사문화될 가능성이 큰 문제를 가지고 있었다.

산업안전보건법상의 의무와 동일한 내용의 의무위반(동일한 범죄구성요건) 및 사망이라는 결과에 대하여 충분한 규범적 근거 없이 산업안전보건법의 처벌수준보다 강하게 규정하는 것은 불합리하다. 즉, 행위의 당벌성, 불법의 정도(죄질의 경중), 비난가능성 등에 비추어 과잉입법으로서 전체 형벌체계상의 정당성과 균형을 상실한 것이었다고 판단된다.

그리고 강은미 의원안의 제5조 제3항의 경우 동시에 또는 순차로 유해·위험방지의무를 위반하여 2명 이상을 사상(사망 1명+경상 1명도 포함)에 이르게 한 때에 각 죄에 정한 형을 합산하여 가중하도록 하여 형법의 경합범 규정에 대한 특례를 두고 있었는바(각 죄에 정한 형을 합산하면 징역형의 경우 6년이 되어 집행유예를 선고할 수 없게 된다), 안전사고에 대해서만 경합범 체계를 달리 하는 것은 전체 형벌체계상의 정당성과 균형을 상실한 것으로서 평등의 원칙 및 과잉입법금지의 원칙 등에 위반할 소지가 컸다. 또 제3항에 규정되어 있는 '동시에', '순차로'라는 표현은 이것만으로는 어느 재해까지가 여기에 해당되는지 예측하기 어려운 모호하고 막연한 표현이었다.

두 의원안은 모두 경영책임자에게만 의무를 부과하고 있다 보니, 그 외 근로사·종사자(관리자도 포함), 수급인(하수급인 포함)에게는 유해·위험방지의무가 없는 것으로 해석될 가능성이 컸고, 이는 조직의 모든 구성원이 (역할과 책임은 계층·부서별로 다르겠지만) 유해·위험방지의무를 진다는 국제적인 원칙과도 맞지 않고 오히려 사업장의 안전보건의 위축으로 이어질 가능성이 매우 큰 것이었다.

박주민 의원안에서 유기징역형 또는 벌금형에 상한을 두지 않는 것(제6조 제1항)은 과잉입법금지의 원칙 위반 소지가 있었고, 유해·위험방지의무 자체가 지나치게 광범하고 불명확한 상태에서, "유해 · 위험방지의무를 '소홀히 하도록 지시한 때에는' 5년 이상의 유기징역에 처한다."는 규정(제6조 제2항) 중 '소홀히 하도록 지시한 때에는'이라는 표현은 매우 모호하여 명확성의 원칙에 위배될 뿐만 아니라 자의적인 법집행과 노사 간의 분쟁과 고소 · 고발 남발을 조장하는 부작용이 우려되는 것이었다.

국회 법제사법위원회 심의결과, 경영책임자에 대한 법정형은 사망의 경우 징역 1년 이상, 벌금 10억 원 이하로 조정되었다. 발의된 안과 비교하면, 징역의 하한선은 낮추고 벌금의 하한선은 없애는 쪽으로 정리된 것이다. 징역 1년 이상으로 바뀌었지만, 대신 벌금형과 징역형을 함께 선고할 수 있는 '임의적 병과'가 추가되었다. 법인에 대한 법정형의 경우에는 하한선은 삭제하고 사망 시 벌금 50억 원 이하, 부상이나 질병은 10억 원 이하로 조정되었다.

5. 법인 등의 처벌

법인 등의 처벌 규정의 경우, 본조의 범죄구성요건인 제5조의 위반행위는 제3조 · 제4조의 위반행위를 가리키는바, 제3조 · 제4조가 지나치게 광범위하고 불명확한 의무를 부과하고 있는 상태에서 중대재해가 발생할 경우, 법인 등에게 사실상 결과책임을 인정하게 될 소지가 커 책임주의 원칙 위반 소지가 많았다고 할 수 있다.

법인 또는 기관의 처벌의 근거는 감독과실(과실범)의 책임인바,[386] (미필적)고의(고의범)로 법을 위반한 개인행위자보다 벌금을 높게 설정하는

386) 강은미 의원안 제6조 제1항 단서에서 과실책임임을 인정하고 있었다.

것은 과잉처벌로서 책임주의 원칙에 위반되는 것이었다. 처벌 대상이 법인 또는 기관이라 하더라도 과실범에 대해 하한형의 벌금을 설정하는 것 또한 불법의 정도, 비난가능성 등에 비추어 보아 과잉처벌로서 책임주의 원칙에 위반되는 것이었다고 볼 수 있다.

강은미 의원안 제6조(법인 등의 처벌) 제1항 제1호의 경우 고의범을 전제하기 때문에 본조 제2항 제1호 및 제2호와 문언상의 표현만 다를 뿐 범죄구성요건이 사실상 중복되는바, 동일한 위반행위에 대해 벌금을 가중한다고 규정하고 있던 것은 법리적으로 모순된다. 그리고 본조 제1항 단서에서 말하는 "법인 또는 기관"은 법률적으로는 사실상 '경영책임자'와 동일한 자이므로 본조 제1항의 단서규정과 제1호 간에도 법리적으로 모순되고 있었다고 할 수 있다.

제3항에서 영업허가 취소, 영업정지 등의 행정제재를 영업허가 등의 업무를 담당하고 있지 않은 법원으로 하여금 직접 병과할 수 있도록 하는 것은 삼권분립의 취지에 맞지 않는 것이었다고 판단된다.

국회 법제사법위원회 심의결과, 법인에 대한 벌금형 수준은 사망자가 발생한 경우 법인에 '50억원 이하 벌금', 다수 부상자・질병자가 발생하는 중대재해가 발생한 경우 '10억원 이하 벌금'을 부과하는 것으로 조정되었다. 강은미 의원과 박주민 의원이 발의한 법안에서 '1억원 이상 20억원 이하의 벌금'이라는 하한선을 둔 것과 비교하면, 최종안은 하한선을 삭제하고 상한액을 상향하는 것으로 정리되었다. 그리고 영업허가 취소, 영업정지 등의 행정제재 조항은 모두 삭제하는 것으로 정리되었다.

6. 인과관계의 추정

박주민 의원안에서 제5조 제1호는 위험방지의무 위반으로 추정되는 것이 당해 중대산업재해와 관련된 사실이 아니라 과거 5년간 수사기관 또는 행정청에 의해 법 위반이 3회 이상 확인된 것을 표지로 하고 있는바, 이는 '성격책임' 또는 '행위자책임'을 규정한 것으로서 '행위형법의 원칙'에 위반되는 것이었다. 즉, 행위자가 행한 개별행위 및 그 결과를 근거로 책임의 인정 여부 및 정도를 결정해야 한다는 책임개념의 핵심(개별행위책임)의 원칙에 위배되는 규정이었다.

제5조 제2호는 당해 중대산업재해 발생 이후의 증거인멸·현장훼손 등의 정황을 발생원인과 동일시하는 것으로 애초에 인과관계 추정과 무관한 것이었다. 그리고 당해 중대산업재해의 원인과 무관한(즉 인과관계와 무관한) 특정 사실·정황을 가지고 '인과관계의 추정'이라는 법률효과를 부여하는(처벌의 조건을 설정하는) 것은 무죄추정의 원칙에 위반될 소지가 컸다.

이 인과관계 추정 조항은 위헌 소지가 큰 점이 고려되어 국회 법제사법위원회 심의과정에서 논란 끝에 삭제하는 것으로 정리되었다.

7. 손해배상의 책임

강은미 의원안과 박주민 의원안은 모두 징벌적 손해배상 제도를 규정하고 있었다. 강은미 의원안은 손해액의 3배 이상 10배 이하의 범위에서 배상책임을 진다고 규정하고 있었고, 박주민 의원안은 손해액의 5배에 해당하는 금액을 최저한도로 규정하고 있었다. 징벌적 손해배상금액의 최저한도를 획일적으로 정하고 있는 등 그 수준이 과도하였다. 징벌적 손해배상을 운영하고 있는 개별국가(영국, 뉴질랜드 등)와 EU 의회(2013년)에서는 과도한 배상을 초래하는 징벌적 손해배상을 금지하고 있다(31. …… In particular, punitive damages, leading to overcompensation in favour of the claimant party of the damage suffered, should be prohibited).[387] 비교법적으로 볼 때 상해가 아닌 인적 재해 영역에 징벌적 손해배상제도를 규정하거나 적용하고 있는 사례는 찾아볼 수 없다.

계다가 강은미 의원안과 박주민 의원안은 모두 입증책임을 법인 또는 기관으로 전환하는 내용을 규정하고 있었는바, 일찍이 징벌적 손해배상 제도를 도입한 국가에서도 징벌적 손해배상이라고 해서 입증책임을 가해자 측에 전환하고 있는 입법례는 발견되지 않는다.

징벌적 손해배상은 국회 법제사법위원회 심의과정에서 논란 끝에 손해액의 '최저' 5배에서 '최대' 5배로 조정되었고 입증책임을 전환하는 규정은 삭제되었다.

8. 벌칙의 하한형 설정

강은미 의원안과 박주민 의원안은 징역형의 하한형을 설정하고 있었다. 징역형의 하한형은 고의로 공공의 위험을 발생시킨 방화범이나 고의적으로 사람의 생명이나 신체에 위험을 발생시킨 상해치사죄(3년 이상의 유기징역)에 적용하는 형벌부과방식으로서, 안전보건기준 위반과 같이 위반유형(위반의 실태와 죄질의 경중, 이에 대한 행위자의 책임 등)이 매우 다양한 범죄에 대해 (미필적)고의성이 있다 하더라도 사망 발생에 대한 고의성

387) THE EUROPEAN COMMISSION. Commission Recommendation of 11 June 2013 on common principles for injunctive and compensatory collective redress mechanisms in the Member States concerning violations of rights granted under Union Law (2013/396/EU). Official Journal of the European Union. 2013.7.26.

은 없는 범죄에 대한 형벌부과방식으로는 적합하지 않다.

그리고 벌금의 하한 규정은 매우 드물고, 특정범죄 가중처벌 등에 관한 법률 제5조의13(어린이 보호구역에서 어린이 치사상의 가중처벌)(2019.12.24)에서 발견된다. 벌금의 하한선을 규정한다 하더라도, 위반유형이 정형되어 있는 경우에는 입법이 가능하지만, 위반유형이 매우 다양한 안전보건기준 위반(안전보건기준과 그 위반에는 경미한 사항도 많다)에 대한 하한선을 두는 것은 과잉금지의 원칙에 위배될 소지가 있었다.

한편, 본조는 추상적 위험범(안전보건기준 위반)의 결과적 가중범으로서 침해범의 결과적 가중범(예 : 상해치사죄 - 3년 이상의 유기징역)과 불법의 성질이 다름에도, 징역형의 경우 형량을 동일하거나 유사한 수준으로 하는 것은 과잉처벌로서 책임주의 원칙에 위반되는 처벌규정이었다고 생각된다.

비교법적으로 볼 때, 안전보건기준 위반범죄에 대해 하한형을 설정한 입법례는 발견되지 않는다. 중대재해처벌법의 당초 모델이었던 영국의 법인과실치사법도 하한형을 설정하고 있지 않다.

벌칙의 하한형 규정은 국회 법제사법위원회 심의과정에서 논란 끝에 벌금형에서는 삭제하되, 징역형과 벌금을 선택적으로 부과할 수 있도록 하면서 징역형에 대해서만 하한형을 설정하는 것으로 정리되었다.

칼럼 **로펌만 배불리는 엉터리 중대재해처벌법**[388)]

말도 많고 탈도 많은 중대재해처벌법이 27일 결국 시행에 들어갔다. 세계 어디에서도 유례를 찾아보기 어려운 구성과 내용으로 되어 있고 산업현장은 걱정이 태산인데, 행정기관의 이 법에 대한 준비와 대응 정

388) 정진우, 에너지경제, 2022.1.27.

도는 실망스럽기 그지없다.

중대재해처벌법령의 많은 규정이 애매모호함에도 정부 해설서는 기본적인 사항에 대해서조차 설명을 하지 않고 있고, 법에 근거도 없는 행정편의적 내용으로 가득 차 있다. 혼란을 해소하기는커녕 혼란을 부추기고 있다는 볼멘소리가 현장에서 강하게 터져 나오는 이유다. 무책임한 정부의 한 단면을 보는 것 같아 못내 씁쓸하다.

예측 가능성도 없고 현실적으로 준수하기도 어려운 법을 만들어 놓고 엄벌만 내세워 이행을 강요하는 것은 뭐라고 변명을 하더라도 정의에 정면으로 반하는 처사다. 무엇을 해야 할지 알 수 없다 보니 안전조치 이행으로 이어지기 어려울 뿐만 아니라 인권침해가 남발될 수 있기 때문이다. 엄벌이 정의라고 주장하며 이 법이 반드시 필요한 법이라고 목청을 높이는 자들이 곱씹어야 할 대목이다.

이 법의 가장 큰 문제는 법의 가장 기본적인 사항인 의무주체부터가 불분명하다는 점이다. 지배자, 운영자, 관리자가 따로 있는 경우에 이 중 누가 의무를 이행해야 하는지 도대체 알 수 없다. 원청업체가 해야 하는지, 하청업체가 해야 하는지도 알 수 없는 경우가 허다하다. 그렇다 보니 대기업조차도 이 법을 실질적으로 준수하기보다는 처벌 회피에만 급급한 대응을 하고 있는 것이다. 대기업도 이런 정도라면 중소기업은 어떻겠는가. 실제 대부분의 중소기업은 체념하고 있다.

이 법은 그 내용에 있어 강도, 절도, 사기범과 같이 무엇을 하지 말라는 법이 아니라 무엇을 하라는 법이기 때문에 의무주체를 정하는 것이 매우 중요하다. 그런데 중대재해처벌법은 이 기본적인 사항을 깡그리 무시하고 있다. 행정기관의 자의적 법 해석과 집행이 난무할 것을 예고하고 있다. 엄벌보다 무서운 것이 불명확한 규정이다. 법치주의는 불명확한 규정으로 무너지기 십상이다.

심지어 이 법은 여러 규정에서 기존 안전관계법들과 충돌된다. 기존 법들과의 관계를 충분히 고려하지 않고 제정하다 보니 기존 법들과의 충돌이 불가피하게 발생하고 있는 것이다. 예컨대 하청업체 근로자가 재해를 입은 경우, 산업안전보건법은 재발방지조치를 하청업체가 수립하라고 규정하고 있고, 중대재해처벌법은 원청업체가 수립하라고 규정하고 있다. 행정기관의 시정명령 이행도 산업안전보건법에서는 하청업체에서 하도록 규정되어 있고, 중대재해처벌법에서는 원청업체에서 하도록 규정되어 있다. 원청업체 입장에서는 어느 장단에 맞추어 춤을 춰야 하는지 알 수 없다. 이 법이 얼마나 졸속으로 제정됐는지를 여실히 드러내는 부분이라고 할 수 있다.

책임의 정도에 상응하게 처벌하라는 것이 헌법원칙이다. 그럼에도 이 법은 죄질이나 사회적 비난가능성이 다른 안전관계법과 동일하거나 그보다 낮은데도 훨씬 강한 형벌을 규정하고 있다. 예컨대 재해 재발방지 대책을 수립하지 않은 경우, 이것이 중대재해 발생의 원인이라 하더라도 산업안전보건법상으로는 과태료 부과 대상에 불과한 반면, 중대재해처벌법상으로는 강한 형사처벌 대상이다. 중대재해처벌법의 정당성에 심각한 의문이 제기되는 이유이다.

누가 무엇을 어떻게 해야 할지를 도저히 알 수 없는 법을 악법이라고 부른다. 실효성을 담보하지 못하는 데다 준법의지가 강한 사람조차도 두려움에 떨게 하기 때문이다. 특히 위험업종을 운영하는 많은 경영진들은 이 법 때문에 밤잠을 설치고 있다고 한다. 로펌이 문전성시를 이룰 수밖에 없는 이유이다. 기업들이 처벌 회피에 주된 목적을 두고 안전에 문외한인 로펌을 찾는 현상을 부추기고 있는 게 정부이다. 정부의 무능이 로펌의 배만 불려주는 형국이다.

중대재해처벌법은 탄생되지 말았어야 할 법이자 위헌 소지가 차고 넘치는 이념법이다. 정부는 태생적 한계가 있는 법을 집행하는 입장에 있지만 법집행기관으로서 법치주의를 준수하기 위해 최대한 노력해야 한다. 문제투성이 법에 편승하여 자의적인 법집행을 하는 것은 촛불을 든 국민들을 배신하는 행위다. 안전을 망가뜨리고 상황을 악화시킨다는 평가만큼은 듣지 않기 바란다.

Ⅳ. 중대재해처벌법의 남겨진 과제

발의된 중대재해처벌법안 모두 법리적 측면, 내용적 정합성, 실효성 등의 측면에서 많은 문제를 안고 있었다. 법안 심의과정에서 많은 부분이 삭제되거나 수정・보완되었지만, 유사 입법례가 없고 쟁점이 매우 많은 제정법안인 데다가 매우 짧은 기간에 심의하다 보니, 여전히 적지 않은 문제가 있는 것으로 보인다. 이하에서는 제정된 중대재해처벌법에서 가장 핵심적인 부분이면서 발의된 의원안과 비교하여 가장 많이 달라진 부분이라고 할 수 있는 경영책임자의 개념(제2조 제9호)과 안전보건확보의무(제4조, 제5조, 제9조)의 문제점(과제)을 중심으로 검토하고자 한다.

1. 경영책임자 개념의 불명확 및 불합리

경영책임자에 대한 정의인 "사업을 대표하고 사업을 총괄하는 권한과 책임이 있는 사람 또는 이에 준하여 안전보건에 관한 업무를 담당하는 사람"이라는 표현이 애매모호하고 다의적으로 해석될 수 있는 개념으로 되어 있다.[389]

먼저, '사업을 대표하고 사업을 총괄하는 권한과 책임이 있는 사람'의 의미가 경영상의 일체를 이루는 하나의 '사업조직'(법인, 개인사업체)에서 그러한 위치에 있는 사람만을 지칭하는 것인지, 아니면 '사업장'에서 그러

389) 경영책임자의 의무에 대해선 보조자를 이용하는 것은 가능하지만, 다른 자(종업원)에게 위임하는 것은 허용되지 않는다고 해석된다. 본법이 경영책임자라는 특정의 지위에 있는 자에 대해 특정의 의무를 부과하고 있고, 산업안전보건법의 양벌규정과 같이 경영책임자 외의 다른 자를 행위자로 예정하고 있는 것도 아니기 때문이다.

한 위치에 있는 사람까지를 포함하는지가 불분명하다. 본문(제1조, 제2조 제4호, 제3조, 제4조 제1항, 제9조 제1항)과 부칙 제1조 제1항에서는 사업과 사업장이 하나의 패키지, 즉 '사업 또는 사업장'으로 표현되어 있고, '사업장'의 최고책임자가 제4조, 제5조, 제9조에 규정된 4가지 안전보건조치의 이행책임주체로서의 위상에 좀 더 부합하며, 산업안전보건법 등 노동관계법에서는 일반적으로 사업장이 법적 의무의 이행단위(법적용단위)로 해석되는 점을 감안할 때, '사업장'의 최고책임자를 아예 제외하는 것은 현실적으로나 법리적으로 어색할 수 있기 때문이다. 또한 여러 계열사로 구성된 그룹의 총수(회장)나 부회장, 그리고 대학의 경우 국립대학교의 총장이 여기에서 말하는 사업을 대표하고 사업을 총괄하는 권한과 책임이 있는 사람에 해당하는지 여부도 매우 불분명하다.

그리고 '이에 준하여'라는 규정은 형벌법규의 구성요건요소로서는 지나치게 애매모호한 표현이다. 그렇다 보니 어느 조직의 과연 어느 차상위 계층(level)의 경영진까지를 가리키는지가 매우 불명확하다. 예컨대, 기업의 경우 부사장까지를 가리키는지, 전무급은 포함되지 않는 것인지, 상무급은 포함된다고 볼 수 있는지에 대해 통상의 판단능력을 가진 일반인이 식별하기 매우 어렵다.

특히, '안전보건에 관한 업무를 담당하는 사람'이라는 표현 자체가 매우 불명확하여, 안전보건업무를 총괄하거나 전담하는 부서(안전보건부서)의 장(1인)을 가리키는지, 사업업무를 담당하면서 이와 관련되는 안전보건업무를 이행하는 부서의 장(복수의 사람)도 포함하는지에 대해 이 표현만으로는 그 적용범위를 도저히 인식할 수 없는 상태이다. 예컨대, 본사에서 근무하는 안전보건과 직·간접적으로 관련되는 부사장, 기획총괄이사, 재무담당이사, 인사담당이사가 포함되는지, 제외되는지를 해당 분야 전문가조차 판단할 수 없는 상태이다. 물론 형사법에서도 일반조항과 가치충전이 필요한 불명확개념을 사용하는 것은 불가피하지만, 이 경우에도 통상의 판단능력을 가진 일반인이 형벌규정의 적용범위를 충분히 인식할 수 있을 정도가 되어야 하는데, 이 경영책임자 개념은 그렇지 못한 상태이다.

산업안전보건에서는 대표를 포함한 경영책임자의 역할과 책임이 가장 중요하다고는 할 수 있지만, 경영자(상급관리자), 중급관리자, 하급관리자, 감독자, 작업자 등 각 계층의 구성원 역시 역할과 책임의 내용은 다르지만 모두 중요한 위상을 차지하고 있다. 그런데 중대재해처벌법은 중대재해 방지의무가 마치 경영책임자에게만 있는 것처럼 규정되어 있어 안전보건관리가 조직의 모든 구성원에 의해 이루어져야 한다는 안전원리의 관점에서 볼 때 타당하지 않다. ILO의 안전보건경영시스템 가이드라인(ILO-OSH 2001),[390] ISO 45001(Occupational Health and Safety Management System)[391]과 같은 국제기준에서 모든 계층의 구성원에게 역할과 책임을 다하도록 규정하고 있는 것과도 부합하지 않는다.

경영책임자 중의 하나로 '이에 준하여 안전보건에 관한 업무를 담당하는 사람'(제2조 제9호 가목)이라는 규정이 자칫 '안전보건 담당이사' 정도를 의미하는 것으로 해석될 가능성이 높은 것도 큰 문제이다. 이 규정은 국회 법제사법위원회 심의과정에서 정부(고용노동부)가 제출한 '안전보건에 관한 업무를 담당하는 이사'라는 표현을 반영한 측면이 큰 점을 감안하면, 실제로 이렇게 해석될 가능성이 크고, 현장에서도 그렇게 받아들여지고 있다.[392] 만약 이러한 의미로 해석된다면, 이는 '라인 안전보건관리 책임(line

390) ILO. Guidelines on occupational safety and health management systems(ILO-OSH 2001). 2001. 3.3.

391) ISO. Occupational health and safety management systems – Requirements with guidance for use. 2018. 0.3, 5.3.

392) 장은지 · 김진, "중대재해법 '개악' 비판 속 여야 네탓만…정의 '두번 죽이는 법'", news1

management responsibility)’[393]이라는 안전원리에 정면으로 저촉될 뿐만 아니라, 안전보건부서(장) 이외의 라인부서(장) 등 다른 부서(장)의 안전보건에 대한 무관심을 조장하고 안전보건부서(장)를 기피하는 현상이 심화되는 등 조직의 안전보건관리에 심각한 부작용을 초래할 수 있다.

한편, 중앙행정기관, 지자체 및 공공기관에 대해서는 그 기관의 장(대표)만을 경영책임자로 개념정의하고 있는데(제2조 제9호 나목), 이것은 가목의 “사업을 대표하고 사업을 총괄하는 권한과 책임이 있는 사람”이라는 표현과 중복되는 문제가 있다. ‘사업’이라는 용어가 민간기업에만 한정되어 적용되는 것이 아니라 중앙행정기관, 지자체 및 공공기관에도 당연히 적용되기 때문이다.

또한, 경영책임자의 개념이 이처럼 불명확하다 보니, 안전보건확보의무 위반혐의가 있을 때 법집행기관 스스로도 경영책임자에 대해 중대재해처벌법을 적용해야 할지, 산업안전보건법 등 안전보건관계법을 적용해야 할지 법적용에 대한 혼란을 겪을 수 있고, 이는 결과적으로 국민의 불이익으로 돌아올 수밖에 없다. 법집행기관이 이러한 사정을 자의적인 법집행과 피고인의 자백을 유도하는 수단으로 악용할 소지도 있다.[394]

2020.12.29 ; 박철응, “중대재해법 막바지, CEO 징역형 확정…또는 이사가”, 아시아경제 news1 2020.1.7 참조.

393) ILO. Guidelines on occupational safety and health management systems(ILO-OSH 2001). 2001. 3.3.2(a).

394) 헌법재판소 2015.9.24. 2014헌바154 · 398, 2015헌가3 · 9 · 14 · 18 · 20 · 21 · 25 결정(병합).

2. 안전보건확보의무의 모호성

중대재해처벌법은 경영책임자의 의무로 5종의 안전보건확보의무, 즉 자신의 종사자에 대한 의무(제4조), 도급, 용역, 위탁 등을 받은 제3자의 종사자에 대한 의무(제5조), 원료나 제조물의 이용자 등에 대한 의무(제9조 제1항), 공중이용시설 또는 공중교통수단의 이용자 등에 대한 의무(제9조 제2항), 공중이용시설 또는 공중교통수단을 제3자에게 도급, 용역, 위탁 등을 행한 경우 그 이용자 등에 대한 의무(제9조 제3항)를 각각 규정하고 있다. 그리고 이 안전보건확보의무의 구체적인 내용에 해당되는 사항으로서 동일한 표현의 4가지 조치의무가 부과되어 있다. 이하에서는 이 4가지 조치의무 각각에 대해 어떠한 문제가 있는지를 살펴보도록 한다.

가. 재해예방에 필요한 인력 및 예산 등 안전보건관리체계의 구축 및 그 이행에 관한 조치

'안전보건관리체계'라는 표현이 무엇을 의미하는지 그 내용과 범위가 매우 불명확하다. 이에 대한 용어정의도 없고 그 범위와 내용에 대해 학문적·실무적으로 합의된 개념도 아니다. 산업안전보건법(제2장)에서는 '안전보건관리체제'라는 용어를, 시행령(제4조)에서는 '산업안전보건경영체제'라는 표현을 각각 사용하고 있고, 고용노동부의 공공기관의 안전활동 수준평가에 관한 고시에서는 '안전보건체제'라는 용어를 사용하고 있으며, 기획재정부의 공공기관의 안전관리지침(제19조 제2항)에서는 '안전경영시스템'이라는 용어를 사용하고 있는 등 유사한 용어가 서로 다른 표현으로 혼재하여 사용되고 있는 상태이다. 게다가 '안전보건관리체계'라는 표현은 안전관리론이라는 학문에서 일반적으로 '안전보건관리체제', '안전보건관리(경영)시스템' 등의 표현을 사용하고 있는 것과도 부합하지 않는다. 특히, 이러한 용어들은 강제기준으로 사용할 때와 임의기준으로 사용할 때 그 내용과 범위가 달라질 수밖에 없는 점도 유념하여야 한다.

안전보건관리체계는 Occupational Safety and Health Management System의 번역어에 해당하는바, ILO-OSH(2001), ISO 45001(2018) 등 국제기준에 따르면, 법적 기준(legal requirement)은 '안전보건관리체계'의 필수적 구성요소에 해당하기 때문에, 가목의 "안전보건관리체계의 구축 및 그 이행에 관한 조치"와 라목의 "안전보건관계법령에 따른 의무이행에 필요한 관리상의 조치"는 서로 중복을 피할 수 없는 관계이다. 이는 안전보건관리체계의 개념에 대한 몰이해에서 비롯된 것으로 판단된다. 시행령(제4조, 제8조, 제10조)에서 '안전보건관리체계의 구축 및 그 이행에 관한 조치'규정에 '안전보건관계법령에 관한 규정이 적지 않게 포함되어 있는 것은 예견된 결과라고 할 수 있다.

한편, 중대재해처벌법은 입법취지로 볼 때 중벌주의를 특징으로 하고 있어 기본권 제한의 성격이 매우 강하다. 따라서 어느 입법보다도 수권법률 규정만으로 대통령령에 위임된 부분의 대강을 국민이 예측 가능하도록 수권법률이 구체적으로 정해져야 한다.[395] 이 경우 예측 가능하다는 것은 법률에 이미 하위법령으로 규정될 내용 및 범위의 기본사항이 구체적으로 규정되어 있어서 누구라도 당해 법률로부터 하위법령에 규정될 내용의 대강을 예측할 수 있어야 함을 의미한다.[396] 해당 법률의 전반적인 체계와 취지·목적·당해 조항의 규정 형식과 내용 및 관련 법규를 살펴 이에 대한 해석을 통하여 그 내재적인 위임의 범위나 한계를 객관적으로 분명히 확정할 수 있는 것이라야 이를 일반적·포괄적인 위임에 해당하지 않는 것으로

395) 헌법재판소 1994.7.29. 93헌가12 결정.

396) 대법원 2007.10.26. 2007두9884 판결.

볼 수 있다.[397)]

이런 관점에서 볼 때, '안전보건관리체계의 구축 및 그 이행에 관한 조치를 하여야 한다'는 규정은 '안전보건관리체계의 구축 및 그 이행에 관한 조치'라는 처벌법규의 구성요건 부분에 대한 기본사항에 관하여 보다 구체적인 기준이나 범위를 정함이 없이 그 내용을 모두 대통령령에 포괄적으로 위임함으로써, 경영책임자로 하여금 광범한 개념인 '안전보건관리체계의 구축 및 그 이행'과 관련하여 준수하여야 할 사항의 내용이나 범위를 구체적으로 예측할 수 없게 하고, 나아가 헌법이 예방하고자 하는 행정부의 자의적인 행정입법을 초래할 여지가 크다고 볼 수 있기 때문에, 이 규정은 헌법상 포괄위임입법금지의 원칙 및 죄형법정주의의 명확성원칙에 위반된다고 볼 수 있다.[398)] 국민의 기본권을 제한하거나 침해할 소지가 있는 사항에 관한 위임에 있어서는 구체성 내지 명확성이 더욱 엄격하게 요구된다.[399)]

안전보건관리체계의 구축 및 이행에 따른 사업장 안전보건의 효과를 거두기 위해서는 이 법의 정의규정 등에서 어떤 형태로든 '안전보건관리체계'에 대한 용어설명이 이루어질 필요가 있다. 이 법 자체를 개정하거나, 법체계에는 맞지 않더라도 임시방편으로나마 대통령령에서 구체적인 용어설명을 하는 것이 필요하다.

397) 대법원 1996.3.21. 95누3640 판결.
398) 헌법재판소 2000.7.20. 99헌가15 결정.
399) 대법원 2000.10.19. 98두6265 판결.

칼럼

안전보건관리체제와 노동조합의 역할[400)]

안전보건관리시스템 또는 안전보건관리체제는 Occupational Safety & Health Management System의 번역어로서 안전보건관리 프로그램 자체는 아니고 안전보건관리를 효과적으로 실시하기 위한 수단과 방법(method)이다. 안전보건관리에 접근하는 수단과 방법 중 시스템적으로 접근하는 것이 가장 효과적이라는 관점에서 안전보건관리를 시스템적으로 구축하고 운영하고자 하는 것이 안전보건관리시스템이다. 현재 안전보건관리시스템은 산업안전보건 분야에서 국제적으로 메가트렌드라 할 수 있을 만큼 기본적인 제도로 평가받고 있다. 위험성평가도 안전보건관리시스템의 중요한 일부이다.

용어 통일조차 안 된 안전보건관리시스템

최근 중대재해처벌법 제정으로 인해 사회적으로 안전보건관리시스템에 대한 관심이 많아지고 있다. 정부에서도 종종 안전보건관리시스템이라는 단어를 사용하고 있다. 문제는 정부부터가 안전보건관리시스템이 어떤 의미를 담고 있는지에 대해 제대로 이해하고 있지 못하다는 점에 있다. 그렇다 보니 안전보건관리시스템에 대한 표현이 통일되어 사용되지 못하고 특별한 이유도 없이 중구난방으로 사용되고 있다.

중대재해처벌법에서부터 '안전보건관리체계'라는 표현이 무엇을 의미하는지 그 내용과 범위가 매우 불명확하다. 이에 대한 용어 정의도 없다. 그 범위와 내용에 대해 학문적 · 실무적으로 합의된 개념도 아니어서 혼란이 심한 상태이다.

산업안전보건법(제2장)에서는 '안전보건관리체제'라는 용어를, 같은

400) 정진우, 월간 한국노총, 2021년 10월호(Vol. 575).

법 시행령(제4조)에서는 '산업안전보건경영체제'라는 표현을 각각 사용하고 있고, 고용노동부의 공공기관의 안전활동 수준평가에 관한 고시(제6조 제1호)에서는 '안전보건체제'라는 용어를 사용하고 있으며, 기획재정부의 공공기관의 안전관리지침(제19조 제2항)에서는 '안전경영시스템'이라는 용어를 사용하고 있는 등 유사한 용어가 서로 다른 표현으로 혼재되어 사용되고 있는 상태다.

게다가 '안전보건관리체계'라는 표현은 안전관리론이라는 학문에서 일반적으로 '안전보건관리체제', '안전보건관리(경영)시스템' 등의 표현을 사용하고 있는 것과도 부합하지 않는다. 특히, 이러한 용어들은 강제기준으로 사용할 때와 임의기준으로 사용할 때 그 내용과 범위가 달라질 수밖에 없는 점도 유념해야 한다.

안전보건관리시스템에 대한 국제기준으로는 ILO-OSH 2001, ISO 45001이 있다. ILO-OSH 2001은 ILO가 2001년에 제정한 가이드라인으로서 방침(안전보건방침, 노동자 참가), 조직화(사전의무 및 성과책임, 능력 및 교육훈련, 문서, 커뮤니케이션), 계획의 작성 및 실시(초기조사, 계획 · 개발 · 실시, 안전보건목표, 유해 · 위험요인에 대한 대책), 평가(실시상황의 조사 및 측정, 작업 관련 부상, 질병 및 사고 그리고 이것들의 안전보건성과에의 영향, 감사, 경영진 검토), 개선조치(방지조치 및 시정조치, 계속적인 개선)로 구성되어 있다.

ISO 45001은 ISO가 제정한 국제규격으로서 조직의 상황(조직 및 그 상황의 이해, 취업자 및 기타 이해관계자의 수요 및 기대의 이해, 안전보건관리시스템 적용범위의 결정, 안전보건관리시스템), 리더십(리더십 및 의지표명, 산업안전보건방침, 조직의 역할, 책임 및 권한, 취업자의 협의 및 참가), 계획(리스크 및 기회에의 대응, 산업안전보건목표 및 그것을 달성하기 위한 계획수립), 지원(자원, 역량, 인식, 커뮤니케이션, 문서화된 정보), 운영(운영계획 · 관리, 긴급사태에의 준비 및 대응), 성과평가(모니터링, 측정, 분석 및 성과평가, 내부감사, 경영진 검토), 개선(일반, 사고, 부적합 및 시정조치, 조직적 개선)으로 구성되어 있다.

정부는 안전보건관리시스템에 대한 의지 부족과 몰이해로 이를 방치하고 있다가 산업안전보건법령을 전부 개정하면서 이에 대한 법적 근거를 아예 삭제하고 말았다. 안전보건관리시스템을 활성화시키기는 커녕 법적 근거를 삭제하는 우를 범한 것이다. 그간 정부 차원에서 기업의 안전보건관리시스템을 활성화하기 위한 가이드라인을 제정한 적도 없고 기업을 대상으로 지도·홍보하는 것에도 매우 소홀히 해왔다.

정부의 안전보건관리시스템에 대한 무지와 무관심 탓에 안전보건관리시스템은 곧 인증이라는 잘못된 등식이 정착되어 버렸다. 그리고 정부는 그동안 안전보건관리시스템 업무를 정부의 일이 아닌 산업안전보건공단의 인증업무로 축소시키고, 민간기관의 인증업무에 대해서는 아무런 역할을 하지 않는 등 손을 놓고 있었다고 해도 과언이 아니다. 그 결과, 현재 우리나라 대부분의 기업에 구축되어 있는 안전보건관리시스템은 관공서용 또는 마케팅용으로 전락되었고, 실질적인 안전보건관리에 도움이 되지 않는 장식물에 지나지 않는 것이 엄연한 현실이다.

산업안전보건법상의 안전보건관리체제는 안전보건관리시스템의 일부분에 해당하는 안전보건관리 추진조직에 해당하는 것을 규정한 것이다. 안전보건관리책임자, 관리감독자, 안전관리자, 보건관리자, 안전보건관리담당자, 산업보건의, 산업안전보건위원회, 안전보건총괄책임자, 안전보건협의체가 그것이다. 안전보건관리책임자, 관리감독자, 안전관리자, 보건관리자, 산업보건의, 산업안전보건위원회는 지휘종속관계에 착안한 안전보건관리 실시조직이고, 안전보건총괄책임자, 안전보건협의체는 도급관계에 착안한 안전보건관리 실시조직이다. 문제는 정부나 기업에서 안전보건관리 추진조직을 입법 취지와 다르게 선임·지정 여부만 확인하는 등 외형을 갖추는 데만 초점을 맞추고 형식적으로 운영하고 있다는 점이다.

이번 중대재해처벌법 제4조 및 같은 법 시행령(입법예고안) 제4조에 규정된 안전보건관리체계라고 하는 것 역시 안전보건관리시스템의 일부분에 해당하는 것을 규정한 것이라고 볼 수 있다. 사업 및 사업장의 안전보건에 관한 목표와 경영방침 설정, 유해·위험요인 확인·점검 및 개선에 대한 업무절차 마련 및 이행상황 점검, 안전보건 전문인력 배치 및 충실한 수행, 안전보건업무 전담조직 설치, 종사자의 의견청취 및 필요시 개선방안 마련, 중대산업재해 발생의 급박한 위험이 있는 경우 및 중대산업재해 발생 시 대응절차 마련 및 확인·점검, 제3자에게 도급, 용역, 위탁 시 수급업체의 재해예방조치능력·기술 및 적정한 안전보건관리비용과 수행기간을 확인하기 위한 평가기준과 절차 마련 및 이행상황 확인·점검이 그것이다.

문제는 중대재해처벌법의 위 내용이 산업안전보건법상의 안전보건관리체제 및 안전보건관리규정과 상당 부분 중복되어 있다는 점과 위 내용이 여러 가지 면에서 명확하지 않아 경영책임자가 무엇을 어떻게 이행해야 하는지에 대한 예방지침으로 작용하지 못할 가능성이 크고, 이에 따라 현장에서 많은 혼선이 발생할 수 있다는 점이다. 게다가 안전보건 전담 조직 설치, 위험성 평가 실시, 의견 청취 등만으로는 실효성을 보장하지 못하고 지금까지의 경험에서 알 수 있는 것처럼 형식적으로 흐를 수 있다.

노동조합의 적극적 역할 필요

다른 문제와 마찬가지로 안전보건관리시스템의 경우에도 노동조합의 올바른 이해가 뒷받침되지 않는다면, 기업에 대한 실질적인 모니터링를 하지 못하고 자칫 안전보건관리시스템을 잘못된 방향으로 유도하는 부작용을 초래할 수 있다.

따라서 노동조합에서는 안전보건관리시스템이 실질적으로 구축·운영될 수 있도록 올바른 이해를 바탕으로 많은 관심을 가져야 한다. 노동조합의 목소리가 관철되도록 하기 위해선 노동조합에서 우선적으로 안전보건관리시스템의 도입 취지, 위상과 그것이 담고 있는 의미와 내용을 학습해야 한다. 그리고 이에 기초해 안전보건관리시스템이 실질적으로 작동될 수 있도록 의지와 주인의식을 가지고 적극적인 역할을 할 필요가 있다.

나. 재해 발생 시 재발방지 대책의 수립 및 그 이행에 관한 조치

사업장에서는 재해강도·유형의 측면에서 매우 다양한 재해가 발생하고 있다. 그런데 재해강도·유형의 한정이 없이 모든 재해에 대해 경영책임자가 재발방지 대책을 수립하고 그 이행에 관한 조치를 하여야 한다는 규정은 과잉금지의 원칙에 위반될 소지가 크다. 재해강도로 보면 찰과상, 타박상과 같이 현장에서 응급조치로 대처할 수 있는 경미한 재해도 많이 발생하고 있고, 재해유형으로 보면 산업재해 외에 자연재해, 교통재해, 코로나19와 같은 감염병, 과로·스트레스에 의한 질병, 개인적 질병, 고객·민원인 등에 의한 상해 등 다양한 유형의 재해가 발생하고 있다.

중대재해처벌법은 엄벌주의에 따른 기본권 제한의 성격이 매우 강하므로, 법률의 명확성에 대하여 보다 엄격한 기준이 요구된다. 그런데 '재해 재발방지 대책 수립 및 이행에 관한 조치'라는 요건은, 재해강도·범위와 수립·이행의 스펙트럼이 매우 광범위하고 다양한 상태에서 이를 정형화하거나 한정하기 어려운 모호하고 막연한 표현으로 되어 있어, 경영책임자가 당해 조치의 어디에서부터 어디까지를 관여해야 하는지, 즉 행위의 윤곽에 대해 준법의지를 가진 사회의 평균적 경영책임자, 나아가 해당 분야의 전문가조차 행위의 윤곽을 파악하기 어려워 명확성의 원칙에 위반될 소지가 크다.

특히 전국에 다수의 공장(현장)이 있거나 종사자 자체가 매우 많은 대형업체의 경우에는 수많은 그리고 다양한 유해·위험요인이 존재하기 마련인데, 그런 상황에서 자신의 종사자뿐만 아니라 제3자(도급, 용역, 위탁 등을 받은 자)의 종사자에 관한 사항까지를 포함해서 경영책임자가 직접 재해 발생 시마다 재발방지 대책을 수립하고 그 이행에 관한 조치를 하라는 식의 규정은 매우 비현실적이거니와 요식행위를 조장하는 등 산재예방의 실효성에도 도움이 되지 않을 것이다.

다. 중앙행정기관 · 지자체가 관계법령[401]에 따라 개선, 시정 등을 명한 사항의 이행에 관한 조치

명확성의 원칙은 민주주의 · 법치주의 원리의 표현으로서 법의 실효성을 담보하기 위해서도 모든 기본권 제한 입법에 요구되는 것이다. 형사법규는 재판규범이기 이전에 행위규범인 측면이 강조되기 때문에 명확성의 원칙이 더욱 강조된다. 법률이 너무 불명확하여 합리적인 사람조차 그 법률이 명령하고자 의도하는 바를 해석으로부터 추정할 수 없는 경우에는 죄형법정주의를 유린하게 되기 때문이다. 특히 중대재해처벌법처럼 엄벌주의를 취하고 있는 법규는 다른 법규에 비하여 보다 명확하여야 한다.

특정 처벌규정의 내용을 파악함에 있어 평균인의 입장에서 전문가의 조언을 받거나 전문서적 등을 참고하더라도 자신의 행위가 법에 위반되는 것인지 아닌지를 도저히 정확히 예측할 수 없다면 그 규정은 불명확하여 무효가 된다. 그리고 명확성의 원칙 준수 여부는 문제된 법령의 문구가 확실하지 않음으로써 자의적이고 차별적인 적용을 가져올 수 있는지 여부에 의해서도 판별될 수 있다. 그리고 당해 법령의 성질 및 규제 대상 등에 비

401) '안전보건관계법령'이라고 표현되어야 하는데, 단지 '관계법령'으로 표현된 것은 입법적 미비인 것으로 보인다.

추어 입법기술상 최고의 상태로 작성되었는지 여부가 명확성 판단의 또 하나의 기준이 될 수 있다. 일반 추상적 표현을 불가피하게 사용한다 하더라도 예시의 방법, 정의규정을 별도로 두는 방법, 주관적 요소를 가중하는 방법 등으로 보다 더 구체적 입법이 가능한지가 헌법 위반의 판단기준이 될 수 있다.[402)]

이상과 같은 관점에서 볼 때, 경영책임자가 '행정기관이 관계법령에 따라 개선, 시정 등을 명한 사항의 이행에 관한 조치'를 해야 한다는 규정 중 '이행에 관한 조치'의 내용·범위는, 이행의 스펙트럼이 매우 광범위하고 다양한 점을 고려할 때, 이 법의 입법목적과 다른 법률조항과의 연관성 등을 고려하더라도 사물의 변별능력을 제대로 갖춘 경영책임자의 이해와 판단으로서도 행위유형을 정형화하거나 한정할 합리적 해석기준을 찾기 어렵다. 다시 말해서, 통상의 판단능력을 가진 경영책임자가 '이행에 관한 조치'의 어느 범위까지를 관여해야 하는지를 충분히 인식할 수 있을 정도로 법문이 구체화되어 있지 못하여 명확성의 원칙에 위배된다고 판단된다. 이는 '이행에 관한 조치'가 총괄관리 등으로 한정되어 있지 아니한 관계로 조치의 내용·범위가 지나치게 포괄적이고 불명확하여 초래되는 문제이다.

그리고 경영책임자가 행정기관이 개선, 시정 등을 명한 사항의 이행에 관한 조치를 직접 해야 하는 것으로 해석될 수 있는바, 이는 현실성 또는 기대가능성도 없지만, 중대재해 예방의 실효성에도 도움이 되지 않을 뿐만 아니라 안전보건조치에 대해 선택과 집중을 하지 못하게 하는 결과를 초래하는 등 중대재해 예방의 효율성 측면에서도 불합리하다.[403)] 한편, 중앙행

402) 헌법재판소 2005.3.31. 2003헌바129 결정(전원재판부).

403) 예컨대 대형건설업체의 경우에는 국내만 하더라도 전국에 수많은 현장이 있고, 지방고용노동관서, 지자체, 국토관리청 등에 의한 감독이 수시로 이루어지고 있는 것이 엄연한 현실이다.

정기관・지자체가 관계법령에 따라 개선, 시정 등을 명한 사항의 이행에 관한 조치에는 다양한 계층과 부서에 의한 수많은 종류가 있을 수 있는데(작업자가 할 성질의 조치, 현장감독자가 할 성질의 조치, 관리자가 할 성질의 조치, 경영책임자가 할 성질의 조치 등), 이를 모두 경영책임자가 직접 이행하여야 한다는 취지라면, 이는 현실에서 결코 실행에 옮길 수 없는 매우 비현실적인 규정으로서 과잉금지의 원칙에 위반되고, 외형적인 준수에만 급급한 수동적인 대응을 조장할 가능성이 높다.

라. 안전보건관계법령에 따른 의무이행에 필요한 관리상의 조치

"안전보건관계법령에 따른 의무이행에 필요한 관리상의 조치"의 경우 구체적인 사항은 대통령령으로 정하는 것으로 위임되어 있기는 하지만, '관리상의 조치'라는 표현이 지나치게 광범위하고 애매하고 불명확하며 신축이 자유로운 개념이어서, 각 개별법에 규정되어 있는 각종 선언적 의무, 추상적 의무, 벌칙이 없는 의무까지 모두 포함될 가능성이 있는 상태이다.

그리고 앞의 '가. 재해예방에 필요한 인력 및 예산 등 안전보건관리체계의 구축 및 그 이행에 관한 조치'에서 검토한 것과 동일한 사유로, 안전보건관계법령에 따른 의무이행에 필요한 관리상의 조치 역시 포괄위임입법금지의 원칙에 위배된다고 볼 수 있다.

한편, 실질적으로 지배・운영・관리하는 곳이라 하더라도, 특히 건설업과 같이 전국에 현장이 많은 업종이나 대형조선소, 대형제철소 등과 같이 사업장 규모가 매우 큰 기업의 경우에는 준법의지가 아무리 강한 경영책임자조자도 '안전보건관계법령에 따른 의무이행에 필요한 관리상의 조치'[404)]

404) 이에 관한 구체적인 사항이 대통령령으로 정해진다고 하더라도 당해 규정의 성격상 사정은 크게 달라질 것 같지 않다.

를 직접적으로 온전히 취하는 것은 불가능하다. 따라서 과잉금지의 원칙 위반 소지가 크다고 볼 수 있다.

마. 공통적인 문제

경영책임자의 안전보건확보의무과 관련하여, “실질적으로 지배 · 운영 · 관리하는”이라는 표현(제4조, 제5조, 제9조)이 지나치게 불명확하고, 지배 · 운영 · 관리가 상호 간에 ‘또는’의 관계인지 ‘그리고’의 관계인지도 불분명하다. 그렇다 보니 ‘실질적으로 지배 · 운영 · 관리하는 사업 또는 사업장’(제4조)과 관련하여, 어느 특정 법인 또는 기관이 ① 시설, 기계 · 설비를 소유하고 관리는 위탁한 경우, ② 시설만 소유하고 기계 · 설비는 소유하지 않는 경우, ③ 시설, 기계 · 설비를 소유하고 작업방법 · 절차에는 관여하지 않는 경우 등에 당해 법인 또는 기관이 ‘실질적으로 지배 · 운영 · 관리하는 사업 또는 사업장’에 해당되는지 여부가 매우 불명확하다.

또 시설, 장비, 장소 등에 대하여 “실질적으로 지배 · 운영 · 관리하는 책임이 있는 경우”(제5조)에 있어서, 제3자의 종사자의 안전보건조치에 대한 의무주체가 복수로 존재하는 경우도 적지 않은바, 예컨대 ① 소유자(A)도 있고 운영자(B)도 있는 경우, ② 소유자(A)도 있고 관리자(B)도 있는 경우, ③ 소유자(A), 관리자(B), 운영자(C)가 별도로 있는 경우에, 본조의 의무를 누가(어느 쪽에서), 어디에서부터 어디까지, 어떻게 이행하여야 하는지를 도저히 알 수 없다. 그리고 시설, 장소의 실질적 지배 · 운영 · 관리책임자와 장비의 실질적 지배 · 운영 · 관리책임자가 다른 경우에도 누가 본조의 의무주체가 되어야 하는지 등이 매우 불명확하다. 이러한 의무주체 등의 불명확성은 실제 안전보건조치의 이행으로 이어지지 못할 가능성이 크다.

게다가, 제3자의 종사자[405)]에 대해 도급 · 용역 · 위탁 · 위임을 준 기관의 경영책임자에게 해당 종사자와 직접적인 근로관계, 도급・용역・위탁・위임관계에 있는 자가 별도로 존재함에도 사실상 모든 영역(안전보건관리체계 영역, 시설 및 기계・설비 영역, 작업관리 영역, 작업행동 영역)의 안전보건조치(예 : 재해의 재발방지 대책의 수립 및 그 이행에 관한 조치, 행정기관이 관계법령에 따라 개선, 시정 등을 명한 사항의 이행에 관한 조치)를 직접적으로 취하도록 하는 것은, 도급・용역・위탁・위임을 준 기관이 그 시설, 장비, 장소에 대하여 실질적으로 지배・운영・관리하는 책임이 있는 경우라 하더라도 과잉금지의 원칙에 위배된다고 볼 수 있다.

다시 말해서, 단지 해당 사업장의 시설 및 기계・설비(시설 및 기계・설비 영역)를 실질적으로 지배・운영・관리한다고 하여, 엄연히 하나의 사업자로서 별도로 존재하는 제3자(도급・용역・위탁・위임을 받은 자. 이하 '수급인 등'이라 한다) 및 그와 근로관계 또는 도급・용역・위탁・위임관계에 있는 자(제3자의 종사자)(제5조), 나아가 공중이용시설 또는 공중교통수단의 이용자 또는 그 밖의 사람(제9조 제3항)에 대해서까지, 그것도 작업행동에 대한 안전보건조치까지를 포함한 지나치게 광범한 안전보건조치를 이행하도록 강제하는 것은 재해예방의 실효성은 차치하더라도 수급인 등의 독자성을 부정하는 것으로서 그들의 경영에 지나치게 간섭하게 하는 행위이기도 하고 과잉금지의 원칙에 반할 소지가 매우 크다.[406)]

---

405) 가. 근로기준법상의 근로자, 나. 도급, 용역, 위탁 등 계약의 형식에 관계없이 그 사업의 수행을 위하여 대가를 목적으로 노무를 제공하는 자, 다. 사업이 여러 차례의 도급에 따라 행하여지는 경우에는 각 단계의 수급인 및 수급인과 가목 또는 나목의 관계가 있는 자(제2조 제7호).

406) 중대재해처벌법 제5조(도급, 용역, 위탁 등 관계에서의 안전보건확보의무)와 관련해서는, 법적용 유예기간 동안 중대산업재해의 직접적 당사자인 상시 근로자 50명 미만 수급인 등은 처벌대상에서 제외되는 반면, 간접적 당사자 지위에 있는 상시 근로자 50명 이상 도급인 등은 처벌되는 모순이 발생할 수 있고, 이 법이 적용되지 않는 상시 근로자 5명 미만 수급인 등에 대해서는 이 모순이 항구적으로 발생할 수 있다.

특히나 도급·용역·위탁·위임관계에서 도급·용역·위탁·위임을 준 자(이하 '도급인 등'이라 한다)와 이를 받은 자(제3자) 간의 의무와 책임을 구분하지 않고 제3자의 종사자에 대해 도급인 등에게만 안전보건확보의무가 있는 것처럼 규정하는 것은 현실적으로 이행하는 것을 담보할 수 없을 뿐만 아니라, 안전보건에 대한 제3자의 무관심을 조장하고 자율적 능력을 퇴보시킬 수 있다는 점에서 제3자의 종사자를 보호하는 데 있어서도 실효성을 거두기 어렵다. 또한 제3자에 해당하는 수급인 등에게는 산업안전보건법 등에 따라 자신의 근로자 등에 대한 독자적인 안전보건조치의무가 매우 구체적으로 규정되어 있는 점을 고려하면, 제3자의 종사자에 대한 중대재해처벌법상의 도급인 등의 의무와 산업안전보건법상의 의무가 불가피하게 착종되어 도급인 등의 구체적인 의무는 어디부터 어디까지이고, 제3자의 구체적인 의무는 어디부터 어디까지인지가 매우 불명확하게 된다. 이런 불합리한 문제를 해소하지 않은 상태에서는 도급인 등과 그의 경영책임자에 대한 처벌수준을 높인다 하더라도 제3자의 종사자에 대한 중대재해 예방으로 이어지기는 어려울 것이다.

도급·용역·위탁·위임을 준 경우 중대재해처벌법과 산업안전보건법의 안전보건조치의무의 내용·범위가 달라 많은 혼선이 발생할 가능성이 있는 것도 문제이다. 예컨대, 도급인 등이 수급인 등과 그 근로자에 대한 시정조치를 해야 하는지, 수급인(하수급인·재하수급인을 포함한다) 근로자의 작업행동에 관한 직접적인 안전보건조치를 해야 하는지에 있어 두 법이 서로 다르게 규정하고 있기 때문이다.

한편, 앞에서 설명한 4가지 안전보건조치의무는 보호 대상에 따라(중대산업재해인지 중대시민재해인지에 따라, 중대산업재해의 경우 해당 기업의 종사자인지 제3자의 종사자인지에 따라, 중대시민재해도 생산·제조·유통·판매 중인 원료나 제조물인지 공중이용시설 또는 공중교통수단인지에 따라) 그 내용이 상당히 다를 수밖에 없음에도 불구하고 동일한 내용의 4가지 유형의 조치로 규정되어 있어, 당해 의무규정만으로는 그것의 구성요건요소에 해당하는 행위유형을 정형화하거나 한정하여 합리적으로 해석하는 것이 매우 곤란하다. "사업 또는 사업장의 특성 및 규모를 고려하여"라는 표현이 제4조의 안전보건확보의무 규정에만 포함되어 있고 안전보건확보의무를 규정하고 있는 다른 조항(제5조, 제9조 제1항 내지 제3항)에는 포함되어 있지 않은 점도 동일한 유형의 의무로 획일적으로 규정하고 있는 것이 문제라고 볼 수 있는 또 하나의 이유에 해당한다. 그리고 4가지 의무 중 2가지 의무에 대해선 구체적인 사항이 하위법령으로 위임되어 있지도 않아 구성요건요소에 해당하는 행위유형을 한정할 합리적 해석기준을 찾는 것이 사실상 불가능하다.[407)]

그리고 전술한 바와 같이, 경영책임자가 이행하여야 할 안전보건조치가 '총괄관리' 등으로 한정되어 있지 아니하여, 조치의 내용·범위가 지나치게 포괄적이고 불명확하게 되는 문제가 발생할 수밖에 없다. 또한 "사업 또는 사업장의 특성 및 규모 등을 고려하여"라는 표현 역시 애매하고 모호한 표현으로서 적용범위를 집행기관의 자의적 판단에 맡기고 있는 셈이어서 형벌법규의 명확성의 원칙에 위반된다.

또 경영책임자의 안전보건확보의무(이행에 관한 조치, 관리상의 조치 등)는 이행의 범위가 매우 넓은, 즉 다양한 수준의 내용으로 구성되어 있어, 경영책임자라는 특정 계층만이 아니라 여러 계층이 그 역할과 책임을 다해야만 제대로 이행될 수 있는 성질의 것이다. 그럼에도 불구하고 경영책임자만이 그 의무를 이행하여야 하는 식으로 규정하고 있는 것은 과잉금지의

407) 안전보건확보 보호 대상(제4조, 제5조, 제9조 제1항, 제2항, 제3항)이 다르기 때문에, 안전보건관계법령의 구체적 범위(개별적 법령)도 이에 따라 다르게(각각 별도로) 규정하는 것이 타당하다.

원칙에 반하다고 판단된다.

안전보건조치를 취하는 목적에 대해, 제5조에서는 '중대산업재해'를 발생하지 않도록 하기 위한 것으로 규정하고 있고, 제4조에서는 안전보건상 '유해 또는 위험'을 방지하기 위한 것으로 규정하고 있으며, 제9조에서는 '생명, 신체의 안전'을 위한 것이라고 규정하고 있는바, 안전보건조치를 취하는 목적의 내용과 수준을 논리적 근거 없이 조문별로 크게 달리 설정하고 있는 것은 조문 간의 정합성 측면에서 문제가 있을 뿐만 아니라 법해석에 있어서도 큰 혼란을 초래하고 있다.

각각의 안전보건확보의무 위반에 대한 조사와 관련해서는, 의무주체가 경영책임자인 관계로 전국에 여러 개 사업장(현장)이 있는 경우에, 각 의무 내용의 성격상 이 법의 집행기관이 자신의 관할구역에 있는 사업장뿐만 아니라 다른 사업장과 본사의 안전보건확보의무의 이행상황을 조사해야 하는데, 이것을 어떻게 제대로 조사할 수 있을지 많은 의문이 든다. 이것은 이 법에서의 안전보건확보의무의 내용이 개별 사업장에 특수한 의무까지를 부과하고 있는 데에서 발생하는 문제라고 할 수 있다. 이 법의 안전보건확보의무가 경영책임자에 대한 의무인 만큼, 예컨대 재해 발생 시 재발방지 대책의 수립 및 그 이행에 관한 조치의 실행 여부는 전국의 모든 사업장(현장)을 조사해야 제대로 파악할 수 있을 것이다. 행정기관이 관계법령에 따라 개선, 시정 등을 명한 사항의 이행에 관한 조치도 마찬가지의 문제를 가지고 있다.

중대산업재해가 발생한 경우, 산업안전보건법과 달리 이를 보고하도록 하는 규정을 두고 있지 않다.[408] 그 결과, 사망재해가 아닌 중대산업재해의

---

408) 중대시민재해의 경우의 '보고 또는 신고'에 대한 규정을 두고 있으나(시행령 제8조 제3호 다목, 제10조 제7호 다목), 보고 또는 신고 대상기관, 방법, 기한 등이 규정되어 있지 않은 입법적

경우 그 발생을 조기에 파악하지 못하여 조사(수사) 대상에서 누락되거나 뒤늦게 파악되어 조사가 지연될 가능성이 있다. 그리고 1인 사업자, 특수형태근로종사자 등 근로자가 아닌 신분을 가진 자의 경우에는 사망재해 여부에 관계없이 산업안전보건법에서도 보고의무[409]를 두고 있지 않아 중대재해 발생사실에 대한 파악이 늦어지거나 제대로 되지 않을 가능성이 농후하다.

3. 평등의 원칙 또는 죄형균형의 원칙 위반

중대재해처벌법의 범죄구성요건요소에 해당하는 안전보건확보의무의 위반내용, 예컨대 재해예방에 필요한 인력 및 예산 등 안전보건관리체계의 구축 및 그 이행에 관한 조치의무, 재해 발생 시 재발방지 대책의 수립 및 그 이행에 관한 조치의무의 위반은 산업안전보건법상 과태료 부과 대상에 해당하는 사항(제2장 제1절 안전보건관리체제)으로서 산업안전보건법상 결과적 가중범의 범죄구성요건요소(위반행위)보다 죄질이 무겁거나 비난가능성이 결코 크다고 할 수 없다. 그리고 행정기관이 관계법령에 따라 개선, 시정 등을 명한 사항의 이행에 관한 조치의무는 그 성격상 해당 관계법령에 이미 개선·시정명령 등이 규정되어 있어 관계법령의 조치의무와 그 의미가 동일한 내용일 것으로 판단된다. 또 안전보건관계법령에 따른 의무이행에 필요한 관리상의 조치의무[410]는, 산업안전보건법령을 포함한 관계법

눌비가 있다. 한편, 이 보고 또는 신고가 '안전보건관리체계' 구축 및 이행에 관한 조치를 규정하고 있는 조문(시행령 제8조, 10조)에 규정되어 있는 것은 위화감이 든다.

409) 자영업자, 특수형태근로종사자 등의 경우에는 보고의무가 있더라도 보고주체를 명확히 하지 않으면 누가 보고해야 하는지를 놓고 많은 혼선이 발생할 것이다.

410) 이에 대한 구체적인 사항은 대통령령에서 정하는 것으로 되어 있다.

령에 이미 관리상의 조치의무가 상당히 규정되어 있는 점을 감안하면, 그 성격상 산업안전보건법령 등 관계법령에 규정되어 있는 내용을 벗어나지 못할 것(즉 산업안전보건법령 등 관계법령의 내용과 다분히 중복될 것)이다. 따라서 중대재해처벌법상의 안전보건조치의무의 대부분은 산업안전보건법 등 안전보건관계법과 그 내용, 성격 및 보호법익 등에 있어 질적 차이가 없을 것으로 판단된다. 즉, 중대재해처벌법상의 위반행위에 대해 산업안전보건법상의 위반행위보다 무겁게 처벌할 규범적 근거가 없는 상태라고 할 수 있다.

한편, 경영책임자가 산업안전보건법 등 안전보건관계법과 사실상 동일한 내용의 안전보건확보의무를 위반한 경우, 검사는 중대재해처벌법 조항을 적용하여 기소하는 것이 특별법 우선의 법리에 부합하지만, 산업안전보건법 등 안전보건관계법 조항을 적용하여 기소할 수도 있다. 그렇다면 피고인은 어느 법조항이 적용되는지에 따라 처벌수준이 달라지게 되는데, 이 또한 형법체계상의 정당성과 균형을 잃은 것이라고 할 수 있다.[411)]

안전보건확보의무의 보호 대상으로 보더라도 산업안전보건법은 수급인의 근로자로 한정하고 있는 반면, 중대재해처벌법은 종사자(제2조 제7호)라는 용어를 사용하면서 산업안전보건법과 달리 근로자 외에 1인 사업자, 특수형태고용종사자의 신분에 있는 자,[412)] 위임관계에 있는 자까지를 포함하고 있는바, 1인 사업자 등을 근로자와 비교할 때 보호 필요성, 불법의 정도, 비난가능성 등이 더 크다고 할 수 없을진대, 중대재해처벌법에서 산업안전보건법보다 오히려 강한 처벌규정을 두고 있는 것은 형평성을 상실하

---

411) 헌법재판소 2015.9.24. 2014헌바154 · 398, 2015헌가3 · 9 · 14 · 18 · 20 · 21 · 25 결정(병합) 참조.

412) 특수형태고용종사자의 경우 중대재해처벌법 제정 당시 산업안전보건법은 9개 직종으로 한정되어 있었는데, 중대재해처벌법은 모든 직종을 대상으로 하고 있다.

여 지나치게 가혹하다고 할 것이고, 따라서 형벌체계상의 균형성[413]에 반하여 헌법상의 평등원칙에 어긋난다.

또한 중대재해처벌법 제3장(중대시민재해) 경영책임자의 안전보건확보의무(제9조)에서 규정하고 있는 '생산・제조 중인 원료나 제조물의 설계, 제조, 관리상의 결함'으로부터 사람의 생명, 신체의 안전을 확보하기 위한 조치는 산업안전보건법, 화학물질관리법 등 기존의 다른 안전보건관계법에서도 유사한 규정을 적지 않게 찾아볼 수 있다. 그런데 중대재해처벌법의 규정과 산업안전보건법 등 다른 안전보건관계법의 규정이 불법의 정도(죄질) 및 비난가능성에 있어서 질적 차이가 있다고 볼 수 없음에도, 중대재해처벌법에서 다른 안전보건관계법보다 법정형을 더 무겁게 규정하고 있는 것은 합리적인 이유가 있다고 보기 어렵다.

다시 말해서, 중대재해처벌법으로 산업안전보건법 등 안전보건관계법보다 가중처벌하기 위해서는 안전보건관계법 조항의 구성요건 이외에 별도의 구성요건 표지를 추가한 가중처벌의 근거가 제시되어야 한다. 만일 별도의 구성요건 표지의 추가 없이 법정형만을 가중하려고 하면 일반 안전보건관계법의 법정형을 올리면 되지 따로 특별법(중대재해처벌법)을 제정할 필요가 없기 때문이다.[414]

법정형을 가중하기 위해서는 위반의 내용(죄질), 방법(행위의 태양), 결과 발생의 정도 등 가중처벌의 규범적 근거를 규정하는 것이 필수적이다.

413) 균형성 원칙은 개별 구성요건에서 범죄와 형벌 간 균형뿐만 아니라 형법의 범죄유형 상호 간 내지 형법과 형사특별법이나 형사특별법 상호 간에서도 문제가 될 수 있다. 가중처벌하는 근거가 그만큼 불법성이 높아서라면 동일한 행위유형이 형법각칙이나 행정형법(산업안전보건법 등)에서는 왜 그렇게 낮은 책임으로 처벌되는지 설명하기 어렵다(배종대, 『형법총론(제17판)』, 홍문사, 2023, 74쪽 참조).

414) 헌법재판소 2015.2.26. 2014헌가16・19・23(병합) 결정 ; 2014.4.24 2011헌바2 결정 참조.

그렇지 않으면 합리적 이유 없이 법의 피적용자가 과잉처벌을 받게 되는 불합리한 결과가 초래될 수 있기 때문이다. 따라서 중대재해처벌법에서 범행방법, 신분[415] 등 특별한 가중적 구성요건의 표지 없이 산업안전보건법 등 안전보건관계법보다 강하게 처벌하는 것은 형법체계상의 정당성과 균형을 상실한 것이 명백하다. 그렇다면 중대재해처벌법의 처벌 조항은 인간의 존엄성과 가치를 보장하는 헌법의 기본원리에 위배될 뿐만 아니라 그 내용에 있어서도 다른 범죄와의 관계에서 평등원칙에 위배된다고 볼 수 있다.[416]

4. 불명확개념의 다수 사용으로 인한 혼란

중대재해처벌법은 앞에서 살펴본 '안전보건관리체계' 외에 불명확개념을 많이 사용하고 있다. 먼저, 중대재해처벌법에서 기본개념으로 사용되고 있는 '안전보건' 개념 자체가 일반적으로나 사전적 의미로나 매우 광범위하고 모호하다. 이에 대한 용어정의나 적용범위도 규정되어 있지 않아, 경영책임자의 안전보건확보의무에서 사용되고 있는 '안전보건관계법령'의 범위 또한 지나치게 포괄적이고 불명확한 상태이다. 문제는 이 개념이 형사처벌과 직결되어 있다는 점이다. 즉, 형벌법규의 구성요건요소로서는 지나치게 광범위하고 불명확하다고 할 수 있다.

---

415) 전술한 바와 같이 산업안전보건법이 중대재해처벌법과 달리 의무주체(수범자=위반행위자)를 경영책임자로 한정하고 있지는 않지만, 양벌규정의 행위자 규정을 통해 경영책임자에 대해서도 중요한 의무주체로 상정하고 있다는 점에서 의무주체의 신분에 있어 양 법 간에 본질적 차이가 있다고 결코 할 수 없다(중소기업의 경우에는 더욱 그러하다).

416) 헌법재판소 2019.2.28. 2016헌가13 결정 ; 헌법재판소 2015.9.25. 2014헌바154 · 398, 2015헌가3 · 9 · 14 · 18 · 20 · 21 · 25 결정(병합) ; 헌법재판소 2004.12.16. 2003헌가12 결정(전원재판부) 참조.

그리고 근로기준법상의 근로시간, 휴식・휴게, 나아가 임금은 안전보건과 무관하다고 할 수 없어 근로기준법도 안전보건관계법령에 포함될 수 있고, 형법상의 업무상과실치사상 등도 안전보건에 대한 주의의무과 관련되어 있으므로 형법도 안전보건관계법령이 아니라고 볼 수 없다. 화학물질관련법, 소방관계법, 광산안전관계법, 철도・항공안전관계법,[417] 원자력안전관계법, 전기안전관계법, 가스안전관계법, 건설안전관계법, 선원법, 선박안전법, 어선안전조업법, 승강기안전관계법, 감염병예방관계법, 환경관계법,[418] 국방안전관계법, 재난관리관계법, 교육시설 등의 안전 및 유지관리 등에 관한 법률, 식품위생법,[419] 연구실안전관계법 등 수많은 법이 안전보건과 밀접한 관련이 있는 법에 해당한다. 이외에도 국내에 사업장 안전보건에 관련되는 법령은 법률만으로 한정하여 좁게 보더라도 30개가 넘고, 사람마다 그것의 범위가 다르게 해석되고 있다. 따라서 이 안전보건관계법령의 범위에 해당하는 법령에 과연 어떤 것들이 있는지가 매우 불명확하여 아무리 준법의지가 있는 피적용자라 하더라도 이에 대해 예측하는 것이 사실상 불가능한 상태이고, 그 결과 법운영당국의 자의적 집행이 불을 보듯 훤하다.

제5조(도급, 용역, 위탁 등 관계에서의 안전 및 보건 확보의무)에서 "그 시설, 장비, 장소 등에 대하여 실질적으로 지배・운영・관리하는 책임"이 있는 자에 대해서도 앞에서 지적한 문제 외에 많은 혼란이 예상되고 있다. 예를 들면, 설치, 수리, 서비스 등을 위해 다른 사업장에 방문하는 형태로 일하는 작업자의 경우, 당해 작업자 소속 업체의 경영책임자가 실질적으로

417) 객차, 비행기 등의 시설도 종사자에 대해서는 법인 또는 기관이 실질적으로 지배・운영・관리하는 사업 또는 사업장에 해당한다.

418) 대기오염, 수질오염 등 환경오염에 의해 근로자 등 종사자가 건강장해를 입는 경우를 얼마든지 상정할 수 있다.

419) 식중독 등에 의해 근로자 등 종사자가 건강장해를 입을 수 있다.

지배・운영・관리하는 책임이 있는 자인지, 방문처인 사업장의 경영책임자가 실질적으로 지배・운영・관리하는 책임이 있는 자인지가 불분명하다. 시설, 장비, 장소 '등'이라고 표현하고 있어 실질적인 지배・운영・관리의 기준이 물리적인 요소만으로 한정되는 것인지, 인적인 요소는 제외되는 것인지가 매우 불분명하기 때문이다. 인적인 요소가 제외된다면 실질적인 지배・운영・관리의 중요한 기준(대상)이 누락되어 불합리하게 되고, 포함된다면 의무주체의 혼선이 불가피하게 발생하게 된다.

중대재해처벌법 제9조에 규정되어 있는 '원료'라는 개념의 경우, 원료에서 발산하는 가스, 증기, 분진은 원료에 포함되는 것인지, 부산물은 원료에 포함되는 것인지에 대해 전문가에게 조언을 구하여도 도저히 정확히 예측할 수 없다. 그리고 제9조와 제10조에서 규정하고 있는 '그 밖의 사람'이라는 표현 또한 방문자, 통행인 외에 '근로자 등 종사자'가 포함되는지 여부가 불명확하다. 사전적 의미로나 원료나 제조물의 결함에 기인한 보호의 필요성으로 보나 근로자 등 종사자를 시민이 아니라고 볼 이유는 없기 때문이다. 그렇다면 종사자를 포함하여 부상자나 질병자가 10명 이상 발생한 경우에도 중대시민재해에 포함된다고 볼 수 있어, 종사자는 중대산업재해 외에 중대시민재해 방지의 대상에도 해당하는 것으로 해석될 여지가 충분히 있다.

문제는 이러한 불명확개념에 대해 용어정의를 하지 않고 예시도 제시하고 있지 않은 채 구성요건이 규정되어 있어서 구성요건상 금지되거나 명령된 행위의 윤곽을 파악하기 어렵다는 것이다. 준법정신을 가진 사회의 평균적 일반인도 합리적인 해석기준을 찾을 수 없다면 이는 명확성의 원칙에 반하는 것이다.

종사자에 대한 정의규정(제2조 제7호)에서 사용되는 의미와 제5조(도급, 용역, 위탁 등 관계에서의 안전 및 보건 확보의무)에서 사용되는 의미가 서로 일치하지 않는 것도 문제이다. 종사자의 정의규정에서는 각 단계의 수급인 및 수급인과 근로관계, 도급・용역・위탁・위임관계에 있는 자라고 표현하여 1차 수급인(용역・위탁・위임을 받은 자 포함) 자신도 종사자 자체에 포함한다고 규정하고 있는 반면, 제5조에서는 '제3자의 종사자'로 표현하고 있어 1차 수급인 자체는 '제3자'에 해당하고 '제3자의 종사자'에는 해당하지 않는[420] 것으로 해석되기 때문이다.

5. 형벌과 징벌적 손해배상의 병과

징벌적 손해배상 제도는 보편적 피해구제제도라기보다는 보통법의 전통을 배경으로 한 특수한 제도로서 드물게 활용되는 것이다. 대륙법계 국가에서는 일반적으로 도입하지 않고 있고, 중국, 대만 등 일부 국가에서 도입하고 있지만 어디까지나 한정된 분야에서 예외적으로만 도입하고 있다.

징벌적 손해배상 제도를 도입하고 있는 국가에서도 산업재해라는 특정 영역에 한정하여 징벌적 손해배상제도를 입법화한 사례는 찾아볼 수 없다.

이 제도는 형사적 제재가 필요함에도 제대로 처벌되지 않는 행위에 대한 제재 기능을 담당하거나, 민법의 불법행위제도가 불완전하게 집행될 수 있음을 고려한 악의적인 불법행위를 억제하는 기능을 담당하기 위한 제도라고 할 수 있다.

설령 징벌적 손해배상제도를 도입한다고 하더라도 일반적으로는 악의적(악질적)인 침해를 의도하였거나 또는 타인의 권리나 이익을 의도적(의식적)으로 현저하게 무시한 위법행위 등에 한해 인정될 수 있다.

산업재해로 사망하는 사건은 이에 해당하기 어렵다. 산업재해 사건에

420) 제3자 자체가 1차 수급인에 해당한다.

서 안전보건기준을 고의적으로 위반하는 경우는 있어도 생명과 건강 침해 자체를 의도하는 경우는 없기 때문이다. 미국, 영국, 호주 등 징벌적 손해배상제도를 운영하고 있는 영미법계 국가에서도 산업재해 영역(사건)에서 징벌적 손해배상을 인정한 판결은 없다. 호주의 New South Wales 주에서는 산업재해에 대해 징벌배상이 인정되지 않는다는 제한을 명시적으로 두고 있다.[421)]

보통법 국가인 미국과 영국에서도 산업안전보건법은 성문법으로 존재하는바, 산업안전보건법에 징벌적 손해배상제도를 규정하고 있지 않다. 산업안전보건법을 포함한 어떠한 법에서도 동일한 위반행위에 대해 형사처벌에 추가하여 징벌적 손해배상을 인정하는 입법례는 발견되지 않는다. 예를 들면, 영국에서는 피고가 이미 자신의 위법행위에 대해 처벌받은 경우 징벌배상은 인정되지 아니하고, 호주에서도 징벌배상의 목적인 처벌과 억지가 형사소송으로 인해 이미 실현되었기 때문에, 형사처벌 받은 행위에 대해 징벌배상이 인정된다면, 피고를 이중으로 처벌하는 결과가 된다고 하여 인정하지 않으며, 뉴질랜드 또한 해당 행위로 인하여 피고가 이미 형사처벌을 받았다면 징벌배상을 부과할 수 없고 피고의 행위가 이후에 형사절차에 따라 처벌될 가능성이 있다면 징벌배상청구를 민사소송에서 주장하는 것도 중지되며, 캐나다의 경우에도 피고가 이미 민사상 또는 형사상 처벌을 받았는지를 고려한다.[422)]

보통법 국가에서도 징벌적 손해배상이 인정되는 근거는 ① 형사처벌이 마땅하지만 죄형법정주의를 적용한 결과 실체법적으로 구성요건해당성 등

421) 박희주, 『외국의 징벌적 손해배상 법제 및 사례 연구』, 한국소비자원, 2014, 106쪽.
422) 박희주, 『외국의 징벌적 손해배상 법제 및 사례 연구』, 한국소비자원, 2014, 100, 105~106, 109~110쪽.

요건이 갖추어지지 않아 처벌할 수 없는 경우, ② 실체법적 요건을 모두 갖춘 경우라 하더라도 절차법적으로 기소요건이 갖추어지지 않아 기소할 수 없는 경우 또는 검사가 기소에 소극적인 경우, ③ 실체법・절차법적 요건을 모두 갖추어 처벌할 수 있다 하더라도 그 형사법적 처벌내용이 가해자에게 적절한 징벌로서 기능하기 어려운 경우 등이다. 즉, 형사처벌이 현실적으로 어려운 경우 대체수단으로 징벌적 손해배상이 인정되는 것이지, 형사처벌의 대상이 되는 행위에 대해 이중제재를 하기 위해 인정되는 것은 아니다.

칼럼 '유전무죄 무전유죄' 중대재해법[423]

중대재해법을 두고 '유전무죄, 무전유죄' 법이라는 비아냥이 많이 들린다. 문서 작성능력이 있고 재정적으로 변호사 선임여력이 있는 업체는 소송에서 무죄를 받을 것이고, 문서 작성능력조차 부족한 소규모 업체에 처벌이 집중될 것이라는 이야기이다.

재정적으로 여력이 있는 업체는 하나같이 소송을 제기할 것이고, 이 법의 허술하고 거친 내용을 파고들어 무죄를 주장하면서 위헌소송도 함께 제기할 것이다. 영업능력이 뛰어난 로펌에 소송의뢰가 집중되면서 법률시장의 '부익부 빈익빈' 현상이 심해질 것이라는 예상도 나오고 있다.

수사기관이 법적 근거 없는 자의적 해석을 통해 무작스럽게 경영책임자를 처벌하려고 하고, 중대재해가 발생할 때마다 경찰, 고용부에서 기업의 본사를 압수수색하는 등 경쟁적으로 거친 수사를 하고 있지만, 종국적으론 법원에서 무죄가 속출할 것으로 예상된다. 법 자체가 법리적으로나 기술적으로나 엉성해 빠져 나갈 구멍이 많기 때문이다.

423) 정진우, 전기신문, 2022.3.28.

경영책임자 1인에 초점을 맞추다 보니 대기업의 경우 중대재해법상의 의무위반과 중대재해 간에 상당인과관계가 부정될 가능성이 매우 높다. 수사기관은 둘 간의 연결고리를 억지로 꿰맞추려고 열을 올리겠지만, 수사기관의 과욕이 법원에서 받아들여질 가능성은 매우 낮아 보인다. 처벌 대상을 경영책임자로 한정하다 보니 중대재해 발생과 경영책임자의 의무위반 간에 인과관계를 찾는 것이 실패로 끝날 가능성이 매우 높다. 무조건 경영책임자를 처벌하려고 한 제 꾀에 넘어간 셈이다.

정부는 CEO 처벌에 안달이다. CEO에 준하는 자도 경영책임자가 될 수 있다고 법률에 명시돼 있는데도 정부는 이를 대놓고 무시하면서 CEO는 책임에서 벗어날 수 없다고 해석하고 있다. CEO에게 책임을 묻는 것이 입법자의 의사라고 강변하면서 말이다. 국회 속기록을 읽어보면 그게 아니라는 것이 금세 들통이 날 텐데도. 설령 입법자의 의사가 그렇다 하더라도 문언의 의미가 입법자의 의사보다 중요하다는 건 법적 상식이다.

로펌이 이러한 허점을 놓칠 리 없다. 로펌은 중대재해법이 기업의 경영책임자를 형사처벌하는 데 초점을 맞추고 있는 법이라는 것을 일찌감치 동물적 감각으로 파악했다. 돈 냄새를 확 맡은 로펌은 대기업을 찾아다니며 공포마케팅으로 유례없는 호황을 누렸다. 고용부부터가 로펌을 자문에 수시로 참여시키는 등 로펌의 비즈니스에 밑밥을 깔아주었다. 중대재해법 제정에 가담한 고용부 담당국장은 퇴직하면서 (전문성이 없는데도) 로펌으로 직행한 후 공포마케팅에 가장 열을 올리고 있다. 이러라고 중대재해법을 제정했는가.

예방지도감독에 집중해야 할 근로감독관은 중대재해가 발생하기만 하면 처벌을 목적으로 막무가내식의 수사를 하고 있다. 여러 정황상 중대재해법에서 무죄가 나올 가능성이 높은 사건에 대해서까지 많은 시간과 자원을 쏟아 붓고 있다. 국가적으로 큰 낭비라 하지 않을 수 없다.

중대재해법은 의무주체의 위상과 역할에 합당한 의무를 부과하고 있지 않고 장소를 지배 · 운영 · 관리하는 자에게 모든 책임을 지우고 있다는 점에서 법원칙과 안전원리에 맞지 않는다. 원칙과 원리에 맞지 않다 보니 재해예방의 실효성이 있을 리 만무하다. 장소를 지배 · 운영 · 관리한다고 해서 고용관계에 있는 사업주를 제치고 이 자에게 위험에 대해 모든 책임이 있다고 보는 것 자체가 무리한 발상이다. 중대재해 발생 사건에서 책임을 놓고 법정 공방이 벌어질 경우에 장소를 지배 · 운영 · 관리한 자에 대해 무죄로 결론이 날 가능성이 높은 이유이다.

고용부를 비롯한 행정부처의 해설서와 검찰 해설서 모두 처벌 범위를 넓히는 데만 열안이고 수범자의 입장에서 누가 무엇을 어떻게 이행해야 할지에 대한 해설은 빈약하기 짝이 없다. 의무이행과 직결돼 있는 의무주체, 의무이행방법 등 핵심쟁점에 대해선 어물쩍 넘어가고 있다. 처벌 논리 개발에만 여념이 없고 기업의 의무이행에 대해선 실질적인 노력은 하지 않고 있는 것이다.

고용부에서 중대재해법 컨설팅 지원을 하고 있다고 하지만 지원 나온 사람들조차 현장에서 정작 궁금해 하는 쟁점에 대해선 답변을 하지 못하고 지원 실적 채우기에 급급하다고 한다. 시간만 허비했다는 볼멘소리가 많이 나오고 있는 현실을 고용부는 알고 있는가.

게다가 중대재해법 해설서가 부처 간에 조율이 되지 않아 고용부와 검찰의 입장에 차이가 있는 부분도 적지 않게 발견된다. 수범자 측에서는 도대체 어디에 장단을 맞춰 대응해야 할지 매우 혼란스러운 상황이다. 무책임하다고 하지 않을 수 없는 대목이다. 중대재해법과 산업안전보건법 간에 의무주체가 충돌되는 부분이 적지 않다는 점도 심각한 문제이다.

중대재해법 제정을 주장하거나 찬성한 자들에게 묻는다. 누구를 위한 중대재해법인가. 전문성은 차치하더라도 과연 진정성은 가지고 있었는가. 훗날 역사에서 이들이 어떻게 평가될지 자못 궁금하다.

인터뷰 I
정진우
서울과학기술대 안전공학과 교수[424)]

"졸속으로 만들어져 법 규정 모호… 행정현장·기업 혼란 가중"

소방청장도 경영책임자로 처벌 대상에

엄벌주의로 되레 취약계층 불이익 우려

"공무원은 물론 행정기관에서 도급·용역·위탁을 주는 외부 민간업체의 근로자들도 중대재해처벌법에 적용된다." 정진우 서울과학기술대 안전공학과 교수는 16일 "중대재해처벌법이 대기업 경영책임자를 처벌하는 데 중점을 뒀지만 행정기관도 예외가 될 수 없다 보니 법 적용 대상이 됐다"면서 이같이 말했다.

Q 관가가 중대재해처벌법으로 비상이다.

"행정기관이 발주한 공사 현장에서 발생한 근로자 사망 등 사고는 해당 기관장이 책임을 져야 한다. 산재를 효과적으로 줄일 수 있는 인프라를 구축하거나 시스템 혁신이 선행되지 않으면 아무리 처벌을 강화하는 법안을 만들어도 산재를 줄일 수 없다."

Q 소방관·군인도 중대재해처벌법 대상인가.

"이 법의 보호 대상은 노무를 제공하는 사람은 누구나 적용이 된다. 군인과 소방관은 다른 직종에 비해 사고가 많은데, 노무를 제공하는 측면에서 대상이다. 따라서 소방청장 등도 안전 보건 확보 의무를 위반해 중대재해에 이르게 한 경우 경영책임자로서 처벌을 받을 수 있다."

424) 서울신문, 2021.12.17.

Q **법 규정이 모호해 행정 현장의 고민이 크다.**

"중대재해 발생 시 누가 책임을 져야 하는지 불명확하다. '이행에 관한 조치', '안전 · 보건에 관한 업무', '유해 · 위험요인의 개선', '적절한 조치' 등 불명확한 개념이 곳곳에 있다. 법치행정에 걸림돌로 작용할 것이다."

Q **기업도 혼란스러워한다.**

"이 법의 의무주체인 '경영책임자' 개념부터 모호하다. 실질적으로 지배 · 운영 · 관리하는 자가 누구인지도 알 수 없다. 지배 · 운영 · 관리하는 자가 각각 다를 경우 누가 예방의무를 이행해야 하는지도 알 수 없다. 준법의지가 있는 기업도 누가 무엇을 해야 하는지 알 수가 없다는 것은 심각한 문제다."

Q **그래서 요즘 로펌만 신났다고 한다.**

"실효성이 없고 이행할 수도 없는 규정을 만들어 놓고 준수하지 않으면 엄벌로 처벌하겠다고 하면 처벌을 회피하기 위해 대기업들은 로펌의 자문을 받아 형식적으로 문서 만드는 것으로 대응할 것이다."

Q **그래도 노동자 보호를 위해 강한 처벌이 필요하지 않나.**

"엄벌주의로 오히려 취약계층이 불이익을 받을 수도 있다. 뇌졸중 · 심근경색에 취약한 기초질환자, 고령자의 채용을 꺼릴 가능성이 높다. 더 걱정인 것은 이제까지 관대했던 산업재해 인정에 인색하게 나올 가능성이 크다. 산업재해로 인정되면 형사처벌로 이어질 가능성이 커지기 때문이다."

Q **법이 정교하지 못하다.**

"산업안전보건법 개정안(김용균법)은 위험한 작업을 하는 하청 노동자들의 법적 보호를 위해 만들었다. 그러나 정작 사고 발생 위험이 가장 높은 유지 · 보수공사 도급이 종전에는 규제 대상이었는데 개정하면서 빠졌다. 그러다 보니 더 센 법(중대재해처벌법)이 필요해 졸속으로 만들어진 측면이 있다."

최광숙 대기자 bori@seoul.co.kr

제5장

중대재해처벌법 시행령의 주요 쟁점

Ⅰ. 체계상의 문제

Ⅱ. 내용상의 문제

Ⅲ. 집행상의 문제

YouTube 영상으로 확인하세요!

정관용의 정책토론

KBS 열린토론

중대재해처벌법 시행령이 당초 계획보다 두 달 정도 늦게 입법예고되었고, 확정된 시행령의 내용이 입법예고된 내용에서 적지 않게 수정된 것으로 보아, 확정된 내용의 타당성 여부를 떠나 시행령을 정하는 데 있어 정부에서도 나름대로 심사숙고한 것으로 보인다. 법률부터가 태생적으로 많은 한계를 안고 있다 보니, 시행령의 내용을 합리적이고 실효성 있게 정하는 데 어려움이 컸을 것이다.

하지만 이 점을 감안하더라도 이번에 제정된 시행령은 체계와 내용 및 집행 측면에서 여러 문제가 있는 것으로 보인다. 시행령에 여전히 지나치게 광범위하고 비현실적인 규정이 많아 법률의 문제점을 해결하기는커녕 상황을 오히려 악화시킬 수도 있을 것으로 예상된다.

중대재해처벌법령을 따라야 할 수범자들은 '의지와 비용'의 리스크보다는 '비현실성과 불명확성'의 리스크를 떠안게 되었다. 준법의지가 강한 수범자조차도 지킬 수 없는 내용이 적지 않다는 점에서 중대재해처벌법령은 법령으로서의 기본요건을 갖추지 못하고 있다고 할 수 있다.[425)]

I. 체계상의 문제

1. 입법 취지의 미반영

중대재해처벌법 시행령 제4조와 제5조는 중대재해처벌법에서 제4조만을 위임근거로 삼고 있는바, 같은 법 제4조와 제5조의 본문 규정은 종사자

425) 이 부분은 주로 정진우, 「중대재해처벌법 시행령 입법예고안에 대한 비판적 고찰 – 중대산업재해를 중심으로 –」, 산업보건학회지, 제31권 제4호, 2021.12, 417~426쪽을 참조하였다.

개념의 광범위함 때문에 보호 대상은 거의 동일하다고(사실상 중복된다고) 볼 수 있지만,[426] 제4조는 "사업장의 특성 및 규모 등을 고려하여"라는 표현이 규정되어 있는 반면 제5조는 이러한 표현이 규정되어 있지 않고, 제4조는 "실질적으로 지배・운영・관리하는 사업 또는 사업장"이라고 표현되어 있는 것에 대하여 제5조는 "그 시설, 장비, 장소 등을 실질적으로 지배・운영・관리하는 책임이 있는 경우"라고 표현하고 있는 것에서 알 수 있듯이, 양 조문의 규정은 외견상 유사한 것 같지만 엄격히 보면 분명히 다르게 규정되어 있음에도 불구하고, 시행령에서 제4조와 제5조에 따른 안전보건조치의무를 구분하여 규정하지 않고 제4조만을 근거로 하여 획일적으로 규정하고 있는 것은 입법 취지에 맞지 않는다.

그 결과, 후술하듯이 시행령의 규정이 수급인의 의무인지 도급인의 의무인지 불명확한 문제가 발생하고 있다.

2. 도급, 용역, 위탁 시 적용규정의 불명확

시행령 제4조에서 안전보건관리체계 구축 및 이행에 관한 조치로 8개 항목을 규정하고 있는바, 제3자에게 도급, 용역, 위탁 등을 하는 경우에 중대재해처벌법 시행령 제4조 제9호만 적용되고 제1~8호는 적용되지 않는 것인지 불명확하다.

---

426) 중대재해처벌법 제2조 제7호의 종사자의 개념에는 자사 근로자 외에 자사와 도급・용역・위탁 관계에 있는 모든 노무제공자(1인 사업자, 모든 특수형태근로종사자 포함)뿐만 아니라, 도급계열에 있는 모든 관계수급인(제3자), 그의 직영근로자 외에 그와 도급관계를 갖는 모든 노무제공자(1인 사업자, 모든 특수형태근로종사자 포함)를 포함하기 때문에, 중대재해처벌법 제4조의 보호 대상인 종사자와 같은 법 제5조의 제3자의 종사자는 거의 동일하다고(사실상 중복된다고) 할 수 있다.

중대재해처벌법 제4조의 의무주체가 '사업 또는 사업장'을 실질적으로 지배·유영·관리하는 경영책임자라고 규정하여 다분히 '장소'를 기준으로 의무주체를 설정하고 있는 만큼, 예컨대 도급인(또는 발주자)(발주도 도급의 일종이다)이 장소를 소유·운영하고 있으면 그것만을 이유로 도급인이 의무주체인 것으로 해석될 가능성이 크다. 그렇다고 하면, 같은 법 시행령 제4조 제1~8호와 제5조 제2항 제1~4호에 제4조 제9호의 "제3자에게 업무를 도급, 용역, 위탁 등을 하는 경우"와 같은 수식어가 붙어 있지 않더라도, 제4조 제1~8호와 제5조 제2항 제1~4호의 의무까지도 대부분 도급인이 이행해야 하는 것으로 해석될 가능성이 크다.[427), 428)]

위와 같은 이유로 도급관계에 있어 산업안전보건법과 중대재해처벌법 간에 의무주체가 달라 큰 혼란이 발생할 수 있다. 산업안전보건법에서는 수급인에게 의무가 부과돼 있는데, 중대재해처벌법에서는 도급인의 의무로 해석되는 사항이 적지 않다. 예컨대, 안전보건관리체제의 구축, 안전보건교육, 안전점검 등의 경우 산업안전보건법령에서는 기본적으로 수급인이 실시해야 하는 것으로 규정돼 있는 반면, 중대재해처벌법령에서는 도급인이 실시해야 하는 것으로 해석될 가능성이 크다.

그 결과, 수범자는 산업안전보건법과 중대재해처벌법 중 어느 법을 따라야 하는지가 매우 불명확하고 이를 둘러싸고 현장에서는 큰 혼란이 발생할 수밖에 없는 상황이다. 게다가 주로 도급인에게만 안전보건조치의무가

---

427) 시행령 위임 대상이 아닌 중대재해처벌법 제4조 제1항 제2호와 제3호의 사항 또한 대부분 도급인이 안전보건조치의무를 이행해야 하는 것으로 해석된다.

428) 제3자에게 공중이용시설 또는 공중교통수단의 운영 · 관리업무의 도급, 용역, 위탁 등을 하는 경우, 시행령 제10조(공중이용시설 · 공중교통수단 관련 안전보건관리체계 구축 및 이행에 관한 조치) 제1~7호와 제11조 제2항 제1~4호의 의무 또한 (제8호의 "제3자에게 업무를 도급, 용역, 위탁 등을 하는 경우"와 같은 수식어가 붙어 있지 않더라도) 대부분 도급인이 이행해야 하는 것으로 해석될 가능성이 크다.

부과되어 있고 수급인에게는 특별한 경우를 제외하고는 아무런 안전보건조치의무가 부과되어 있지 않아 수급인의 안전보건에 대한 무관심을 조장할 가능성이 크다.

따라서 도급인은 수급인의 근로자에 대한 안전보건관리를 할 때 이러한 점을 충분히 고려할 필요가 있다.

3. 형벌체계의 균형성과 정당성 상실

중대재해처벌법은 법 자체가 결과적 가중범 구조로 되어 있고, 산업안전보건법은 벌칙 전체가 결과적 가중범 구조로 되어 있는 것은 아니지만 많은 안전보건조치 위반에 대해 결과적 가중범으로 처벌하는 구조로 되어 있다. 산업안전보건법이 이미 많은 안전보건조치 위반으로 사망에 이르게 한 경우에 결과적 가중범으로 처벌하는 구조로 되어 있음에도 불구하고 산업안전보건법보다 강한 형사처벌을 규정하고 있는 중대재해처벌법이 제정된 것에 대해 정당성을 얻기 위해서는 산업안전보건법보다 가중적인 표지를 포함하고 있어야 한다. 결과적 가중범이 기본행위와 중한 결과로 구성되어 있기 때문에, 기본행위의 구성요건에 있어 중대재해처벌법의 안전보건조치기준이 산업안전보건법의 안전보건조치기준보다 더 중요한 것이거나 중한 결과의 정도 또는 범위에 있어 중대재해처벌법이 산업안전보건법보다 중한 결과이거나 좁아야 한다. 이를 구체적으로 검토하면 다음과 같다.

중대재해처벌법령에는 죄질(사회유해성)과 비난가능성에 비추어 볼 때 산업안전보건법 등 기존 안전관계법보다 강하게 처벌할 규범적 근거가 없는데도 중벌에 처하는 조항이 많이 규정되어 있는바, 이는 형벌체계의 정당성과 균형을 상실한 것이라고 할 수 있다.

중대재해처벌법은 시행령의 내용으로 보더라도 상당수가 보호법익 측면에서 산업안전보건법의 내용과 별반 다를 게 없는데 법정형만 크게 상향시켜 놓고 있다. 예컨대, 산업안전보건법에서는 아예 처벌 대상이 아니거나 과태료 부과 대상에 불과한 사항(안전보건에 관한 경영방침 설정, 안전보건관리체제, 산업재해 재발 방지대책 수립에 관한 사항 등)을 중대재해처벌법에서는 강한 형사처벌을 규정하고 있다.

이를 구체적으로 설명하면, 중대재해처벌법 시행령 제4조의 안전보건관리체계 구축 및 그 이행에 관한 조치의무를 보면, 그 내용이 산업안전보건법상의 내용과 동일하거나 완화되어 있어 중대재해처벌법으로 산업안전보건법보다 가중처벌할 규범적 근거가 결여되어 있다. 특히 시행령 제4조 제1호, 제3호, 제5호 가목, 제6호는 산업안전보건법상의 규정(시행령 제13조 제2항 / 법 제36조 / 시행령 제14조 제2항, 제15조 제2항, 제53조 제2항 / 법 제17조, 제18조, 제19조, 제22조)과 사실상 동일한 내용으로 되어 있거나 산업안전보건법상의 규정으로 갈음하고 있으며, 산업보건의(산업안전보건법 제22조)의 경우에는 기업활동규제완화에 관한 특별조치법에 따라 자율선임하도록 되어 있는데 중대재해처벌법에서는 이를 강제하고 있다.[429] 즉 불법의 정도(죄질), 비난가능성이 산업안전보건법보다 오히려 약한 상

429) 산업보건의는 기업활동규제완화에 관한 특별조치법(제28조)에 따라 자율선임 · 위촉하도록 되어 있는데 중대재해처벌법에서는 의무화하고 있어 양 법이 상호 모순 · 저촉되는지 여부가 문제될 수 있다. 양 법의 입법목적, 규정사항 및 적용범위 등을 종합적으로 검토하여 판단할 때(대법원 1989.9.12. 88누6856 판결 등 참조), 산업보건의의 선임 · 위촉에 대해서는 양 법이 서로 상호 모순 · 저촉되는 관계에 있다고 볼 수 있는바, 특별법 우선의 원칙에 따라 기업활동규제완화에 관한 특별조치법이 산업보건의 위촉에 대하여 우선적으로 적용되어 중대재해처벌법 시행령 제4조 제6호에 따른 산업보건의에 관한 사항의 적용은 배제된다고 볼 수 있다. 그러나 기업활동규제완화에 관한 특별조치법은 기업에만 적용되므로, 기업이 아닌 기관의 경영책임자는 시행령 제4조 제6호(산업안전보건법 제22조)에 따라 중대재해처벌법상의 종사자의 유해 · 위험을 방지하기 위하여 산업보건의를 배치(선임 · 위촉)해야 할 의무가 있음에 유의해야 한다.

태이다. 이는 책임과 형벌 사이의 비례성을 갖추지 못하고 있다.

또한 중한 결과에 해당하는 중대산업재해의 범위에 있어서도 사망의 경우 산업안전보건법과 동일하고, 질병의 경우에는 시행령에서 중증도 기준을 제시하지 않아 시행령에 열거된 24개 질병에 대해서는 산업안전보건법보다 오히려 확대되어 있는 점도 형벌체계의 정당성과 균형을 상실한 것이라 할 수 있다. 산업안전보건법에서는 그간 질병성 사망에 대해서는 개념적으로 중대재해의 범위에 들어가 있지만 실제 중대재해조사 대상에서는 여러 이유로 제외되어 온 반면에, 중대재해처벌법은 전형적인 직업성 질병 외에 업무적 요인이 일부 관련되는 작업관련 뇌심혈관계 질환, 코로나19와 같은 감염병 등의 질병성 사망을 아무런 예외 없이 모두 포함시키고 있는 점도 형벌체계의 정당성과 균형을 상실한 것이라고 할 수 있다.

중대재해처벌법으로 산업안전보건법 등 안전보건관계법보다 가중처벌하기 위해서는 안전보건관계법 조항의 구성요건 이외에 별도의 구성요건 표지를 추가한 가중처벌의 근거가 제시되어야 한다. 만일 별도의 구성요건 표지의 추가 없이 법정형만을 가중하려고 하면 산업안전보건법 등 기존의 안전보건관계법상의 결과적 가중범의 법정형을 올리면 되지 따로 중대재해처벌법을 제정할 필요가 없기 때문이다.[430] 따라서 중대재해처벌법이 산업안전보건법 등 안전보건관계법들보다 법정형을 가중하기 위해서는 위반의 내용(죄질), 방법(행위의 태양), 결과 발생의 정도 등 가중처벌의 규범적 근거를 규정하는 것이 필수적이다. 그렇지 않으면 아무런 이유 없이 법의 피적용자가 과잉처벌을 받게 되는 불합리한 결과가 초래될 수

430) 헌법재판소 2015.2.26. 2014헌가16 · 19 · 23(병합) 결정 ; 2014.4.24 2011헌바2 결정 참조.

있기 때문이다.

요컨대, 책임주의 원칙상 비난가능성의 정도에 상응하는 형벌을 부과하여야 하므로, 강한 형벌이 수반되면 될수록 구성요건을 엄격하게 규정해야 한다. 그럼에도 불구하고 중대재해처벌법이 산업안전보건법보다 오히려 구성요건을 느슨하게 규정하고 있는 것은 책임주의 원칙에도 평등의 원칙에도 위반된다고 볼 수 있다. 다시 말하면, 중대재해처벌법과 산업안전보건법 등 안전보건관계법의 결과적 가중범 규정은 행위불법과 결과불법이 다르지 않고 부분적으로는 중대재해처벌법의 기본행위의 행위불법이 산업안전보건법의 기본범죄의 그것보다 약한 것도 발견된다.

이처럼 중대재해처벌법에서 산업안전보건법 등 안전보건관계법과 비교하여 보호법익, 범행방법, 신분[431] 등 별도의(특별한) 가중적 구성요건의 표지 없이 산업안전보건법 등 안전보건관계법보다 강하게 처벌하는 것은 형법체계상의 정당성과 균형을 상실한 것으로 판단된다. 그렇다면 중대재해처벌법의 처벌 조항은 인간의 존엄성과 가치를 보장하는 헌법의 기본원리에 위배될 뿐만 아니라 그 내용에 있어서도 다른 범죄와의 관계에서 평등원칙에 위배된다고 볼 수 있다.[432]

431) 산업안전보건법이 중대재해처벌법과 달리 의무주체(위반행위자)를 경영책임자로 한정하고 있지는 않지만, 양벌규정의 행위자 규정을 통해 경영책임자 또한 중요한 의무주체로 상정되어 있다는 점에서 경영책임자라는 신분에 있어서 두 법 간에 차이가 있는 것은 아니다. 따라서 신분을 가중처벌의 근거로 삼는 것은 잘못된 주장이다. 이 점은 중소기업의 경우에는 중대재해처벌법의 경영책임자에 해당하는 자가 실제 형사처벌되는 사례가 많고, 대기업의 경우에도 드물지만 경영책임자에 해당하는 자가 형사처벌되는 사례가 있는 것에서도 알 수 있다.

432) 헌법재판소 2019.2.28. 2016헌가13 결정 ; 헌법재판소 2015.9.25. 2014헌바154 · 398, 2015헌가3 · 9 · 14 · 18 · 20 · 21 · 25 결정(병합) ; 헌법재판소 2004.12.16. 2003헌가12 결정(전원재판부) 참조.

4. 법령 간의 모순 · 충돌

체계상으로도 같은 법령 내 조항 간에, 중대재해처벌법과 그 시행령 간에, 중대재해처벌법과 다른 법 간에 상충되거나 모순되는 조항이 적지 않다.

첫째, 전술한 바와 같이 중대재해처벌법 제4조에 따른 의무주체의 요건(실질적으로 지배 · 운영 · 관리하는 사업 또는 사업장)과 같은 법 제5조의 의무주체의 요건(시설, 장비, 장소 등에 대하여 실질적으로 지배 · 운영 · 관리하는 책임)이 외양적으로는 같은 것으로 보이지만 엄격히 보면 명백히 다르게 규정하고 있어 수범자는 어느 기준에 따라야 할지 매우 혼란스러운 상황임에도, 시행령에서 이를 해소하는 내용을 전혀 규정하고 있지 않다.

구체적으로 말하면, 중대재해처벌법 제2조 제7호에 따라 '종사자'의 개념이 이미 도급계열에 있는 모든 노무제공자를 포함하고 있어(즉, 제4조의 '종사자'의 개념에 제5조의 '제3자의 종사자'가 이미 포함되어 있어), 도급, 용역, 위탁 등을 행하는 자의 직영근로자가 아닌 자의 경우 '종사자'(제4조)와 '제3자의 종사자'(제5조)는 제3자 자체를 제외하곤 동일한 자를 가리키기 때문에 중대재해처벌법 제4조와 제5조는 그 보호 대상이 사실상 동일한(중복되는) 상황이고, 제4조와 제5조의 안전보건확보의무 또한 동일한 상태임에도, 전자는 '사업 또는 사업장'이라는 장소적 관념만을 기준으로 의무주체를 규정하고 있는 반면 후자는 '시설, 장소'라는 장소적 관념뿐만 아니라 '장비, 기타'라는 비장소적 관념을 포함하는 요건으로 의무주체를 규정하고 있어, 결과적으로 동일한 법에서 동일한 보호 대상과 의무를 놓고 조문 간에 의무주체가 서로 다르게 규정되어 있는 상태에 있는 것이다. 예컨대, 협력사가 장비를 소유하고 관리할 경우, 장비에 대해서만큼은 중대재해처벌법 제5조에 따르면 협력사가 의무주체로 해석될 수 있지만, 같은 법 제4조에 따르면 장비의 소유 · 관리 여하에 관계없이 장소를 지배하는 도급인이 의무주체로 해석될 수 있다. 그럼에도 시행령은 이를 바로잡으려는 어떠한 규정도 두고 있지 않다.

둘째, 법률과의 부정합성, 시행령 규정 간의 모순이 적지 않고 다른 법령과의 관계 등을 제대로 고려하지 못하고 있다. 예를 들면, 시행령 제4조 제7호에서 종사자의 의견을 듣는 절차를 마련하고 그 절차에 따라 필요하다고 인정하는 경우에는 그에 대한 개선방안을 마련하여 이행하는지를 반기 1회 이상 점검한 후 필요한 조치를 하도록 규정하고 있는바, 종사자는 중대재해처벌법 제2조 제7호의 정의상 도급계열에 있는 모든 근로자, 특수형태근로종사자, 1인 사업자 등을 모두 포함하는데, 자사 근로자만을 포괄하는 산업안전보건위원회 또는 도급인 사업주와 수급인 사업주(하수급인 사업주는 제외된다)만으로 구성되는 안전 및 보건에 관한 협의체로 갈음할 수 있다고 규정하고 있는 것은 상호 간에 정합성이 결여되어 있다고 할 수 있다.

셋째, 산업안전보건법상 일정 규모 이상의 사업장의 안전·보건관리자는 산업안전보건법 시행령에 따른 업무만을 전담해야 하므로(산업안전보건법 시행령 제16조 제2항, 제20조 제2항), 이들에게 중대재해처벌법령상의 경영책임자의 안전보건조치의무를 보조적으로 수행(담당)하도록 하는 것은 상호 연계되는 업무라 하더라도 산업안전보건법을 위반하는 결과를 초래하게 된다. 산업안전보건법령과 중대재해처벌법령이 상호 배치·충돌되는 또 하나의 사례라고 할 수 있다.

넷째, 규정 간에 중복되는 부분이 적지 않다. 예를 들면, 시행령 제4조 제6호에 따른 전문인력 배치 규정, 같은 조 제2호에 따른 안전보건업무 전담조직 설치 규정은 같은 조 제4호의 안전보건에 관한 인력, 시설 및 장비 등을 갖추기에 적정한 예산을 편성하고 집행·관리하는 체계를 마련하라는 규정과 중복될 소지가 크다.

Ⅱ. 내용상의 문제

1. 불명확한 개념 다수 사용

중대재해처벌법의 애매하고 불명확한 부분을 시행령에서 보충적으로라도 해석하거나 설명하고 있지 않아 법의 위헌성이 해소되지 않았다. 준법의지가 아무리 강한 경영책임자라도 누가 무엇을 어떻게 해야 할지 판단할 수 없는 애매하고 불명확한 개념이 시행령에도 많이 규정되어 있다.(아래 표 참조)

[표 4] 중대재해처벌법 시행령 중 애매하고 불명확한 개념

▌제4조▐

제2호 : 안전·보건에 관한 업무
제3호 : 유해·위험요인을 확인, 필요한 조치
제4호 : 안전·보건에 관한 인력, 시설 및 장비의 구비, 유해·위험요인의 개선
제5호 : 충실히 수행할 수 있도록, 충실하게 수행하는지를, 평가 · 관리할 것
제7호 : 필요한 조치
제9호 : 안전·보건을 위한 관리비용

▌제5조▐

제2항 제1호, 제2호, 제3호 : 안전·보건 관계 법령
제2항 제2호 : 등 해당 의무 이행에 필요한 조치
제2항 제4호 : 등 교육 실시에 필요한 조치

▌제8조▐

제1호 : 필요한 인력, 안전 · 보건 관계 법령, 유해 · 위험요인의 점검
제2호 : 안전 · 보건 관계 법령, 인력 · 시설 및 장비 등의 확보 · 유지
제3호 : 유해 · 위험요인의 주기적인 점검

제5호 : 하는 등 중대시민재해 예방에 필요한 조치를 할 것

▌제9조▐

제2항 제1호, 제2호, 제3호 : 안전 · 보건 관계 법령
제2항 제2호 : 등 해당 의무 이행에 필요한 조치
제2항 제4호 : 등 교육 실시에 필요한 조치

▌제10조▐

제1호 : 필요한 인력
제2호 : 안전 · 보건 관계 법령, 인력 · 시설 및 장비 등의 확보 · 유지, 안전점검 등의 실시
제4호 : 충실히 이행하도록 할 것
제6호 : 하는 등 중대시민재해 예방에 필요한 조치를 할 것
제8호 : 중대시민재해 예방을 위해 필요한 비용

▌제11조▐

제2항 제1호, 제2호, 제3호 : 안전 · 보건 관계 법령

이상과 같은 개념은 형벌법규의 구성요건요소로서는 지나치게 광범위하고 불명확하다. 중대재해처벌법령의 입법 목적이나 그 전체적 내용, 구조 등을 살펴보아도 사물의 변별능력을 제대로 갖춘 일반인의 이해와 판단으로서도 그 구성요건요소에 해당하는 행위유형을 정형화하거나 한정할 합리적 해석기준을 찾기 어려우므로, 죄형법정주의가 요구하는 형벌법규의 명확성의 원칙에 반한다고 할 수 있다.[433] 예컨대 '안전 · 보건에 관한 업무'를 전담하여 총괄 · 관리하는 조직을 두도록 규정되어 있는바(시행령 제4조 제2호), '안전 · 보건에 관한 업무'가 무엇을 의미하는지 그 범위와 내용

433) 대법원 1998.6.18. 97도2231 전원합의체 판결.

이 매우 불명확하고 광범위하다. 즉, '안전 · 보건에 관한 업무'라고만 표현하면, 품질,[434] 성능[435] 등이 안전보건에도 해당되는 경우가 많고 안전보건에 간접적으로 관련되는 것까지 포함되는 것으로 해석될 수 있는 등 어디에서부터 어디까지의 업무인지 매우 불명확하게 되어 명확성의 원칙에 위배될 가능성이 높다.[436] 중대재해처벌법에 이어 시행령에도 지나치게 광범위하고 애매모호하여 신축이 자유로운 개념이 산재되어 있는 것이다.

형법은 죄형법정주의 원칙상 명확성의 원칙이 강하게 적용된다. 형벌이 수반되지 않거나 과태료 정도가 부과되는 규정이라면 모를까 중대재해처벌법처럼 강한 형사처벌이 따르는 법의 경우에는 건전한 상식과 통상적인 판단능력을 가진 사람이라면 그 내용을 충분히 인식할 수 있을 정도로 명확하게 규정해야 한다. 누구도 무엇을 어떻게 해야 하는지 알 수 없게 만들어 놓고 안 지키면 엄벌에 처하겠다는 식의 접근은 실효성을 확보하기 어렵다.

정부에서는 중대재해처벌법령상의 불명확한 부분을 법적 근거 없는 지침, 매뉴얼 등에서 설명하겠다는 입장을 비공식적으로 피력하고 있다. 그런데 기본권을 제한하는 중요한 사항을 법률 또는 위임입법에 근거하지 않고, 즉 법적 근거가 없는 상태에서 그것도 행정규칙(고시, 예규 등)도 아닌 지침 등으로 구체적인 사항을 제시하겠다는 것은 명확성의 원칙에 위반하고 있다는 것을 자인하는 것이고, 법률유보의 원칙에도 위배될 뿐만 아니라 자의적인 해석과 설명을 하겠다는 것이나 마찬가지이다.

434) 재해의 발생이 품질관리의 문제에 기인하는 경우도 적지 않다.

435) 예컨대 노후화된 기계 · 설비의 교체는 성능뿐만 아니라 안전과도 밀접한 관련이 있다.

436) 대기업의 경우 안전보건부서에서 환경에 관한 업무를 같이 담당하는 경우가 적지 않은데, 안전보건부서에서 환경업무를 포함하여 업무를 수행하게 되면 이 규정에 저촉되는 것으로 해석될 소지가 크다.

2. 과잉금지의 원칙 위반

중대재해처벌법 제4조와 제5조의 의무주체와 관련해서는, 법문의 통상적인 의미 내에서 중대재해처벌법의 입법취지와 목적, 입법연혁 등을 고려한 해석을 한다면, 도급인의 지위에 있는 자(경영책임자)에게만 의무를 부과하고, 수급인 및 하수급인 등 하청의 지위에 있는 자에게는 의무를 부과하고 있다고 볼 수 없다.

결국 제3자의 종사자와 직접적인 근로관계, 도급・용역・위탁관계에 있는 자가 별도로 있음에도 불구하고 원칙적으로 도급・용역・위탁관계의 최상위 조직(법인 또는 기관)의 경영책임자에게 시설 및 기계・설비적 영역 외에 안전보건관리체계 영역, 작업관리적 영역, 작업행동적 영역의 안전보건조치까지를 직접적으로 취하도록 하고 있는 것이다.

게다가 시행령 제4조 및 제5조에 의하면, 도급인이 수급인・하수급인의 근로자뿐만 아니라 수급인・하수급인과 업무상 관련된 특수형태근로종사자・독립사업자까지도 보호조치를 해야 하고, 이들의 안전보건에 관계되는 수많은(그러면서 해당 여부가 모호한) 법령, 그것도 법령에서 위반 시 벌칙(형사처벌, 과태료)이 수반되어 있는 조항뿐만 아니라 벌칙이 수반되어 있지 않은 조항까지도 이행해야 할 대상이다.

또한 시행령 별표 1의 24개 질병에만 해당하면 1년 이내에 3명 이상의 경증실병(B・C형 간염, 레지오넬라증, 열사병 등)이 발생한 것만으로 중대산업재해가 되고, 사업장 내에서 발생한 사망재해로서 산업재해로 인정될 수 있는 교통사망재해 및 출퇴근 도중 사망재해, 회사 주관 또는 지시에 따라 참여한 체육행사 등의 행사 중 사망재해,[437), 438)] 자연재해,[439)] 작업관련

437) 사업주가 주관하거나 사업주의 지시에 따라 참여한 행사나 행사준비 중에 발생한 사고로 부상

뇌심혈관계질환에 의한 사망재해, 업무로 인한 우울증에 의한 자살 등도 중대산업재해가 되는바, 이러한 재해에 대해서까지 그 방지를 위하여 도급인의 지위에 있는 자로 하여금 수급인·하수급인의 근로자뿐만 아니라 수급인·하수급인과 업무적으로 관련된 특수형태근로종사자·독립사업자에 대해서까지, 그것도 사실상 모든 영역(기계설비적 영역, 안전보건관리체계 영역, 작업관리적 영역, 작업행동적 영역)에 걸쳐 중대재해처벌법령에 규정된 각종 안전보건조치를 예외 없이 취하도록 하고 이를 위반한 경우 그에 대해서만 무거운 법정형을 부과하는 것은 과잉금지의 원칙(비례의 원칙)과 책임의 정도를 초과하지 않는 범위 내에서 형벌이 부과되어야 한다는 책임주의 원칙에 위배될 소지가 크다.[440)]

·질병 또는 장해가 발생하거나 사망하면 업무상의 재해로 본다(산업재해보상보험법 제37조 제1항 제1호 라목 참조).

438) 운동경기·야유회·등산대회 등 각종 행사(이하 "행사"라 한다)에 근로자가 참가하는 것이 사회통념상 노무관리 또는 사업운영상 필요하다고 인정되는 경우로서 다음 각 호의 어느 하나에 해당하는 경우에 근로자가 그 행사에 참가(행사 참가를 위한 준비·연습을 포함한다)하여 발생한 사고는 산업재해보상보험법 제37조 제1항 제1호 라목에 따른 업무상 사고로 본다(산업재해보상보험법 시행령 제30조).
1. 사업주가 행사에 참가한 근로자에 대하여 행사에 참가한 시간을 근무한 시간으로 인정하는 경우
2. 사업주가 그 근로자에게 행사에 참가하도록 지시한 경우
3. 사전에 사업주의 승인을 받아 행사에 참가한 경우
4. 그 밖에 제1호부터 제3호까지의 규정에 준하는 경우로서 사업주가 그 근로자의 행사 참가를 통상적·관례적으로 인정한 경우

439) 사회통념상 근로자가 사업장 내에서 할 수 있다고 인정되는 행위를 하던 중 태풍·홍수·지진·눈사태 등의 천재지변이나 돌발적인 사태로 발생한 사고는 근로자의 사적 행위, 업무 이탈 등 업무와 관계없는 행위를 하던 중에 사고가 발생한 것이 명백한 경우를 제외하고는 산업재해보상보험법 제37조 제1항 제1호 바목에 따른 업무상 사고로 본다(산업재해보상보험법 시행령 제31조).

440) 한수웅, 『헌법학(제11판)』, 법문사, 2021, 487~504쪽 : 임웅, 『형법총론(제13정판)』, 법문사, 2022, 46~50쪽 참조.

3. 안전보건교육 수강시기의 불합리

정부에서는 중대산업재해가 발생하면 유무죄의 결과가 확정되기 전에 경영책임자에게 의무적으로 안전보건교육을 수강하도록 할 방침이다. 법 위반자와 위반 여부 자체가 확정되지도 않았는데 중대재해가 발생했다는 이유만으로 수강명령을 강제하는 건 무죄추정의 원칙에 위반될 소지가 크다. 수강명령을 사실상 처벌의 연장수단으로 이용하겠다는 것이나 다름없다.

그러나 경영책임자에게 책임이 있는지 여부에 대해 논란이 있고 경영책임자가 될 수 있는 자가 복수인 경우가 일반적인 상황에서, 그리고 경영책임자 중에서도 누구에게 법 위반의 책임이 있는지가 판결 등을 통해 확정되지 않은 상태에서, 경영책임자의 위치에 있다는 이유만으로 안전보건교육의 수강을 강제하는 것은 헌법 제10조(인간으로서의 존엄과 가치를 가지며 행복을 추구할 권리)를 침해하는 행위로서 그 침해행위의 위헌·무효와 더불어 침해행위의 배제를 주장할 수 있음은 물론이고, 그로 말미암아 피해를 입은 경우에는 국가에 대하여 손해배상을 청구할 수 있다.

한편, 우리 헌법 제27조 제4항은 "형사피고인은 유죄의 판결이 확정될 때까지는 무죄로 추정된다."고 명시하고 있다. 무죄추정의 원칙상 금지되는 '불이익'이란 '범죄사실의 인정 또는 유죄를 전제로 그에 대하여 법률적·사실적 측면에서 유형·무형의 차별취급을 가하는 유죄인정의 효과로서의 불이익'을 뜻하고, 이는 비단 형사절차 내에서의 불이익뿐만 아니라 기타 일반 법생활 영역에서의 기본권 제한과 같은 경우에도 적용되는 원칙이므로,[441] 중대산업재해가 발생한 사실만을 이유로 안전보건교육을 수강하도

441) 헌법재판소 2010.9.2. 2010헌마418 결정 ; 헌법재판소 2006.5.25. 2004헌바12 결정 ; 헌법재판소 2005.5.26. 2002헌마699 결정 등.

록 강제하는 것은 '유죄인정의 효과로서의 불이익'에 해당되어 무죄추정의 원칙에 반한다고 할 것이다.

그리고 조사·수사도 하지 않고 판결도 확정되지 않은 상태에서는 누가 법 위반에 책임이 있는지를 특정할 수 없는바, 개개인의 잘잘못을 따지지도 않고 교육을 강제하는 것은 불합리하다. 경영책임자가 여러 명인 경우에는 그들 중 누구에게 책임이 있는지를 따져보지도 않은 채 그들을 모두 교육 대상자로 하게 되는 문제도 발생한다. 중앙부처의 경우 장관이, 지자체의 경우 지자체장이 과연 안전보건교육 수강을 할 것인지, 그들로 하여금 안전보건교육 수강을 하도록 강제하게 할 것인지 등도 관심사이다. 이것이 이행되지 않으면 형평성에 큰 문제가 발생할 수 있다.

누가 교육을 받아야 하는지를 놓고 집행기관과 중대산업재해 발생조직 간에 많은 트러블과 혼선이 발생할 것으로 예상된다. 또한 수강을 함으로써 유무죄 판단에 부정적 영향을 미칠 수 있는 관계로 많은 경영책임자는 과태료 부과를 감수하면서 수강하지 않는 일도 적지 않을 것으로 예상된다.

중대재해처벌법 위반 여부가 확정된 후에 안전보건교육을 수강하도록 하는 것이 헌법원칙에도 부합하고 안전보건교육의 실효성을 담보할 수 있을 것임을 고려하여, 시행령에서 이러한 방향과 내용으로 규정하는 것이 바람직하다.

4. 현실과 실효성의 미고려

현실과 실효성을 고려하지 않는 조항도 발견된다. 산업보건의는 직업환경의학과 전문의, 예방의학 전문의 또는 산업보건에 관한 학식과 경험이 있는 사람으로 제한되어 있어(산업안전보건법 시행령 제30조) 이 요건을 갖추고 있는 사람 자체가 시장에서 많이 부족한 상태다. 이런 상태라면 수범자가 의지가 없어서가 아니라 산업보건의를 구하지 못해 법을 위반하는 일이 속출할 것으로 예상된다.

지금까지 기업활동 규제완화에 관한 특별조치법(제28조 제1항 제1호)에 의해 임의제도로 사문화된 것을 인력수급 사정과 이 제도의 실효성에 대한 면밀한 검토 없이, 그것도 매우 강한 형사처벌을 배경으로 하여 획일적으로 강제하는 것은 합리적이지 못하고 재해예방에의 실효성에도 많은 의문이 든다.

5. 표현상의 문제

법의 적용 대상에 해당하는 '사업'과 법의 적용단위에 해당하는 '사업장'이 '또는'이라는 단어로 병렬적으로 표현되어 있다. 사업은 일정한 장소에서 상호 관련된 조직하에 업(業)으로서 계속적으로 하는 작업의 일체를 의미하는 반면, 사업장은 장소적 관념인바, 두 단어가 차원이 다른 개념임에도 기존의 노동관계법에서 적용범위(대상) 조항에서 사용되고 있는 표현을 중대재해처벌법의 맥락을 고려하지 않고 기계적으로 수용하여 규정한 결과, '사업'과 '사업장' 중 어떤 것을 가리키는지 혼란스러운 상태이다.

즉, 수범자가 안전보건조치의무를 이행할 때 사업을 적용단위로 해야 하는지, 사업장을 적용단위로 해야 하는지 알 수 없는 상태이다. 특히 중대재해처벌법 시행령 제4조의 안전보건관리체계의 구축 및 이행 조치가 그러하다. 예컨대 중대재해처벌법 시행령 제4조 제2호에 따라 안전・보건에 관한 업무를 총괄・관리하는 전담조직의 경우, 사업의 어느 한 군데(본사)에 두면 되는 것인지, 아니면 사업장마다 두어야 하는지 문언만으로는 어느 쪽으로도 해석될 수 있는 상태이다.

6. 법률의 불명확한 개념에 대한 구체화 결여

중대재해처벌법 제2조 제9호 가목의 "이에 준하여 안전보건에 관한 업무를 담당하는 사람"이 누구인지에 대해 법문상의 표현만으로는 특정하기가 매우 어렵다. 사람마다 답변과 판단이 제각기 다르게 나올 수 있다는 사실만으로도 해당 법규정은 부적절하다고 말할 수 있다. 수범자에 해당하는 자가 누구인지를 알 수 있어야 법령상의 의무가 의사결정규범 · 행위규범으로서 기능하여 해당 의무가 제대로 준수될 수 있다. 선임 보고를 통해 집행기관으로부터 사전에 확인받을 수 있는 것도 아니고 중대재해가 발생하고 나서야 집행기관이 임의적으로 경영책임자의 적격성을 판단하겠다고 하는 것은 예방효과도 담보하지 못하거니와 자의적 판단을 하겠다는 것이나 다름없다. 그런데 시행령에서도 "이에 준하여 안전보건에 관한 업무를 담당하는 사람"이 구체적으로 어떤 사람인지에 대해 예시 형식으로라도(예 : 대표자의 차상위자) 전혀 규정하고 있지 않은 상태이다.

그리고 중대재해처벌법 제5조 단서의 '시설, 장비, 장소 등에 대하여 실질적으로 지배 · 운영 · 관리하는 책임이 있는 자'가 누구인지에 대해서도 사람마다 판단이 다를 수밖에 없을 정도로 매우 불명확한 표현으로 되어 있다. 지배 · 운영 · 관리가 '또는'의 관계인지, '및'의 관계인지부터가 알 수 없고, 지배의 주체, 운영의 주체, 관리의 주체가 별도로 존재할 경우에는 누구를 지칭하는지도 예상할 수 없다. 그럼에도 시행령에서는 이에 대해 아무런 규정을 하고 있지 않다.

법규명령에는 위임명령 외에 집행명령도 있는바, 법률에 의한 별도의 위임이 없어도 법률에 의하여 설정된 범위 내에서 법률의 집행에 있어서 필요한 구체적 절차나 방법 등 세칙을 집행명령의 형식으로 얼마든지 규정할 수 있다.[442] 헌법 제75조 후단은 법집행의 자의적 행사를 배제하고 통일성 · 형평성·합리성 등을 기하기 위해 법집행에 관한 일반적 준칙인 집행명령을 발할 수 있다고 규정하고 있다.[443] 그럼에도 시행령은 집행명령을 활용하고 있지 않다. 또한 정부는 법률에 위임하고 있지 않은 사항에 대해서는 시행령에서 정할 수 없다는 입장을 견지하고 있지만, 이러한 정부의 입장은 중대시민재해의 원료 또는 제조물에 대해 법률에 위임근거가 없음에도 시행령에서 이를 특정하여 규정하고 있는 것(별표 5)과 모순되기도 한다.

Ⅲ. 집행상의 문제

1. 안전보건관계법의 포괄성 및 모호성

'안전보건' 개념 자체가 일반적으로나 사전적 의미로나 매우 광범위하고 모호하다. 이에 대한 용어정의나 적용범위도 규정되어 있지 않아, 경영책임자의 안전보건확보의무에서 사용되고 있는 '안전보건관계법령'의 범위 또한 지나치게 포괄적이고 불명확한 상태이다. 중대재해처벌법 시행령 제5조 제1항에 '안전보건관계법령'에 대한 설명이 나와 있기는 하지만,[444] 동어반복에 그치고 있어 아무런 구체성을 담고 있지 못하다. 문제는 이 개념이 형사처벌과 직결되어 있다는 점이다. 즉, 형벌법규의 구성요건요소로서는 지나치게 광범위하고 불명확하다고 할 수 있다.

442) 한수웅, 『헌법학(제11판)』, 법문사, 2021, 1262~1263쪽.

443) 권영성, 『헌법학원론(2010년판)』, 법문사, 2010, 1015쪽.

444) 중대재해처벌법 제4조 제1항 제4호에서 "안전 · 보건 관계 법령"이란 해당 사업 또는 사업장에 적용되는 것으로서 종사자의 안전 · 보건을 확보하는 데 관련되는 법령을 말한다.

근로기준법상의 근로시간, 휴식 · 휴게, 나아가 임금은 안전보건과 무관하다고 할 수 없어 근로기준법도 안전보건관계법령에 포함될 수 있고, 형법상의 업무상과실치사상 등도 안전보건에 대한 주의의무과 관련되어 있으므로 형법도 안전보건관계법령이 아니라고 볼 수 없다. 화학물질관련법, 소방관계법, 광산안전관계법, 철도 · 항공안전관계법,[445] 원자력안전관계법, 전기안전관계법, 가스안전관계법, 건설안전관계법, 선원법, 선박안전법, 승강기안전관계법, 감염병예방관계법, 환경관계법,[446] 국방안전관계법, 재난관리관계법, 교육시설 등의 안전 및 유지관리 등에 관한 법률, 식품위생법,[447] 연구실안전관계법 등 수많은 법이 안전보건과 밀접한 관련이 있는 법에 해당한다. 이외에도 국내에 사업장 안전보건에 관련되는 법령은 법률만으로 한정하여 좁게 보더라도 30개가 넘고, 사람마다 그것의 범위가 다르게 해석되고 있다. 따라서 이 안전보건관계법령의 범위에 해당하는 법령에 과연 어떤 것들이 있는지가 매우 불명확하여 아무리 준법의지가 있는 피적용자라 하더라도 이에 대해 예측하는 것이 사실상 불가능한 상태이고, 그 결과 법운영당국의 자의적 집행이 불을 보듯 훤하다.

2. 안전보건관계법령 집행의 공백과 중복

안전보건관계법령에는 고용노동부와 관련되지 않은 법령이 매우 많은데, 중대재해처벌법상의 중대산업재해에 대한 조사 · 수사를 고용노동부가

445) 객차, 비행기 등의 시설도 종사자에 대해서는 법인 또는 기관이 실질적으로 지배 · 운영 · 관리하는 사업 또는 사업장에 해당한다.

446) 대기오염, 수질오염 등 환경오염에 의해 근로자 등 종사자가 건강장해를 입는 경우를 얼마든지 상정할 수 있다.

447) 식중독 등에 의해 근로자 등 종사자가 건강장해(질병)를 입을 수 있다.

일원적으로 담당하는 것은 전문성, 접근성 등의 측면에서 많은 집행상의 문제가 발생할 수 있다.

안전보건관계법령은 법률만 하더라도 30개를 훌쩍 넘는다. 안전보건관계법령을 담당하는 관계행정기관도 지방자치단체, 공공기관을 제외하더라도 중앙행정기관만 족히 10개가 넘을 것이다. 따라서 중대산업재해에 대한 수사와 처벌을 산업안전보건법만을 관할하는 고용노동부가 담당한다는 것은 법 위반 여부의 판단 및 법 위반 사항의 적발 등에 있어 공백이 발생할 수 있다.

먼저, 고용노동부의 근로감독관은 산업안전보건법 외의 안전보건관계법령(예 : 원자력안전관계법, 가스안전관계법 등)에 대한 전문지식을 가지고 있지 않고, 평상시에 그 법령에 대해 지도·감독 등을 담당하고 있지 않아 앞으로도 전문성을 갖추기 어렵다. 특히 특별사법경찰관 제도를 운영하고 있는 다른 부처의 안전보건관계법령과 관련된 중대산업재해에 대해서까지 근로감독관이 수사를 담당하는 것은 중대산업재해 원인조사 등에서 전문성의 큰 공백을 초래하고 수사 전반의 혼선을 초래할 수 있다. 따라서 특별사법경찰관 제도를 운영하고 있는 분야의 중대산업재해에 대한 수사는 해당 특별사법경찰관으로 하여금 담당하도록 하는 것이 전문성 및 효과성 측면에서 바람직할 것이다.

그리고 근로감독관은 산업안전보건법에 규정된 산업안전보건법령을 시행하기 위한 필요한 권한(제155조)만을 행사할 수 있기 때문에, 산업안전보건법 외의 다른 안전보건관계법령에 대해서는 강제적으로 장부, 서류, 그 밖의 물건을 수거, 검사, 점검 등을 할 법적 권한이 보장되어 있지 않다. 따라서 수범자 측에서 이를 거부하거나 방해한다고 하더라도 행정명령과 벌칙을 통해 이를 강제할 방법이 없다.

또한 특별사법경찰관 제도를 두고 있지 않은 분야에서 중대재해가 발생하면 이제까지는 일반경찰이 업무상과실치사상죄 수사를 담당하여 왔는데, 이 분야에서의 중대산업재해 수사까지를 고용노동부가 담당하게 되면, 일반경찰에 추가하여(중대재해처벌법이 시행되더라도 일반경찰은 어차피 업무상과실치사상죄 수사를 해야 한다) 근로감독관(특별사법경찰관)이 이중적으로 수사를 하게 되는 문제가 발생하게 된다. 즉, 특별사법경찰관 제도를 두고 있지 않은 분야의 경우 수범자 입장에서는 지금까지와 달리 두 곳의 수사기관으로부터 다분히 중복적인 수사를 받게 되는 혼란과 부담이 생기게 될 것으로 예상된다.

3. 종사자 보호에의 역행 우려

중대재해의 범위를 지나치게 넓히고 중대재해 발생에 대한 처벌 대상을 지나치게 확대하면, 사업주 측은 산업재해에 해당하는지 여부에 대해 매우 민감해지고 산업재해 인정에 소극적인 입장을 취할 가능성이 높다.

사업주 측은 사망 등 중대재해가 산업재해로 판단되면 경영책임자의 형사처벌로 연결될 수 있다고 생각하여, 해당 중대재해가 산업재해로 인정되지 않도록 초기단계부터 방어적으로 대응할 가능성이 높다.

종전에는 중대재해가 발생한 경우 대형사고가 아닌 한 형사처벌이 대부분 벌금형으로 그칠 것이 거의 확실히 예상되었기 때문에, 사업주 측은 산업재해 인정 여부에 대해 그렇게 중요하게 생각하지 않았고 민감하게 대응하지도 않았다. 그러나 중대재해처벌법 시행으로 최고경영진에 해당하는 경영책임자가 형사처벌될 수 있고, 그것도 강한 형사처벌을 받을 수 있는데다가, 양벌규정에 의한 법인에 대한 벌금도 매우 높은 수준이며, 나아가 징벌적 손해배상으로까지 이어질 것이 예견되기 때문에, 사업주 측에서는 형사소송과 더불어 산업재해 인정 여부에 대해서도 방어적으로 대응할 것이라는 점은 쉽게 예상할 수 있다.

산재승인처분의 직접 상대방이 아닌 제3자에 해당하는 회사 측은 산재승인으로 인해 형사처벌, 민사배상청구 등의 불이익을 받을 수 있기 때문에, 산재승인처분의 취소를 구할 법률상 이익(개별적・직접적・구체적 이익), 즉 소송 제기 자격이 있다고 볼 수 있는 여지가 중대재해처벌법령으로 인해 더욱 커졌다고 할 수 있다.

따라서 중대재해처벌법령 시행 이후 회사 측은 종전과 달리 근로복지공단의 산업재해 승인과정에서부터 산업재해로 인정되지 않도록 적극적으로 대응하고, 근로복지공단의 산재승인처분에 대해서도 취소소송을 제기할 가능성이 높다. 특히 업무기인성 유무가 불분명한 질병성 재해에 대한 방어적 자세가 강화될 것으로 예상되고, 업무수행성 여부가 명확하지 않은 사고성 재해(예 : 사업장 내 교통재해, 사업장 이동 중 발생한 재해)에 대해서도 방어적 입장을 취할 가능성이 높다.

이렇게 되면 종전과 비교하여 근로자들이 산업재해로 인정받는 것이 어려워져 결과적으로 근로자 보호에 오히려 불리한 결과를 초래하는 일이 발생할 것으로 예상된다.

그리고 고혈압, 고지혈증 등 기초질환(개인적 질병)이 있는 근로자의 경우 과로, 스트레스 등 업무적 요인이 작용하면 중대산업재해로 발전할 수 있다는 우려와 재발방지조치를 취하여야 한다는 부담 때문에, 사업주 측에서는 기초질환이 있는 근로자를 애당초 채용하지 않거나 고용조정의 우선 대상으로 삼는 등 이들이 직・간접적으로 불이익을 받을 가능성이 높다.

인터뷰 I
정진우
서울과학기술대 안전공학과 교수[448)]

"중대재해처벌법, 중소기업에 처벌 집중될 것"
공포마케팅에 기업 처벌회피 '급급', 로펌 '돈벌이' 전략… 법치, 안전 실효성 위해 재설계해야

광주 HDC현대산업개발 아파트 붕괴사고로 '중대재해 처벌 등에 관한 법률'(중대재해처벌법)에 대한 관심이 높아지고 있다.

27일 중대재해처벌법 시행을 앞두고 일부 건설사들은 설 연휴까지 앞당기며 '중대재해처벌법 처벌 1호' 대상만 피하자는 분위기다. 대기업들은 대형로펌으로 달려가고 있다. 로펌들은 사고예방 역량 향상보다는 처벌 회피에 급급하다는 지적이 많다.

중대재해처벌법은 중대재해가 발생한 기업의 경영책임자가 재해예방을 위한 안전보건관리체계 구축 등의 의무를 이행하지 않은 것으로 드러날 경우 처벌하도록 규정했다. '경영책임자'는 '사업을 대표하고 총괄하는 권한과 책임이 있는 사람' 또는 '이에 준해 안전보건에 관한 업무를 담당하는 사람'이라고 규정하고 있다.

이에 대응해 대기업들은 '최고안전관리책임자'(CSO, Chief Safety Officer)을 신설하는 방식으로 대표이사 처벌을 회피하는 데 주력하는 모양새다. 고용노동부는 현장의 혼란을 줄이기 위해 최근 240여 페이지에 달하는 해설서를 배포했지만 기업들은 '여전히 모호하다'고 볼멘소리다.

14일 오후 정진우 서울과학기술대 안전공학과 교수를 만나 중대재해처벌법 시행을 앞둔 현장 분위기와 문제점 등을 들었다.

448) 내일신문, 2022.1.18.

Q 중대재해처벌법이 제정된 배경은 무엇인가.

재해가 발생한 기업에 대해 솜방망이 처벌이다, 실무자만 처벌되고 경영책임자가 처벌되지 않는나는 주징이 많았다. 이런 주장은 사실과 다른 점도 많지만 기존의 안전보건관계법과 그 집행에 대한 불신과 입법 포퓰리즘이 합작해 중대재해처벌법이 만들어졌다고 볼 수 있다. 정부가 산업안전보건법(산안법)을 엉터리로 개정한 것도 산안법에 대한 기대를 저버리게 하고 중대재해처벌법 제정을 불러온 측면이 있다.

Q 외국에도 유사 입법사례가 있나.

영국의 법인과실치사법이 우리나라 중대재해처벌법 제정의 모티브가 되긴 했지만 체계와 내용에서 유사한 점을 찾아볼 수 없을 정도로 다르다. 결국 전 세계에서 유일한 법이라고 할 수 있다. 문명국가 중에서는 처벌의 수준이 가장 강한 법이기도 하다. 기존 안전관계법과 중복되거나 충돌되는 내용이 적지 않고 이 법들과 비교할 때 강하게 처벌할 규범적 근거가 없다는 점에서 위헌 시비가 계속될 것 같다.

Q 중대재해처벌법 시행을 앞두고 현장 분위기는 어떤가.

중대재해처벌법 때문에 산안법과 같은 예방법에 대한 관심이 확연히 줄어들었다. 최근 현장에서는 산재예방이나 안전문화와 같은 말이 자취를 감췄다. 법 기술이 실질적 안전을 삼켜버렸다.

정부가 공포 분위기를 조성하고 대형로펌이 행동대장 역할을 하면서 기업들은 온통 처벌 회피에 급급한 모습이다. 안전역량이 되레 떨어질 것 같다는 우려가 크다. 안전에 문외한인 로펌들이 물을 흐리는 측면이 크다.

Q 이 법의 가장 큰 문제점은 무엇인가.

법규에서 예측 가능성과 준수 가능성은 생명과 같다. 법치주의의 근간이기도 하다. 그런데 이 법은 이런 기본적 가치를 무시한다. 누가 무엇을 어떻게 해야 할지 알 수 없는 사항이 매우 많다.

전문가조차도 누가 어떤 안전조치를 취해야 하는지 합리적인 해석기준을 찾기 어렵다. 준법의지가 아무리 강해도 이 법을 온전히 준수하는 건 불가능하다. 그러니 재해예방의 실효성을 기대하기 어려운 것이다.

법이 불명확하다 보니 대형로펌의 공포마케팅에 쉽게 넘어가 안전역량에 도움이 되지 않는 부실한 보고서에 엄청난 돈이 낭비된다. 오죽하면 세간에서 이 법을 '로펌 복지법'이라고 하겠는가.

Q 중대재해를 줄이는 효과가 없다는 얘기인가.

예방기준이 정교하고 세련되게 규정되지 않으면 처벌을 강화하더라도 지속적인 효과로 이어지기 어렵다. 반짝 효과로 '군기'가 잡히는 것도 대기업이나 원청업체 이야기다. 중소기업이나 하청업체들은 사실상 아무런 준비를 하지 않고 있다. 결국 처벌이 기득권에서 비켜나 있는 중소기업에 집중될 것 같다.

Q 법의 실효성이 떨어진다는 건데 어떤 부분이 문제인가.

원청한테 하나부터 열까지 다 하라는 식이다. 전문적인 일까지 작업방법 · 계획을 원청이 작성해야 한다거나 하청 노동자의 작업행동에 대한 지휘감독까지 원청이 다 해야 한다고 규정하고 있다. 하청에 대해선 사실상 의무를 부과하고 있지 않다.

원청에 그 위상에 걸맞은 역할을 부과해야 한다. 하청도 산재예방에서 중요한 역할을 한다는 점을 도외시하면 안 된다. 중소업체가 큰 업체에 하청 주는 경우도 적지 않다. 원청이 크고 하청은 작으니 원청이 모든 것을 해야 한다는 건 이분법적 접근이다. 이런 접근으론 비용만 많이 들어갈 뿐 하청 노동자의 재해를 줄일 수 없다.

Q 대기업들이 안전역량 향상보다 형사처벌만 피하려 한다는데.

예측 가능성이 부족하고 이행하기 어려운 사항을 갑자기, 그것도 엄벌을 배경으로 강요하기 때문이다. 기업들은 안전역량을 높여야겠다는 생각보다는 당장 급한 불부터 끄자는 심산인 것 같다.

법에서 의무화한 안전보건관리체계라는 것은 짧은 기간 안에 만들어지지 않는다. 여건도 조성되어 있지 않은 상태에서 국제기준과 맞지도 않는 내용을 당장 몇 날 안에 구축하라고 하니 대다수 기업이 형식적으로 대응하는 것이다. 정부 해설서에 모호한 부분에 대해 설명이 없는 것도 이런 대응을 부채질하고 있다.

Q 법 제정 취지에는 공감하지만 손질할 게 많다는 건가.

강한 처벌이 수반되는 법을 관계 전문가 참여 없이 번갯불에 콩 볶듯이 제정한 것 자체가 놀랍다. 21세기 법치국가에서 있을 수 없는 일이다. 사람들이 이 법의 상세한 내용을 잘 몰라서 그렇지, 법 내용을 자세히 들여다보면 볼수록 '멘붕'에 빠지게 된다.

사람마다 해석이 다르고 수사기관의 자의적인 법집행이 난무할 수밖에 없다. 중소기업들이 자포자기하는 이유다. 이 법을 그대로 두면 산업현장에서 큰 혼란이 초래될 수 있다. 안전원리가 뒤틀리고 가뜩이나 낮은 안전 규범력이 땅으로 추락할 것이다. 실질적 법치주의와 안전의 실효성을 위해 중대재해처벌법은 산안법과 함께 다시 설계돼야 한다.

Q 효과적인 중대재해 감소방안을 제언한다면.

무엇보다 예방기준의 실효성과 정교성을 높여야 한다. 예방기준이 엉성하면 처벌수위를 아무리 올려도 처벌할 수 없다.

법의 예측 가능성과 준수 가능성을 높여야 한다. 그렇지 못하면 대부분의 기업들은 형식적으로 지키는 척만 하지 실질적으로 준수하려는 노력은 하지 않을 것이다. 법을 위반하면 수치심을 느끼게끔 법의 신뢰성을 높여야 한다.

특히 재해에 취약한 중소기업의 안전역량을 높이는 데 집중해야 한다. 정부가 단기간 실적에 매달리다 보니 이런 사업이 많이 부족하다. 이래서는 행정에 의한 산재감소 효과는 기대하기 어렵다.

한남진 기자 njhan@naeil.com

칼럼 누구를 위한 중대재해처벌법 시행령인가[449]

7월 12일 세간에서 '변호사 복지법', '법집행기관 복리후생법'으로 불리는 중대재해처벌법 시행령이 입법예고됐다. 애당초 법률부터가 법리, 안전원리 등에 맞지 않는 부분이 많은 터라 시행령에 별다른 기대를 하지 않았다.

막상 뚜껑이 열린 시행령 입법예고안을 보니 여러 가지 면에서 한심하고 무책임하다는 생각을 떨칠 수가 없다. 내용적으로 볼 때 아무리 준법의지가 있더라도 준수할 수 없거나 예상할 수 없는 조항이 많을 뿐만 아니라 체계상으로도 같은 법령 내 조항 간에, 중대재해처벌법과 그 시행령 간에, 중대재해처벌법과 다른 법 간에 상충되거나 모순되는 조항이 많은 등 조잡하기 이를 데 없다. 제재에 있어 세계 최고수준을 자랑(?)하고 준수 측면에서 어느 기업도 어떻게 지켜야 할지 알 수 없는 해괴한 법령이 사생아로 마침내 탄생할 것 같다.

이번에 제시된 고용노동부의 설명자료를 보노라면 모두 다 해당한다는 식의 면피성의 선언적 주장만 나열돼 있어 의문이 해소되기는커녕 더욱 미로에 빠지게 될 뿐이다. 논리적 근거를 제시하지 못하고 앞뒤 말이 맞지 않는 횡설수설로 일관하고 있어 정부부처의 설명자료라고 하기엔 창피할 정도이다. 정부가 입법예고안이 수범자에게 어떻게 받아들여질지, 어떤 파장을 불러일으킬지 제대로 이해하고 만들었을까라는 의문이 들 수밖에 없다.

법률이나 시행령에서 규정하지 않고 법적 근거 없는 지침, 매뉴얼 등으로 땜질하겠다는 것은 자의적인 해석과 설명을 하겠다는 것이나 마찬가지이다. 결국 이현령비현령 해석의 폐해를 여지없이 드러낼 것으로

449) 정진우, 월간 노동법률, 2021년 8월호(Vol. 363).

보인다. 전부개정 산업안전보건법(소위 '김용균법')에서 보인 행정편의적이고 공급자 중심의 잘못된 습성이 재현되는 것 같아 못내 씁쓸하다.

정부의 이 같은 선문성과 진징성의 부족이 문제투성이 중대재해처벌법 시행령으로 연결되는 것은 필연적이라고 할 수 있다.

첫째, 지나치게 광범위하고 애매모호한 개념이 수두룩하다. 형법은 죄형법정주의 원칙상 명확성의 원칙이 강하게 적용된다. 형벌이 수반되지 않거나 과태료 정도가 부과되는 규정이라면 모를까 중대재해처벌법처럼 강한 형사처벌이 따르는 법의 경우에는 건전한 상식과 통상적인 판단능력을 가진 사람이라면 그 내용을 충분히 인식할 수 있을 정도로 명확하게 규정해야 한다. 누구도 무엇을 어떻게 해야 하는지 알 수 없게 만들어 놓고 안 지키면 엄벌에 처하겠다고 하는 것은 실효성도 없거니와 수범자의 인권 관점에서도 무책임한 일이다.

둘째, "이에 준하는 안전보건을 담당하는 사람"이 도대체 누구인가. "실질적으로 시설, 장비, 장소 등을 지배 · 운영 · 관리하는 책임이 있는 자"란 과연 누구인가. 법률상의 표현만으로는 신이 아닌 이상 누구를 가리키는지 도저히 알 수 없다. 사람마다 답변과 판단이 다 다르게 나올 수 있다는 사실만으로도 해당 법규정은 부적격이다. 사전에 해당하는 사람이 누구인지를 알아야 법령상의 의무를 제대로 지킬 수 있을 것 아닌가. 선임보고를 통해 집행기관으로부터 확인받을 수 있는 것도 아니고 중대재해가 발생하고 나서야 집행기관이 제멋대로 판단하겠다고 하는 것은 예방효과도 담보하지 못하거니와 '행정독재'를 하겠다는 것이나 다름없다.

셋째, 도급관계에 있어 산업안전보건법과 중대재해처벌법 간에 의무주체가 달라 대혼란이 발생할 수 있다. 산업안전보건법에서는 수급인(하청)에게 의무가 부과돼 있는데, 중대재해처벌법에서는 도급인(원청)에게 의무를 부과하고 있다. 어느 장단에 맞춰 춤을 춰야 하는가. 예컨대, 안전보건교육이나 안전점검의 경우 산업안전보건법에서는 기본적으로 수급인이 실시해야 하는 것으로 규정돼 있는 반면, 중대재해처벌법에서는 도급인이 실시해야 하는 것으로 규정돼 있어 수범자는 헷갈릴 수밖에 없다.

넷째, 형벌체계의 균형성과 정당성에 맞지 않은 내용이 상당수 발견된다. 산업안전보건법에서는 처벌 대상이 아니거나 과태료 부과 대상에 불과한 사항을 중대재해처벌법에서는 중벌로 규율하고 있는 사항이 한둘이 아니다. 강한 형벌이 수반되면 될수록 요건을 엄격하게 규정해야 함에도 불구하고 오히려 요건을 느슨하게 규정하고 있다. 책임주의 원칙에도 평등의 원칙에도 위반된다는 판결을 피할 수 없을 것 같다.

다섯째, 누울 자리를 보고 다리를 뻗지 않고 수습할 방도도 마련하지 않은 채 무작정 내지른 규정도 보인다. 안전보건관계법령은 법률만 하더라도 30개가 훌쩍 넘는다. 관련부처만 하더라도 10개 부처가 넘을 것이다. 그런데 중대산업재해에 대한 수사와 법집행을 산업안전보건법만을 관할하는 고용노동부가 담당한다는 것은 어불성설이다. 그리고 산업안전보건법령만 알고 그 외 안전보건법령은 업무범위에 들어가지도 않고 전문성도 없는 고용노동부 지정 (산업)안전보건관리전문기관에 안전보건관계법령의 점검을 위탁할 수 있도록 규정하고 있는 것도 큰 모순이 아닐 수 없다.

여섯째, 현실과 실효성을 고려하지 않는 조항도 발견된다. 산업보건의는 산업보건에 관한 학식과 경험이 있는 사람으로 제한되어 있어 이 요건을 갖추고 있는 사람 자체가 시장에서 턱없이 부족한 상태다. 수범기업이 산업보건의를 구하지 못해 법을 위반하는 일이 속출할 것 같다. 지금까지 기업활동 규제완화에 관한 특별조치법에 의해 임의제도로 사문화된 것을 인력수급 사정과 이 제도의 실효성에 대한 면밀한 검토 없이, 그것도 매우 강한 형사처벌을 배경으로 하여 획일적으로 강제하는 것은 대단히 합리적이지 못하다.

툭하면 거친 규제와 과중한 처벌에 의존하는 것보다 범죄구성요건을 정교하고 명확하게 규정하는 것이 중대재해 예방에 훨씬 효과적이고 정의로운 일이다. 누구도 지킬 수 없는 법을 만들어 놓고 이를 지키지 않았다고 엄벌에 처하는 것은 법에 대한 신뢰를 땅으로 추락시키고 법 준수를 형식화하며 범죄자를 양산하는 결과를 초래할 뿐이다.

우리는 그간 이러한 보여주기식 입법을 국내외적으로 권위주의 정부에서 숱하게 보아왔다. 촛불 정부라고 자임하는 현 정부가 권위주의 또는 신자유주의 정부의 수법을 흉내 내다니 참으로 아이러니한 일이다. 위선 아니면 철학의 빈곤이다. 정부에 묻고 싶다. 진정 누구를 위한 법인가. 기어이 변호사들과 집행기관의 전·현직 공무원들만을 위한 법을 만들고야 말 것인가.

칼럼 겉치레식 산업안전, 새해엔 달라져야[450)]

'고비용 저효과', '관료적 형식주의', '보여주기'. 산업안전을 두고 현장에서 많이 나오는 말이다. 우리나라 산업안전이 어쩌다가 이 지경이 되었는가. 어느 때부터인가 산업안전이 불합리의 대명사이자 냉소의 대상이 되었다. 가장 큰 책임은 전문성과 진정성 없는 정부에 있지만, 기업·학계·로펌·컨설팅기관의 잘못도 그에 못지 않다.

많은 기업들은 중대재해처벌법이라는 발등의 불을 끄기 위해 이 법을 '근로자' 보호를 위한 법이 아니라 '경영책임자' 보호를 위한 법으로 전락시키고 있다. 안전역량을 끌어올리기보다는 치장하는 데 엄청난 돈을 쏟아 붓고 있다. 외부기관에 과도하게 의존하다 보니 자율역량은 향상되지 않는다. 아니 오히려 현실과 맞지 않는 보여주기 대책이 남발되면

450) 정진우, 에너지경제, 2022.12.27.

서 실질적 역량은 되레 후퇴하는 모습마저 보인다.

학계에도 학자라는 타이틀이 무색할 정도로 안전에 무지한데도 정부와 기업을 상대로 허장성세하는 자들이 적지 않다. 이들은 전문성이 없다 보니 엄벌이 곧 정의라는 프레임에 갇힌 채 정부의 들러리가 되어 왔다. 교수라는 직함을 돈벌이에 활용하는 인사들도 적지 않다. 자신의 무능을 이념으로 가리려는 학자들도 있다. 진보 코스프레를 하면서 안전에 대한 허황된 주장으로 혹세무민하는 자들이야말로 꼴불견 중에서도 압권이다. 진보를 오염시키고 진보에 대한 환멸을 불러일으키는 몹쓸 자들이다.

모름지기 학자는 지식인으로서 정부를 비판하고 기업을 견인해야 한다. 일찍이 막스 베버는 학문에 대한 역량과 사명감을 갖고 있지 않는 자들은 학자가 될 생각을 접으라고 일갈했다. 학문적 열정과 전문성으로 무장하는 것은 산업안전 분야 학자도 그 예외가 될 수 없다.

로펌은 중대재해처벌법으로 가장 신나 있다. 문제는 상당수 로펌이 산업안전에 대한 기본지식도 없으면서 산업안전 전문가 행세를 하며 공포 마케팅으로 중대재해처벌법을 횡재 수단으로 삼고 있다는 점이다. 일부 로펌은 노동부 출신의 변호사를 전면에 내세우면서까지 돈벌이를 위해 물불을 가리지 않고 있다. 직업윤리라곤 찾아볼 수 없다. 산업안전의 문외한을 대표선수인 양 내세우는 것은 법률시장을 혼탁하게 하는 것이자 스스로의 위상을 훼손하는 일이다.

로펌은 자신들에게 특화된 전문영역에 충실해야 한다. 처벌을 위해 자의적인 법집행을 일삼는 수사기관으로부터 피의자의 인권을 보호하는 일이 정작 로펌이 집중해야 할 일이다.

안전컨설팅시장은 최근 하향평준화 현상이 뚜렷하다. 무늬만 전문기관일 뿐 의뢰하는 기업보다도 전문성이 못한 컨설팅기관들로 넘쳐나고 있다. 이들은 중대재해처벌법을 배경으로 기업들의 '묻지마' 컨설팅 분위기에 편승하면서 내용적으로 빈약하기 짝이 없는 컨설팅에 '몰빵'하고 있다. 당연히 오래 갈 수 없다. 명실공히 안전에 관한 전문성을 갖춘 기관으로 성장해야 컨설팅기관으로서 지속 가능하고 산업안전 발전의 밑거름이 될 수 있다.

산재예방선진국과 비교하여 사회적으로 엄청난 자원이 산업안전에 투입되고 있지만, 안전역량은 올라가지 않고 밑 빠진 독에 물 붓기 식으로 낭비되고 있다. 현장작동성을 도외시한 대책이 쏟아지면서 현장의 안전이 곪아가고 있다. 새해에는 이러한 뒤틀림이 바로 잡힐 수 있도록 산재예방시스템이 정상화되어야 한다. 국가적으로 막대한 비용을 들이고도 산업재해가 줄지 않고 있는 상황의 심각성을 깨닫고 그 원인을 밝히는 일이 무엇보다 시급하다. 정부가 방향을 제대로 잡지 못하면 단기간엔 회복할 수 없을 정도로 문제가 고착화될 수 있다.

산업안전의 실질적 발전을 위해선 정부를 위시하여 산업안전 관계자들 모두 환골탈태해야 한다. 염불보다 잿밥에 관심이 많은 인사들은 산업안전 시장에서 퇴출되도록 하고, 전문성이 없는 자들이 전문가 행세를 하지 못하도록 해야 한다. 이럴 때 비로소 산업안전 분야가 진정성을 갖춘 전문가들로 넘치고 보람 있게 일하는 영역으로 자리매김할 수 있다.

이런 방향으로 분위기를 바꾸는 데 정부부터 앞장서야 한다. 난마처럼 꼬인 작금의 상황에 정부가 가장 큰 책임이 있는 만큼 결자해지해야 한다.

새해에는 산업안전이 관계자들의 잇속 챙기기나 보여주기 수단이 아니라 근로자들의 실질적 보호수단으로 새롭게 태어나는 한 해가 되기를 기원해 본다.

칼럼

중대재해법 1년이 남긴 교훈 : 산재예방은 기본 갖추기와 실효성에 답이 있다[451)]

우리 사회 전체를 요동치게 한 '중대재해 처벌 등에 관한 법률'(중대재해법)이 시행된 지 1년이 지났다. 법체계와 규정이 파격적이고 외국에서도 유례가 없는 법인만큼 우리 사회에 던져 주는 메시지는 어느 법보다도 많은 것 같다.

이 법 시행 후 외형적으로 어느 때보다 안전에 대한 기업의 관심과 투자가 많이 이뤄졌다는 점에서는 일견 긍정적이라고 할 수 있다. 특히 대기업과 공기업은 앞 다퉈 안전의지를 보이기도 했다. 그러나 실질적인 면에서는 안전에 미치는 부정적인 영향이 적지 않은 게 사실이다.

중대재해법 미적용 기업은 사고사망 준 반면
적용 기업은 사고사망 증가

중대재해법 미적용 기업에선 사고사망이 감소한 반면 적용 기업에선 증가한 것으로 나타난 것은 이 법이 사고사망 감소에 기여하기는커녕 되레 증가시키는 방향으로 작용했다는 방증이다. 더군다나 이 법이 시행되기 전 5년간 산재예방 행정인력 · 예산이 비대할 정도로 늘어난 상황에서 거둔 초라한 성적은 이 법이 중대재해 감소에 역기능을 초래하고 있는 것 아니냐는 합리적인 의심을 하기에 충분하다.

사고사망뿐만 아니라 질병사망과 전체 재해가 크게 늘어 난 것도 이 법의 또 다른 살풍경이다. 사고사망에만 집중하다 보니 질병사망과 일반재해 지표가 더욱 나빠진 것 아닌가라는 생각이 든다. 반짝 효과조차 없는 단기적 부작용도 문제이지만 중장기적으로 기업들의 안전역량에

451) 정진우, 내일신문, 2023.1.27.

미치는 부작용이 더 큰 걱정이다. 신의 한 수인 것처럼 환호 속에 탄생한 이 법의 가성비가 낮은 이유는 뭘까?

법 시행 1년, 처벌은 단 1건도 없어

예방시스템을 정비하지 않은 상태에서 법정형을 올리는 것만으론 재해감소 효과는커녕 처벌강화 효과도 거두기 어렵다. 중대재해법 시행 1년이 지났건만 처벌이 이제껏 단 한 건도 없는 것은 예방시스템이 엉성한 것에 큰 이유가 있다. 전문가마다 해석이 다르고 정부조차 제대로 된 답변을 하지 못하는 예방기준과 전문성을 담보하지 못하는 행정조직으론 형식적 대책만 남발되고 실제 처벌로는 이어지기 어렵다.

유전무죄 무전유죄 법임을 드러내고 있는 것도 심각한 문제다. 지난해 12월 말까지 기소된 11건 모두 중소기업이라는 것은 이 법이 대기업에 대해선 위하력으로 작용하지 못하고 있다는 점을 시사한다. 중소기업 사장은 종전에도 처벌돼 왔다는 점에서 이 법이 제정 의도대로 작동하고 있지 않다는 증거다. 정의와는 거리가 멀다고 할 수 있다. 이를 예견하지 못했다면 무지이고 알고서도 방치한다면 무책임하다는 비판이 제기될 수밖에 없다.

안전 문외한 로펌 · 컨설팅기관에 아웃소싱, 돈벌이 수단 전락

경영책임자에 대한 엄벌에 초점이 맞춰져 있는 중대재해법 제정은 산재예방의 기본법인 산업안전보건법(산안법)에 대한 기업의 무관심으로 이어지고 있다. 산안법도 온전히 준수하기 어려운 상대에서 중대재해법이 훨씬 위협적이다 보니, 산안법의 처벌에 대해선 둔감해져 뒷전으로 밀리고 있다. 기본을 갖추는 일보다 겉멋을 부리는 일이 초미의 관심사가 돼버린 것이다. 많은 기업이 차근차근 안전역량을 쌓아나가는 일보다 눈앞의 일에 매달리는 이유다.

법규의 형식적 준수가 조장되고 있다. 중대재해법을 발등에 떨어진 불로 생각하다 보니, 법위반이 되지 않을 정도의 최소한의 기준을 준수하는 데 급급하고 이를 상회하는 자율안전관리는 사치나 한가한 일로 치부되고 있다. 게다가 처벌의 빌미가 될 수 있는 적극적인 안전관리는 자취를 감추고 있다. 중대재해법이 기업의 자율적인 안전활동에 찬물을 끼얹은 셈이다. 실질적인 안전역량이 약화되는 주된 이유이기도 하다.

대부분 안전에 문외한인 로펌과 컨설팅기관에 다분히 처벌을 피하기 위한 목적으로 안전을 아웃소싱하는 일이 만연돼 있다. 중대재해법이 이들의 돈벌이 수단으로 전락하는 일은 시간문제였다. 염불보다 잿밥에 관심이 많은 이들의 장삿속과 어설픈 지식이 재해예방에 도움이 되지 못하는 맹목적 서류작업 양산에 기름을 끼얹고 있다. 이는 안전관리에 대한 냉소와 체념으로 이어지고 있다. 태만보다 무서운 것이 냉소와 체념이다.

재해예방에 무익한 외부기관의 과도한 의존에 헛돈이 쓰이고 아마추어가 전문가 행세하는 혼탁해진 안전시장이 하루빨리 정화돼야 하는 이유다. 누구를 위한 법인가라는 질문이 제기되는 대목이기도 하다.

안전부서 중심의 기형적 안전관리가 보다 심화되고 있다. 조직 전체의 시스템적 안전관리가 되지 못하고 안전부서 위주의 안전이 강화되면서 안전을 실천해야 할 현업부서는 안전으로부터 뒷짐 지고 안전부서와 분절되고 있다.

이 법이 오로지 경영책임자 처벌과 외형적인 안전조직 · 인력만을 강조하다 보니, 전사적인 안전관리의 원칙은 온데간데없어지고 생색내기에 좋은 안전부서 늘리기로 치닫고 있다. 안전관리라는 배가 산으로 가고 있는 것이다. 문제는 안전 원리에 맞지 않는 법으로는 재해예방의 실효성을 거둘 수 없다는 점이다.

최고경영책임자 '형사처벌 회피'에만 급급

역설적으로 기업의 최고경영책임자(CEO)를 안전문제에서 뒤로 물러나게 하는 일이 벌어지고 있다. 대기업을 중심으로 CEO를 처벌에서 면하게 하기 위해 최고안전책임자(CSO)가 전면에 나서면서 안전원리가 뒤틀리고 있다.

수사기관에서 어떻게든 CEO를 형사 처분하려고 하다 보니, 기업에서는 안전보건관리체제를 '안전원리'에 맞추는 게 아니라 '형사처벌 회피'에 맞추고 있다. 안전관리가 방향성을 잃을 수밖에 없는 이유다.

고용노동부가 처벌에 과도한 행정역량을 쏟아부으면서 예방지도활동은 위축되고 있다. 행정인력 · 예산이 유례없이 대폭 증가됐음에도 불구하고 그 효과를 보지 못하고 있는 이유다. 불기소나 무죄가 속출할 경우 수사 인력의 수고가 헛발질로 끝날 공산도 적지 않다.

중대재해 발생 기업들은 수사기관의 막무가내식 자료요구와 경영책임자 소환에 대응하느라 예방활동할 시간이 태부족해지는 일까지 벌어지고 있다. 과도하고 거친 수사가 예방을 소홀하게 하는 아이러니가 발생하고 있는 것이다.

법의 목적, 실효성이지 처벌 아니다

중대재해법의 이러한 여러 부작용은 법 시행 전부터 이미 예견됐다. 적용대상 기업에서 산업재해가 전반적으로 늘어난 것은 부작용이 현실로 나타난 것뿐이다. 이 법 맹신론자들은 보고 싶지 않고 듣고 싶지 않겠지만 현실을 직시할 필요가 있다.

공자가 역설했듯이 "잘못이 있는데도 고치지 않는 것, 그것이야말로 잘못이다."

진정한 배움은 무지에 대한 자각으로부터 시작되는 법이다. 이 법의 부작용이 속출하고 있는데도 이를 외면하면서 고치는 것을 거부하거나 고치는 척만 하는 것은 새해예방에 역행하는 처사다. 법이 실효성을 거두지 못하면 근본에서부터 다시 따져봐야 한다. 법의 목적이 실효성이지 처벌은 아니지 않은가.

법 제정이 선의였다는 주장만을 내세우기에는 안전문제가 그렇게 간단치 않다. 지금은 독재정치에 반대하는 것처럼 일차방정식을 푸는 때가 아니다. 수많은 변수가 어우러져 있는 고차방정식을 풀어야 하는 때다. 잘못된 결정을 내려 부정적 결과가 나타나는데도 선의에만 기댄 채 스스로의 오류를 알지 못하는 현상(더닝-크루거 효과)에 빠지는 것을 경계해야 한다.

무지는 지식보다 확신을 갖게 하는 경향이 있기 때문이다. "지옥으로 가는 길은 선의로 포장되어 있다"는 영국 속담을 새삼 강조하고 싶은 요즘이다.

[참고] 중대재해처벌법 1호 · 2호 판결에 대한 단상[452)]

최근 중대재해처벌법 1호와 2호 판결이 연달아 선고됐다. 1호 판결은 중대재해처벌법으로 첫 유죄가 나온 사건으로, 지난해 5월 하청 근로자 A 씨가 경기도 고양시 일산 동구 요양병원 증축 현장에서 추락해 사망한 것과 관련해 법원은 원청인 온유파트너스 대표이사 정 모 씨에게 징역 1년 6개월에 집행유예 3년을 선고했다. 이어 2호 판결은 중대재해처벌법으로 첫 실형이 나온 사건이다. 법원은 지난해 3월 경남 함안군 한국제강 공장에서 설비 · 보수를 담당하던 하청업체 근로자가 떨어진 방열판에 깔려 사망한 사건에서 중대재해처벌법 위반 혐의로 재판에 넘겨진 한국제강 대표이사 B 씨에게 징역 1년을 선고했다.

결과는 우려했던 대로 '원님 재판'이 됐다는 느낌이다. 1호 판결은 단독판사 관할이라서 그러려니 했지만, 2호 판결은 합의부 관할이라서 법리에 충실한 논거가 구체적으로 설시될 것을 내심 기대했다. 하지만 막상 뚜껑을 열어 보니 2호 판결이 1호 판결보다도 실체적 진실의 발견 및 법리와 좀 더 거리가 먼 판시를 하고 말았다.

452) 정진우, 월간 노동법률, 2023년 6월호(Vol. 385).

물론 피고인이 공소사실을 인정했기 때문에 간이공판절차로 진행한 영향이 크긴 하다. 피고인이 자백을 해 별다른 다툼이 없어 법원에서 검찰의 공소사실을 그대로 인정하는 꼴이 됐다. 그 결과 쟁점이 다루어지지 않아 재판부에서 면밀한 검토를 할 필요가 없는 사건이 됐다. 즉, 이번 판결은 실체적 진실을 담고 있다고 보기 어려워 중요한 판결임에도 다른 사건에 시사하는 점은 매우 제한적이라고 할 수 있다. 오히려 이번 판결로 인해 많은 사람들이 검찰의 공소사실이 진실인 것처럼 생각하지 않을까 우려된다. 이런 우려가 필자로 하여금 이번 판결에 대해 분석하는 글을 쓰게 만들었다.

1호, 2호 판결의 중대재해처벌법 부분을 분석해 보면 검찰의 공소사실에 너무 많은 허점이 보인다. 유죄라고 결론을 내려놓고 이것에 꿰맞추기 위한 논리 전개를 했다는 것이 확연히 보인다. 재판부의 양형 이유 역시 사실관계와 법리에 맞지 않는 부분이 적지 않다. 요즈음 판사들은 형법총론조차 제대로 공부하지 않는 것인가라는 의심까지 든다.

1호 판결의 범죄사실은 "사업장의 특성에 따른 유해·위험요인을 확인하여 개선하는 업무절차를 전혀 마련하지 아니하여 작업계획을 수립하지 못하게 하였다"고 판단하였는바, 구체적인 근거를 제시하지 않은 채 사업장의 특성에 따른 유해·위험요인 확인·개선 업무절차를 마련하지 않은 것과 작업계획 미수립 간에 인과관계가 있는 것으로 봤다. 사업장 특성에 따른 유해·위험요인 확인·개선 업무절차는 원청의 '경영책임자'가 사업장 전체적으로 유해·위험요인을 확인하고 개선하기 위해 작성하는 사업장 전체 업무매뉴얼에 해당하는 것이고, 작업계획서는 실제 작업을 수행하는 하청이 당해 작업(중량물 취급작업)에서의 산업재해를 방지하기 위해 작성하는 구체적인 계획이다.

전자는 원청의 경영책임자가 마련하는 것이고 후자는 하청이 작성하는 것으로 의무주체가 엄연히 다른 점을 감안하면, 전자를 마련하지 않은 것이 후자가 작성되지 않게 한 원인이라고 판단한 것은 안전원리, 사업장의 안전이행메커니즘 및 안전의 실태를 전혀 모르거나 도외시한 지나친 논리적 비약이다. 전자가 마련됐다고 하더라도 후자가 얼마든지 작성되지 않을 수 있고, 전자가 마련되지 않았다고 하더라도 후자는 얼마든지 작성될 수 있기 때문이다. 후자가 작성되기 위해 전자가 필요한 것도 아니고, 현실적으로 후자를 작성할 때 전자를 참고하지 않는다.

1호(범죄사실) 판결은 '중대산업재해가 발생하거나 발생할 급박한 위험이 있는 경우를 대비하여 작업중지, 근로자 대피, 위험요인 제거 등 대응조치에 관한 매뉴얼을 마련하지 아니하여 안전대가 지급되지 않았을 뿐만 아니라 안전대를 연결할 수 있는 부착설비가 전혀 설치되지 않았다'고 판단하였는바, 작업중지 등 대응조치 매뉴얼 마련과 안전대 지급은 그 성격이 확연히 다르고, 작업중지 등 대응조치 매뉴얼은 원청의 경영책임자가 마련하는 것이고 안전대 지급과 부착설비 설치는 하청이 하는 것으로 의무주체도 명백히 다른 점을 감안하면, 전자와 후자 간에 논리적으로 인과관계가 성립한다고 볼 수 있는 여지는 없다. 실무적으로도 안전대 지급과 안전대 부착설비 설치는 작업중지 등 대응조치 매뉴얼과 무관하게 이루어진다.

1호, 2호 판결(범죄사실)은 원청과 하청의 위상과 역할을 구분하지 않고 그 차이를 전혀 고려하지 않았다. 원청이 하청과 산업안전보건법상 동일한 의무가 있는 것으로 본 것 같은데, 즉 작업계획서를 원청이 작성해야 하는 것으로 봤다. 심지어 1호 판결은 안전대의 지급 및 부착설비의 설치조차 원청의 역할과 책임인 것으로 전제했다. 이런 식으로 보면 원청에 적법한 행위를 기대할 수 없게 되고 하청근로자에 대한 안전보건조치가 제대로 이행되기 어려울 것이다.

한편, 이번 판결(범죄사실)은 "안전보건관리책임자 등이 해당 업무를 충실하게 수행하는지 평가하는 기준을 전혀 마련하지 아니하여 작업계획을 수립하지 못하게 하였다"고도 판단하였는바, 마찬가지로 구체적인 근거를 제시하지 않은 채 안전보건관리책임자, 관리감독자 및 안전보건총괄책임자에 대한 평가기준을 마련하지 않은 것과 작업계획 미수립 간에 인과관계가 있는 것으로 봤다. 안전보건관계자 평가기준을 마련하지 않은 것이 작업계획서가 작성되지 않은 것에 대한 원인이라고 판단하는 것은 이혼의 원인을 결혼이라고 보는 것이나 마찬가지로 지나친 확대해석이다. 전자가 마련됐더라도 후자가 얼마든지 작성되지 않을 수 있고, 전자가 마련되지 않았더라도 후자는 이와 별개로 얼마든지 작성될 수 있기 때문이다.

2호 판결(범죄사실)은 "도급 등을 받는 자의 산업재해 예방을 위한 조치능력과 기술에 관한 평가기준・절차를 마련하지 아니하여 작업계획을 수립하지 못하게 하였다"고 판단하였는바, 이 부분도 구체적 근거를 제시하지 않은 채 수급인 등에 대한 평가기준・절차를 마련하지 않은 것과 작업계획 미수립 간에 인과관계가 있는 것으로 봤다. 전자가 마련됐더라도 후자가 얼마든지 작성되지 않을 수 있고, 전자가 마련되지 않았더라도 후자는 얼마든지 작성될 수 있다는 점에서, 전자를 후자의 원인으로 보는 것은 살인자를 낳은 것이 살인의 원인이라고 보는 것과 마찬가지로 억지 논리다. 인과관계를 무한정 확장하게 되면 사망의 원인을 빅뱅(Big Bang)에서 찾아야 할 것이다.

1호, 2호 판결(범죄사실)이 '중대재해처벌법의 안전보건확보의무 위반→산업안전보건법의 안전보건조치의무 위반→사망의 결과 발생'이라는 인과관계 구조를 주장한 것은 중대재해처벌법의 안전보건확보의무 위반과 사망의 결과 발생 간에 직접적인 상당인과관계를 인정하기에는 스스로도 많은 무리가 있다고 생각했기 때문일 것이다. 문제는 인과관계에 대한 구체적 근거를 제시하지 않았다는 점이다. 범죄사실의 인정이 합리적인 의심의 여지 없이 입증돼야 함에도 그러지 않은 것이다.

한편, 1호 판결(범죄사실)이 "안전관리자가 산업안전보건법상의 안전조치를 취하는 등 근로자들의 작업을 적절히 지휘・감독하여 사고를 미리 방지하여야 할 업무상 주의의무가 있었다"고 보는 것은 관리감독자와 안전관리자를 전혀 구분하지 못한 무지에 기인한 판단이다. 산업안전보건법상 안전관리자는 스태프로서 지도・조언을 하는 역할을 하는 위치에 있고, 작업자들에 대한 지휘・감독은 라인 관리감독자의 역할이다. 따라서 작업자들에 대한 지휘・감독을 소홀히 한 책임을 묻는다면 관리감독자가 일차적인 대상이 돼야 한다. 물론 안전관리자도 자신의 역할인 지도・조언업무를 태만히 했다면 업무상과실치사죄가 물어질 수 있을 것이다. 안전업무가 안전관리자만의 역할이자 책임이라고 보는 것은 1990년대 초반까지의 검찰과 경찰의 생각이었다. 우리 사회의 수사기관과 법원의 인식이 30년 전으로 후퇴했다는 것을 보여준 판결이라는 점에서 개탄하지 않을 수 없다.

1호, 2호 판결은 "중대재해처벌법 위반죄와 산업안전보건법 결과적 가중범은 모두 근로자의 생명이라는 동일한 보호법익을 보호하고 있고, 의무위반행위 각각이 피해자의 사망이라는 결과 발생으로 향해 있는 일련의 행위라는 점에서 규범적으로 동일하고 단일한 행위라고 평가할 수 있으므로 상상적 경합 관계로 봄이 상당하다"고 판단했다. 중대재해처벌법의 의무(유해·위험요인 확인·개선 업무절차 마련의무, 안전보건관계자 평가기준 마련의무, 수급인 등에 관한 평가기준·절차 마련의무)와 산업안전보건법의 의무(작업계획서 작성의무)가 그 내용과 주체에 있어 엄연히 다른 것이고, 따라서 전자의 위반행위와 후자의 위반행위는 단일성과 동일성이 있다고 도저히 볼 수 없는 별개의 행위임에도 아무런 근거도 제시하지 않은 채 양 위반행위가 '규범적으로 동일하고 단일한 행위'라고 단정한 판단에는 사실과 명백히 다른 큰 오류가 있다고 보지 않을 수 없다. 이러한 판단은 유해·위험요인 확인·개선 업무절차, 안전보건관계자 평가기준, 수급인 등에 대한 평가기준·절차와 작업계획서가 현실에서 원·하청 중 누가 어떻게 작성하고 어떤 내용과 형태로 구성돼 있는지(사실관계)에 대한 무지에서 비롯된 것이다.

그리고 이번 판결이 중대재해처벌법 위반죄와 업무상과실치사죄의 관계(2호 판결), 산업안전보건법의 결과적 가중범과 업무상과실치사죄의 관계(1호·2호 판결)를 상상적 경합 관계로 본 것도 문제가 있다. 중대재해처벌법 위반죄와 산업안전보건법의 결과적 가중범이 안전보건기준 위반과 과실에 의한 사망 발생이라는 구조로 구성돼 있어 이 두 범죄의 구성요건이 업무상과실치사죄 구성요건의 모든 요소를 포함하고 그 밖의 특별요소(안전보건기준 위반)까지 포함하고 있으므로 법조경합(특별관계)으로 보는 것이 타당하다. 상해치사죄가 상해죄와 과실치사죄에 대해 법조경합(특별관계)인 것과 동일한 구조다. 이 점에 대해서는 이론적으로 의문의 여지가 없음에도 중대재해처벌법 위반죄 또는 산업안전보건법의 결과적 가중범과 업무상과실치사죄의 관계를 상상적 경합 관계로 본 것은 산업안전보건법의 결과적 가중범 신설 이전의 판례를 맥락을 고려하지 않고 기계적으로 인용한 탓인 것으로 추측된다.

판결문의 범죄사실에 해당하는 부분은 검찰에서 잘못 판단한 것이라고 볼 수 있지만, 죄수관계 부분은 전적으로 법원에서 잘못 판단한 것이다. 우리나라의 적지 않은 법관들이 충분한 법리 검토 없이 판결을 하고 있다는 방증이다.

2호 판결에서 중대재해처벌법이 제정·공포일로부터 시행일까지 1년의 시행유예기간이 있었다고 본 것도 신중치 못한 판단이다. 법률 규정만으론 구체적 내용을 예상하기 어려웠던 시행령이 법 시행 불과 3개월 남짓 전인 2021년 10월에서야 제정・공포됐고, 이 법의 주된 내용인 안전보건관리체계라는 것이 그 성격상 많은 시간이 걸린다는 점을 재판부가 인식하지 못한 것도 재판부의 큰 불찰이다.

이번 판결은 다른 한편으론 중대재해처벌법에 규정된 업무절차, 평가기준, 매뉴얼과 같은 서류만 잘 작성해 놓으면 처벌될 일이 없다는 것을 보여줬다는 점에서, 또 한 번 중대재해처벌법이 재해예방에 과연 도움이 될 수 있을지 많은 의심을 하게 한다.

피고인들이 무죄를 적극적으로 주장하지 않으면, (특별)경찰의 자의적 수사와 검찰의 억지 기소가 남발될 가능성이 높고, 법원에서 유무죄가 다투어지지 않아 검찰의 공소사실이 그대로 인정되게 될 것이다. 더 이상 '네가 네 죄를 알렸다!' 식의 재판이 되지 않으려면 검찰에서 증거재판주의에 충실한 기소를 하는 것이 필요하다. 피고인은 책임의 정도를 초과해 처벌되지 않으려면 자백하여 선처에 호소하기보다는 무리한 기소에 대해선 부당함을 적극 주장할 필요도 있다.

이번 판결은 중대재해처벌법이 만들어낸 많은 부작용 중의 하나라고 할 수 있다. 법 자체의 불명확성으로 인해 수사와 판결 역시 예측하기 어려울 것이라는 세간의 우려가 현실화된 것이다. 우리 사회가 이러한 혼란에서 벗어나기 위해서는 중대재해처벌법의 대대적인 정비 노력과 함께 헌법재판소의 위헌 여부 결정이 조속히 이루어질 필요가 있다.

[참고] 법리와 증거보단 무리한 추론이 앞선 중대재해처벌법 판결[453)]

지금까지 중대재해처벌법(이하 '중처법') 사건에 대한 판결이 7개(항소심 제외) 선고되었다. 피고인이 자백한 사건이 대부분이고 모두 중소기업이 대상이라서 그런지 판결 모두 법리와 증거보다는 유죄 결론을 미리 내려놓고 무리한 추

453) 정진우, 월간 노동법률, 2023년 11월호(Vol. 390).

론으로 꿰맞추기를 했다는 느낌을 지울 수 없다. 사실상 '복불복' 판결이 되고 있다. 판결에 허점이 많아 상급심에서 판결이 뒤집힐 가능성이 적지 않다.

먼저 1~3, 6, 7호 판결은 피고인의 자백사건이라는 점에 주목할 필요가 있다. 법원에서 사실관계와 법리가 다퉈지지 않아 검찰의 공소사실이 그대로 판결문의 범죄사실이 되었다. 그 결과, 판결이 실체적 진실을 담고 있다고 보기 어려워 판결에 의미 부여를 하기 어렵고 시사점이 매우 제한적이다. 특히 실형을 선고한 2호 판결(항소심 포함)은 양형의 이유도 사실관계보다는 감정과 직관에 기초한 부분이 적지 않다. 이 점이 간과되면 법리와 증거에 충실한 판결인 것으로 오독될 수 있다.

대부분(5개)의 판결이 건설업에 관한 것이라는 점도 특징적이다. 원청의 하청에 대한 지배력이 크고 원청과 하청의 작업이 구분하기 어려운 건설현장 특성 때문에 원청의 책임을 묻기가 상대적으로 용이했을 것이다. 원하청 사건을 다룬 판결 모두 원청과 하청의 지위와 역할을 구분치 않고 하청 근로자에 대한 모든 안전조치를 원청이 해야 한다는 식이다. 그렇다 보니 하청 경영책임자가 해야 할 일을 원청 경영책임자가 해야 하는 것으로 전제했다. 즉 원청 경영책임자가 할 수 없는 일까지 해야 하는 것으로 단정했다. 안전원리에 대해 무지하고 안전현실을 도외시한 것이다. 이러한 관점은 하청 경영책임자의 안전관리에 대한 무관심과 무책임으로 이어져 하청 근로자의 재해예방에 역효과를 낳을 가능성이 높다.

중처법의 성격상 판결이 어떻게 내려질지 예측하기 어려운 상태에서 중소업체는 대부분 무죄를 주장하기보다는 자백하면서 선처를 호소하는 쪽을 선택할 가능성이 높다. 무죄를 주장할 경우 자칫 '괘씸죄'가 적용되어 실형 선고를 받지 않을까 우려되기 때문이다. 그렇게 되면 검찰의 공소사실에 문제가 많음에도 법원에서 그대로 받아들여져 실체적 진실이 규명되지 않을 가능성이 높다.

산업재해 사건의 경우 검찰과 법원 모두 전문성이 부족해 피고인 측에서 준비를 잘 하지 않으면 법리에 맞지 않는 판단이 내려질 리스크가 상존한다. 중소업체의 경우 전문성을 갖춘 법률대리인을 선임하기 어려워 사법 리스크에 노출될 가능성이 상대적으로 높다. 대기업 경영책임자를 처벌하고자 한 취지였지만 중처법 시행 전에도 이미 처벌돼 온 중소업체 경영책임자 처벌에 경도되어 있는 이유이다. 중처법의 실효성에 의문을 갖지 않을 수 없다.

판결은 경영책임자의 중처법 의무 위반과 사망 간의 직접적 인과관계를 판단하지 않고, 양자 사이에 산업안전보건법(이하 '산안법') 의무 또는 업무상 주의의무를 끼워 넣는 2단계 인과관계 형식을 당연한 것으로 전제했다. 문제는 도식적인 2단계 인과관계 구조가 법리적 근거가 없고, 그마저도 '형법상 의미 있는 인과관계'가 아닌 '조건관계'로 대체했다는 점이다. 즉 조건관계에 있는 모든 행위가 결과에 대해 원인이 된다는 식으로 인과관계 범위를 과도하게 확대했다. 단순한 과실범이나 산안법의 결과적 가중범보다도 인과관계의 상당성을 느슨하게 심리했다. 중처법 의무가 이행되지 않는다고 해서 산안법 의무 또는 업무상 주의의무를 이행할 수 없다고 본 것은 논리 비약이다. 산안법 또는 업무상 주의의무는 중처법 의무와 별개로 얼마든지 이행될 수 있다는 것은 논리적·경험적으로 쉽게 알 수 있다. 형법상의 인과관계의 경우 합리적인 의심의 여지 없이 증명돼야 함에도 그러지 않은 것이다.

중처법과 같은 부작위범의 경우 요구되는 일정한 의무가 이행됐더라면 사망이 발생하지 않았을 것이 '거의 확실하다'는 정도의 판단이 서야(의무 위반과 사망 간의 연관관계가 '확실에 가까운 개연성'으로 긍정돼야) 의무 위반과 사망 사이에 상당인과관계가 긍정될 수 있는데도, 판결 모두 둘 간의 인과관계의 상당성에 대해 논증을 생략하거나 비약했다. 중처법에 따른 경영책임자의 조직(원청) 전체적인 성격의 의무와 사망 사이에 현장 차원의 산안법 의무/업무상 주의의무 위반을 끼워 넣었지만, 중처법 의무 위반과 산안법 의무/업무상 주의의무 위반 간의 연관관계를 '전자가 없었더라면 후자도 없었을 것'이라는 조건관계만으로 추론하고 있을 뿐, 전자가 이행됐더라면 사망이 회피되었을 가능성이 거의 확실하다는 증명은 하지 않고 있다.

일부(4, 5호) 판결의 경우는 의무 위반 판단에 있어 문언의 통상적인 의미 내에서 엄격하게 해석해야 한다는 원칙에 위배되는 해석까지 하고 있다. 형벌법규는 목적론적 해석을 하더라도 해당 법문언의 통상적인 의미 내에서만 가능함에도 지나친 확장해석(자의적 해석)을 하고 있는 것이다.

게다가 판결 모두 전근대적인 '결과책임'을 방지하기 위한 예견가능성 유무에 대한 심리를 생략하거나 비약하였다. 결과적 가중범(엄밀히는 이에 해당하지 않지만)에서 중한 결과 발생의 예견가능성은 객관적 예견가능성과 주관적 예견가능성을 모두 포함해야 하는데, 판결은 예견가능성, 특히 구체적 행위자가 결과 발생을 예견할 수 없는 특수한 사정이 있는지(주관적 예견가능성) 여부를 심사하지 않았거나 소홀히 했다. 결과책임으로 흐르기 쉬운 결과적 가중범의 성립범위를 조절하기 위해 반드시 필요한 예견가능성 유무에 대한 판단을 생략한 것이다.

행위자에게 사망사고를 객관적으로 귀속시킬 수 있는지와 예견가능성에 대해선 심리도 하지 않고 기본행위와 결과 간의 조건적인 인과관계의 존재만으로 가중처벌을 인정하는 것은 결과책임사상에 가깝다. 형사재판의 원칙에 따른 엄격한 증거판단과 책임비난의 근거 없이 범죄 성립을 인정하는 셈이다. 근대형법의 철칙인 책임주의의 관점에서 볼 때 판결은 심각한 문제가 있다고 할 수 있다. 판결의 이러한 입장은 현장 작업자에 대한 개별적·구체적 지휘를 하는 지위에 있지 않은 원청 또는 직영 본사 경영책임자의 책임을 어떻게든 물어야 한다는 의지(?)가 작용했기 때문일 것이다.

범죄 성립요건에 대한 빈약한 입증은 실형이 아닌 집행유예 판결과 무관하지 않다. 논증의 허술함을 약한 처벌로 덮으려고 하거나 피고인 측과의 타협 또는 절충을 암묵적으로 의도하고 있는 것 같다. 여론을 의식하여 무죄가 나올 사안을 무리하게 유죄로 판단하면서 그 대신 항소를 하지 않을 정도의 처벌로 얼렁뚱땅 넘기려는 것 아니냐는 의심을 지울 수 없다.

사실관계에 대한 면밀한 검토와 산업안전에 대한 학습을 통해 법리에 충실한 판결을 할 생각을 하기보다는 문제 많은 선행 판결을 베끼기 수준으로 답습하는 것은 전문법률에 대한 법원의 전문성 부족과 사명감 빈곤의 민낯을 드러내는 것 같아 씁쓸할 따름이다.

중처법과 산안법이 일부 유사한 규정을 갖고 있긴 하지만 양 법은 엄연히 별개의 체계, 주체 및 의무로 구성된 법인데도, 판결에서 양 법이 산재예방이라는 동일한 목적을 가지고 있다고 해서 양 법의 위반행위가 '규범적으로 동일하고 단일한 행위'라고 판단한 것도 명백히 잘못되었다. 이는 재판부가 양 법 규정의 취지와 체계 등의 차이에 대한 이해가 부족하고 재해발생기제에 대한 면밀한 파악 없이 수준 낮은 사법정책연구원 연구보고서[451]의 죄수관계 부분을 그대로 인용하여 발생한 결과이다. 만약 법원의 판단이 옳다면 중처법은 산안법과 중복되는 명백히 위헌적인 법이라는 점을 인정하는 꼴이 된다.

중처법 판결은 중처법이 낳고 있는 많은 부작용 중의 하나이다. 불합리하고 모호한 데다가 산안법과 중복·충돌되는 내용도 적지 않은 중처법의 본질적 한계에서 비롯된 결과라고 할 수 있다. 고용노동부는 대부분 '묻지마' 기소의견으로 송치할 가능성이 크고 검찰은 일부긴 하지만 억지추론에 근거한 편의적 기소를 할 위험이 상존하는 상태에서 피고인 측이 무죄를 정교하고 치밀하게 주장하지 않으면, 법원에서 검찰의 주장대로 인정될 가능성이 높고, 그것이 현실로 나타나고 있다.

다른 한편으론 판결은 전체적으로 볼 때 중처법에 규정된 업무절차(매뉴얼), 평가기준, 점검, 예산 편성·집행, 인력 배치 및 조직 구성을 형식적으로 이행하거나 서류를 구비해 놓기만 하면 처벌될 일이 없다는 것을 보여주고 있다. 중처법이 기업들의 형식적 안전과 고비용 저효과 안전을 초래할 가능성이 높다는 점을 시사한다.

기소된 사건에 대해 '법창조'에 가까운 법해석을 통해 모두 유죄판결이 내려지고 있다. 엄격한 판단이 아닌 자의적 해석이 당연한 것으로 여겨지는 판결의 '비정상의 정상화'가 우려된다. 법의 흠결이 있으면 법관은 입법적 해결 때까지 기다려야 한다. 법창조를 하는 건 월권이다. 법관은 사전에 학습돼 있지 않은 전문적 사안에 대해선 충분히 고찰하고 신중해야 한다. 특히 강한 형벌이 수반되는 형사사건은 당사자에게 인생이 달린 문제이고 사회적으로도 큰 영향을 미치기 때문이다.

454) 정현희, 『「중대재해 처벌 등에 관한 법률」의 재판 실무상 쟁점』, 사법정책연구원, 2022. 이 연구보고서는 연구자가 산업안전보건에 대한 지식이 없는 상태에서 중대재해처벌법 시행에 맞춰 급하게 작성하였다는 인상이 많이 들 만큼 법리적으로 거친 내용이 적지 않다.

[참고] 함량 미달의 중대재해처벌법 위헌심판제청신청 기각 결정[455)]

지난 3일 창원지법은 중대재해처벌법 위반으로 기소된 두성산업 사업주가 신청한 위헌법률심판제청신청을 기각했다. "아는 만큼 보인다." 로마 시대부터 사용돼 온 동서고금을 관통하는 속담이다. 이번 중대재해처벌법 위헌법률심판제청신청 기각 결정문을 보고 느낀 소회이기도 하다. 신청 인용 여부를 결정하기 위해 반드시 알아야 할 산업안전보건법, 안전이론, 복잡한 현실을 몰라도 너무 몰랐고 알려고도 하지 않은 점이 결정문 곳곳에서 보인다. 책상물림 결정의 전형이다. 안전과 법을 함께 공부한 학부 4학년생의 리포트보다 나은 수준이라고 할 수 없다. 이 정도의 결정문을 작성하는 데 1년 넘게 걸렸다니 판사의 성실성과 역량에 의문을 갖지 않을 수 없다.

이번 결정문은 명확성의 원칙, 과잉금지의 원칙, 평등의 원칙 위반 여부 3가지 쟁점 모두에 대해 구체적 논증을 생략하거나 비약하고 있다. 위헌 여부에 대한 구체적 쟁점이 차고 넘치는데도 본질에 깊이 파고들지 않고 신청인 주장을 기계적으로 해석하거나 극단적 주장을 가정해 변죽만 울리고 말았다. 전문법률과 같이 학습돼 있지 않은 영역에 대해선 판사 스스로 많이 듣고 읽고 검토하는 게 마땅함에도 이런 노력을 기울이지 않은 느낌이 확연히 든다. 이번 결정문을 보고 과학철학자 칼 포퍼의 "진짜 무지는 지식의 결여가 아니라 학습의 거부다."라는 말이 떠오른 것은 필자만일까.

이번 결정은 중대재해처벌법이 그저 좋은 법이라는 판사 개인의 '뇌피셜'이 크게 작용한 탓이라고 하지 않을 수 없다. 중대재해처벌법이 내거는 명분 외에 그 위상, 다른 법과의 관계, 현장에 미치는 다양한 영향 등에 대한 분석과 이해도 없고, 판사의 기본적 자세인 신중함과 철저함도 엿보기 어렵다. 판사 개개인에게 독립성을 부여한 것은 여론 등에 구애받지 않고 사명감을 기반으로 객관적이고 공정한 재판을 보장하기 위해서다. 헌법에서 오로지 법률과 양심에 따라 재판하라고 한 것도 이 때문이다. 선입견에 사로잡혀 미리 결론을 내려놓고 그것에 꿰맞추는 식의 결정은 최악의 판사가 되는 지름길이다. 결정이 나오기 5개

455) 정진우, 월간 노동법률, 2023년 12월호(Vol. 391).

월 전쯤부터 기각될 것 같다는 분위기가 강하게 감지된 것은 '답정너' 결정이라는 의심을 사기에 충분하다.

이번 결정이 노동계 등 여론을 의식하거나 이에 동조해 나왔을 거라고는 생각지 않는다. 법률의 한두 개 조항이 아닌 사실상 법 전체의 폐지로 이어질 수 있는 인용 결정에 따른 부담 때문도 아니었을 거라고 믿고 싶다. 이념, 비난 부담 등을 떠나 무지와 무책임이 문제라고 생각한다.

중대재해처벌법의 의무 주체인 '시설, 장비, 장소 등을 실질적으로 지배·운영·관리하는 책임이 있는 자'가 누구인지에 대해선 주무부처인 고용노동부도 두루뭉술한 답변만 할 뿐 구체적 답변을 전혀 하지 못하고 있다는 건 널리 알려진 사실이다. 시설의 지배자가 소유자인가, 점유자인가. 지배자, 운영자, 관리자가 다를 경우 누가 의무 주체인지 판사는 답변할 수 있는가. 건전한 상식과 통상적인 법감정을 가진 사람뿐 아니라 전문가조차도 제대로 조언할 수 없고 전문가마다 조언이 제각각인 현실에 판사는 귀를 닫고 눈을 감았다. 예컨대 지하철역사에서 에스컬레이터 설치 공사를 하거나 공장에서 대정비작업을 하는 경우, 도급인, 수급인 중 누가 의무 주체인지 한 방송토론회에서 중대재해처벌법에 찬성하는 변호사, 교수에게 필자가 질문을 했을 때, 그들은 일언반구 응답하지 못했다. 구체적 쟁점조차 파악하지 못하는 판사도 답변하지 못할 것이다. 누구도 잘 답변하지 못하는 규정을 명확하다고 강변하는 건 무지를 넘어 솔직하지 못하다고 할 수 있다.

도급인의 경우 중대재해처벌법 의무를 어디서부터 어디까지를 어떻게 이행해야 할지 알 수 없는 경우가 적지 않다.

판사는 의무 내용이 시행령에 구체적으로 규정돼 있어 이를 충분히 알 수 있다고 하지만 현실을 전혀 모르는 판단이다. 예컨대 외부 업체가 도급인의 사업장에 들어와 작업할 경우, 해당 도급인은 인력 배치, 예산 편성, 관리감독자 평가 등의 조치를 어떻게 해야 하는지 감조차 잡기 어렵다. 아무리 수급인이라 하더라도 별개의 업체이고 수급인이 한 도급인의 일만 하는 게 아니라 다른 업체에서도 일하는 경우가 많은데, 도급인이 외부 업체의 인력, 예산, 평가 등에 대해 어떤 역할을 해야 하는지 누구도 예측하기 어렵다. 그런데도 판사는 막연히 경영책임자라면 도급인의 역할 범위를 쉽게 파악할 수 있다고 봤다. 판사가 현장의 구체적 사정을 파악하고 판단했을까. 판사는 안전보건관리체계가 기업에서 운영되는 모습을 알려고 시도라도 해봤을까.

산업안전보건법을 따라야 하는지, 중대재해처벌법을 따라야 하는지, 즉 수범자들은 어느 장단에 맞춰 안전보건조치를 해야 하는지 알 길이 없는 경우도 있다. 산업안전보건법과 중대재해처벌법의 의무 주체가 동일하지 않은 상황에서 상호 중복되는 내용이 규정돼 있다 보니, 양 법 간에 충돌되는 사항이 적지 않다. 예컨대 수급인 근로자에 대한 재발방지대책의 경우, 산업안전보건법에선 수급인이 수립해야 하지만 중대재해처벌법상에선 대부분 도급인이 수립해야 하는 것으로 규정돼 있다. 시정(개선)명령 사항에 대한 이행 조치 역시 산업안전보건법에선 수급인이 하도록 돼 있는 반면, 중대재해처벌법에선 도급인이 해야 하는 것으로 규정돼 있다.

산업안전보건법의 결과적 가중범보다 가중처벌하기 위한 합리적 근거도 두지 않고 가중처벌하는 것은 과잉금지의 원칙에 위배된다. 산업안전보건법에도 사망에 이르게 했을 때 가중처벌한다는 조항을 이미 두고 있다. 산업안전보건법에서 상대적으로 중요하지 않다고 보아 결과적 가중범 대상으로 규정하지 않은 동일사항(예 : 안전보건인력의 배치, 업무수행에 필요한 권한과 예산 부여)에 대해 중대재해처벌법에서 중벌 대상으로 삼고 있는 것은 과잉금지의 원칙에 정면으로 위반하는 것이다. 산업안전보건법과 달리 근로자보다 보호 필요성이 상대적으로 적은 자까지를 보호 대상으로 하면서 산업안전보건법보다 강한 처벌을 규정한 것 역시 과잉금지의 원칙에 위배된다. 비난가능성이 적음에도 되레 강한 처벌을 정하고 있기 때문이다.

산업안전보건법과 사실상 동일하거나 약한 구성요건을 규정하면서도 법정형을 상향 조정한 조항이 중대재해처벌법에 상당수 있는 점에 대한 문제의식은 결정문 어디에서도 보이지 않는다. 판사는 산업안전보건법의 체계와 구성요건, 산업안전보건법과 중대재해처벌법의 관계 등에 대해 깊이 검토하지 않은 것 같다. 판사가 이 부분을 심리하지 않은 이유이다. 위헌법률심판제청을 신청한 측에서 이런 내용을 주장하지 않았더라도 판사는 직권으로 이 정도의 기초적 내용은 파악하고 판단했어야 했다.

산업안전보건법의 구성요건과 비교해 가중적 구성요건 표지가 없는 위반

(예 : 법적 의무 이행점검 위반, 시정명령 위반)에 대해 중대재해처벌법에서 가중처벌하는 것은 평등의 원칙에 위배된다. 검사는 중대재해처벌법으로 기소할 수 있지만 산업안전보건법으로도 기소할 수 있다. 산업안전보건법보다 가중적인 구성요건 표지 없이 법적용을 오로지 수사기관의 재량에만 맡기고 있는 것이다. 수사기관 스스로도 법적용에 대해 혼란을 겪을 수 있고, 법 집행기관이 이런 사정을 피의자나 피고인의 자백을 유도하거나 상소를 포기하도록 유도하는 수단으로 악용할 소지도 있다. 비난가능성이 동일한 구성요건을 규정하면서 법정형만 높인 중대재해처벌법은 형벌체계상의 정당성과 균형을 상실한 것이 명백하다. 이 점은 이미 헌법재판소 결정에서도 확인된 것이다. 그럼에도 판사는 양 법의 구체적 내용, 적용관계 등에 대해서도 심리하지 않았다.

"무지는 지식보다 더 확신을 가지게 한다." 찰스 다윈의 말이다. 전문법률의 법리, 구체적 사실관계에 대한 무지가 판사를 용감하게 만들었다. 안전 초보자들이 갖기 쉬운 '엄벌이 곧 정의'라는 도그마에 사로잡힌 것 아닌가라는 의심마저 든다. 판사가 엄벌이 능사라는 생각에 빠지면 피고인 측이 아무리 무죄를 주장해도 묻지 마 유죄를 선고하는 '유죄 판결 법원'이라는 오명에서 벗어나지 못한다. 편견이 개입돼 여러 가능성을 닫은 채 재판하게 되면 공정한 결정은 기대하기 어렵다. 이번 결정 역시 이러한 선상에 있는 것 같다.

예측가능성과 이행가능성이 결여된 위헌적인 법이 온존하면 수사기관의 자의적 법집행과 법원의 자의적 판결이 횡행할 수밖에 없다. 이는 모든 수범자가 잠재적 범죄자가 되고 애꿎게 처벌되는 것으로 이어진다. 위헌적인 법으론 중대재해를 예방하는 효과도 기대하기 어렵다.

함량 미달의 이번 결정은 판사 개인의 불이익으로 이어지지는 않겠지만, 기본법인 산업안전보건법을 정상화하거나 개선시킬 수 있는 기회를 지연시키고 말았다. 당분간은 헌법소원을 통한 헌법재판소의 전문적 결정을 기대하는 수밖에 없을 듯하다. 훌륭한 판결도 많지만 이번 결정을 계기로 이처럼 투박한 결정이 어떻게 해서 버젓이 내려질 수 있는지, 재발하지 않기 위해선 뭐가 필요한지에 대해 사회적 차원에서 진지한 성찰이 이루어질 필요가 있다.

제6장

중대재해처벌법의 제정 평가와 제언

YouTube
영상으로 확인하세요!

KBS 열린토론(2023년)

NTD 코리아 인터뷰

당초 발의된 중대재해처벌법안은 전체적으로 안전원리, 법원칙과 부합하지 않고, 재해예방의 실효성, 현장작동성과도 거리가 있으며, 비교법적 관점에서 볼 때에도 보편성과 체계성이 결여된 내용으로 구성되어 있었다. 특히 명확성의 원칙 등 죄형법정주의 원칙은 민주주의·법치주의 원리의 표현이자 법의 실효성을 위해서도 준수되어야 할 철칙임에도, 발의된 법안은 모두 그 의도에 관계없이 결과적으로 죄형법정주의 원칙 외에도 책임주의 원칙, 평등의 원칙, 포괄위임금지의 원칙 등 헌법원칙에 위배되는 측면이 곳곳에 산재하고 있었다.

국회 법제사법위원회 심의를 통해 위헌 소지 등 문제 있는 부분이 적지 않게 걸러졌음에도 불구하고, 개정되는 법도 아닌 처음으로 제정되는 법을 그것도 중요한 쟁점이 매우 많은 법안을 통과 일정을 못 박아 놓고 짧은 일정 속에서 심의하다 보니, 앞에서 살펴본 대로 재해예방원리, 법리 및 실효성 측면 모두에서 문제 있는 부분이 많이 남아 있는 상태이다.

노사단체, 전문가 등은 이유는 다르지만 법의 타당성, 합리성 및 실효성 등에 대해 많은 의구심을 품고 있고 정당성을 부여하지 않고 있어 법 제정 당시부터 지금까지 적지 않은 혼란과 갈등이 발생하고 있다.

중대재해처벌법 제정을 둘러싼 일련의 과정을 되돌아보면, 입법안이 발의될 때부터 법안의 내용이 충실하게 구성되는 것이 매우 중요하다는 점을 사회적 교훈으로 얻을 필요가 있다. 특히 정치적 영향을 많이 받을 수 있는 법안의 경우, 발의 당시의 내용 자체에 많은 문제점을 내포하고 있으면, 법안 심의과정에서 설령 내용이 다듬어지는 기회가 있다고 하더라도, 정교성과 충실성에 있어 해당 문제가 제대로 걸러지거나 해소되지 않을 가능성이 크다.

다시 말해서, 기업 등의 경영 및 경영책임자의 신상에 지대한 영향을 미치는 내용을 많이 담고 있고 구성요건과 처벌수준에 있어 어느 선진외국에서도 그 유례를 찾아볼 수 없는 법안의 경우는 발의할 때부터 면밀한 조사·검토와 다각적인 의견수렴과 충분한 논의를 거치는 등 신중한 접근이 필수불가결하다. 이러한 과정을 거치지 않으면 실효성도 담보할 수 없거니와 의도치 않게 많은 비용과 혼란을 초래할 수 있음을 이번 중대재해처벌법 제정 과정을 통해 분명히 인식할 필요가 있다.

중대재해처벌법을 영국의 법인과실치사법과 같이 산업안전보건법과 범죄구성요건을 질적으로 달리하는 것을 전제로 하여 처벌 대상을 법인(조직)으로 한정하였다면 다소의 의미를 가질 수도 있었을 것이다. 그러나 중대재해처벌법에 산업안전보건법과 중복되거나 충돌되는 내용이 많아 제정된 내용으로는 규범력, 실효성 등의 관점에서 볼 때 중대재해 감소에 순기능보다는 역기능이 더 클 것으로 판단된다. 선진외국과 같이 산업안전보건법이 형사처벌에 있어서도 산업안전보건의 기본법으로서의 역할을 할 수 있도록 정상화시키는 것이 시급하고 중요한 과제라고 생각한다.

실효성이 부족한 규제와 과중한 처벌에 의존하는 것보다 범죄구성요건을 정교화하고 수범자들이 어떤 행위를 해야 할지를 예측할 수 있도록 명확하게 규정하는 것이 중대재해 예방에 훨씬 효과적이고 정의로운 일이다. 누구도 지키기 어려운 법을 만들어 놓고 이를 지키지 않았다고 엄벌에 처하는 것은, 의도했든 의도하지 않았든 법에 대한 신뢰를 추락시키고 법의 준수를 형식화하며, 의도했던 엄벌효과조차도 거두지 못하고 중소기업에 처벌이 집중되는 결과를 초래할 가능성이 크다.

재해예방선진국의 사례로 볼 때, 산업안전보건의 수준을 높이기 위해서는 손쉽게 엄벌에 의존하는 것보다 산재예방행정조직을 전문화하고 산재예방법제를 선진화하며 산재예방인프라를 강화·확충하는 등 산재예방시스템을 선진화하는 일이 우선적으로 필요하다. 엄벌 방식을 채택하고 있는 영국의 사례를 보더라도 이러한 제반 여건을 제대로 갖추었을 때 엄벌이 비로소 효과를 발휘할 수 있다. 비교법적으로 보면, 한 나라의 산업안전보건수준은 처벌수준으로 결정되는 것이 아니라 이러한 여건이 얼마나 충실하게 갖추어져 있느냐에 달려 있음을 알 수 있다.

한편, 중대재해처벌법 시행령 또한 법률이 가지고 있는 불명확성, 법령간의 충돌 등의 문제를 사실상 거의 해소하지 못하고 있다. 혼란스럽고 헌법원칙에 맞지 않는 부분이 오히려 확대된 측면이 적지 않다. 불명확하거나 모호한 규정이 많은 등 위헌 소지가 많은 상태로는 예측가능성이 낮고 예방기준으로 작용하기 어려워 산재예방의 실효성을 거두기 어려울 뿐만 아니라 위헌소송에 맞닥뜨릴 가능성이 크다.

앞에서 살펴본 것처럼 중대재해처벌법은 그간 축적된 이론적 기반하에서 충분한 논의와 검토를 거쳐 제정된 것이 아닌 관계로 체계와 내용 둘다에 있어 무작스러운 부분이 적지 않다. 체계 및 내용에 있어 큰 문제가 있는 부분을 하루라도 빨리 보완하지 않으면 호미로 막을 수 있는 일을 가래로도 막지 못하는 사태가 발생할 수 있다.

요컨대, 중대재해처벌법은 제정과정에서 특히 산업안전보건법과의 관계를 제대로 고려하지 못한 결과, 태생적으로 산업안전보건법과의 관계가 모호하고 착종되어 있으며, 형벌체계상의 정당성과 균형을 상실하고 있다는 비판을 피하기 어려운 데다가, 내용적인 면에서도 매우 많은 문제를 가지고 있다. 현재의 법적 상태는 안전법원리와의 부합성과 재해예방의 실효성의 관점에서 볼 때 결코 바람직한 상태라고 할 수 없다.

중대재해처벌법의 취지를 부분적으로 산업안전보건법 등 안전보건관계법에 반영하면서 중대재해처벌법의 체계와 내용을 전면적으로 개정하거나 중대재해처벌법을 폐지하는 것이 바람직한 입법방향이다.

칼럼 불량안전법으로는 건설재해 못 줄인다[456]

건설안전에 관한 3대 불량법 체제가 갖춰지기 일보 직전이다. 3개 법 모두 전 세계 유례없는 체계와 내용인 데다 난삽하기까지 하다는 점에서 데칼코마니다. 앞서 졸속 입법된 전부개정 산업안전보건법, 중대재해처벌법이라는 화염에 기름을 끼얹을 건설안전특별법 제정이 국회 통과를 눈앞에 두고 있다.

현 정부 들어 실효성에서 심각한 문제를 가지고 있는 법이 양산되고 있다. 정치 · 행정의 무능에 위선이 조합된 결과이다. 현장에서는 안전법이 안전에 도움이 되기는커녕 오히려 걸림돌이 되고 있다는 불만이 하늘을 찌를 듯하다. 실질적인 안전에는 기여하지 못하고 법무법인 · 컨설팅기관의 비즈니스와 집행기관의 권한 확대에만 비단길을 깔아주고 있다.

일찍이 몽테스키외는 그의 기념비적 저서인 '법의 정신'에서 난폭한 정부는 기존의 법을 잘 집행하려기보다는 즉시 악을 억지한다는 명분으로 가혹한 형벌을 정하는 경향이 있다고 하면서 엄벌주의와 보여주기 법에 심각한 우려를 표하였다. 최근 입법되고 있는 안전법을 보노라면 몽테스키외가 경계했던 병폐가 현실에서 다반사로 발생하고 있다.

최근 행정부는 국회의 힘을 빌려 엉성한 안전법을 손쉽게 통과시키기 위해 청부입법을 남발하고 있다. 국회는 함량미달의 입법을 하고 AS에는 모르쇠로 일관한다. 안전문제 해결을 위한 전문성뿐만 아니라 진정성도 보이지 않는다. 한마디로 '먹튀정치 · 행정'이다. 건설안전특별법도 국토교통부의 청부입법이라는 점은 알 만한 사람은 다 알고 있다.

법이 조잡하게 입법될 때 재해예방에 어떤 역기능을 초래하는지에 대해 '전부개정 산업안전보건법'에서 교훈을 얻어야 한다. 가뜩이나 낮은

456) 이 글은 한국경제(2021.10.11)에 실린 필자의 졸고를 보완한 것이다.

안전법규의 규범력과 신뢰를 땅으로 추락시키는 전철을 밟아서는 안 된다.

예측가능성과 준수가능성에서 심각한 결함이 있는 중대재해처벌법 시행을 목전에 두고 있는 마당에 건설안전특별법까지 발의내용으로 제정된다면 건설현장은 패닉 상태에 빠질 것으로 예상된다. 대형건설사는 비용을 많이 들이면서도 재해예방의 효과를 거두지 못하고, 중소건설사는 아예 체념하는 방향으로 움직이지 않을까 우려된다.

건설안전특별법안은 외양적으로 건설안전 관계자별로 역할을 설정하였다고 그럴듯한 주장을 하고 있지만, 면밀히 살펴보면 체계와 내용 모두에서 문제투성이다.

먼저, 형사처벌이 수반되는 규정 중 명확성 원칙에 위반되는 사항이 눈에 띈다. 예를 들면, "적정한 기간과 비용", "안전관리 역량"와 같이 내용상 윤곽이 모호한 개념, 즉 애매하고 불분명하여 신축이 자유로운 개념이 규정되어 있다. 명확성 원칙은 민주주의 원리이다. 이에 위배되는 규정이 많다는 건 민주주의를 거역하는 것이나 진배없다. 법이 너무 모호하고 추상적이면 법의 생명이라 할 수 있는 예측가능성이 없게 된다. 이런 법에서 건설재해 예방의 실효성을 기대하는 건 연목구어나 다름없다.

둘째, 안전원리에 맞지 않는 부분 또한 적지 않다. 예컨대, 하청 근로자의 재해예방을 위해 원청에게만 안전관리조직의 구축 · 운영, 안전교육 실시 등의 의무를 부과하고 하청에게는 이러한 의무를 부과하고 있지 않다. 하청 근로자의 재해예방에 대한 기본적인 안전조치 의무를 정작 하청 근로자와 근로관계에 있는 하청에게는 아예 부과하고 있지 않은 것이다.

셋째, 발주자 의무가 실효성을 담보하기엔 턱없이 부족하다. 그마저도 감리자와의 관계가 모호해 발주자는 책임에서 비껴나 있고 감리자에게 책임을 떠넘기는 폐해가 고착화될 것 같다. 그리고 공사금액, 사업자 여부에 관계없이 모든 발주자에게 의무를 부과하고 있어 이행의 실효성에도 많은 의문이 든다. 법안이 졸속으로 입안되었다는 점을 방증하는 대목이기도 하다.

셋째, 산업안전보건법, 중대재해처벌법과 중복되거나 상충되는 내용이 상당수 규정되어 있다. 안전관리조직, 안전교육, 안전관리계획, 시공자의 안전관리의무 등에 있어 내용적으로 중복되는 것도 문제일 뿐만 아니라, 해당 의무의 이행주체가 법률 간에 상이하게 규정되어 있어 법규정 간의 착종현상이 극심한 상태이다. 물론 이것은 건설안전특별법만의 문제가 아니라 건설안전관계법 전체 체계의 문제라고 할 수 있다. 그 결과, 건설사는 어느 장단에 맞춰 춤을 춰야 할지 도무지 알 길이 없다. 무책임하다고 하지 않을 수 없다. 법령 간의 비정합성은 건설재해 예방효과에 큰 걸림돌로 작용할 것이다.

제재에 지나치게 의존하고 있는 것도 큰 문제다. 동일한 사항에 대하여 형사처벌과 과태료를 이중적으로 제재하는 규정조차 발견된다. 가히 '기승전-처벌'이라 할 만한다. 세련되고 실효적인 예방기준을 만드는 일은 등한시하고 처벌을 법정책의 최우선 수단으로 상정하는 정치적 퍼포먼스에 올인하고 있는 최근 입법경향의 연장선상에 있다고 생각된다.

건설재해를 줄이기 위해선 정치권과 행정부처가 '묻지마 규제'를 경쟁적으로 쏟아내는 고리부터 끊어내야 한다. 법규제의 생명은 예측가능성과 실효성이다. 아무리 처벌을 강화하더라도 해당 법규정이 예측가능하지 않고 실효성이 없으면 그 법은 목적을 달성하기 어렵다.

전부개정 산업안전보건법(소위 '김용균법')과 같이 안전법원리를 뒤틀리게 하고 현장작동성을 무너뜨리는 법개정이 되어서는 안 된다. 재해예방에 도움이 되기는커녕 법규범력을 추락시키는 심각한 후과를 초래할 수 있다. 선무당이 사람 잡는 우를 재차 범해선 안 된다. 안전문제에 있어 무능한 정치·행정은 위험하기 짝이 없다는 것이 역사의 교훈이다. 위선까지 더해진 무능은 더욱 위험하다. 그것도 비가역적으로.

칼럼 중대재해처벌법 어떻게 해야 하나[457)]

중대재해처벌법 제정으로 어느 때보다 안전보건에 대한 관심이 높다. 기업들의 안전보건 투자도 중대재해처벌법 전과 비교하면 눈에 띄게 증가하였다. 중소기업은 별다른 변화가 감지되고 있지 않지만, 대기업의 경우는 대부분 안전보건 조직 · 인력과 예산을 크게 늘리고 있다.

문제는 그러한 투자가 안전역량을 높이고 안전보건에 실질적으로 도움이 되고 있느냐이다. 앞으로 더 지켜봐야겠지만, 현재까지의 모습만을 보면 중대재해처벌법이 급하게 제정 · 시행되다 보니 발등에 떨어진 불을 끄는 데 급급한 모습을 보이는 경우가 적지 않은 것 같다. 재정적으로 여력이 있는 대기업과 공기업은 안전보건 전문가라고 볼 수 없는 대형로펌에 주로 의지하면서 예방보다는 경영책임자 형사처벌을 피하는 데 주력하는 모습이다.

문제는 대부분의 대형로펌이 안전보건에 대한 전문성을 갖추지 못하고 있는데도 대외적으로 마치 많은 전문성을 갖춘 것처럼 행세를 하고, 기업들이 그러한 마케팅에 휘둘리고 있다는 점이다. 심지어는 산업안전 문외한임에도 운 좋게 개방직으로 산업안전국장을 잠시 했을 뿐인 자를 얼굴마담으로 내세워 컨설팅 수주와 영업에 노골적으로 활용하는 볼썽사나운 모습을 보이는 로펌도 있다. 그렇다 보니 기업들의 중대재해처벌법에 대한 많은 투자와 관심이 기업들의 실제 안전역량 향상보다는 대형로펌의 배 불리기로 이용되고 있는 건 아니냐는 비아냥이 이곳저곳에서 많이 들리고 있다.

중대재해처벌법 시행 전후로 이 법을 비웃기라도 하듯 대형사고가 잇따라 발생하고 있고, 정부에서 발표한 산재통계로도 금년 3월말 기준으

457) 정진우, 전기신문, 2022.6.17.

로 전년도 동기보다 오히려 늘어난 것으로 나타나고 있는 것도 이러한 우려를 방증하고 있다. 사회적으로 종전보다 훨씬 많은 비용을 들이고도 중대재해가 줄어들기는커녕 늘었다는 것은 큰 문제라고 하지 않을 수 없다.

이러한 현실 외에도 중처법의 민낯이 이곳저곳에서 서서히 드러나고 있다. 뭘 알고 만들어진 법이 아니기 때문이다. 중대재해처벌법을 알면 알수록 '멘붕'에 빠진다는 말까지 나오고 있다. 안전원리와 법리에 도무지 맞지 않는 내용이 많아 재해예방의 실효성뿐만 아니라 엄벌이라는 그들의 당파성조차도 달성하지 못할 것으로 예상된다. 입법참사라는 면에서는 전부개정 산업안전보건법의 데칼코마니이다.

중처법은 무책임한 정치인과 관료의 주연에 얼치기 전문가의 조연으로 만들어진 법이다. 무능한 주연은 재해예방의 실효성에는 관심이 없고 매표와 권한 확대에만 관심이 있었고, 조연은 안전원리도 제대로 이해하지 못한 채 들러리 역할을 했다. 이들의 무책임 또는 무능에 어떠한 형태로든 책임을 물어야 막무가내식 입법의 재발을 막을 수 있다. 정치인은 선거로라도 책임이 물어지지만 공무원과 사이비 전문가는 별도 조치가 없으면 아무런 일도 없었던 듯이 슬그머니 넘어간다.

중대재해처벌법 시행 전후로 노동부에서는 이 법을 부각시키고 산업안전보건법과 억지로 차별화하기 위해 중대재해처벌법은 안전보건관리체계를 규율하는 법이고 산업안전보건법은 구체적인 안전보건조치만을 규율하는 법이라고 엉터리 홍보를 해왔다. 산업안전보건법을 왜곡하고 격하시키는 정부의 이러한 어처구니없는 홍보와 중대재해처벌법에 대한 관심의 쏠림 현상으로 산업현장에서는 산업안전보건법에 대한 실질적인 관심이 종전보다 확연히 약화된 양상이다. 게다가 중대재해처벌법 자체가 처벌을 주요 수단으로 삼고 있는 데다가 집행기관이 처벌에 집중하다 보니, 산업현장에서는 처벌 회피에 초점을 맞추는 대응을 함으로써 예방활동이 오히려 소홀해지는 측면도 발견된다. 이에 따라 중대재해처벌법이 과연 안전수준 향상에 효과적인지에 대해 많은 의문이 제기되고 있다.

노동부 일선에서는 중대재해처벌법 수사에 상당한 곤란함과 피로감을 느끼고 있고, 예방인력을 중대재해처벌법 수사에 차출하고 있는 실정이다. 안전보건관계법 집행기관 간의 감독·수사의 중복도 심각하다. 집행기관의 비대함과 집행의 비효율 문제는 앞으로 반드시 해결되어야 할 과제이다.

중대재해처벌법은 이러한 점들 외에도 실무에서 법리적으로 많은 논란이 될 수 있는 여러 문제를 초래하고 있고, 곳곳에 불명확한 내용이 많아 그 해석을 놓고 현장에서 많은 혼란이 발생하고 있는 상태이다. 현장에서 문제로 되고 있는 사항이 제대로 정리되지 않은 상태에서는 수범자에게 이행의무에 대한 예측가능성을 제공하지 못하여 중대재해 예방이라는 법의 취지를 결코 살릴 수 없다.

산업안전보건법 등 기존의 안전보건관계법을 실효성 있게 개선하면서 중대재해처벌법을 대대적으로 정비하는 것만이 현재의 난맥상을 해소하고 안전보건관계법의 규범력을 높이는 방향이다. "악법도 법이다"는 말은 권위주의 정권이 즐겨 쓰는 레토릭이다. 정의롭지 않은 법은 없애거나 바꾸는 것이 마땅하다.

인터뷰 I
정진우
서울과학기술대 안전공학과 교수[458]

"중대재해법, 대기업은 20억 컨설팅… 중소기업은 법해석도 못 해"

"대기업은 20억원을 들여 컨설팅을 받으면서 처벌 피하는 방법을 찾아보고 있지만 중소기업은 관련 법률 해석조차 못 하고 있어요."

지난 20일 서울 노원구 서울과학기술대 연구실에서 만난 정진우(54) 안전공학과 교수는 시행을 앞둔 중대재해처벌법(이하 중대재해법)을 이렇게 평가했다. 정 교수는 고용노동부 산재예방정책과장과 국제협력담당관을 지낸 산업안전 분야 전문가다. 2015년부터 서울과기대에서 산업안전보건법(이하 산안법) 등을 강의하고 있다. 중앙일보는 중대재해법이 국회를 통과한 지난해 1월 정 교수를 인터뷰했었다. 시행을 앞두고 다시 그를 찾았다. 법 제정 이후 변화와 시행을 앞두고 예상되는 문제점을 들어보기 위해서다. 다음은 일문일답.

Q 중대재해법이 27일 시행된다. 지난 1년간 어떤 변화가 있었나.

"법 시행에 앞서 시행령이 마련된 것 말고는 바뀐 건 없다. 고용노동부가 지난해 연말 중대재해처벌법 해설서를 마련했지만 모호한 부분이 적지 않다."

Q 어떤 규정을 예로 들 수 있나.

"사업장 안전을 확보해야 하는 의무자로 사업주 또는 경영책임자를 규정하면서 사업주나 법인 또는 기관이 실질적으로 지배 · 운영 · 관리하는 사

---

458) 중앙일보. 2022.1.24.

업 또는 사업장에서 재해예방 체계를 구축해야 한다고 규정하고 있다. 하지만 지배·운영·관리가 서로 다른 사업장도 많다. 최근 화재가 발생한 냉동창고가 대표적이다. 실질적으로 지배하는 기업이 책임을 져야 하는지 창고 관리를 전담하는 전문 업체가 의무를 져야 하는지 명확하지 않다. 사고가 생겨도 소송을 통해 원청이 빠져나갈 수도 있는 구조다."

정 교수는 "중대재해법 시행으로 산업안전 빈익빈 부익부가 굳어질 것"이라며 "중소기업에 칼끝이 집중될 것"이라고 우려했다. 그러면서 "정부가 중대재해법으로 공포 마케팅에 불을 붙였고 새로운 법률 시장에 열리면서 로펌이 행동대장으로 나섰다"고 비판했다.

Q 현장에서 느끼는 분위기는.

"10대 기업 중 한 곳은 중대재해법과 관련해 로펌 컨설팅 비용으로 20억원을 지불했다고 한다. 반면 중소기업은 관련법 문구 해석도 못 하고 있는 곳이 대부분이다. 정작 산업안전에 취약한 건 중소기업이다. 사업장 사망사고 중 300명 이상 기업 비율은 5%에 불과하다. 95%는 300명 미만 사업장에서 발생한다. 중대재해법이 산업안전 역량 강화가 아닌 경영책임자 처벌에 초점을 맞추고 있고, 그마저도 허술하게 만들어져 있어 정작 대기업 대표이사는 소송 통해 빠져나갈 수 있다."

Q 산업현장에서 우려되는 문제점은.

"대표이사와 안전책임자의 칸막이 현상이다. 대기업 계열사 중에서 사고에 대비해 검찰 출신 인사를 최고안전책임자(CSO)로 앉힌 경우도 있다. 산재가 발생해도 대표이사는 법적 책임에서 피해가려는 의도다. 대표이사가 안전 관련해서 보고를 회피하거나 일부러 보고를 받지 않는 경우가 빈번하게 일어날 거다. 중대재해법이 원맨(안전책임자)을 처벌하는 법이라서 그렇다. 안전 담당 임원과 사업부서 임원이 노후설비 교체를 놓고 충돌할 경우 대표이사가 먼 산 쳐다보듯 하면 사업장 안전 수준이 올라갈 수 없다."

Q **중대재해법이 대형 로펌의 배만 불릴 수 있다고 보는 이유는.**

"산업안전은 대형 로펌이 관심을 가지지 않던 시장이었다. 하지만 중대재해법이 생기면서 분위기가 달라졌다. 코로나 사태 덕에 돈을 벌어 현금이 넘치는 대기업은 수십억 원을 들여 대형 로펌에 컨설팅을 맡겼다. 컨설팅은 사업장 안전 확보보다 책임 회피에 초점을 맞추고 있다. 이렇다 보니 대형 로펌은 산업안전팀을 별도로 꾸려 관련 변호사를 대규모로 채용했다. 고용노동부를 거친 고위공무원이 로펌으로 이직해 컨설팅 수주에 나선 경우도 있다. 코로나로 번 현금이 사업장으로 가서 안전을 높이는 데 쓰여야 하는데 엉뚱하게 로펌으로 들어가고 있다. 정작 중대재해가 빈발하는 중소기업은 컨설팅조차 맡길 수도 없는 처지다."

Q **컨설팅이 중대재해 예방에 도움이 되지 않을까.**

"로펌 컨설팅 보고서를 살펴보면 절반은 고용노동부의 법률 해설서를 그대로 붙여놓기 한 수준이다. 정작 현장에서 필요로 하는 구체적인 산업재해 예방책은 찾아보기 힘들다. 현장에서 뛰는 산업안전보건공단 직원도 해설서에 답변이 없는데 저희가 어떻게 기업을 상대로 설명하느냐고 되묻는다. 현장에서 발로 뛰는 사람도 제대로 답변을 못 하는데 산업안전 실무 경험이 없는 대형 로펌이 기업 맞춤형 산재 예방 조언을 할 수 있을까."

정 교수는 "중대 산업재해를 예방하기 위해선 중대재해법 시행보다 산안법 개정이 우선"이라고 주장했다. 1년 전 인터뷰와 같은 주장이다. "산재는 예방이 핵심이고 예방은 기업이 법을 지킬 수 있도록 하는 실효성이 있어야 한다"는 것이다.

Q **중대재해 예방을 위해 우선적으로 필요한 정책은 뭔가.**

"산업안전 통계를 일원화해야 한다. 특고(특수형태고용종사자) · 공무원 · 군인 · 선원 등 산재보험 통계에 잡히지 않는 이들을 포괄하는 산재 통계를 구축해야 한다. 선원도 매년 100명 넘게 사망한다. 이들을 포함하면 매년 사업장에서 일하다 사망하는 이는 1,200~1,300명에 이른다(※고용노동부가 발표한 2021년 산업재해 사망자는 828명이다). 현실을 반영한 통계가 중대재해 예방의 시작점이다."

Q 정부와 정치권에 조언하자면.

"보여주기식 정책에 급급하지 말고 중장기적으로 산업안전보건수준을 끌어올리는 정책을 고민해야 한다. 1만명당 산업안전 행정력은 한국이 일본보다 4배 많고 미국보다 8배 많다. 이번 정부 들어서 관련 예산도 확연하게 늘었다. 그런데도 중대재해 발생은 여전히 부끄러운 수준이다. 구조적인 문제가 수면 아래에 여전히 가라앉아 있다."

강기헌 기자 emckk@joongang.co.kr

칼럼

중대재해처벌법 이대로 놔둘 것인가[459]

중대재해처벌법이 시행된 지 9개월 남짓 지났다. 작년과 비교해 법 적용 대상 기업에서 중대재해가 줄기는커녕 오히려 늘어났다. 지난 정부 때 행정인력과 예산이 대폭 증가한 것을 고려하면 중대재해가 늘어난 것은 이 법이 중대재해 예방에 도움이 되는 것이 아니라 걸림돌로 작용하고 있다는 방증이라고 할 수 있다. 과학과 이성보다 이념과 감성을 앞세운 법정책의 초라한 실적이다.

지난 정부는 사망사고를 절반 줄인다는 명분으로 인력과 예산을 비대할 정도로 늘리고도 목표에 턱없이 부족한 성과를 거둔 것에 대한 책임과 비난을 피하기 위해, 낮은 처벌수준을 탓하며 급기야 세계적으로 유례없는 중대재해처벌법을 제정하고 말았다. 예방시스템 개선 없이 여론의 환심을 사기 위한 보여주기 정책의 끝판왕이라고 불릴 만하다.

이 법의 제정 배경이 이렇다 보니 법의 부작용이 이곳저곳에서 속출하는 건 이미 예견된 일이다. 기업들의 재해예방역량은 향상되지 않고 서류작업과 형식주의에 매몰되면서, 이 법은 재해예방에 전문성이 없는 대형로펌과 컨설팅기관의 땅 짚고 헤엄치기 식의 돈벌이 대상으로 전락되었다.

국제적으로 보면 중대재해는 법정책이 바뀌지 않더라도 줄어드는 경향에 있다. 자동화, 기술발전, 서비스산업화 등으로 중대재해는 매년 줄어드는 것이 일반적이기 때문이다. 그럼에도 올해 중대재해가 감소되지 않고 있다는 건 예방시스템이 고장났다는 얘기이다. 이 법에 대비해 기업과 사회가 들인 비용을 감안하면 중대재해행정의 가성비는 형편없다고 하지 않을 수 없다. 낭비도 이런 낭비가 없다.

---

459) 정진우, 중소기업뉴스, 2022.10.31.

아이러니한 것은 법 제정에 혈안이었던 자들의 숙원이었던 처벌조차 기능부전에 빠졌다는 점이다. 지금껏 단 두 건만 기소되는 굴욕적인 실적을 거두고 있다. 이 법을 집행하고 있는 많은 인력이 사실상 헛발질만 하고 있는 셈이다. 법에 위헌 소지가 많은 데다 내용 자체가 엉성한 것의 당연한 결과이기도 하다. 형식적으로라도 서류를 작성한 기업은 처벌을 피해 가고 있다. 태산명동 서일필이 따로 없다.

이런 가운데 수사기관은 자신들의 존재감을 보이기 위해 수사를 핑계로 서류를 무분별하게 요구하고 있다. 중대재해 발생 기업에서는 수사기관의 막무가내식 요구에 대응하느라 예방활동이 사실상 마비될 지경이라고 한다. 어떻게든 법위반을 찾아내려는 수사기관의 과욕이 권한남용으로 이어지고 있는 것이다. 수사 적폐의 전형이다.

심각한 문제는 단기적으로 중대재해 감소 효과가 없는 것으로 그치지 않고 중장기적으로 기업들의 안전관리가 더 형식화되는 방향으로 가고 있다는 점이다. 법의 의무주체와 내용 자체가 모호하고 다른 법과 충돌되다 보니, 누가 무엇을 어떻게 해야 할지 알 수 없어 많은 기업들을 형식적 대응 방향으로 내몰고 있다.

정부는 이 법에서 강조하는 안전보건관리체계의 기본적인 준수 여건도 마련하지 않은 상태에서 중대재해가 발생하면 경영책임자를 엄벌에 처하겠다고 한다. 그러다 보니 기업들의 안전에 대한 관심이 온통 발등에 떨어진 경영책임자 처벌을 피하는 데 맞춰지고 있다. 체계적으로 안전역량을 조금씩 강화하는 자율안전은 한가한 일이 되어 버렸다.

안전관계법의 목적은 재해예방의 실효성을 확보하는 것에 두어야 한다. 이를 위해선 무엇보다도 법의 내용이 합리적이고 보편적이어야 한다. 예측 가능성과 이행 가능성을 갖추지 못하면 처벌수준을 높이더라도 기업들의 법 준수 의지를 이끌어내지 못하고 처벌받는 자들조차 죄책감을 느끼지 않는다. 특히 재해예방 투자 여력이 부족한 기업은 아예 자포자기를 할 가능성이 높다. 정부 자신들도 지키지 않고 있는 것을 기업에게 준수하라고 하는 건 불공정한 처사이기도 하다.

이런 상태에서 2024년 1월에 50인 미만 기업에까지 이 법이 적용된다면 지금보다 훨씬 큰 혼란이 야기될 것은 불을 보듯 훤하다. 여야 정치권은 진정성과 결자해지(結者解之)의 정신으로 조속히 이 법을 폐지하거나 대폭 개정해야 한다. 눈앞의 표를 의식해서 법을 이대로 놔두는 것은 취약한 자의 보호에 역행하는 처사일 뿐만 아니라 사회적 혼란과 낭비를 방치하는 악행임을 명심해야 한다.

칼럼 중대재해처벌법 시행 1년을 되돌아보며[460)]

"유전무죄 무전유죄 법" "요란한 빈 수레가 따로 없다." 중대재해처벌법을 두고 세간에서 하는 말이다.

기업과 행정 모두 엄청난 비용을 들였지만 중대재해가 감소하기는커녕 오히려 증가한 데다가 대기업에 대해선 처벌은 커녕은 단 한 건도 기소되지 않고 있으니, 과장된 평가라고 할 수는 없다.

더군다나 지난 5년간 고용노동부의 직원이 2.3배 증가되고 산업안전보건공단 직원이 700명 가량 증가한 상황에서의 실적이라는 점에서 심각하다고까지 할 수 있다. 기업으로 따지면, 경영 실패로 관계자에게 책임을 물어야 할 정도의 초라한 실적이다.

제정할 때만 해도 중대재해를 획기적으로 떨어뜨릴 것으로 전망하면서 이 법의 제정을 적극적으로 요구한 자들은 중대재해처벌법 적용 기업에서 중대재해가 오히려 증가한 현상에 대해 집행의지의 부족이 원인이지 법규정 자체에는 문제가 없다고 강변한다. 이들에게 성찰과 반성

460) 정진우, 기계설비신문, 2023.2.1.

이라는 단어는 존재하지 않는 것 같다. 확증편향이 심한 것을 넘어 무책임하기까지 하다.

복잡한 사안일수록 진정성과 더불어 정확한 현실인식과 정교한 대책(전문성)으로 뒷받침되지 않으면 의도와는 반대의 결과를 초래할 수도 있다.

중대재해처벌법은 표를 얻기에 급급했을 뿐 진정성도 전문성도 매우 부족했다. 진보와 보수의 이념 문제 이전에 무지의 결과이다.

공자가 강조했듯이 "아는 것을 안다고 하고 알지 못하는 것은 알지 못한다고 하는 것, 이것이 앎이다."

중대재해처벌법 옹호론자들은 그 부작용에 눈을 질끈 감는다. 안전원리와 안전 현실에 대한 지식이 없음을 인정하려고도 하지 않는다. 무지에 기반한 선은 악과 동일한 결과를 가져올 수 있다는 점에 대해서도 경계하지 않는다.

중대재해처벌법은 흡사 학습역량이 부족한 자식에게 학습여건은 마련해 주지 않은 채 막무가내로 다음 번 시험에서 우수한 성적을 거두지 않으면 매타작을 할 거라고 겁박하는 부모와 닮았다.

자녀가 책상에 앉아 있는 시간은 길어지겠지만 성적은 오르지 않을 것이다. 또 초등학교 학생에게 갑자기 대학교 수학문제를 푸는 과제를 주는 선생과도 비슷하다. 초등학생은 답안지를 보고 베끼거나 부모나 과외선생에게 전적으로 내맡길 것이다.

기업들이 로펌과 안전컨설팅기관에 중대재해처벌법 진단을 무작정 의뢰하는 이유이다. 문제는 로펌과 안전컨설팅기관이 안전에 대한 실력이 없어 기업의 예방역량 향상에 하등의 도움이 되지 않는다는 점이다.

안전컨설팅 시장을 외형적으로 급성장하게 한 것은 순기능이라고 할 수도 있지만, 컨설팅이 형사처벌 회피가 주된 목적이다 보니 로펌과 안전컨설팅기관의 돈벌이 수단이 되고 있을 뿐이다.

의무주체부터 지배하는 자, 관리하는 자, 운영하는 자가 다를 경우 누가 안전보건조치의무를 이행해야 하는지 신이 아닌 이상 알 수 없다. 시설, 장소를 지배·운영·관리하는 자와 장비를 지배·운영·관리하는 자가 다를 경우 누가 안전보건조치의무를 이행해야 하는지도 도저히 알 수 없다.

산업안전보건법과 중복·충돌되는 내용이 적지 않은 것은 예측가능성과 이행가능성을 더욱 떨어뜨리고 있다. 예측가능성과 이행가능성이 이처럼 부족하다 보니 재해예방의 실효성을 거두기 어려운 것이다.

기업들이 형식적인 대책으로 대응하는 것은 이미 예견된 일이었다. 대기업은 서류작업을 중심으로 대응하는 척이라도 하지만, 중소기업은 사실상 손을 놓고 있어 처벌의 무방비 상태에 놓여 있다.

기소가 중소기업에 집중되는 이유이다. 안전부서 위주로 조직과 인원이 크게 늘어난 것도 외양적으론 좋아 보이지만 안전을 뒤틀리게 하는 부작용을 낳고 있다. 현업부서의 안전역량은 올라가지 않고 안전부서 중심의 안전관리 현상이 더욱 심해져, 기업 전체의 안전역량이 되레 떨어질 수 있기 때문이다.

이처럼 중대재해처벌법은 총체적으로 많은 문제를 가지고 있다. 처벌수준만을 손대는 것으로 그쳐서는 안 되는 이유이다. 처벌문제 이전에 법의 체계와 내용 전체가 심각한 문제를 안고 있다.

특히 의무주체의 혼선과 산업안전보건법과의 중복·충돌문제를 해결하지 않고는 위헌 시비에서도 벗어나기 어렵다. 그런데 최근 중대재해처벌법을 개선하겠다고 구성된 TF 위원들의 면면을 보면 안전전문가는 보이지 않고 대부분 법전문가로 구성되어 배가 산으로 가지 않을지 우려된다.

중대재해처벌법을 종합적으로 개선하기보다는 애당초 처벌문제만으로 한정하려는 의도가 있는 건 아닌지 그 진정성에 대해 의심을 사기에 충분하다.

정치권과 정부는 다시는 극단적인 주장에 끌려 다니는 우를 범해서는 안 된다. 중대재해처벌법은 감성과 분노가 아니라 과학과 이성에 터 잡은 법이 되도록 대대적으로 개편돼야 한다. 이를 위해선 정부가 중대재해처벌법의 개편에 진정성과 전문성으로 임해야 한다.

노동자들은 정치권과 정부에 묻는다. 중대재해처벌법의 진정한 목적이 경영책임자 처벌인가, 예방의 실효성 확보인가.

[부록 1] 결과적 가중범과 책임주의의 조화

우리나라 형법은 제15조 제2항에서 “결과로 인하여 형이 중한 범죄에 있어서 그 결과의 방생을 예견할 수 없었을 때에는 중한 죄로 벌하지 아니 한다.”고 규정하여 중한 결과의 발생에 대한 ‘예견가능성’, 즉 ‘과실’을 결과적 가중범의 성립요건으로 규정함으로써 결과책임사상이 배척되고 ‘책임주의’가 관철되고 있다.

책임주의와의 조화를 위한 이러한 노력에도 불구하고, 결과적 가중범에서 형벌가중의 정도는 대체로 기본범죄와 결과구성요건상의 과실범의 형을 합한 것보다 더 중한 경우가 많기 때문에, 아직도 결과적 가중범이 책임주의의 요청을 만족시키지 못한다는 비판이 계속되고 있다.[461)]

최근 독일의 입법례는 결과적 가중범에 대한 개별규정에서 중한 결과에 대한 단순한 과실이 아니라 주관적으로 그 주의의무의 정도를 높인 중과실 내지 경솔함(Leichtfertigkeit)을 요구함으로써 입법적인 해결을 시도하는 경향이 두드러지고 있다. 결과적 가중범의 중한 형벌을 책임주의와 조화시키기 위해서는, 결과적 가중범의 성립을 중한 결과가 행위자의 중과실 또는 경솔함으로 인해 발생한 경우로만 제한하는 것도 적절한 방법이 될 수 있을 것이다.

한편, 독일 판례는 중한 결과의 객관적 귀속[462), 463)]을 그 결과가 기본범죄의 직접

---

461) 이 같은 이유 때문에 스웨덴은 1965년 이후 형법전에서 결과적 가중범을 전부 삭제해 버렸다.

462) 객관적 귀속은 주관적 귀속에 대응하는 말이다. 주관적 귀속은 구체적 행위자를 대상으로 하는 ‘책임판단의 단계’에서 논의되는 반면에, 객관적 귀속은 발생된 결과를 행위의 탓으로 돌릴 수 있음을 말하는 것으로 구성요건의 단계에서 논의되는 개념이다.

463) 상당인과관계설을 취하는 배종대 교수[형법총론(제17판), 홍문사, 2023, 153쪽]와 오영근 교수[형법총론(제6판), 박영사, 2021, 119~120쪽]의 견해(일원적 방법)를 제외하면, 현재 학계의 전반적인 추세는 인과관계의 문제와 발생결과의 행위에의 귀속(객관적 귀속) 문제를 구별하여, 먼저 자연과학적 인과관계의 존부를 확인하고, 그 다음 객관적 귀속의 관점에서 책임의 범위를 조정하는 방식을 취하고 있다(이원적 방법). 배종대 교수와 오영근 교수는 인과관계의

적인 결과인 경우에 한하여 인정함으로써 구성요건의 해석원리로서 객관적 귀속의 기준인 '직접성의 원칙'의 요청을 결과적 가중범의 제한을 위한 부가적인 요건으로 적용하고 있다.[464] 결과적 가중범을 동일한 결과를 야기한 단순한 과실범보다 무겁게 처벌하는 이유는 무거운 결과 발생이 기본범죄의 잠재 위험에 속하여 '기본범죄와 직접 연결'되어 있기 때문이다. 즉, 이러한 전형적 위험을 주의의무에 위반하여 간과하고 무거운 결과를 발생시킨 것은 단순한 과실범보다 행위불법이 크다고 할 수 있다. 무거운 결과 발생이 기본범죄의 전형적 위험보다 직접 관련성이 없는데도 결과적 가중범으로 처벌하는 것은 책임주의에 반할 소지가 크다.[465] 따라서 책임주의와 조화를 위해서는 직접성의 원칙이 요구된다.

직접성의 원칙은 독일에서 유래하였는데, 이는 조건설이나 합법칙적 조건설을 취할 때 인과관계가 폭넓게 인정되어 결과적 가중범의 성립범위가 지나치게 확장되는 문제가 발생하였기 때문에 결과적 가중범의 성립범위를 제한하기 위하여 만들어진 이론이다. 이 직접성의 원칙은 결과적 가중범의 중한 처벌의 근거를 기본범죄에 내재하는 특별한 위험, 즉 기본범죄와 직접적으로 결합된 전형적 위험에 국한시킴으로써(중한 결과가 제3자나 피해자의 행위 등 다른 중간원인의 개입 없이 기본범죄로부터 직접 초래된 것으로 한정함으로써) 결과적 가중범을 책임주의와 더 밀접하게 조화시키는 기능을 하고 있기 때문에 당연히 요청되는 원칙으로 보는 것이 우리나라 학계의 다수설이다.[466], [467]

문제와 객관적 귀속 문제를 구별하지 않고 상당인과관계에 자연과학적 인과관계뿐만 아니라 객관적 귀속도 포함되는 것으로 보고 있다. 학설의 이러한 두 접근은 객관적 귀속 문제를 인과관계 문제에 포함시키느냐, 이 둘을 구별하느냐의 차이가 있을 뿐이고, 책임의 범위를 구성요건의 단계에서 제한하고자 하는 점에서는 공통적이다.

464) 김일수 · 서보학, 『새로쓴 형법총론(제13판)』, 2018, 338쪽.

465) 배종대, 『형법총론(제17판)』, 홍문사, 2023, 513~514쪽 참조.

466) 권오걸, 『형법총론(제3판)』, 형설출판사, 2009, 405쪽 ; 김성돈, 『형법총론(제5판)』, 성균대학교 출판부, 2017, 514쪽 ; 김일수 · 서보학, 『새로쓴 형법총론(제13판)』, 박영사, 2018, 338~339쪽 ; 박상기, 『형법학(제3판)』, 집현재, 2016, 203쪽 ; 배종대, 『형법총론(제17판)』, 홍문

직접성이라는 요건은 기본범죄와 중한 결과 발생 사이의 직접 연결관계를 문제 삼는 것이기 때문에 인과관계 또는 객관적 귀속의 내용이 된다. 상당인과관계설(소수설, 판례)을 취하면 직접성은 인과관계의 내용(인과관계의 상당성을 구체화한 것)이 되지만, 인과관계 확정과 결과의 행위에의 귀속을 분리하는 객관적 귀속론(다수설)에 따르면 직접성은 기본범죄와 무거운 결과 발생 사이의 연관성 외에 별도로 요구되는 귀속척도가 된다.

사, 2023, 513~514쪽 ; 성낙현, 『형법총론(제2판)』, 박영사, 2011, 430쪽 ; 손동권 · 김재윤, 『새로운 형법총론』, 율곡출판사, 2011, 379쪽 ; 안경옥, 「결과적 가중범의 직접성의 원칙」, 형사법연구 제12호, 1999, 137쪽 이하 ; 안동준, 『형법총론』, 학현사, 1998, 284쪽 ; 이재상 · 장영민 · 강동범, 『형법총론(제11판)』, 박영사, 2022, 221쪽 ; 이정원, 『형법총론』, 신론사, 2012, 422쪽 ; 임웅, 『형법총론(제13정판)』, 법문사, 2022, 583쪽 ; 정성근 · 정준섭, 『형법강의 총론』, 박영사, 2016, 356쪽 ; 정영일, 『신형법총론』, 학림, 2018, 186쪽 ; 조상제, 「결과적 가중범의 제한해석」, 형사판례연구 3, 1995, 49쪽 이하.

467) 판례는 결과적 가중범을 포함한 결과범에 있어 직접성의 원칙을 언급하지 않는다.

[부록 2] 부작위범의 인과관계

독일과 일본의 학설과 판례는 부작위범의 인과관계에 대해 부작위가 없었더라면, 즉 요구(기대)된 작위행위를 했더라면 결과가 방지되었을 '확실성에 가까운(근접한) 개연성'이 인정된다면 인과관계를 인정할 수 있다는 태도를 취한다.

우리나라의 경우 학설은 '확실성에 가까운 개연성'이라는 표현을 사용하는 경우가 많지만,[468] 대법원은 이러한 표현을 사용하지는 않고 작위의무를 이행했더라면 결과가 발생하지 않았을지만을 가설적으로 검토하는 데 그치고 있다.[469] 다만, 형사재판에서 범죄사실의 인정은 법관으로 하여금 합리적인 의심을 할 여지가 없을 정도로 공소사실이 진실한 것이라는 확신을 가지게 하는 증명력을 가진 증거에 의하여야 하므로, 부작위범의 인과관계에 있어서도 법관으로 하여금 합리적인 의심의 여지가 없을 정도로 고도의 개연성에 대한 확신을 가지게 하는 증명력을 가진 증거가 요구된다. 검사가 제출한 증거만으로 이러한 확신을 가지게 하는 정도에 이르지 못한 경우에는(이와 같은 증명력을 가진 증거가 없다면) 설령 피고인에게 유죄의 의심이 든다고 하더라도 피고인의 이익으로 판단하여야 한다.[470]

그런데 부작위범의 경우에 설정되는 작위행위(기대되는 행위)는 실제로 존재하

---

468) 김정현, 『부작위범의 인과관계』, 경인문화사, 2023, 127쪽 ; 박상기, 『형법학(제3판)』, 집현재, 2016, 62쪽 ; 신동운, 『형법총론(제15판)』, 법문사, 2023, 179쪽 ; 임웅, 『형법총론(제13정판)』, 법문사, 2022, 161쪽 ; 정대관, 「부진정부작위범에 관한 연구 : 특히 객관적 구성요건요소를 중심으로」, 성균관대학교 박사학위논문, 1991, 113쪽.

469) 대법원 2015.11.12. 2015도6809 전원합의체 판결 ; 대법원 2007.10.26. 2005도8822 판결 ; 대법원 1996.11.8. 95도2710 판결 ; 1990.12.11. 90도 694 판결 등. 다만, 1심 법원은 '확실성에 가까운 개연성'과 유사한 표현으로 '십중팔구'라는 표현을 사용한 경우가 있다(서울중앙지방법원 2007.1.19. 2006고합1291 판결).

470) 대법원 2017.10.31. 2016도21231 판결 ; 대법원 2001.2.23. 2000도5395 판결 ; 대법원 1992.9.1. 92도1405 판결 등 참조.

는 것이 아니라 가상적인 것이다. 작위범에서는 실제 행한 작위만 없는 상황을 가정한다는 점에서 판단이 용이하지만, 부작위범에서는 실제로 작위에 나아갔을 경우 외부세계의 수많은 상황을 가정해야 하므로 결코 명확한 일이 아니다. 즉, 어느 누구도 요구되는 작위행위를 하였을 때 결과가 발생하지 않았을 것이라고 단정할 수 없다. 작위와 결과의 불발생 간의 가설적 관계에 대해 합리적인 의심의 여지가 없을 정도의 확신을 가지게 하는 증명력을 가진 증거를 요구한다면, 부작위범에서는 인과관계가 긍정되는 것은 매우 어려울 것이다.

그렇기 때문에 부작위범의 경우에는 "요구되는 행위(작위)를 하였더라면 문제의 결과가 발생하지 않았을 것이 거의 확실하다."라는 판단이 설 때 부작위와 결과 사이에 인과관계가 긍정된다고 보아야 할 것이다. 확실성에 가까운 개연성 정도의 심증이 형성되지 않을 경우에는 '의심스러우면 피고인의 이익으로'라는 형사법정신에 따라 인과관계를 인정하기 어렵다고 보아야 할 것이다. 요컨대, 요구되는 작위의무가 이루어졌더라면 '합리적 의심을 넘는 정도로 확실한' 결과 회피가 가능했을는지 여부를 부작위범의 인과관계의 판단기준으로 삼아야 할 것이다.

[부록 3] 중대재해처벌법의 판결문 분석 및 시사점[471)]

1. 판결 상황

- 지금까지 중대재해처벌법 사건 판결이 14개(항소심 제외) 선고됨. 14개 업체에 대해 1심 판결이 이루어짐. 2호(한국제강) 판결만 실형(1년) 선고. 나머지 13개 판결은 집행유예 선고
  → 당해 중대재해 발생 1~2년 전에 중대재해 발생 전력이 없으면 집행유예 판결이 내려지는 것으로 굳어지고 있음
  ※ 1심에서부터 공동대표 중 1인에게 실형이 선고된 2호 판결은 대법원 확정 판결까지 내려짐
- 당초 예상대로 유죄판결이 중소기업에 집중되고 있음. 14개 모두 중소기업임(중견기업을 별도의 범주로 넣는다면 한국제강만 중견기업임)
- 중대재해처벌법 위반 기소 1호인 두성산업 측에서 제기한 위헌법률심판제청 신청을 했으나 기각(헌법소원 未청구)
  - 산업현장에서의 실질적 · 구체적 쟁점에 대해서는 심리 · 판단하지 않음(법원의 중대재해처벌법 · 산업안전보건법에 대한 무지를 그대로 드러냄)
- 중대재해처벌법에 불명확하고 모호한 부분이 많아 예상한 대로 수사기관의 자의적인 법집행 · 해석이 횡행하고 있으나 법원에서 법리와 증거에 입각한 공정한 심판사로서의 역할을 하고 있지 못함
  - 유죄 결론을 미리 내려놓고 무리한 추론으로 꿰맞추기를 했다는 느낌을 지울 수 없음 → '유죄 판결 법원'이 되고 있음

---

471) 이 부분은 2024.2.23 기준으로 작성되었다.

[참고] 중대재해처벌법 수사 상황[472)]

◦ 조사 대상 중대재해 456건 중 내사종결 50건, 검찰 송치 86건, 고용노동부 수사진행 320건(2024.1.12 기준)

◦ 검찰 처분 : 기소 40건, 불기소 9건(2024.2.23 기준)

◦ 중대재해처벌법 위반에 대한 기소는 중소기업에 집중되고 있음
  - 2024.1.12 현재 검찰에 의해 기소된 37건(급성중독 1건, 사망 30건) 중 엄밀한 의미의 대기업(근로자 1000명 이상)은 1곳뿐임(SPL)
  - 대부분은 중소업체이고 4개는 중견업체임(삼표산업, 현대스틸산업, 현대오일씰공업, 우진플라임)

◦ 기소 대상 : 삼표산업만 회장, 그 외는 대표이사(CSO가 기소된 사례 없음)

2. 판결의 특징

- 1~3, 6, 7, 9~13호 판결은 피고인의 자백사건인 관계로 법원에서 사실관계와 법리가 다퉈지지 않아 검찰의 공소사실이 그대로 판결문의 범죄사실이 됨
  - 그 결과, 판결이 실체적 진실을 담고 있다고 보기 어렵고 법리에 충실하지 않음(유죄를 위한 억지논리) → 기소되면 유죄 판결을 받을 가능성이 매우 큼

- 실형이 선고된 2호 판결(항소심 포함)은 양형의 이유도 사실관계보다는 감정과 직관에 기초한 부분이 적지 않음

- 4, 5, 8, 14호 판결의 경우는 무죄를 주장했지만 피고인 측에서 법리를 정교하고 치밀하게 준비하여 이를 토대로 항변을 하지 못한 것도 재판부의 안이하고 거친 판단의 한 원인으로 작용

- 대기업 경영책임자를 처벌하고자 한 것이 중대재해처벌법의 큰 취지였지만 중대

472) 공식 통계를 기초로 집계된 것은 아님.

재해처벌법 시행 전에도 이미 처벌돼 온 중소업체 경영책임자 처벌에 치우쳐져 있음

- 상당수(14개 중 9개)의 판결이 건설업에 관한 것이라는 점도 특징적임. 원청의 하청에 대한 지배력이 크고 원청과 하청의 작업이 구분하기 어려운 건설현장 특성 때문에 원청의 책임을 묻기가 상대적으로 용이
- 원(도급인) · 하청(수급인) 사건을 다룬 판결 모두 원청(도급인)과 하청(수급인)의 지위와 역할을 구분치 않고 하청(수급인) 근로자에 대한 모든 안전조치를 원청이 해야 한다는 식임
- 하청(수급인) 경영책임자가 해야 할 일을 원청(도급인) 경영책임자가 해야 하는 것으로 전제함. 즉, 원청(도급인) 경영책임자가 할 수 없는 일까지 해야 하는 것으로 단정함
- 문서 작성부터 제대로 되어 있지 않은 (중소)업체의 경우 무죄를 주장하면 자칫 '괘씸죄'가 적용되어 실형 선고를 받지 않을까를 우려
  → 대부분 무죄를 주장하기보다는 자백하면서 선처를 호소하는 쪽을 선택하다 보니, 검찰의 공소사실에 많은 문제가 있음에도 법원에서 그대로 받아들여지고 있는 경향
- 검찰과 법원 모두 전문성이 많이 부족해 피고인 측에서 치밀한 준비를 하지 않으면 법리에 맞지 않는 판단이 내려질 리스크가 매우 큼
- 법원(대법원 포함)에서 검찰과 달리 중대재해처벌법 위반죄, (근로자 사망으로 인한) 산업안전보건법 위반죄 및 업무상과실치사죄를 동일한 행위로 보아 상상적 경합 관계로 본 것은 명백히 잘못된 판단
  → 중대재해처벌법 · 산업안전보건법뿐만 아니라 죄수문제에 대한 법원의 인식 수준이 매우 낮다는 것을 방증함

3. 판결내용 분석

- 판결은 경영책임자의 중대재해처벌법 의무 위반과 사망 간의 직접적 인과관계를 판단하지 않고, 양자 사이에 산업안전보건법 의무 또는 업무상 주의의무를 끼워 넣는 2단계 인과관계 형식을 당연한 것으로 전제함
- 문제는 도식적인 2단계 인과관계 구조가 법리적 근거가 없고, 그마저도 '형법상 의미 있는 인과관계'가 아닌 '조건관계'로 대체했다는 점임(특히, 중대재해처벌법 의무 위반과 산업안전보건법 의무 위반 또는 업무상 주의의무 위반 간)
  - 즉, 인과관계의 조건설에 따라 조건관계에 있는 모든 행위가 결과에 대해 원인이 된다는 식으로 인과관계 범위를 과도(부당)하게 확대함
- 중대재해처벌법 위반범의 인과관계를 엄밀하게 따져 보면
  - 조건설에 따른다고 하더라도 부작위범 또한 요구되는 작위의무를 이행했더라면 결과가 발생하지 않았을 것이라는 점(인과관계)에 대한 인정이 법관으로 하여금 합리적인 의심을 할 수 없을 정도로 공소사실이 진실한 것이라는 확신을 가지게 하는 증명력을 가진 증거에 의하여야 한다는 점을 고려할 때,
  - 중대재해처벌법 위반범의 경우 부작위범의 성격상 (작위범과는 달리) 중대재해처벌법의 작위의무를 이행했더라면 중대재해라는 결과가 발생하지 않았을 것이라는 가설적 인과관계가 인정되기 매우 어려움
  - 게다가 중대재해처벌법상의 의무내용이 경영책임자에 의한 총괄조직 마련, 법정인력 선임, 매뉴얼 · 절차 · 기준 등 문서의 작성 및 주기적 이행점검, 점검결과 보고 수리 등 중대재해 발생으로부터 멀리 떨어진 행위(불이행이 중대재해 발생의 '(형법상 의미 있는) 원인'이라고 보기 어려운 의무)인 점을 고려하면, 규범적 관점에서 이러한 작위의무와 결과의 불발생 간의 인과관계(작위의무를 이행했더라면 결과가 발생하지 않았을 것)가 긍정되는 것은 매우 특수한 경우를 제외하고는 거의 불가능할 것으로 판단됨

- 중대재해처벌법 의무가 이행되지 않는다고 해서 산업안전보건법 의무 또는 업무상 주의의무를 이행할 수 없다고 본 것은 논리 비약임
  - 산업안전보건법 또는 업무상 주의의무는 중대재해처벌법 의무와 별개로 얼마든지 이행될 수 있다는 것은 논리적 · 경험적으로 쉽게 알 수 있음
- 형법상의 인과관계의 경우 합리적 의심의 여지없이 증명돼야 함에도 법원은 그렇지 않고 있음
- 중대재해처벌법과 같은 부작위범의 경우 요구되는 일정한 의무가 이행됐더라면 사망이 발생하지 않았을 것이 '거의 확실하다'는 정도의 판단이 서야 의무 위반과 사망 사이에 상당인과관계가 긍정될 수 있는데도, 판결 모두 둘 간의 인과관계의 상당성에 대해 논증을 생략하거나 비약함
- 중대재해처벌법에 따른 경영책임자의 조직(원청) 전체적인 성격의 의무와 사망 사이에 현장 차원의 산업안전보건법 의무/업무상 주의의무 위반을 끼워 넣었지만, 중대재해처벌법 의무 위반과 산업안전보건법 의무/업무상 주의의무 위반 간의 연관관계를 '전자가 없었더라면 후자도 없었을 것'이라는 조건관계만으로 추론하고 있을 뿐이고 전자가 이행됐더라면 사망이 회피되었을 가능성이 거의 확실하다는 증명은 하지 않고 있음
- 판결 모두 전근대적인 '결과책임'을 방지하기 위한 예견가능성 유무에 대한 심리를 생략하거나 비약함
  - 예견가능성, 특히 구체적 행위자가 결과 발생을 예견할 수 없는 특수한 사정이 있는지(주관적 예견가능성) 여부를 심리하지 않거나 소홀히 함

  → 결과책임으로 흐르기 쉬운 결과적 가중범의 성립범위를 조절하기 위해 반드시 필요한 예견가능성 유무에 대한 판단을 생략하거나 비약한 것임
- 행위자에게 사망사고를 객관적으로 귀속시킬 수 있는지와 예견가능성에 대해서 심리도 하지 않고 기본행위와 결과 간의 조건적인 인과관계의 존재만으로 가중

- 이러한 법을 50명 미만 사업장(소기업)에 그대로 적용하는 건 많은 부담 이전에 소기업의 산업안전에 도움이 되지 않을 뿐 아니라 우리나라 전체의 안전에도 좋지 않은 영향을 미칠 가능성이 높음
  → 소기업 적용 이전에 중대재해처벌법의 폐지 또는 전면개정이 선행될 필요

참고문헌

1. 국내문헌

고용노동부, 근로자파견의 판단기준에 관한 지침 개정안, 2019.

고용노동부,『산업재해 현황분석』, 각 연도.

고용노동부, 중대재해처벌법 시행령 제정안 주요내용 설명자료, 2021.

고용노동부, 중대재해처벌법 해설 - 중대산업재해 관련 -, 2021.

국토교통부, 중대재해처벌법 해설 - 중대시민재해(시설물 · 공중교통수단) -, 2021.

국회, 제383회 국회 법제사법위원회 법안심사제1소위원회 회의록, 2021.

권영성,『헌법학원론(2010판)』, 법문사, 2010.

권오걸,『형법총론(제3판)』, 형설출판사, 2009.

김성돈,『형법총론(제5판)』, 성균대학교 출판부, 2017.

김일수 · 서보학,『새로쓴 형법총론(제13판)』, 박영사, 2018.

김정현,『부작위범의 인과관계』, 경인문화사, 2023.

김정환,『징벌적 손해배상의 적정한 운영방안에 관한 연구』, 사법정책연구원, 2019.

대검찰청, 중대재해처벌법 벌칙해설, 2022.

도로교통공단,『교통사고 통계분석』, 각 연도.

박상기,『형법학(제3판)』, 집현재, 2016.

박윤흔 · 정형근,『최신행정법강의(상)(개정30판)』, 박영사, 2009.

박철응, “중대재해법 막바지, CEO 징역형 확정…또는 이사가”, 아시아경제 2020.1.7.

박희주, 『외국의 징벌적 손해배상 법제 및 사례 연구』, 한국소비자원, 2014.

배종대, 『형법총론(제17판)』, 홍문사, 2023,

성낙현, 『형법총론(제2판)』, 박영사, 2011.

소방방재청, 중대재해처벌법 해설 - 중대시민재해(다중이용시설) -, 2021.

손동권 · 김재윤, 『새로운 형법총론』, 율곡출판사, 2011.

신동운, 『형법총론(제15판)』, 법문사, 2023.

심재진, 영국의 2007년 기업과실치사법과 그 시사점, 『산재사망 처벌 및 원청 책임강화 법 개정 방안 토론회 자료집』, 2013.

안경옥, 「결과적 가중범의 직접성의 원칙」, 형사법연구 제12호, 1999.

안동준, 『형법총론』, 학현사, 1998.

오영근, 『형법총론(제6판)』, 박영사, 2021.

이정원, 『형법총론』, 신론사, 2012.

이재상 · 장영민 · 강동범, 『형법총론(제11판)』, 박영사, 2022.

이주원, 『형법총론』, 박영사, 2022.

이호중, 「과실범의 예견가능성」, 『형사법 연구』 제11호, 1999.

임웅, 『형법총론(제13정판)』, 법문사, 2022.

정대관, 「부진정부작위범에 관한 연구 : 특히 객관적 구성요건요소를 중심으로」, 성균관대학교 박사학위논문, 1991.

정성근 · 정준섭, 『형법강의 총론』, 박영사, 2016.

정영일, 『신형법총론』, 학림, 2018.

정진우, 「사망재해 발생 기업에 대한 형사책임 강화 - 영국의 ‘법인과실치사법’을 중심으로」, 한국산업보건학회지, 제23권 제4호, 2013.

정진우, 『산업안전보건법(개정증보 제5판)』, 중앙경제, 2022.

정진우, 『산업안전보건법 국제비교』, 한국학술정보, 2015.

정진우, 「중대재해처벌법 제정과정에서의 법적 쟁점과 남겨진 과제」, 과학기술법연구 제27집 제2호, 2021.

정현희, 『「중대재해 처벌 등에 관한 법률」의 재판 실무상 쟁점』, 사법정책연구원, 2022.

조명우 · 김왕배 · 이용갑, 『주요 외국의 업종별 사망재해 조사 연구』, 산업안전보건연구원, 2013.

조상제, 「결과적 가중범의 제한해석」, 형사판례연구 3, 1995.

한수웅, 『헌법학(제11판)』, 법문사, 2021.

환경부, 중대재해처벌법 해설 - 중대시민재해(원료 · 제조물) -, 2021.

2. 국외문헌

Barrett B. Liability for Safety Offences : Is the Law Still Fatally Flawed. Industrial Law Journal 2007 ; 37(1).

Bundesministerium der Justiz und für Verbraucherschutz. ArbSchG. Available from : URL : https://www.gesetze-im-internet.de/arbschg/.

Centre for Corporate Accountability. Safety Statistics. 2003. Available from : URL : http://www.corporateaccountability.org.uk/stats_deaths.html.

Centre for Corporate Accountability. Press Release 23 July 2007. Available from : URL : http://www.corporateaccountability.org.uk/press_releases/2007/julylordagreement.htm.

Davies N. Sentencing guidance : Corporate Manslaughter and Health and Safety Offences Causing Death - Maintaining the Status Quo? Criminal Law Review 2010 ; 5.

Davis C. Making companies safe : What works? London : Centre for Corporate Accountability. 2004.

Drucker P. F. The Practice of Management. Happer ; 1986.

Feldman D. English Public Law. Oxford University Press ; 2004.

Gobert J. The Corporate Manslaughter and Corporate Homicide Act 2007 - Thirteen years in the making but was it worth the wait? The Modern Law Review 2008 ; 71.

Home Office. Reforming the Law on involuntary manslaughter : The Government's Proposals. 2000. Available from : URL : http://www.homeoffice.gov.uk/docs/invmans.html.

Home Office. Corporate Manslaughter : The Government's Draft Bill for Reform. 2005 ; CM 6497. Available from : URL : http://www.homeoffice.gov.uk/docs4/tsomanslaughter.pdf.

Home Office. Corporate Manslaughter and Corporate Homicide : A Regulatory Impact Assessment of the Government's Bill. 2006 Jul 20.

INQUEST Charitable Trust. Statistics - Deaths in police custody. 2013. Available from : URL : http://inquest.gn.apc.org/data_deaths_in_policecustody.html.

INQUEST Charitable Trust. Statistics - Deaths in prison. 2013. Available from : URL : http://inquest.gn.apc.org/data_deaths_in_prison.html.

ILO. Guidelines on occupational safety and health management systems (ILO-OSH 2001). 2001.

ISO. Occupational health and safety management systems - Requirements with guidance for use. 2018.

Ministry of Justice(UK). Corporate Manslaughter and Corporate Homicide Act 2007.

Ministry of Justice. Understanding the Corporate Manslaughter and Corporate Homicide Act 2007. 2007.

Northern Territory of Australia. Work Health and Safety Act 2004.

Personnel Today. Bad press is biggest deterrent in 'kill' Bill. 2007 Jun 5.

Roper V. The Corporate Manslaughter and Corporate Homicide Act 2007 - A 10-Year Review. The Journal of Criminal Law 2018 ; 82(1).

State of Queensland(Australia). Work Health and Safety Act 2004.

State of Victoria(Australia). Occupational Health and Safety Act 2004.

THE EUROPEAN COMMISSION. Commission Recommendation of 11 June 2013 on common principles for injunctive and compensatory collective redress mechanisms in the Member States concerning violations of rights granted under Union Law(2013/396/EU). Official Journal of the European Union.

The Government Reply to the First Joint Report from the Home Affairs and Work and Pensions Committees Session 2005-2006 HC540. Draft Corporate Manslaughter Bill. 2006.

The Guardian. Corporate killing bill unveiled. 2004 Nov 23.

The Guardian. Far too soft on crime. 2004 Oct 5.

The Guardian. Labour shelves corporate killing bill. 2002 Nov 8.

The Guardian. Letters : Manslaughter bill must ensure justice for those killed at work. 2006 Jul 24.

The Guardian. Peers widen scope of manslaughter bill in rebuff to Reid. 2007 Feb 6.

The Law Commission. Legislating the Criminal Code : involuntary manslaughter. Law Com 1996 ; 237. Available from : URL : http://www.lawcom.gov.uk/files/lc237.pdf.

The Parliamentary Counsel's Committee. Model Work Health and Safety Bill. 2022.

The Sentencing Council. Consultation Paper on Sentencing for Corporate Manlaughter 2007. Available from : URL : http://www.sentencing-guidelines.gov.uk/docs.pdf.

The Stationery Office Limited. Corporate Manslaughter and Corporate Homicide Act 2007. Available from : URL : http://www.legislation.gov.uk/ukpga/2007/19/pdfs/ukpga_20070019_en.pdf.

The Times. Lords set to scupper corporate killing bill. 2007 Feb 5.

Wikipedia. Available from : URL : https://en.wikipedia.org/wiki/Corporate_Manslaughter_and_Corporate_Homicide_Act_2007.

색 인

ㄱ

ㄴ

ㄷ

ㄹ

ㅁ

ㅂ

ㅅ

ㅇ

ㅈ

ㅊ

ㅋ

ㅌ

ㅍ

ㅎ

기타

저자소개

정 진 우

학 력

- 서울대학교 자연과학대학 치의예과 수료, 치과대학(본과) 2년 수료(자퇴)
- 고려대학교 노동대학원 노동경제학과 졸업(경제학석사)
- 일본 교토대학 대학원 법학과 법정이론과정(사회법) 졸업(법학석사)
- 고려대학교 대학원 법학과 박사과정(사회법) 졸업(법학박사)

경 력

- 행정고시 합격
- 고용노동부 산업안전보건국, 고용정책실, 노사정책국 사무관 · 서기관
- 고용노동부 본부 산재예방정책과장, 제조산재예방과장, 근로자건강보호과장, 산업보건과장, 성남고용노동지청장, 국제협력담당관
- (現) 서울과학기술대학교 안전공학과 교수

주요저서

- 산업안전보건법(개정증보 제5판, 중앙경제)
- 산업안전보건법론(개정판, 한국학술정보(주))
- 산업안전보건법 국제비교(개정판, 한국학술정보(주))
- 위험성평가 해설(개정증보 제4판(보정), 중앙경제)
- 산업안전관리론 – 이론과 실제 – (개정5판, 중앙경제)
- 안전심리(4판, 교문사) (세종도서 우수학술도서)
- 안전관리론(4판, 교문사) (세종도서 우수학술도서)
- 안전과 법(2판, 교문사)
- 안전문화 이론과 실천(4판, 교문사) (대한민국학술원 우수학술도서)
- (ISO 45001 해설을 중심으로 한) 안전보건관리시스템(2판, 교문사)